비고츠키 철학으로 본 핀란드 교육과정

비고츠키
철학으로 본
핀란드
교육과정

초판 1쇄 인쇄 2019년 3월 1일
초판 1쇄 발행 2019년 3월 13일

지은이 배희철
펴낸이 김승희
펴낸곳 도서출판 살림터

기획 정광일
편집 조현주
북디자인 꼬리별

인쇄·제본 (주)현문
종이 월드페이퍼(주)

주소 서울시 양천구 목동동로 293, 22층 2215-1호
전화 02-3141-6553
팩스 02-3141-6555
출판등록 2008년 3월 18일 제313-1990-12호
이메일 gwang80@hanmail.net
블로그 http://blog.naver.com/dkffk1020

ISBN 979-11-5930-090-5 93370

이 도서의 국립중앙도서관 출판예정도서목록(CIP)은
서지정보유통지원시스템 홈페이지(http://seoji.nl.go.kr)와
국가자료공동목록시스템(http://www.nl.go.kr/kolisnet)에서 이용하실 수 있습니다.
(CIP제어번호: CIP2019007616)

비고츠키와 발달교육 3

비고츠키 철학으로 본 핀란드 교육과정

배희철 지음

살림터

2019년, 이제 교육과정을
교육혁명의 격전지로 만들자!

책 소개

이 책은 발달교육으로 무장하여 교육과정을 혁명하자는 선전의 첫 걸음입니다. 교육과정을 점령하여 교육혁명 전쟁을 불가역적 승리로 끝내자는 전략적 제안의 시작입니다. 부족한 전력戰力이지만 교육혁명의 깃발을 휘날리며 교육과정을 공격하자는 손바닥 격문입니다. 99% 개·돼지를 만드는 교육 반동의 전선을 이탈하라는 적색 선전지입니다. 교육 반동에 복무하는 교사의 감정을 휘젓고자 핀란드에서 찍은 19금 영화의 예고편입니다. 참호 속에 웅크리고 공포에 떨고 있는, 피로에 지쳐 있는 교육혁명 전사들을 교육과정 전선으로 집결시키는 거대한 북소리를 예비하고자 합니다. 결국은 교육현장의 적폐를 불사를 한 점 불꽃이 되고자 합니다.

교사의 교육활동은, 발달교육의 구체적 내용은, 모든 학생의 성장과 발달을 위한 교육은 교육과정으로 견고하게 집결해야 합니다. 이 책에는 이러한 과제를 고민하는 분이 참고할 내용이 담겨 있습니다. 2019년 대한민국에서 구경할 수 없는 신선한 이국적 풍경이 실려 있습니다. 학교혁신 혹은 교육혁신을 고민하는 분이 보고 싶었던 절경을 여기저기서 마주하게 될 것입니다. 발달교육 관련 서적의 추상적 내용이 공교육 현장의 구체적 실천과 어떻게 연결되는지를 보여 준 세계 교육 혁명의 격전지를 방문할 수 있습니다.

이 책은 '비고츠키와 발달교육' 3권입니다. 계속해서 질문을 던졌습니다. 1권에서는 '비고츠키를 아시나요'라고 물었습니다. 2권에서는 '발달교육이란 무엇인가'를 질문했습니다. 3권, 여기서는 '발달중심 교육과정'이라는 말을 들어 본 적이 있는지 대답을 강요했습니다.

교육과정 해설서에서, 교육정책의 구호로, 추상으로 모든 학생의 성장과 발달을 위한 교육을 이야기했지만 구체적으로 그게 무엇인지 알고 있는 교육자가 얼마나 되는지 의문입니다. 감옥에만 박근혜가 있는 게 아니라는 페이스북 친구의 진단에 동의합니다. 교육현장에는 지금도 박근혜가 널려 있습니다. 모르면서도 아는 척하는 이명박 같은 자들이 하나둘이 아닙니다.

최근 십여 년의 '학력 논쟁'을 돌아보면 야만의 현실만이 도드라질 뿐입니다. 교육계의 무지와 무능에 짱돌을 던지지 않을 수 없습니다. 3권에서는 발달중심 교육과정의 시작부터 개판인 현실을 고발했습니다. 새로운 교육과정, 8차 교육과정을 준비하자고 제안했습니다. 창의·융합을 주장하기 전에, 읽고 쓰는 기본 교육부터, 발달중심 교육과정의 첫 단계부터 제대로 준비해야 한다는 상식을 절박한, 시급한, 핵심적인 현안으로 제출했습니다.

1부의 내용은 2017년 전교조 참교육연구소 정책연구 보고서를 근간으로 계속 다듬은 것입니다. 2018년 봄 교과 자료집으로 대중에게 알려지게 된 내용입니다. 2014 핀란드 핵심 교육과정의 골격인 포괄적 실행능력을 연구한 결과입니다. 핵심역량과 다른 점을 발견했고, 문화적 능력을 발달시키기 위한 방안이 제시되어 있음을 확인했습니다. 심화된 연구가 필요함을 제안했습니다. 여러분이 동참해야 한다고 단정했습니다.

2부의 내용은 2014 핀란드 핵심 교육과정의 총론 부분에 해당하는 내용을 조사한 결과입니다. 2018년 가을에 처음으로 세상에 선보였습니다. 포괄적인 총론의 내용을 가능한 한 새롭게 조리할 수 있도록 날것으로 안내하려 노력했습니다. 한 인간이 경험한 것에는 한계가 있습니다. 여러분이 구체로 살아 숨 쉬는 다양한 요리를 창조할 수 있도록 배려했습니다.

교육과정을 모든 학생의 성장과 발달을 잣대로 연구하자고 선동했습니다. 이에 화답한 분들이 있습니다. 적막한 교육과정 전선으로 집결해 주신 여러분, 고맙습니다.

교육 종사자라면 한번 읽어 보셔야만 합니다. 새로운 시야, 건강한 세상, 희망찬 미래를 만날 수 있습니다. 무협지를 보면, 영약을 먹고 내공이 느는 장면이 나옵니다. 이 책을 다 읽고 나면, '교육과정 내공'이 증진하신 것을 느낄 수 있을 것입니다. 교육을 연구하며 실천하는 교사로 거듭날 수 있습니다. 학생을 바라보는 눈이 달라집니다.

정립해야 할 것

비고츠키와 발달교육 2권 『비고츠키의 발달교육이란 무엇인가?』서문에서 추방해야 할 것을 이야기했습니다. 구성주의와 그들이 행한 오류를 교육현장에서 추방하자고 제안했습니다. 여기서는 그 자리에 들어서야 할 것을 나열해 보겠습니다. 세 가지를 이야기하겠습니다. 하나는 교육과정의 질을 결정하는 발달 시기입니다. 또 다른 하나는 시대적 화두인 민주시민교육을 교육과정에 담는 방법입니다. 마지막은 우리 교육이 가야 할 방향입니다.

하나, 발달단계에 맞는 글말 교육 시기

백 년 전, 비고츠키는 동시대 학자들이 암묵적으로 합의를 본 것이 있다고 했습니다. 만 7세가 학령기의 시작이어야 한다는 것입니다. 즉, 글말 교육을 시작할 시기가 만 7세라는 것입니다. 대부분의 유럽 국가처럼 핀란드도 만 7세에 글말 교육을 시작합니다. 선행학습은 범죄 행위 취급을 받습니다. 만 6세가 입학하는 입학 전 학교pre-school는 독일처럼 일 년 동안 ABC만, 철자만 가르칩니다.

2016년 일입니다. 『비고츠키와 발달교육 1-비고츠키를 아시나요?』 2부 7장 우리 전통 교육학, 5절 과유불급에서 이야기했습니다. 독서교육 사례를 들어 빨리 시작하는 것이 얼마나 큰 문제인지 지적했습니다.

21세기는 최첨단 과학 시대 그리고 지식 폭발을 넘어 지식 혁명의 시대이지만, 우리는 천형처럼 크기와 구조에서 이러한 변화에 대응하지 못한 뇌를 지니고 살아가야 합니다. 벗어날 수 없는 굴레처럼 자연적 능력을 담당하도록 진화된 신경 센터만을 가지고 세상에 나왔습니다. 너무도 살아남기가 어려워서 인간은 자연의 영역을 넘어서는 문화적 능력을 창조하게 되었습니다. 그러나 인간의 굴레를 짊어져야 했습니다. 문화적 능력은 자연적 능력을 가지고 창조한 것입니다. 자연적 능력의 발달은 신경 중추와 그 신경계의 발달과 어느 시기까지는 궤를 같이합니다. 그 신경 중추와 신경계를 새롭게 연결하고 동시에 작동시켜야 문화적 능력이 발현될 수 있습니다.

발달 측면에서의 교훈을 정리하겠습니다. 자연적 능력을 넘어 너무 빠르게 문화적 능력을 습득하면 장기적으로 발달이 느린 것보다 더 해롭다는 것입니다. 자연적 능력을 담당하는 신경 중추와 신경계를 최대로 활성화시키지 못함에 따라 심각한 후유증을 겪게 됩니다. 교육 선진국은 초등학교에서, 만 7세에, 글말 교육을 시작합니다. 미리 글말을 교육시키면 아동학대처럼 사회적 눈총을 받게 됩니다. 초등학교에 입학했을 때, 다른 아이들은 글말을 읽지 못하는데 혼자 유창하게 읽어 대면 당장 보기는 좋지만 나중에 더 큰 어려움을 겪게 됩니다. 자폐아가 된 독서 천재 사례를 들어 보셨습니까?^{배희철, 2016: 236}

『완벽한 공부법』218쪽에 있는 내용입니다. 영국의 독서학자가 5세와 7세의 유럽 아이들을 대상으로 한 실험 결과입니다. 초등학교 후반부가 됐을 때, 7세에 시작한 아이들의 독서능력이 더 뛰어났다는 내용입니다. 서로 다른 언어를 사용한 세 나라 아이들을 연구한 결과입니다. 2년 빨리 글말 공부에 들어간 아이들이 만 7세에 시작한 아이들보다 독서력이 떨어진다는 사실은 공교육 제도 150년 동안 경험과 과학으로 일관되게 확인된 사실입니다. "조금 일찍 한글 교육을 시작할 때 의도하지 않았던 부작용을 낳는다"고 저자들은 경고합니다.

만 6세에 글말 교육을 시작하는 프랑스는 1학년 학생들이 학급당 학생 수도 12명으로 줄였는데, 읽기와 이해에 심각한 어려움을 겪고 있습니다. 프랑스 교육부 장관이 2018년 11월에 한 이야기입니다.

대한민국 초등학교 1학년은 만 6세입니다. 왜 실패가 노정된 길로 계속 밀어 넣고 있는지 항의해야 합니다. 발달단계를 모르는 교육과정 총론 연구자들의 무지를 욕해야 하는 것인지, 교육현장의 실제를 확인하지 않은 국어 교과교육과정 연구자들의 게으름을 탓해야 하는지, 자신의 경험을 돌아보지 않고 하루하루를 버티는 교사들의 무사안일을 질타해야 하는지, 그 원인을 알고 싶습니다.

입말을 하고 싶어 미치겠다는 아이들을 강제로 침묵으로 몰아넣고 자행되는 글말 교육은 범죄입니다. 이제 아동학대를 그만해야 합니다. 입말 신경망이 최대로 활성화될 시기에 아직 시작도 하지 않은 글말 신경망을 자극하는 어리석음은 국가적 범죄 행위입니다. 현상에 경도되어 비참한 결과만 양산했다는 사실을 잊지 말아야 합니다. 책을 읽지 않는 성인은 교육과정의 문제와도 밀접하게 얽혀 있습니다. 이게 내적 원인이라는 가설을 제시합니다.

대안을 제안하겠습니다. 초등학교 발달단계를 반영한 학년 단위를 두 개로 나누는 것입니다. 초등 1~3학년 단위와 초등 4~6학년 단위로 구분하는 것입니다. 가능하다면 중국처럼 3학년부터 시작하면 좋겠지만, 2학년부터 글말 교육을 시작하고, 4학년부터 전통적인 교과교육과정을 운영하는 것입니다. 체계적인 입말 공부로 글말 공부를 예비하도록 교육과정을 편성하고 운영하면 고등학교가 끝날 때는 지금보다 더 높은 질로 공부를 해내게 됩니다. 전문가의, 상식 있는 지식인의, 학부모의 집단적 항의가 있어야 합니다. 그래야 새로운 8차 교육과정에서 조직적인 아동학대의 흔적을 지울 수 있습니다.

최근 뇌 과학의 성과로 발달단계에 맞는 교육활동이 무엇인지 과

학으로, 뇌 사진으로 쉽게 확인할 수 있습니다. 이를 교육과정의 위계에 반영해야 합니다. 국가의 의무입니다. 이것만은 국가가 책임져야 합니다.

이를 강제하기 위해 선진국처럼, 교육과정 문건을 어느 정도 작성하면 국민이 검토할 수 있는 시간을 1~2년 보장해야 합니다. 2022 교육과정 개정을 준비하고 있다면, 2020년에는 세상에 선보여야 합니다. 보수적 학자나 언론인 그리고 진보적 학자나 언론인도 확인하고 낱말 선택 하나까지 관여한다면, 국가 수준 교육과정을 안정적으로, 장기적으로, 체계적으로 개선할 수 있습니다.

이 책에 따르면, 국가 수준 교육과정은 그 국가의 문화적 수준을 자랑하고 새로운 교육 문화를 창조하는 기능을 해야 합니다. 민주주의 국가의 백년대계를 세우는 작업은 전 국민이 참여하는 국가적 행사여야만 합니다. 독재, 권위주의 국가라면 과거처럼 형식적인 공청회로 여론 수렴했다고 하면서, 밀실에서 작업하면 됩니다. 모 호텔에서 VIP에게 보고하고 결재를 받으면 끝입니다. 우리 모두는 현 정부의 대답을 예의 주시해야 합니다.

둘, 민주시민교육을 관철하는 방법

2018년 10월 27일 민주시민교육 관련 토론회가 있었습니다. 교육감 협의회 의장, 장관도 참석했습니다. 민주시민교육을 하고자 하는 절박한 사연을 읽을 수 있었습니다. 이제 냉정하게 촛불혁명을 돌아볼 거리를 확보했습니다.

토론회 자리에서 김승환 교육감이 들려준 이이기가 단서가 되었습니다. 7차 구성주의 교육과정, 신자유주의 경쟁 교육, 교육에 자본과 극우의 가치를 확대하는 공작은 성과를 냈습니다. 대단한 성공입니다. 나 전 정책기획관이 자랑할 만합니다. 우리는 이를 인정해야 합니다.

촛불혁명은 지난 한 세대 한국 공교육의 실패를 표상하는 상징입니다. 헌법의 명령에 따라 민주주의의 가치를 지키고자 조직적으로 저항하는 학생을 키워 내지 못했다는 것을 직시하게 만들었습니다. 소수 학생의 선도적인 참여는 돋보이는 일입니다. 대중 교육이라는, 모두를 위한 교육이라는 측면에서 보면 슬픈 일이었습니다. 정유라 대학입시 비리 사건이 드러나지 않았다면, 대학생들이 어느 정도까지 얼마나 오래 세를 형성하고 저항했을지 의문입니다. 386 운동권 출신이라면 본능처럼 이를 느꼈을 것입니다. 한동안 절망했을 것입니다.

민주시민교육을 강화하려는 현 정부의 의도는 바람직한 것입니다. 민주국가의 공교육이 언제나 강조해야 하는 것이기 때문입니다. 꼭 지켜야 할 대원칙 하나만 언급하겠습니다. 민주시민교육을 강화하는 활동, 그 자체가 민주적인 과정으로 펼쳐져야 한다는 것입니다. 위기를 공유하고, 문제를 분석하고, 대안을 찾고, 방책을 세우는 과정 그 자체가 강화된 민주시민교육이어야 한다는 것입니다.

이 책을 준비하며 깨달은 내용입니다. 민주시민교육과 직접적으로 관련된 내용을 간단하게 세 가지만 언급하겠습니다.

하나, 2014 핀란드 핵심 교육과정에 따르면, 초등학교 1학년 학생은 입학하면서 그 학교 학생 공동체의 구성원이 됩니다. 민주주의 일반 원칙에 따르면, 학생 공동체의 대표를 선출할 자격이 있습니다. 이들은 생활 속에서 민주주의를 실천합니다. 대조적인 우리의 처참한 몰골을 돌아보게 됩니다. 성인인 교사도 학교 교사 공동체의 대표를 선출하지 못합니다. 이게 삶에서 학생에게 독재를 강요하는 교육 환경이 됩니다. 이런 교사에게 민주주의를 가르치고 전수하라는 게 얼마나 이율배반적인 일입니까? 독재에 굴복하여 현실에 안주하는 노예 교사에게 주인다운 삶을 사는 민주주의를 배우는 학생은 얼마나 불쌍합니까? 교과의 추상과 생활의 구체가 완전히 분리되어 있습니다. 민주 개념을 형성할 수 없습니다.

둘, 1~2학년 단위, 모국어 교과에서 또 다른 대원칙을 교육합니다. 기득권 세력의 독재에 저항하는 방법을 수업합니다. 교과서 그림과 지문에 초등학교 1~2학년 학생이 관심을 가질 만한 분쟁 상황을 제시합니다. 새로 부임한 교장 선생님이 착한 마음으로 공부해야 한다고, 학생은 다 하얀 양말을 신어야 한다고 가정통신문을 보낸 것입니다. 일상을 통제하려는 독재자에 저항해야 할 상황이 발생한 것입니다. 이를 해결하기 위해 토론하고, 그림 대자보를 작성하고, 학생 시위를 하는 투쟁 방법을 수업 시간에 교수합니다. 실제로 집회를 열고 가상의 독재자와 투쟁합니다. 이게 민주주의 국가의 모국어 1~2학년 교과교육과정입니다. 대한민국 중·고등학생의 처지를 생각하면 가슴이 미어집니다. 독재에 굴복하는 것을 삶 속에서 강제하는 교육과정을 외면하면서, 민주시민교육을 도입하겠다는 정치인은 위선자입니다.

셋, 1~2학년 단위에서 학생의 실제와 밀접하게 연결된 문화적 원칙을 교육합니다. 경계선 긋기와 지키기를 수업합니다. 유엔 아동권리협약의 일반 원리를 교수합니다. 하얀 양말 문제는 자기 의결권의 구체적 사례임을 학습합니다. 우리도 유엔 아동권리협약을 비준한 국가입니다. 교육과정에 이를 반영해야 할 의무가 있습니다. 어떤 학년 어느 교과에 반영했는지 궁금합니다. 학교의 비민주적 실태에 조직적으로, 체계적으로, 효과적으로 저항하지 못하는 중고등학교 학생을 보면 갑갑합니다. 자발적으로 온라인에서 각 학교 조직들이 지역 단위, 전국 단위 조직을 결성합니다. 실제 삶을 변화시키는 참여와 관여를 강제하는 교육과정이 민주시민 교과 신설보다 장기적으로나 단기적으로도 민주주의를 사수할 민주시민을 양성하는 데 더 효과적이라고 단언합니다. 교과 신설은 지식 교육으로 흐를 가능성이 농후합니다. 그 교과의 문제로 시야를 좁힐 것이 명확합니다. 학생이 구체적 삶에서 자신의 문제로 민주주의의 구체를 누적하는 게 더 바람직합니다. 교육과정에서 포괄적 실행능력 7번이 어떻게 위계를 갖추고 있는지 읽어 보면 민주시민교육을 정착하는 데 큰 도움이 될 것입니다.

간접적으로 관련된 이야기도 하나 하겠습니다. 조상님의 지혜입니다. 윗물이 맑아야 합니다. 촛불 정부부터 법과 공적 약속을 지키는 모범을 보여야 합니다. 잘못된 것을 인식하는 즉시 시정하는 적폐청산의 의지를 보여야 합니다. 비민주적 행위를 하면 처벌받는다는 선례를 계속 만들어야 합니다. 이게 '공정한 과정'입니다. 이런 정치 행위를 하면, 성급하게, 조급하게, 경솔하게 민주시민교육을 강화해야 할 까닭이 없습니다. 윗물이 여전히 권위주의적이면, 윗물이 거짓말이나 해대면, 어떤 비책도 쓸모없습니다. 외국에서 약속 지키지 않는다고 손가락질 받고, 나쁜 짓한 관료를 포용하고, 지난 정부의 억지를 계승하면서 민주시민교육을 강화하겠다고 하면, 이게 국민과 더불어 민주주의를 하겠다는 정치인이라면, 지나가던 개가 웃습니다.

셋, 우리 교육이 가야 할 방향

유은혜 장관은 '교육은 속도가 아니라 방향이 중요하다'고 올바른 이야기를 했습니다. 속도는 어떻게, 방법과 연결됩니다. 방향은 왜, 본질로 이어집니다. 장관은 '교육은 국가의 미래를 준비하는 일'이라고 했습니다. 전적으로 동의합니다. 저는 교육은 개개인의 문화적 발달을 추구하는 일이라고 주장했습니다. 국가의 미래를 준비하는 일은 교육이 하는 일입니다. 이는 곧 미래를 창조할 인간, 전면적으로 문화적 능력을 발달시킨 인간, 더불어 함께 살아가는 민주적인 인간을 만들어 내는 것입니다.

하지만 지난 보수 정부는 국가의 미래를 준비하는 일을 자신이 꿈꾸는 새 누리를 건설하는 것으로 착각했습니다. 이에 필요한 글로벌 창의·융합 인재만 키워 내려 했습니다. 이에 저항했습니다. 보편 교육에서 영재교육을 넘어 세상을 평정할 천재 교육을 추구한 몽상가의 작태를 잊을 수 없습니다. 하지만 그에 복무한 자들이 아직도 설치는 오늘입니다.

모든 국민이 미래에도 주체적이고 능동적이고 창조적으로 살아갈 수 있어야 합니다. 정부가 추구하는 교육이 모든 학생의 성장과 발달을 위한 교육인지 명확히 해야 합니다. 미래가 모든 국민이 주인 되는 세상이어야 합니다. 이번 정부는 유네스코와의 약속을, 보편적 교육을 추구하겠다는 맹세를, 모든 학생의 성장과 발달을 위한 교육에 함께하겠다는 다짐을 지킬 의향이 있는지 밝혀야 합니다. 직진 신호를 보내고, 광란의 역주행을 하지 않겠다는 신뢰의 징표를 보여야 합니다. 보편적 교육을 약속한 대선 교육 공약이 단두대로 줄줄이 끌려가는 상황입니다. 광란의 역주행이 시작되지 않았다고 믿기 어려운 현실입니다. 교육에서 지난 정부와 현 정부가 무엇이 다른지 대답할 수 있어야 합니다.

누구도 거역할 수 없는 교육이 가야 할 올바른 방향을 현실에 정착해야 합니다. 느리고 정말 느리더라도 방향이 같다면 우리는 인내심을 가지고 함께 나아가야 합니다.

진보교육을 실천하려는 분에게

반성은 끝이 아닙니다. 새로운 투쟁의 시작입니다. 반성, 여기가 시작입니다. 정신 차리고 생각을 해야 합니다. 2014 핀란드 핵심 교육과정에 따르면, 초등학교 1~2학년에서 교사가 계속 질문해야만 하는 게 있습니다. 누가 이 글을 썼나요? 왜 이 글을 썼을까요? 육하원칙 중에 누가와 왜를 활용하는 모범을 보여야만 합니다.

이 작업을 하면서, 저도 본보기가 되고자 노력했습니다. 누가 2014 핀란드 핵심 교육과정을 썼을까? 연구하면서 교사 같다고 느끼고, 추측했습니다. 10월 27일 알았습니다. 핀란드에서 박사학위를 받고 오신 서현수 박사가 확인해 주셨습니다. 현직 교사 300분이 작업했습니다. 현장을 모르는, 학생의 성장과 발달을 체험하지 못한, 그 일의 결과가 자신의 교육 환경과 조금도 관계가 없는 교수가 작업한 것이 아니었습니다. 자기 일은 자기가 해야 합니다. 대한민국 교사는 각성해야 합니다. 법적으로 교육과정을 계획하고 실행하는 일 하나만 하면 되는 자가 교사입니다. 집단지성으로, 협력하여 우리의 일반 교육과정을 만들지 못하면서 개별 교육과정, 교사 교육과정을 만들겠다는 것은 정도正道가 아닙니다.

왜 2014 핀란드 핵심 교육과정을 새로운 형식과 내용으로 만들었을까? 저의 가설적 대답은 2년의 연구 과정을 통해 윤곽을 갖추었습니다. 전 세계적인 정치 보수화의 흐름과 연결되어 있습니다. 계속 보수

정부가 집권하여 신자유주의·신보수주의 교육을 강요합니다. 교육 예산을 지속적으로 축소합니다. 이제 학교 예산이 부족하여, 헌책 물려주기는 선택이 아닌 필수입니다. 평가 부분에서 확인할 수 있듯이 형식적으로 국가적 평가 기준이 도입되었습니다. 공동체의 정체성 교육이 강화되었습니다. 모든 학생의 성장과 발달을 위한 교육, 종합 교육, 보편 교육을 위협하는 이런 도전적인 과제들을 해결하기 위해 새로운 형식과 내용으로 대응했습니다. 전문가인 교사가 인류 보편의 가치를 지키기 위해 선도적으로 펼친 결사 투쟁의 땀과 피가, 핀란드 교사들의 집단적 자유의지가 창조적으로 펼쳐져 그려 낸 절경이 이 책에 담겨 있습니다.

우리는 텍스트를 읽으며 초등학교 1~2학년 수준의 읽기 능력을 펼치고 있습니까? 이 공문을 작성한 놈이 '나향욱' 같은 놈인지 아닌지 질문하고 확인해 본 적이 있습니까? 왜 이런 공문으로 현장을 괴롭히는지 집단적으로 논의하며 답을 찾아간 적이 있습니까?

우리는 생활에서 초등학교 1~2학년 수준의 민주주의를 실천한 적이 있습니까? 공동체의 대표를 선출한 적이 있습니까? 민주주의를 무시하고 독단으로 흐르는 자들에게 저항하기 위해 논의하고, 알리고, 시위를 해 본 적이 있습니까? 일반으로서 대한민국 교사의 대답은 '없습니다'입니다.

자신이 진정 진보교육을 실천하고 있는지 깊은 반성이 있어야 합니다. 뼈저린 각성과 비장한 결의가 필요합니다. 무지를 깨닫고 질문을 던지며 새롭게 한 걸음 나아가야 합니다. 이 책에서, 우리보다 조금 먼저 그 방향으로 나아간 동시대 또 다른 우리의 실천을 확인할 수 있습니다.

고마운 분들

먼저, 중등 교과 자료집 사업을 제안하고 마칠 수 있도록 지원과 격려를 보내 주신 전국교직원노동조합 참교육실 담당자들에게 고마운 마음을 전합니다.

연구 과정에서 도움을 준 초등교육과정 연구모임 선생님들 그리고 저와 함께하시는 여러 연구회 선생님들의 지적과 격려가 없었다면 여기까지 오지 못했습니다.

다음으로, 한 걸음 더 나아가도록 정신적 지주가 되어 주신 모든 분들에게 감사의 마음을 전합니다. 특히, 교수와 학습이 아니라, 교수-학습이 아니라, 교수·학습이 아니라, 교수학습을 사용하여 더딘 세상 변화에 좌절하려는 저에게 한 걸음 더 나아갈 용기를 주신 박남기, 송원재, 심성보, 이윤미 교수님, 이찬승 대표님 고맙습니다. 제가 읽는 시간보다 연구하는 시간이 더 많아 읽은 책이 워낙 적습니다. 여기에 언급하지 못한 많은 분에게도 같은 마음입니다.

마지막으로, 내용을 섬세하게 검토해 주신 출판사 직원 여러분과 이 책을 출판하자고 제안하고 후원해 주신 정광일 사장님에게 고마움을 전합니다.

2019년 2월

배희철

차례

2부 핀란드 핵심 교육과정 2014 총론 들여다보기

표와 그림 차례

1부

핀란드 핵심 교육과정 2014 연구:
포괄적 실행능력을 중심으로

I.
들어가며

1. 연구 필요

2017년에 2014 핀란드 핵심 교육과정을 살펴봤습니다. 포괄적 실행 능력을 집중 조명했습니다. 연구 결과를 근거로 주장하고 싶은 것이 있었습니다. 네 가지로 나누어 이야기했습니다.

첫째, 핀란드 교육의 본질을 파악해야 합니다. 핀란드 교육 사례를 일시적 유행으로 치부하는 것을 경계해야 합니다. 교육개혁, 교육혁신의 사례로 핀란드를 참고하고자 한다면, 감각적인 것에 만족해서는 안 됩니다. 교실에서 벌어지는 현상을 구경하는 것에 자족해서는 안 됩니다. 그 너머를 봐야 합니다. 적어도 교육과정을 들여다봐야만 합니다. 교육과정에 교육혁신의 체계가 녹아 있습니다. 그 나라 교육이 가고자 하는 방향이 담겨 있습니다. 교육을 보는 관점, 철학, 이론이 어떻게 현실과 결합했는지를 알 수 있습니다. 현상을 넘어 본질에 접근하는 가장 핵심적인 활동이 국가교육과정을 살펴보는 것이라 확신합니다.[1]

둘째, 핵심역량이 무엇인지 직시해야 합니다. 세태를 보면, 핵심역량은 21세기 초 세계 교육을 관통하는 유행어입니다. 2015 개정 교육과정은 핵심역량 반영 교육과정입니다. 2018년, 초등학교 3~4학년까지

적용했습니다. 2019년에는 5~6학년과 중학교 2학년에 적용합니다. 솔직하게 이야기하겠습니다. 핵심역량을 반영하여 교육과정을 운영한다는 것이 무엇인지 모르겠습니다. 어떻게 하는 것인지 정말 모르겠습니다. 이 분야를 연구했기 때문에 모릅니다. 연구하지 않았다면, 그냥 그렇게 하면 된다고 쉽게 생각했을 것입니다.

『생각과 말』을 번역하며 새겨 둔 괴테의 이야기입니다. 외국어를 모르면 모국어도 모른다는 비유가 있습니다. 하나만 들여다봐서는 그 하나도 알 수 없다는 통찰입니다. 비교할 다른 것이 적어도 하나는 있어야 합니다. 우리 것을 더 잘 이해하기 위해서 핀란드 핵심 교육과정에 반영된 '핵심역량', 포괄적 실행능력을 살펴보자는 것입니다. 최소한 비교·대조의 과정을 거쳐야 우리 교육과정에 반영된 핵심역량을 학교에서 실천하는 작업이, 첫걸음이 가능합니다. 비슷한 점과 다른 점을 찾아보는 단순한 지적 작업, 기초 작업, 생각 활동을 건너뛸 수는 없습니다. 본 연구는 분석하고 종합하는 과정까지 나아갈 엄두를 내지 못했습니다.

셋째, 지역 수준 교육과정이 나아갈 방향을 제시해야 합니다. 혁신학교와 학교혁신이 나아갈 방향이 지역의 특색을 반영하여 다양하게 펼쳐질 수 있는 토대를 마련하자는 것입니다. 2012 경기도 창의지성교육과정, 2013 강원도 창의공감교육과정의 한계를 넘어서야 합니다. 해결해야 할 당면 과제는 학교교육과정을 자율적으로, 구체적으로, 창조적으로 편성할 수 있도록 안내하는 내용을 지역 수준 교육과정에

---

1. 우리나라 국가교육과정은 이권다툼의 휴전협정문입니다. 경쟁의 산물입니다. 평가는 교수학습을 잡아먹으려 하고, 교육 내용을 규정하려고 합니다. 교수학습도 평가와 교육 내용을 규정하려고 합니다. 교육 내용도 마찬가지입니다. 총론은 각론을 규정하려 하고, 각론은 총론과 각을 세웁니다. 각론끼리도 영역 다툼을 합니다. 다 아는 이야기입니다. 이런 정황이 국가 수준 교육과정 문건에 반영되었다는 것을 핀란드 핵심 교육과정 문건을 보고 대조하며 확인할 수 있었습니다. 우리도 상생의 조화를 추구해야 합니다. 그 결과를 담아야 합니다.

담는 것입니다.

핀란드 핵심 교육과정은 이 문제를 해결하는 데 필요한 구체적인 내용을 담고 있습니다. 지역 수준 교육과정에 담을 수 있는 것이 무엇인지, 교육 전문성을 발휘해야 할 영역이 무엇인지, 우리의 부족한 점이 무엇인지 구체적으로 생각할 수 있는 고민거리를 던지고 있습니다. 업무 정상화가 이루어지면, 그 많은 업무가 지역 수준 교육과정에 체계적으로 담겨야 한다는 이야기를 우리에게 들려주고 있습니다.

넷째, 세계 교육의 흐름을 파악해야 합니다. 패러다임이 전환되었다는 말을 20년 동안 매년 듣고 있습니다. 20개의 패러다임이 있었는지, 10개나 있었는지, 2개나 있었는지 대답할 수 있는 분 있습니까?

지난 30년 동안 세계 교육은 하나의 길로 나아가고 있습니다. 학술적으로, 하나의 패러다임뿐이었습니다. 하나의 이론뿐이었습니다.[2] 비고츠키의 문화역사적 이론이 학자 수준에서 세계 교육의 패러다임으로 군림한 지 한 세대가 지났습니다. 이제는 교육 실천에도 지대한 영향을 미치고 있습니다. 최근에는 서방 세계 국가교육과정의 행간에서도 쉽게 확인할 수 있습니다. 2014 핀란드 핵심 교육과정에서도 쉽게 확인할 수 있습니다.

연구자 개인에게 해당하는 사항입니다. 국가 수준 교육과정에 반영된 문화적 능력을 핵심역량 혹은 포괄적 실행능력으로 명명하는 것보다 더 중요한 것은 그것의 연계와 위계를 파악하는 것입니다. 긴 시간에 걸쳐 체계적으로 실천할 수 있는 경로를 확보하는 것입니다. 그게 발달교육의 골격이기 때문입니다.

---

2. 『비고츠키와 발달교육 1』맨 마지막 글은 유네스코가 이러한 이론이 무엇인지 전 세계 모든 교육자가 공유해야 한다고 안내한 논문입니다. 패러다임을 언급하실 분은 꼭 읽고 빅 패러다임이 무엇인지 확인하셔야 합니다. 이 기조에 어긋한 작은 패러다임은 거짓이기 때문입니다.

본 연구는 이러한 네 주장의 타당성을 담보해야 합니다. 이를 위해 핀란드 핵심 교육과정에 반영된 비고츠키의 영향을 확인하고, 국가 수준 교육과정에 반영된 능력(핵심역량)을 이해할 수 있는 잣대를 찾아보고자 했습니다. 천변만화하는 교실에서 교사가 자유자재로 발달교육을 실행하는 날을 꿈꿉니다. 이를 위해서는 먼저 과학적인 이론에 근거하여 발달교육을 체계적으로 이해하는 작업에 착수해야 합니다. 이를 위한 긴 여정에 든든한 디딤돌이 필요했습니다.[3] 마중물의 역할을 하고자 합니다.

2. 연구 방법

임유나[2017: 148]의 연구 방법을 모방했습니다. 본 연구는 자료를 분석하고 종합하는 문헌연구입니다. 분석 대상으로 삼은 가장 중요한 문헌은 핀란드 핵심 교육과정입니다. 언어의 장벽 때문에, 영문 번역본인 「National Core Curriculum for Basic Education 2014」[2016]를 참고했습니다. 이를 분석한 2차 자료도 참고했습니다. 나아가 영문 번역본인 「National Core Curriculum for Basic Education 2004」도 다시 검토했습니다.[4] 그리고 둘을 비교하고 대조했습니다. 10년의 흐름, 변화, 진전을 맛보았습니다.

---

3. 교육은 과학이며 예술입니다. 준비는 교육과학 차원에서 행해져야 합니다. 인간 발달을 과학적으로 규명해야 합니다. 그래도 실제 펼쳐지는 장면은 예측하지 못한 수많은 난관을 돌파하는 예술의 차원입니다. 올바른 실천을 위해, 대중이나 역사가 아닌 진리를 잣대로 교육을 과학으로 정립해야 합니다. 이는 21세기에 교육을 연구하는 자의 숙명과 같은 업보입니다. 인류가 교육 분야에서 이룩한 거대한 진전입니다.
4. 2008년 연구를 반성했습니다. 국내 번역본만 살폈던 과오를 반성했습니다. 2장에 구체적인 사연을 담았습니다.

임유나2017와 저의 연구에 차이가 있습니다. 가장 중요한 차이는 저는 핀란드 핵심 교육과정의 내용을 한 차원 더 구체로 내려가 살폈다는 것입니다. 후속 연구의 장점입니다. 꼼꼼하게 읽었습니다. 번역하듯 읽었습니다. 결국은 번역을 했습니다. 후속 연구가 필요할 만큼 너무 많은 새롭고 흥미로운 내용을 접했습니다. 여기에 절반도 담지 못했습니다. 몇 년에 걸쳐, 여러 편의 연구 보고서를 작성해야 할 정도입니다.

세세한 차이도 있습니다. 저는 2차 자료도 참고했습니다. 옆길로 나가 2014 핀란드 핵심 교육과정을 동시대 유럽의 다른 나라 국가교육과정과 비교했습니다. 심지어 동유럽 국가의 교육과정도 살펴보았습니다. 유럽연합의 보고서도 읽었습니다. 리투아니아가 학습능력을 키우기 위해 제작한 학생의 자기 평가 매뉴얼은 인상적이었습니다. 많은 영감을 주었습니다. 후속 연구에 담을 계획입니다.

연구 방법에 약점이 있습니다. 핀란드에서 2014 핀란드 핵심 교육과정을 만드는 긴 과정에 펼쳐진 논의를 제대로 살피지 못했습니다. 간단한 홍보물의 내용을 확인하고 언론에 보도된 내용을 점검하는 것에 한정했습니다. 이는 연구 과정에서 제가 내린 단정을 가설 수준에 머물게 했습니다.[5]

---

5. 예를 하나 들어 보겠습니다. '2014 핀란드 핵심 교육과정은 구성주의교육의 몰락을 웅변한다.' 이를 반박할 여지가 없도록 실증하지 못했습니다.

　2017년 가을 일본은 10년 만에 국가교육과정을 개정했습니다. 교육과정 문건에 '능동적 학습'이라는 표현을 남길 것인지 뺄 것인지를 마지막까지 논의했다고 합니다. 결국 삭제하기로 했습니다. 그 표현이 연상시키는 것이 개정의 취지를 훼손할 것이라는 걱정 때문이라고 합니다. 구성주의를 연상시키는 학습자의 능동적 학습이 국가교육과정에서 철저하게 박멸되고 있는 최근 일본의 흐름입니다.

　마찬가지로 핀란드에서도 구성주의를 연상시킬 수 있는 몇몇 표현이 사라졌습니다. 이런 논의 과정을 거쳤을 것이라고 추측을 했지만, 증거를 제시하지 못했습니다. 조사 작업을 하지 않았습니다. 언어 때문이라고 변명하겠습니다. 이렇게 구성주의교육 몰락의 한 사례라는 단정은 아직은 가설에 불과합니다.

3. 연구 성격

가. 일반

이 글은 연구 보고서를 가필한 것입니다. 골격이 된 연구는 전국교직원노동조합 전문산하기구인 참교육연구소의 의뢰로 실행되었습니다. 2017년 정책연구 과제로 2014 핀란드 핵심 교육과정(이하 2014로 약칭) 연구가 채택되었습니다. 이것이 연구의 성격을 규정하는 가장 중요한 측면입니다.

국가 수준 교육과정과 관련된 전교조의 연구는 초기부터 참교육과정을 개발하려는 목표를 분명히 했습니다. 7차 교육과정 투쟁과 맞물려 연구는 목적의식적으로 진행되었습니다. 20년 전 일입니다. 누적된 결과물을 전국참교육실천보고대회 자료실에서 확인할 수 있습니다. 20년이 지났지만 아직 전교조는 참교육과정의 골격을 완성하지 못했습니다.[6] '협력으로 학생의 성장과 발달을 지향하는 교육'이라는 방향만 암묵적으로 합의했을 뿐입니다.

본 연구는 전교조가 암묵적으로 합의한 방향에 뼈와 살을 붙이는 방안을 모색했습니다. 정책적 대안을 찾기 위한 행군에 나설 수 있도록 교두보를 확보하고자 했습니다. 다른 연구자들이 전진할 수 있는 기반을 마련하고자 했습니다. 혁신학교운동의 성과를 담아낼 틀을 제안하여 한 단계 높은 수준에서 논의가 전개될 수 있는 분위기를 조성하고자 했습니다.

---

6. 왜 이런 실패가 계속되었는지 제 소견을 밝히겠습니다. 우리의 참교육을 실천하고 보고해야 할 대회가 나의 참교육을 실천하고 자랑하는 대회로 전락했기 때문입니다. 30년의 세월로 이제 화석처럼 단단한 관행이 되었기 때문입니다. 대회의 성과는 참석한 조합원의 수가 아니라 과학적으로 검증된, 합의된, 결의한 참교육의 내용입니다. 평화로운 분과별 협동의 방식이 아니라 시끄럽게 논쟁하고 갈등하는 분과 간 협력의 방식으로 일하지 않았기 때문입니다. 노동조합의 노동 방식이 노동조합이 해결해야 할 당면 과제입니다.

본 연구는 참교육과정 제정을 위한 활발한 논의와 본격적인 연구를 예비하려 했습니다. 본 연구는 안내를 위한 실험적인 연구입니다. 연구의 범위를 좁게 보면, 본 연구는 성장과 발달의 교육을 표명한 핀란드 국가 수준 교육과정을 먼저 읽어 보고 참고할 만한지 느낌을 정리하여 의견을 만들어 제출하는 것입니다. 2014 핀란드 핵심 교육과정은 성장과 발달의 교육을 지향합니다. 이번 한 번으로 불가능하겠지만, 넓게 보면, 활발한 논의와 본격적인 연구를 할 만한 것인지 명확한 의견을 제출해야 합니다. 마침표를 찍어야 합니다. 이를 위해 몇 번이고 읽고 또 읽어 가며 꼼꼼하게 짚어 봐야 합니다. 국내와 국외를 구분하지 않고 여러 연구자의 의견을 들어 봐야 합니다. 다른 국가 수준 교육과정과 비교·대조하며 어떤 점이 참고할 만한지 어떤 점이 부족한지 짚어 내야 합니다.

이러한 노력은 최종적으로 이질적인 것들의 누더기인 현 2015 국가 수준 교육과정이 체계적인 국가 수준 교육과정으로 나아가게 할 것입니다. '교육자들이 행한 20세기 최악의 범죄 행위(구성주의교육)'에 마침표를 찍어야 합니다.[7] 21세기에도 반복하는 작태는 어떤 이유로도 정당화될 수 없습니다. 몰랐다는 변명이 통하지 않습니다. 교사에게 몰랐다는 것처럼 부끄러운 변명은 없습니다. 교사가 책을 읽는 모범을 학생에게 보이는 게 독서교육의 시작이기 때문입니다.

---

7. 이러한 과제를 지원하는 내용을 담은 책을 점점 많이 접할 수 있습니다. 『일곱 가지 교육 미신』은 구성주의교육으로 벌어진 작태를 미신이라 질타했습니다. 『왜 학생들은 학교를 좋아하지 않을까?』는 구성주의교육으로 미망에 빠진 세태를 인지과학의 성과로 조롱했습니다. 『최고의 교수법』은 스승의 연륜과 통찰로 구성주의교육 흐름에 휩쓸린 교사의 미몽을 깨우고 있습니다. 『교육철학 탐구』는 정치적으로 오용된 구성주의교육이 학문 세계에는 한 세대 전에 이미 사망 선고를 받았다고 증언하고 있습니다.

나. 개별

2008년에도 정책연구를 진행했습니다. 결과물의 제목은 「핀란드 교육과정과 비고츠키」입니다. 2004 핀란드 핵심 교육과정(이하 2004로 약칭)을 살펴보았습니다. 거기서 비고츠키의 흔적을 찾았습니다.

이번에는 10년 만에 개정된 2014를 연구했습니다. 두 번째로 핀란드 핵심 교육과정을 연구하는 것입니다. 지난 연구를 반성하는 계기가 되었습니다. 나아가 10년 후에 세 번째 핀란드 핵심 교육과정 연구를 진행할 포부를 품었습니다. 10년 후를 예상하고 확인해야 할 지점을 찾는 작업이기도 합니다. 이렇게 보면, 본 연구는 20년에 걸쳐 진행될 세 번의 핀란드 핵심 교육과정 연구의 반환점에서 진행되는 연구입니다.

지난 연구에서 교육과정에 반영된 비고츠키의 흔적으로 고등정신능력 몇 개를 제시했습니다. 그 후 후속 연구를 진행했습니다. 2016년에 출판한 책배희철, 2016, 『비고츠키와 발달교육 1』 3부의 7장과 8장에 그 결과를 담았습니다. 7장 「핀란드 교육과정」에는 국어와 수학 교과 교육과정에서 자발적 주의능력과 개념형성능력과 관련된 내용을 찾아 담았습니다. 8장 「핀란드 수학 교과서로 본 자발적 주의능력」에서는 구체적인 교육 자료에 어떻게 고등정신능력을 반영했는지 살펴보았습니다. 본 연구는 개인적으로 2014에 반영된 또 다른 비고츠키의 흔적을 찾는 과정이기도 합니다. 학술적으로 표현하면, 핀란드와 러시아의 교육과정 협력연구의 성과를 확인하는 과정이기도 합니다. 2014에 발달교육이 얼마나 반영되었는지 확인하는 과정입니다.

2009년 초 교육과정을 개정하면서 MB정부는 핵심역량을 2009 개정 교육과정에 담으려 했습니다. 총대를 멘 곽병선 회장의 글을 비판했습니다.배희철, 2011: 115-120 2015 개정 교육과정을 논의하는 과정에서도

GH정부가 제안한 핵심역량을 비판했습니다.[배희철, 2014] 공청회와 국회 토론회에서도 이에 대한 입장을 밝혔습니다. 그 후에도 핵심역량을 염두에 두고 학력을 논의했습니다.[배희철, 2016b] 2015년 고민에 작은 마침표를 찍고 싶었습니다. 이론적 측면에서 핵심역량을 어떻게 봐야 하는지 제 입장을 명료하게 정립하고 싶었습니다.

4. 연구 동향

통상의 보고서라면, 연구 동향에 최근 전개되고 있는 교육과정 연구 흐름을 담습니다. 저명한 연구자들의 연구 내용을 인용하여 쭉 배열합니다. 수중에 그런 자료가 없습니다. 연구 흐름을 세세하게 살펴야 필요도 느끼지 못했습니다. 하나의 길로 나아가고 있다고 확신하기 때문입니다. 본문에서 언급한 장구한 교육혁명의 그 길이 필연이기 때문입니다.

주요 독자인 교사가 참고할 자료를 안내하는 것이 더 바람직하다고 판단했습니다. 셋으로 나누어 연구 동향을 채웠습니다. 책, 교과서, 논문으로 나누어 읽어 보면 좋을 자료를 안내했습니다.

가. 책

"우리나라에서 최근 4~5년 사이에 핀란드 교육에 대한 관심이 증폭되었다"는 문장으로 2008년 연구 보고서를 시작했습니다. 현재까지도 그 흐름은 이어지고 있습니다. 다방면에서 한층 심화됐습니다.

연구 보고서에 담을 수 있었던 책은 『핀란드 교육의 성공』[후쿠타 세이지, 2008]뿐이었습니다. 다음 해에 그의 책 『핀란드 교실혁명』이 또 소개되었습니다. 여기 언급하지 않았지만 참고할 수준의 좋은 책이 여러 권 소개되었습니다.

2010년에 국내 교육 전문가의 글이 출판되었습니다. 『핀란드 교육 혁명』이 그것입니다. 왜 핀란드 교육에 관심을 가져야 하는지에 초점을 맞추었습니다. 함께 핀란드를 다녀온 39분의 각양각색의 이야기를 담았습니다. 시인 도종환은 여는 시 「북해를 바라보며 그는 울었다」를 썼습니다. 나를 선동했습니다. 1부 1장과 2부 1장[배희철, 2016a]을 이 시를 분석하며 감탄한 내용으로 색칠했습니다.

책은 크게 네 부분으로 구성되어 있습니다. 1부 핀란드에서 우리 교육을 생각하다, 2부 교육천국 핀란드의 학교를 가다, 3부 핀란드 교육 성공의 역사적 배경과 사회문화적 조건, 4부 핀란드 교육, 어떻게 성공할 수 있었나, 이렇게 네 부분입니다. 서방 세계에는 사회적 구성주의 학습의 근거로 비고츠키를 내세우는 흐름이 있었습니다. 그런 흔적이 이 보고서 묶음에도 남아 있습니다. 이는 단점입니다. 하지만 2018년에도 대한민국 교육관료 대다수가 그 수준을 넘지 않는 현실을 고려하면 큰 흠은 아닙니다.

2014년에 교사들의 기행문이 더해졌습니다. 『북유럽 교육 기행』이 그것입니다. 핀란드의 '시수' 정신을 들으며, 제주도의 '수눌음'을 연상했다고 합니다. 배희철[2016]이 대한민국 교육을 우물 안 교육이라고 단정하는 데 이 책의 도움을 받았습니다. 이 책을 소개한 까닭이 있습니다. 조선일보[2017. 9. 25] 기사 때문입니다. 제목은 「핀란드 간 교사들, 15년째 "숙제 안 내요?" 똑같은 질문」입니다. 선정적입니다. 앞으로는 준비하고 해외연수 가야 합니다. 해외연수 가서 그 나라 교육을 평가하셨지만, 그 평가하는 활동을 통해 여러분이 평가받는다는 사실을 잊지 말아야 합니다. 당신이 대한민국 교사 일반으로 평가받는다는 사실을 잊지 말아야 합니다.

핀란드 교육 전문가의 책도 소개되었습니다. 핀란드 교육혁명의 영웅, 에르끼 아호가 2010년에 등장했습니다. 『에르끼 아호의 핀란드 교육개혁 보고서』에 있는 내용입니다. "1990년 이후 핀란드의 학교들에는 가르침과 배움teaching and learning에서 의미 있고 지속가능한 변화를 일으키기 위해서는 학교문화가 변해야 한다는 인식이 폭넓게 형성되었습니다."78쪽 교수학습teaching and learning이 2014 본문에 처음 등장했습니다. 학교문화가 2014에 처음으로 차례에 등장했습니다. 1부 4장 1절과 2절에 담겨 있습니다. 2부 4장에 2014에 담긴 내용을 전부 담았습니다.

2016년에는 파시 살베리의 책도 소개되었습니다. 『핀란드의 끝없는 도전』에서 그는 왜 지속적인 교육개혁을 시도해야 하는지 설명했습니다. 원 제목은 『Finnish Lessons』입니다. 2011년 출판된 책입니다. 핀란드에서 진행되고 있는 교육 변화로부터 세계가 배울 수 있는 것을 안내한 책입니다. 2014년에 번역 여부를 검토하며 읽었습니다. 공간 혁명만큼이나 시간 혁명이 필요함을 배웠습니다. "… 핀란드 교사들은 자율적으로 근무 계획을 세우지만 대개 45분 수업 후에 15분간 휴식을 취한다."207쪽 정확한 의미는 이렇습니다. 학교는 자율적으로 수업 시간과 쉬는 시간을 정합니다. 그럼에도 여전히 통상적으로 45분 수업 후에 15분 휴식을 취합니다.90쪽 행간에는 시간 혁명이 제대로 펼쳐지지 않는 것을 갑갑해하는 한숨이 담겨 있습니다. 교육혁명에서 시간 혁명이 가장 어렵습니다. 세계 교육혁명사가 증언하고 있는 바입니다. 아직까지는 나의 개인적 단정입니다. 급별에 관계없이 수업 후 10분

휴식하는 대한민국 교육 시간 프레임을 언제나 해체할 수 있을지 갑갑합니다.

2017년에도 의미 있는 책이 두 권이나 소개되었습니다. 『우리는 미래에 조금 먼저 도착했습니다』가 봄이 왔음을 알렸습니다. 거대 담론을 제시했습니다. '과거로 되돌아간 미국 대 미래가 먼저 온 노르딕'이라는 거대한 대조를 구경할 수 있었습니다. 교실에서 지내는 시간이 적은데도 뛰어난 성적을 올리는 까닭은 학교에서 시간을 효율적으로 쓰기 때문입니다.[167쪽] "교사들은 자신들의 수업 계획에 맞게 일정을 자유롭게 정한다. 표준화된 시험은 없지만, 학교는 학교 수업이 중요하다는 명확한 신호를 학생들에게 분명하게 준다. 학교는 학기 중에 수업을 취소하는 일이 거의 없으며, 교사는 학생의 발달과정[8]을 불철주야 살피며 만약 뒤처지는 학생이 있으면 도움을 준다."[167쪽]

이 책은 쉽지만 거대한 차이로 인도합니다. 저에게도 인상적인, 도발적인 제안이 있습니다. 교육혁명을 꿈꾼다면 이런 질문을 계속해서 던져야 합니다.

'국가를 위해 내가 무엇을 할지 질문하지 말고,
국가가 나를 위해 무엇을 할지 질문하라'[6장 제목]

여름의 무더위 속에 『핀란드 교육의 기적』이 태어났습니다. 이 책은 이전 책들과 결이 다릅니다. 원 저자들도 대학교수고 번역자들도 대학교수입니다. 두 나라 교육 전문가가 교육 내적인 부분을 다룬 첫 번째 책입니다. 부제를 보면, 핀란드 학교의 교수학습에 담긴 원리와 실천을

---

8. 학생의 발달과정을 학생이 발달하는 과정을 압축한 표현으로 읽었습니다.

드러내겠다는 의도를 읽을 수 있습니다. "… 가르치고teaching-공부하고studying⁹-배우는learning 과정의 총체성…"94쪽, "가르침을 통한 학습자의 도야"101쪽, "도야는 개인의 재능과 능력들을 개발하는 것과 더불어 사회의 발전도 아우른다."102쪽 이들 표현은 2014를 이해하는 데 큰 도움이 되었습니다. 비고츠키의 다음발달영역103쪽도 만날 수 있었습니다. 카멜레온(단편 소설)을 공부하며 푸는 연습문제(활동과제)232~235쪽 12개는 충격이었습니다. 중학생이 이런 문제를 해결한다니 믿을 수가 없었습니다. 국어 교사라면 꼭 확인해 보기를 권합니다.

나. 교과서

솔빛길 출판사에서 핀란드 수학 교과서를 소개했습니다. 초등학교 12권과 중학교 3권을 출판했습니다. 2014 연구에 도움이 되었습니다. 중학교 교과서 서문을 아래에 인용했습니다. 구성주의교육과의 차이를 선명하게 드러내고 싶기 때문입니다.

학생들에게

종합학교 고학년을 시작하는 것을 환영합니다! 여러분의 손에는 지금 새로운 7학년 수학 교과서가 들려 있습니다. 종합학교 고학년 수학 과목은 쉽지 않은 과목이지만, 여러분 모두 아래에서 제시하는 것을 잘 따라 하면 누구나 수학을 잘할 수 있습니다.

• 수업시간에 집중해서 잘 듣고, 이해가 안 될 때는 질문하세요.

---

9. 2017년 연구 과정에서는 논증할 생각도 하지 못했습니다. 공부하고(studying)가 동양(쿵푸)의 발달교육이 아닌 러시아 발달교육의 영향이라는 예단을 남기겠습니다. 추후 연구를 통해 논증하도록 하겠습니다.

- 숙제가 있으면 꼭 하세요. 직접 풀어 봐야 수학실력이 늘게 됩니다.
- 공책은 깨끗이 쓰는 습관을 가지세요. 자를 사용하세요. 필기가 깔끔해야 본인도 잘 알아볼 수 있습니다.
- 계산기는 필요할 때 절제해서 사용하는 습관을 들이세요. 암산을 연습하는 것이 좋습니다.

연습만이 전문가를 만든다!

중학교 1학년 교과서입니다. 전통적인 교육 개념만이 난무합니다. 과거 대한민국 초등학교 선생님이 수학 시간에 하던 이야기들입니다.

1989년 NCTM은 계산기 사용을 격려했습니다. 대한민국 초등 수학은 이를 아직까지도 안내합니다. 이런 구성주의적 대한민국 초등 수학과 위의 내용은 궤가 다릅니다. 정반대입니다. 모든 학생의 성장과 발달을 위해, 학습능력의 기본을 강조하고 있습니다.

다. 논문

단행본이 아닌 자료를 살펴보겠습니다. 2004 연구할 때, 강영혜[2008], 안승문[2008], 채재은·이병식[2007]을 참고했습니다. 2017년, 국회전자도서관에서 '핀란드 교육과정'을 검색했습니다. 96개의 자료를 찾았습니다. 일부 자료를 본 연구에 참고했습니다. 교육과정평가원과 한국교육개발원에 있는 단편적인 자료도 참고했습니다. 꼼꼼하게 검토한 자료는 윤은주[2015b]와 임유나[2017]입니다.

윤은주[2015b]를 통해, 2014 전반을 이해하는 데 필요한 배경지식을 체계적으로 확보할 수 있었습니다. 개편의 중점을 알 수 있었습니다.

"개편은 명분why과 내용what이 아니라 방법how에 중점을 둔다."12쪽[10] 이 개편의 중점이 2004와 2014의 외형적인 큰 변화에 현혹되지 않고 그 흐름의 본류를 찾는 지침이 되었습니다. 윤은주2015b: 18에 따르면, 이번 개편의 특징을 세 가지로 요약할 수 있습니다. 포괄적 실행능력(핵심역량), 다분과 학습 모듈(교과목 간 협력학습), 형성평가입니다.

임유나2017는 저와 동일한 연구 대상을 선택했고 비슷한 연구 자료와 방법을 사용했습니다. 2014의 체계와 문화적 능력(핵심역량) 구현 방식을 드러내고자 했습니다. 실천을 위한 시사점과 제안도 했습니다. 본론을 작성하며 임유나2017의 연구 결과를 참고했습니다.

음미할 가치가 있는 내용을 외딴섬처럼 남기겠습니다.

하나, "1960년대 후반 이후 학교 시스템의 성공 여부가 교육과정의 질과 매우 밀접하다는 인식이 형성되면서, 교육과정 개정은 핀란드 교육개혁의 중점으로 자리매김하였다."윤은주, 2015a: 382, 148쪽

둘, "이러한 교육과정 체제는 궁극적으로 '교수·학습Teaching and Learning을 지원하는 것을 목표로 하며, 교수·학습 지원의 개념에는 학습에서의 성취 측면만이 아니라 학생 복지의 개념도 내재되어 있다. 또한 교과 내용 자체보다는 학습의 목적과 학습의 과정에 관련된 조건들이 교육과정 및 교수·학습의 질을 좌우하는 중요한 요소로 인식되고 있다."kauppinene, 2016: 12~14, 149쪽

셋, "핀란드 교육의 성공지표로 여겨져 온 PISA에서의 우수한 성취

---

10. 윤은주(2015b: 12)는 다음과 같은 예를 들었습니다. "호기심을 향상시키려면 질문을 허용하라 혹은 이해를 증진시키고자 한다면 다른 과목에서 배운 지식과 기능을 결합하라 등 방법에 초점을 두어 개편을 진행한다는 것이다. 그렇게 함으로써 학교가 성장 공동체로서, 또 학습 환경으로서 발전하게 된다는 것이다(FNBE, 2014)."

도는 핀란드 종합학교의 철저한 개념중심 교육이 크게 기여한 것으로 인식되어 왔다."167쪽[11]

5. 연구 개관

연구자는 2014 핀란드 핵심 교육과정에서 국가 수준, 지역 수준, 학교 수준 교육과정 실천에 참고할 내용을 찾았습니다. 특히나 협력으로 학생의 성장과 발달을 지향하는 교육에 도움이 될 내용을 찾았습니다. 동시에 개인적 과제인 비고츠키 발달교육과 관련된 질을, 핀란드 핵심 교육과정 개정의 공과를, 핵심역량 연구의 돌파구를 찾았습니다. 하지만 이런 의도를 제대로 관철하지 못했습니다.

일차 연구 결과물을 핵심역량과 관련된 포괄적 실행능력을 중심으로 정리했습니다. 연구자의 연구 과제는 여럿이었습니다. 욕심이 많았습니다. 하지만 많은 부분에서 나름대로 성과가 있었습니다. 여기에 다 제시하지 못했습니다. 보고서 체계를 위해 결과물을 일관성 있게 정리해야만 했습니다. 2014에서 포괄적 실행능력과 관련된 내용을 중심으로 묶어 냈습니다. 다음과 같이 보고서를 간결하게 작성했습니다.

2장은 사족입니다. 개인적인 차원의 글입니다. 지난 연구의 치명적인 실수를 기록했습니다. 두고두고 반성하기 위함입니다. 제대로 하지 않았던 지난 연구로 인해 이번 연구를 진행하는 것이 어려웠습니다. 연구 결론과 연결하면, 과거와 현재가 밀접하게 이어지고 있었습니다. 포괄적 실행역량의 모든 씨앗이 과거에 뿌려졌다는 것입니다. 범교과

---

11. 바로 앞 각주에서 언급한 공부처럼 개념중심 교육도 러시아 발달교육의 흔적이라고 추정합니다. 마찬가지로 추후에 논증하겠습니다.

학습 주제가 과거에 있었다는 것을 확인했습니다. 그것이 교과의 내용으로 포괄적 실행능력으로 분화하고 소멸했습니다. 생뚱맞게 2015에 핵심역량이 등장한 것과는 확연하게 달랐습니다.

3장은 외적 측면을 정리했습니다. 차례를 분석하고 그 결과를 담았습니다. 포괄적 실행능력이라는 용어가 새로 등장했고, 차례의 여러 곳에 등장했음을 확인했습니다. 그 의미를 간결하게 제시했습니다. 주마간산하듯 핀란드 핵심 교육과정을 안내했습니다. 전체 모양을 감상했습니다. 그럼에도 고민 지점에 마침표 하나를 찍을 수 있었습니다. 지역 수준 교육과정의 위상과 내용을 확인하는 데 충분한 조치였습니다. 정체된 지역 수준 교육과정 연구와 실천이 계속되어야 함을 절감했습니다.

4장은 내적 측면을 살폈습니다. 관련된 내용을 꼼꼼하게 살펴보았습니다. 포괄적 실행능력과 연결되어 있는 것을 전부 검토했습니다. 각각의 진술이 어떻게 연결되어 있는지 확인했습니다. 종합하여 제시된 체계를 평가했습니다. 2015는 핵심역량 여섯 개를 제시한 수준입니다. 이에 반하여 2014는 각각을 부연하여 진술했고, 교사가 구현할 수 있는 장치를 제시했습니다. 비고츠키 발달교육의 관점에서 핵심역량 반영 교육과정을 분석할 수 있는 방안 하나를 제안했습니다. 한국의 연구자가 치밀하게 살펴봐야 할 지점입니다.

5장은 연구 내용을 정리하고 추후 과제를 담았습니다. 연구 과정과 연구 결과를 간결하게 정리했습니다. 추후 과제는 세계적 추세와 너무 뒤떨어진다는 인식에 근거하여 기본적인 연구부터 시작해야 한다고 주장했습니다. 연구의 주체로 교사를 세우는 기본적인 정책이 필요하다고 제안했습니다.

발달교육을 교육과정에 체계적으로 담는 일을 전략적 과제로 설정하고 총력으로 돌파해야 합니다. 해결할 때까지 대한민국 공교육의 가장 중요한, 가장 긴급한, 가장 핵심적인 과제입니다.[12] 발달교육을 교육과정에 담아야 학력 담론 논쟁은 소멸합니다. 그래야만 논쟁의 소임을 다한 것입니다.

---

12. 정치인이 표 되는 사업에 골몰하는 것은 생존의 문제입니다. 그들 개인의 생존 문제입니다. 절박하지만 개인의 문제입니다. 발달교육을 교육과정에 담는 사업은 정반대입니다. 개인의 생존에 도움이 되지 않는 전체의 문제입니다. 다른 사람이 해내면 따라 하면 되는 그런 문제일 뿐입니다. 이런 분위기가 진보 교육감 시대에도 공교육의 전진이, 혁신학교의 진전이 정체된 원인입니다. 저의 단정입니다. 발달교육을 교육과정에 담는다는 게 무엇인지 몰라서 이 모양일 수도 있습니다. 학력 연구와 관련된 결과물을 보면 갑갑합니다. 체계적으로 자기주장을 펼치지 못하는 무능의 향연입니다. 함께 나아가기 위해 교두보를 확보할 생각을 했다는 흔적을 찾을 수 없었습니다.

II.
2008년 연구 반성

1. 연구의 기본을 잊지 말자!

연구 대상을 직시해야 합니다. 관련 자료를 꼼꼼하게 확인해야 합니다. 연구는 신앙 활동이 아닙니다. '믿습니다!'로 마침표 찍고, 넘어가면 안 됩니다. 2008년 연구는 기본을 준수하지 못했습니다. 2004 영어 자료를 확인하지 않았습니다. 인과응보因果應報였습니다. 2017년 연구는 처음부터 난관에 봉착했고, 기본부터 다시 시작해야 했습니다.

2004의 차례를 확인해야 했습니다. 서울시교육청2007은 장이 8개라고 했습니다. 실제로는 장이 9개였습니다. 대한민국에서 참고할 가치가 없다고 판단한 장 하나를 생략했습니다. 절도 몇 개를 생략했습니다. 그중 하나가 본 연구와 밀접한 관련이 있었습니다. 결정적인 연결고리였습니다. 7장 1절이 그렇습니다. 범교육과정 주제를 다룬 절입니다. 처음에는 상상하기 어려웠습니다. 그게 포괄적 실행능력의 기원이었습니다.

2014 연구를 위해 차례를 견주어 보겠습니다.

[표 1] 2004 영문판과 2007 번역본 차례 비교

2004 영문판	서울시교육청 2007 번역본	비고
1 Curriculum 1.1 Formulation of the curriculum 1.2 Contents of the curriculum	교육과정 1.1 교육과정의 제정 1.2 교육과정의 내용	
2 Starting points for provision of education 2.1 Underlying values of basic education 2.2 Mission of basic education 2.3 Structure of basic education	2. 교육 제공을 위한 출발점 2.1 초·중학교 교육의 이념 2.2 초·중학교 교육과정의 목표 2.3 초·중학교 교육의 구조	underlying values, mission, basic education.
3 Implementation of instruction 3.1 The conception of learning 3.2 Learning environment 3.3 Operational culture 3.4 Working approaches	3. 교육의 실제 3.1 학습의 개념 3.2 학습 환경 3.3 학교문화 3.4 효과적인 학습 방법	Implemen-tation (실행/시행), instruction (수업), conception (개념화), operation culture, working approach.
4 General support for studies 4.1 Cooperation between home and school 4.2 The learning plan 4.3 Provision of educational and vocational guidance 4.4 Remedial teaching 4.5 Pupil welfare 4.6 Club activities	4. 학습 지원 4.1 가정과 학교 사이의 협력 4.2 학습 계획 4.3 교육 상담 및 진로 지도 4.4 보충 수업 4.5 학생 복지 4.6 계발 활동	study(공부), cooperation (협동), provision(제공), guidance(안내) 2006년에는 한국에 클럽 활동이 도입되지 않았음.
5 Instruction of pupils needing special support 5.1 Different modes of support 5.2 Part-time special-needs education 5.3 Instruction of pupils enrolled in or transferred into special-needs education 5.4 Individual educational plan 5.5 Provision of instruction by activity area	5. 특별한 지원이 필요한 학생에 대한 교육 5.1 다양한 지원 5.2 시간제 특수교육 5.3 특수학교에 입학하거나 전입한 학생의 교육 5.4 개별 교육 계획 5.5 활동을 통한 교육	modes (양식, 형태), 한국에 사례가 없어 번역이 어려웠을 것임.

English	Korean	Notes
6 Instruction of cultural and language group 6.1 The Sami 6.2 Romanies 6.3 Sign language users 6.4 Immigrants		(소수) 문화와 언어 집단을 위한 수업. 한국에서 참고할 일이 없어 생략했을 것임.
7 Learning objectives and core contents of education 7.1 Integration and cross-curricular themes 7.2 Studies in mother tongues and the second national language	6. 학습 목표 및 핵심 교육 내용	

7.3. Mother tongue and literature
  Finnish as the mother tongue
  Swedish as the mother tongue
  Sami as the mother tongue
  Romany as the mother tongue
  Finnish sign language as the mother tongue
  Other mother tongue
  Finnish as a second language
  Swedish as a second language
  Finnish for Sami-speakers
  Finnish for users of Finnish sign language
  Swedish for users of Finnish sign language
	6.1 국어와 문학	"7.1 통합과 범교육과정 주제들"이 빠져 있었음. 포괄적 실행능력 연구가 어렵게 진행된 한 원인이 되었음. 번역 작업을 하던 2006년에 번역자는 핵심 역량이라는 개념을 알 수 없었을 것임. 때문에 이 부분이 중요하다는 인식이 없었을 것임.

7.4 Second national language
  Swedish
  Finnish
7.5 Foreign languages
7.6 Mathematics
7.7 Environmental and natural studies
7.8 Biology and geography
7.9 Physics and chemistry
7.10 Health education
	6.2 외국어
	6.3 수학
	6.4 환경과 자연과학
	6.5 생물과 지리
	6.6 물리와 화학
		7.2 모국어와 제2 외국어로 공부 다언어 사회인 핀란드의 특징을 드러내는 내용임.

7.11 Religion
  Lutheranism
  The orthodox religion
  Other religions
7.12 Ethics
7.13 History
7.14 Social studies
7.15 Music
	6.7 윤리
	6.8 역사
	6.9 사회
	6.10 음악
		2006년에는 중학교에 선택교과라는 것이 없었던 것으로 추정했음.

7.16 Visual arts 7.17 Crafts 7.18 Physical education 7.19 Home economics 7.20 Optional subjects 7.21 Educational and vocational guidance	6.11 체육 6.12 가정 6.13 진로 지도 및 상담 활동	
8 Pupil Assessment 8.1 Assessment during the course of studies 8.2 Final assessment 8.3 Principles that inform the preparation of the local curriculum	7. 평가 7.1 과정 중간 평가 7.2 총괄 평가 7.3 졸업 증서와 성적표	핀란드와 한국의 평가 문화가 너무 다름. 평가 부분의 번역은 그런 현실을 그대로 드러냈음.
9 Instruction in accordance with a special educational task or special pedagogical system or principle 9.1 Instruction in a foreign language and language-immersion instruction in the national language 9.2 International language schools 9.3 Steiner-pedagogical in-struction	8. 특수교육 8.1 외국어와 외국어 집중 교육과정 8.2 국제 언어 학교 8.3 스타이너 교육	스타이너 교육은 우리가 알고 있는 발도르프 교육[13]이라고 보면 무난함.

차례를 견주어 보았습니다. 2014 연구에서 해결해야 할 주요 개념을 이해하는 데 필수적인 부분이 생략되었음을 확인했습니다. 2008년 연구할 때는 몰랐습니다. 첫 정책연구를 하며 기본도 지키지 못했습니다. 변명하겠습니다. 모든 첫걸음은 이렇게 어렵습니다. 겉멋에 빠진 신입이 실패하는 일반적인 까닭입니다. 자연스럽게 우러나듯 기본에 충실해야 신입이 끝난 것입니다.

번역본과 원본을 견주어 보며 본문 내용을 살펴봤다면, 2014 읽기

---

13. 핀란드에는 발도르프 교육을 하는 사립학교가 대략 1~2% 정도 있습니다. 나머지는 학교는 공립입니다.

가 이렇게 어렵지는 않았을 것입니다. 2004를 대상으로 한 연구를 더 많이 진행했을 것입니다. '7. 평가'에서 앞부분에 있는 두 문단만 견주어 보겠습니다. 평가 문화가 너무 다르다는 저의 직관을 공유하겠습니다.

발달development이, 일 기술능력work skills이, 인격personality이, 생각 thinking이 2004에 이미 진술되었다는 것을 몰랐습니다. 2014의 핵심 개념인 학습, 성장, 발달이 이미 2004에 진술되어 있었습니다.

한 번 더 스스로에게 이야기합니다. 연구 활동은 신앙이 아니라 과학이어야 합니다. 다른 자료를 참고하거나 인용할 때는 냉정해야 합니다. 많이 의존할수록 더 의심해야 합니다. 그럴수록 검증의 잣대를 확실하게 들어야 합니다. 믿음으로 참고하거나 인용하는 것은 연구가 아닙니다. 연구의 기본을 잊지 말아야 합니다.

[표 2] 2004 영문판과 번역본 평가의 과제와 원리 내용 비교

2004 영문판	2018년 연구자 번역	2007년 서울시교육청 번역본
• Task of assessment The tasks of assessment during the course of studies are to guide and encourage studying and to depict how well the pupil has met the objectives established for growth and learning. It is the task of assessment to help the pupil form a realistic image of his or her learning and development, and thus to support the pupil's personality growth, too.	• 평가의 임무 공부 진행 동안 평가를 실시하는 까닭은 공부를 안내하고 격려하기 위함이고, 성장과 학습을 위해 설정된 목적을 학생이 얼마나 잘 충족하고 있는지를 묘사하기 위함이다. 학생이 자신의 학습과 발달을 제대로 인식하도록 돕고 그에 따라 학생의 인격 성장도 지원하는 게 평가를 행하는 까닭이다.	• 평가의 과제 과정 중간 평가는 학생들의 학습을 지도하고 독려하며, 성장과 학습을 위해 설정된 목표의 성취 정도를 기술한다. 학생들이 자신의 학습의 발전 정도를 파악할 수 있도록 돕고, 학생 개인의 개별적 성장을 지원하는 것도 평가의 과제이다. 〈학습과 발달/학생의 인격 성장〉 인격 성장은 독일의 도야와 밀접하게 연결되어 있음. 러시아는 인격 발달이라고 표현함.

• Principles of assessment
Assessment during the course of studies must be truthful and based on a diversity of evidence. The assessment is to address the pupil's learning and progress in the different areas of learning. The assessment takes into accounting its own role in the learning process. Pupil assessment forms a whole, in which ongoing feedback from the teacher plays an important part. With the help of assessment, the teacher guides the pupils in becoming aware of their thinking and action and helps them understand what they are learning. The pupil's progress, work skills, and behaviour are assessed in relation to the curriculum's objectives and descriptions of good performance.

• 평가의 원리
공부 진행 동안 실시하는 평가는 증거에 충실해야 하며, 다양한 증거에 근거해야 한다. 평가는 학생의 학습과 다른 영역 학습에서의 진척을 다루어야 한다. 평가는 학습 과정에서 고유의 역할을 고려해야 한다. 학생 평가는 전체적이어야 하며, 거기서 교사의 진행 중 피드백은 중요한 역할을 한다. 평가 결과를 활용하여, 교사는 학생이 자신의 생각과 행동을 의식하도록 안내하고 그들이 배우고 있는 것을 이해하도록 도울 수 있다. 교육과정의 목적과 좋은 수행의 기술과 관련하여 학생의 진척, 일 기술능력, 그리고 행동을 평가한다.

• 평가의 원리
과정 중간 평가는 사실적 증거에 근거를 두어야 한다. 평가는 학습의 다양한 영역에서 학생의 학습과 성취 정도를 다루어야 한다. 평가는 학습 과정에서의 역할도 고려해야 한다. 평가는 통합적이어야 하며, 교사의 지속적인 피드백이 중요한 역할을 한다. 평가를 통해 교사는 학생들이 자신의 사고와 행동을 인식하도록 지도하고, 자신들이 배우는 학습 내용을 이해하도록 돕는다. 과정 중간 평가는 교육과정상의 목표와 학업 성취도 기준[14]을 근거로 하여 학생의 학업 성취 수준, 학업능력, 그리고 행동 발달을 평가한다.

---

14. 2006년 공정택 교육감 시절 작업을 했을 것입니다. 조작에 가까운 오역입니다. 시대상을 반영한 실수였을 것이라 생각할 수도 있습니다. 성취 정도, 학업 성취도 기준으로 번역한 것은 일제고사가 들어오던 분위기에 휩쓸린 환상입니다.

2. 조화를 이루자!

2008년 연구 보고서의 2장은 「비고츠키의 발달이론」이었습니다. 7개의 절로 구성했습니다. 발달, 발달 시기, 발달의 결정적 요인, 발달 법칙, 다음발달영역, 다음발달영역과 교육, 일상적 개념과 과학적 개념. 정책연구 주제인 「핀란드 교육과정과 비고츠키」에 이런 구체적인 비고츠키 이야기는 사족이었습니다. 분량을 채웠을 뿐입니다. 비고츠키에 대해 많이 안다고 자랑한 꼴이었습니다. 핀란드 교육과정을 살피는 데 이렇게 많은 발달 개념은, 그렇게 상세한 개념 설명은 군더더기였습니다.

3장도 마찬가지였습니다. 「핀란드 교육과정」이라는 제목 아래에 번역본 내용 일부를 그대로 복사해서 붙여 넣기 한 절들로 구성되었습니다. 인용한 까닭이 무엇인지 진술도 하지 않았습니다. 게다가 연구자의 연구 의도와 맞지 않은 번역 내용도 그대로 소개했습니다. 자료에 투항했습니다. 그 결과 독자뿐만 아니라 연구자도 혼란에 빠졌습니다. 본 연구와 관련이 있는 2004 2장 2절의 두 문단을 살펴보겠습니다.

[표 3]의 내용이 연구에서 어떤 역할을 하는지 고민하지 않았습니다. 정확하게 표현하면, 어떤 역할을 했다는 생각과 느낌도 남기지 못했습니다.

스스로에게 또 이야기합니다. 연구자는 스스로 세운 연구 목적에 복종해야 합니다. 연구 문제를 해결하는 데 집중해야 합니다. 형식과 내용은, 연구 과제와 그 해결 과정의 내용 진술은 조화를 이루어야 합니다.

[표 3] 2004 영문판과 번역본 기본 교육 내용 비교

2004 영문판	2018년 연구자 번역	2007년 서울시교육청 번역본
Basic education must provide an opportunity for diversified growth, learning, and the development of a healthy sense of self-esteem, so that the pupils can obtain the knowledge and skills they need in life, become capable of further study, and, as involved citizens, develop a democratic society. Basic education must also support each pupil's linguistic and cultural identity and the development of his or her mother tongue. A further objective is to awaken a desire for life long learning.	기본 교육은 다양하게 성장할, 학습할, 건전한 자기 존중감이 발달할 기회를 제공해야 한다. 그래야 학생들이 그들이 삶에 필요한 지식과 기술능력을 획득할 수 있고, 더 진전된 공부를 감당할 수 있고, 연루된 시민으로서 사회를 민주적으로 발전시킬 수 있다. 기본 교육은 또한 학생 개개인의 언어와 문화 정체성 그리고 모국어 발달을 지원해야만 한다. 길게 본 목적은 평생 학습하려는 욕구를 불러일으키는 것이다.	초·중학교 교육은 학생들이 다양하게 성장하고 학습하며, 건전한 자기 존중 의식을 계발할 수 있는 기회를 제공해야 한다. 교육을 통해 학생은 삶에 필요한 지식과 기술을 습득하고, 더욱 심화된 학습을 하며, 시민의 일원으로 민주 사회를 발전시키는 데 참여할 수 있다. 또한 교육은 학생의 언어와 문화 정체성, 그리고 모국어를 발전시킬 수 있도록 지원해야 한다. 나아가 평생교육에 대한 욕구를 불러일으키는 것을 그 목표로 한다.
In order to ensure social continuity and build the future, basic education assumes the tasks of transferring cultural tradition from one generation to the next, augmenting knowledge and skills, and increasing awareness of the values and ways of acting that form the foundation of society. It is also the mission of basic education to create new culture, revitalize ways of thinking and acting, and develop the pupil's ability to evaluate critically.	사회의 연속성을 보장하고 미래를 건설하기 위하여, 기본 교육은 다음 세대로 문화 전통을 계승하고, 지식과 기술능력을 늘리고, 사회 토대를 형성하는 행동 양식과 가치 의식을 심화시키는 과업을 담당한다. 또한 새로운 문화를 창조하고, 생각하고 활동하는 방식에 활력을 불어넣고, 학생이 비판적으로 평가하는 능력을 발달시키는 것도 기본 교육의 임무이다.	사회적 연속성을 보장하고 미래를 설계하기 위하여, 초·중학교 교육은 다음 세대에게 문화적 전통을 계승하고, 지식과 기술을 발전시키며, 사회 기반을 형성하는 가치와 행동양식에 대한 인식을 심화시키는 과제를 맡는다. 또한 새로운 문화를 창조하고, 사회와 행동에 활력을 불어넣으며, 학생의 비판적 평가 능력을 계발하는 것도 초·중학교 교육의 목표이다.

3. 부분과 전체의 관계를 파악하자!

핀란드 교육과정과 비고츠키의 관계를 연구하겠다고 했습니다. 실패했습니다. 차선으로 '핀란드 교육과정에 남은 비고츠키의 흔적'을 제시했습니다. 연구 결론을 대신하여 그 내용을 다음과 같이 간결하게 진술했습니다.

"협력"이라는 단어를 너무도 많이 접할 수 있었다. 이는 비고츠키가 공교육의 장에서 다음발달영역(근접발달영역)을 창출하는 효과적인 교육의 형태로 지적하고 있는 것이다. 자세한 언급은 앞에서 기술한 2장 5절 '다음발달영역과 교육'에 있다. 여기서 비고츠키의 언급을 정리한 내용을 참고하기 바란다. "도구"라는 단어도 많이 사용되고 있다. 이는 비고츠키 심리학의 핵심 개념인 매개와 밀접한 관련이 있다. 인간이 고등정신과정(기능)을 행하는데 매개체의 역할을 하는 것이 문화적 도구라는 비고츠키의 언급을 상기한다면 교육과정에 그의 영향력이 스며들어 있다는 것을 쉽게 알 수 있다. 특히 문화적 도구 중에서 의사소통 도구로 사용되는 언어에 대한 강조가 핀란드 교육과정에 도드라지게 표현되고 있다. "기능function"이라는 단어도 역시 쉽게 발견할 수 있다. 기능이라는 단어는 이제 교육 심리학 분야에 너무 광범위하게 사용되고 있어 비고츠키의 전매품이라고 주장하는 것이 이상할 지경이라는 것을 언급하는 것으로 논의를 줄이겠다.

비고츠키의 문화 발달 법칙은 교육과정 내용 배열과 학습 방법의 기조를 이루고 있다. 자세한 것은 위에 제시한 교육과정의 내용을 통해 확인하기 바란다. 교육과 발달의 관계, 특히 발달을 선도하는 교육활동에 대한 비고츠키의 인식은 교육과정이라는 큰 틀을 체계적으로 구성하는 데 기조를 이루고 있다.···배희철, 2011: 106

부분에도 전체의 본질이 담겨 있습니다. 그런 부분을 제대로 부각시켜야 합니다. "협력", "도구", "기능" 이렇게 자잘한 조각 세 개로 비고츠키가 핀란드 교육과정에 영향을 미쳤다고 결론 내리는 것은 양과 질 어느 측면에서 봐도 기준 미달입니다. 이어지는 연구에서 제시한 "자발적 주의능력", "개념형성능력", "의지"가 더 적절했습니다. "발달"을 빼놓고 결론을 내리는 것은 지금의 시점에서 보면 너무나도 웃기는 일입니다. 평가에서 발달의 상황을 파악하는 "진단"을 찾지 못한 것도 결론의 신빙성을 의심하게 합니다. 수준 미달의 연구였습니다.

전체를 이야기하면서 자기주장만 나열했습니다. 증거를 들어 설명하지 못했습니다. 어떻게 교육과정 내용 배열과 학습 방법의 기조로 구현되었는지 예를 들어 설명하지 못했습니다. 교육과 발달의 관계를 규명한 비고츠키의 연구 성과가 교육과정 틀을 제작하는 데 얼마나 체계적으로 반영되었는지 논증하지 못했습니다. 직관에 의한 주장만이 난무했습니다.

전체와 부분의 관계를 규명하여 핀란드 교육과정에 녹아든 비고츠키의 영향을 종합적으로 체계적으로 설명하는 것은 엄두도 내지 못했습니다. 이 작업은 실패도 하지 못했습니다. 불행하게도 시도를 꿈꾸지도 못했기 때문입니다. 10년 전에는 그랬습니다. 이 작업은 연구자의 능력이 뒷받침되어야 합니다. 이번에는 실패했지만 시도를 했다는 것에 만족하겠습니다. 10년 후에는 총체적으로 설명하겠습니다. 이런 포부를 가슴에 담아 두겠습니다.

III.
2014 핀란드 핵심 교육과정 체계

1. 2004 핵심 교육과정 체계와의 비교

가. 교육과정의 기능

핀란드 학자는 교육과정의 기능을 세 가지로 제시했습니다.[Erja Vitikka 외, 2012] 행정적 기능, 지적 기능, 교육학적 기능입니다. 교육과정은 행정적 측면에서 교육의 국가적 운영 체계를 제시합니다.[15] 지적 측면에서 문화적으로 중요한 지식을 정의하고 재창조합니다. 또한 지식을 개념화하는 작업의 진전 상황을 드러냅니다.[16] 교육학적 측면에서 교사가 활용하는 도구입니다. 교육학적 조언과 지원을 제공합니다. 교수학습의 가이드라인을 설정합니다.[17]

교육과정의 기능 측면에서 보면, 2004는 한계가 많았습니다. 행정적 측면에 문제가 있었습니다. 법령과 교육과정의 내용이 제각각이었습니

---

15. 2015뿐만 아니라 아직까지 대한민국 국가교육과정은 국가가 교육을 어떻게 운영하겠다는 체계를 제시한 적이 한 번도 없습니다. 무엇보다도, 국회의 무능을 지적하지 않을 수 없습니다. 국회의원의 무능이겠지요. 교육 관련 법 체계가 부재합니다. 행정 편의주의를 방치했습니다.
16. 충격이었습니다. 국가교육과정에 이런 고상한 내용을 담아야 한다는 생각을 해 본 적이 없었기 때문입니다.
17. 헌법을 위반한 고시입니다. 교육 전문성을 무시하고 이래라 저래라 강제만 합니다. 2015도 여전 합니다. 제시된 세 기준에서 보면, 대한민국 교육과정은 총체적으로 제 기능을 못하고 있습니다. 관료적 처방으로는 영원토록 제 역할을 할 수 없습니다. 새로운 처방이 필요합니다.

다. 지적 측면에서도 문화적으로 중요한 지식이 무엇인지 부각시키지
못했습니다. 교육학적 측면에서도 교수학습의 가이드라인이 명확하지
못했습니다. 심지어 교수학습teaching and learning이라는 표현도 찾을
수 없었습니다. 2014가 제 기능을 수행하기 위해 내용 체계를 어떻게
바꾸었는지 살펴보겠습니다.

나. 2014 차례

2014의 구조와 체계는 2004와 비교하면 외형상 큰 변화가 있었습
니다. 혁명이라는 낱말이 연상됩니다. 장과 절의 차례만 살펴봐도 실
감할 수 있습니다. 장만 보면, 9개에서 15개로 늘었습니다. 장이 6개나
늘었습니다. 살펴보기 좋게 비슷한 영역을 가까이에 배치했습니다.

[표 4] 2004와 2014 차례 비교

2004 차례	2014 차례
1 Curriculum 1.1 Formulation of the curriculum 1.2 Contents of the curriculum	1 The significance of local curricula and the local curriculum process 1.1 The National Core Curriculum and the local curriculum 1.2 Principles that inform the preparation of the local curriculum 1.3 Evaluation and development of the local curriculum 1.4 Preparation of a local curriculum and key decision that guide education
2 Starting points for provision of education 2.1 Underlying values of basic education 2.3 Structure of basic education 3.1 The conception of learning	2 Basic education as the foundation of general knowledge and ability 2.1 Obligations that direct the organization of education 2.2 Underlying values of basic education 2.3 The conception of learning 2.4 Issues subject to local decisions

2.2 Mission of basic education	3 Mission and general goals of basic education 3.1 Mission of basic education 3.2 National goals of education 3.3 Aiming for transverse competence 3.4 Issues subject to local decisions
3 Implementation of instruction 3.2 Learning environment 3.3 Operational culture 3.4 Working approaches	4 Operating culture of comprehensive basic education 4.1 Significance of school culture and its development 4.2 Principles that guide the development of the school culture 4.3 learning environments and working methods 4.4 Integrative instruction and multi-disciplinary learning modules 4.5 Issues subject to local decisions
4 General support for studies 4.1 Cooperation between home and school 4.2 The learning plan 4.3 Provision of educational and vocational guidance 4.4 Remedial teaching 4.6 Club activities	5 Organization of school work aiming to promote learning and well-being 5.1 Shared responsibility for the school day 5.2 Cooperation 5.3 Disciplinary educational discussions and the use of disciplinary measures 5.4 Forms of providing education 5.5 Other activities that support the goals of education 5.6 Issues subject to local decision
8 Pupil Assessment 8.1 Assessment during the course of studies 8.2 Final assessment 8.3 Principles that inform the preparation of the local curriculum	6 Assessment 6.1 Purpose of assessment and assessment culture that supports learning 6.2 Nature and general principles of assessment 6.3 Assessment objects 6.4 Assessment during the studies 6.5 Final assessment of basic education 6.6 Reports and certificates used in basic education and their notations 6.7 A separate examination and certificates issued for it 6.8 Issues subject to local decision

5 Instruction of pupils needing special support 5.1 Different modes of support 5.2 Part-time special-needs education 5.3 Instruction of pupils enrolled in or transferred into special-needs education 5.4 Individual educational plan 5.5 Provision of instruction by activity area	7 Support in learning and school attendance 7.1 Principles that guide the provision of support 7.2 General support 7.3 Intensified support 7.4 Special support 7.5 Support forms stipulated in the Basic Education Act 7.6 Issues subject to local decision
4.5 Pupil welfare	8 Pupil welfare 8.1 Cross-sectoral cooperation in pupil welfare 8.2 Communal pupil welfare 8.3 Individual pupil welfare 8.4 Pupil welfare plans 8.5 Issues subject to local decisions and the preparation of school welfare plans
6 Instruction of cultural and language group 6.1 The Sami 6.2 Romanies 6.3 Sign language users 6.4 Immigrants	9 Special questions of language and culture 9.1 The Sami and Sami language speakers 9.2 The Roma 9.3 Sign language users 9.4 Other plurilingual pupils 9.5 Issues subject to local decisions
9.1 Instruction in a foreign language and language-immersion instruction in the national language	10 Bilingual education 10.1 Goals of bilingual education and points of departure for the organization of instruction 10.2 Issues subject to local decisions
9 Instruction in accordance with a special educational task or special pedagogical system or principle 9.2 International language schools 9.3 Steiner-pedagogical instruction	11 Basic education based on a particular philosophical or pedagogical system 11.1 Principles of the provision of education 11.2 Issues subject to local decisions

7.20 Optional subjects	12 Optional studies in basic education 12.1 Optional lessons in artistic and practical subjects 12.2 Optional subjects 12.3 Free-choice and optional syllabi in foreign language 12.4 Issues subject to local decisions
7 Learning objectives and core contents of education 7.1 Integration and cross-curricular themes 7.2 Studies in mother tongues and the second national language 7.3. Mother tongue and literature 7.4 Second national language 7.5 Foreign languages 7.6 Mathematics 7.7 Environmental and natural studies 7.8 Biology and geography 7.9 Physics and chemistry 7.10 Health education 7.11 Religion 7.12 Ethics 7.13 History 7.14 Social studies 7.15 Music 7.16 Visual arts 7.17 Crafts 7.18 Physical education 7.19 Home economics 7.21 Educational and vocational guidance	13 Grades 1~2 13.1 Transition from pre-primary education to basic education and the task of grades 1~2 13.2 Transverse competences in grade 1~2 13.3 Issues subject to local decisions 13.4 Subjects in grades 1~2 14 Grades 3~6 14.1 Transition phase between grades 2 and 3 and the task of grades 3~6 14.2 Transverse competences in grades 3~6 14.3 Issues subject to local decisions 14.4 Subjects in grades 3~6 15 Grades 7~9 15.1 Transition phase between grades 6 and 7 and the task of grades 7~9 15.2 Transverse competences in grades 7~9 15.3 Issues subject to local decisions 15.4 Subjects in grades 7~9

1) 지역 수준 교육과정 부각

2004와 2014 차례를 견주어 보면, 지역local이 강조되었음을 쉽게 확인할 수 있습니다.

2004에서는 딱 한 번 언급되었습니다. 8장 3절에서만 언급되었습니다. 2014에서는 20번 언급되었습니다. 지역이라는 낱말의 사용 빈도가

2000% 증가했습니다. 양적 측면이지만 충격적인 결과입니다.

2004에서는 절에서 한 번 언급되었습니다. 학생 평가와 관련하여 지역에서 참고할 원리를 소개하는 부분입니다. 평가와 관련된 장의 절에서만 언급되었습니다. 이에 반하여 2014에서는 15개 장 모두에서 언급되었습니다. 게다가 1장의 제목으로도 등장했습니다. 의미를 살려 「지역 수준 교육과정의 중요성과 지역 수준 교육과정의 운영 과정」으로 번역했습니다. 이를 국가 수준 교육과정 문건의 1장 제목으로 상상하기는 어려운 일입니다. 질적인 변화는 더 충격적입니다. 조금 과장하면, 2014는 국가 수준 교육과정이 아니라 지역 수준 교육과정을 작성하는 데 참고할 문건입니다.

국가 수준 교육과정을 대강화하는 게 세계적 추세라고 수도 없이 들었습니다. 말로만 들었습니다. 눈으로 처음 접했습니다. 백문이 불여일견입니다. 지역 수준 교육과정의 백가쟁명 시대가 머지않아 도래할 수밖에 없습니다. 세계 수준에서 그렇다는 것입니다. 지역 → 국가 → 지역, 나선형적 고양이 펼쳐지고 있습니다. 국가의 체계를 담은 지역의 구체가 한 단계 높은 수준에서 다양하게 펼쳐집니다.

2) 기본 교육의 역할 강조

2004에서는 기본 교육Basic education이 3회 등장했습니다. 2014에서는 11회 등장했습니다. 366% 증가했습니다. 주목할 만한 증가입니다.

2004에서는 2장의 세 개 절에 기본 교육이 등장했습니다. 2014에서는 2장과 3장의 제목에도 있습니다. 기본 교육의 성격을 분명하게 드러내고 목적의식적으로 이를 실천하겠다는 의지를 읽을 수 있습니다.

하나, 약속한 학습의 의미를 수업이 아닌 기본 교육 2장 3절에 담았습니다. 분절적인 접근에서 총체적인 접근으로 나아갔음을 확인할 수 있습니다.

둘, 전체 교육에서 기본 교육이 가지는 위상을 3장 2절에 분명하게 진술했습니다.

셋, 일반 지식과 일반 능력의 토대를 형성하겠다는 의도를 2장 제목으로 명확하게 적시했습니다.

넷, 지식과 능력을 현실에 적용하고 활용할 수 있도록 기본 교육에서 포괄적 실행능력을 발달시키겠다는 목적을 3장 3절에 드러냈습니다.

교과교육을 넘어 잠재적 교육과정까지 목적의식적으로 설계하겠다는 도전정신을 읽을 수 있습니다. 기본 교육의 임무를 분명히 했습니다. 분절적, 분산적, 우연적 교육활동에서 총체적, 집중적, 의도적 교육활동으로 나아가겠다는 의지를 선명하게 드러냈습니다. 이런 기조는 수업과 관련하여 2004 3장에 진술했던 작동하는 학교문화를 2014 4장에 새롭게 진술하는 변화에도 관철되었습니다.

3) 평가의 방향 제시

국가가 평가의 표준standard을 처음으로 2004에 제시했습니다. 최종 평가에서 수행 수준에 따라 등급을 숫자로 기록하도록 강제했습니다. 8등급을 교과 이수에 적절한 기준으로 설정했습니다. 8등급에 해당하는 수행 수준을 교과교육과정에 제시했습니다. 차례를 보면, 과정 평가와 최종 평가 두 개만 있습니다.

2014는 6장 1절에 평가의 목적과 평가 문화, 2절에 평가의 성격과 평가의 일반 원리, 3절에 평가 대상을 추가했습니다. 교육 취지에 맞는 실천, 교육 현실을 반영한 융통성 있는 실천을 보장하는 길을 열어 두었습니다. 국가는 교사가 전문가답게 평가할 수 있는 행정적 근거를 제공했습니다. 현장에서 창조적으로 다양한 평가 활동을 펼칠 수 있는 기준을 제시했습니다.

표준standard이 획일적인 실천이 아닌 책임 있는 실천을 가능하게 하는 도구가 되었다는 느낌입니다. 앞의 분석 결과와 연결해 보면, 단편적인 평가 활동을 지양하고, 유기적인 교육활동의 한 계기로 평가 활동을 실행하려는 의도를 엿볼 수 있습니다. 평가가 학습을 지원하는 활동임을 6장 1절 제목으로 표현한 까닭입니다.

4) 복지 강화

2004 4장 5절을 2014 8장으로 확대했습니다. 학생 복지와 관련된 내용을 대폭 늘렸습니다. 세계적 추세입니다. 물질적 복지를 넘어 정신적 복지, 안녕well-being으로 나아갔습니다. 5장은 안녕과 관련된 내용을 담고 있습니다.

5) 교과의 변화

가) 사라진 교과 명칭

2004 7장을 2014 13장, 14장, 15장으로 확대했습니다. 외형상, 교과 교육과정을 담은 장이 늘어났습니다. 교과의 위상을 강화했다고 해석할 수도 있습니다. 하지만 내막은 간단치 않습니다. 2014에는 교과 명칭이 장과 절의 제목에 등장하지 않습니다. 증발하여 사라졌습니다. 교과의 위상을 약화했다고 읽을 수도 있기 때문입니다.

[표 5] 2015 차례

[별책 1] 초·중등학교 교육과정 총론
차례
Ⅰ. 교육과정 구성의 방향 1. 추구하는 인간상 2. 교육과정 구성의 중점 3. 학교 급별 교육 목표
Ⅱ. 학교 급별 교육과정 편성·운영의 기준 1. 기본 사항 2. 초등학교 3. 중학교 4. 고등학교 5. 특수한 학교에서의 교육과정 편성·운영
Ⅲ. 학교교육과정 편성·운영 1. 기본 사항 2. 교수·학습 3. 평가 4. 모든 학생을 위한 교육 기회의 제공
Ⅳ. 학교교육과정 지원 1. 국가 수준의 지원 2. 교육청 수준의 지원

[별책 2] 초등학교 교육과정	[별책 3] 중학교 교육과정
Contents[18]	Contents
•초·중등학교 교육과정 총론 바른 생활 슬기로운 생활 즐거운 생활 국어 사회 도덕 수학 과학 실과 체육 음악 미술 영어 창의적 체험활동: 안전한 생활	•초·중등학교 교육과정 총론 국어 사회: 사회/역사 도덕 수학 과학 기술·가정 정보 체육 음악 미술 영어 선택: 한문/환경/생활 외국어/보건/진로와 직업 창의적 체험활동

18. 대한민국 고서 문건입니다. 영어는 아닙니다. 밀실에서 하는 작업을 이제 지양해야 합니다.

국가 수준 교육과정의 장과 절 제목에서 교과 명칭이 사라졌습니다. 이는 충격입니다. 천지개벽입니다. 상상할 수 없었던 변화입니다. 2015 개정 교육과정의 차례와 견주어 보면 충격은 배가 됩니다.

별책 2와 별책 3을 보면 교과 명칭은 절이 아니라 장에 있습니다. 교과 명칭을 빼면 차례에 담긴 게 없다고 해도 과언이 아닙니다.[19] 교과의 명칭이 차례에서 사라진 교육과정이 던진 충격을 보여 주는 기사가 있습니다. 2016년 12월 11일 『한국교육신문』 기사입니다.

핀란드 "개별 교과 폐지 아니다"

교육부, 해외 오보에 공식 입장
"매년 하나 이상 통합수업 의무일 뿐"

윤문영 기자 ymy@kfta.or.kr 등록 2016.12.11 16:52:17

핀란드 교육부가 지난 8월부터 적용하고 있는 교육과정에서 개별 교과를 폐지한 것이 아니라는 공식 입장을 냈다. 해외 언론에서 핀란드가 개별 교과 과목을 가르치지 않는다는 잘못된 보도가 계속돼 이를 바로잡기 위해서다.

교육부는 지난달 14일 홈페이지를 통해 "핀란드 학교에서는 개별 교과를 폐지하지 않았다"고 공식적인 입장을 발표했다. 8월 적용된 교육과정은 학생들이 매년 최소한 하나 이상의 통합 교과수업을 듣도록 한 것이라고 설명했다. 모든 학생들이 배워야 할 교

---

19. 2017년 전교조 『학교혁신과 교육과정』 교과 자료집(가을 호)에 「2014 핀란드 핵심 교육과정 소개」가 실렸습니다. 거기서는 2014와 2015 차례를 비교하며 느낀 점 다섯 가지를 간결하게 언급했습니다.

과는 의무교육법에 명시돼 있고 교과별 수업 시수는 정부 훈령에 제시돼 있다고도 덧붙였다.

교육부는 지난해 3월 교육과정을 발표하면서 교과 간 통합, 주제별 수업을 활성화하겠다는 내용을 강조했다. 교육과정에 대한 학교의 자율성이 높아 교과 통합수업이나 교사 공동 수업 등 혁신적인 교수법을 확대 운영할 수는 있다고 전했다. 그러나 전통적인 개별 교과 수업은 그대로 유지할 것이라는 입장도 밝혔다.

그럼에도 교과 통합수업이 부각돼 마치 개별 교과를 모두 없애는 것으로 오해를 일으켜 해외 언론 등에 오보가 이어졌다는 교육부의 판단이다. 실제로 미국 일간 워싱턴포스트, 영국 일간 인디펜던트 등은 핀란드가 수학, 과학 등 전통적 개별 교과를 없애고 주제별 수업으로 대체한다는 내용의 기사를 보도했다.

국내에서도 지난해 이재정 경기교육감이 경기중등교장협의회 춘계연수회에서 핀란드가 2020년까지 개별 교과를 폐지한다는 내용을 발언해 언론에 보도된 바 있다.

교육부 관계자는 "미래 사회의 변화에 대비하기 위한 융합교육을 강조하고는 있지만 개별 교과도 융합교육을 위한 기본 개념이나 세부적인 시각을 학습하기 위해 필요하다"고 강조했다.

나) 새롭게 등장한 개념

차례에서 두 개를 찾았습니다. 하나는 포괄적 실행능력[13장 2절, 14장 2절, 15장 2절]입니다. 다른 하나는 통합수업과 다분과 학습 모듈[4장 4절]입니다. 변화를 포괄하여 교과교육과정 체계가 새롭게 짜였습니다. 총체적인 측면에서 본다면, 이것은 새롭게 등장한 것입니다. 새롭게 등장한 것의 정체를 다음 장부터 차례차례 분석하고 종합하겠습니다.

6) 새롭게 등장한 낱말

10년 후 연구를 위해 차례에 새롭게 등장한 낱말을 살펴봤습니다. 주목할 가치가 있다고 판단한 것만 기록해 두겠습니다. 발달 Development, 지식Knowledge, 능력Ability, 목표Goals, 기조Purpose[20], 문화Culture, 안녕Well-being, 이행Transition. 8개를 추출했습니다. 기억을 위해, 세 묶음으로 나누어 정리했습니다. 이행, 문화, 발달, 지식, 능력/목표와 기조/안녕.[21]

2. 2014 핵심 교육과정 체계의 특징

가. 2014 차례 번역

차례를 번역하는 게 독자가 2014 체계를 이해하는 데 도움이 될 것이라 판단했습니다. 장기적으로 연구하기 위해 많은 것을 기억해야 할 저에게도 도움이 됩니다.

---

20. 다른 곳에서는 '목적'으로 번역했습니다. 여기서는 '기조'로 옮겼습니다. 어떤 기표를 사용하든 거기에는 의도도 담겨 있습니다.
21. 논리적 기억을 위해 묶음의 공통점을 추출해 보겠습니다. 이행, 문화, 발달, 지식, 능력은 교육의 내적 측면과 연결됩니다. 목표와 목적은 교육이 도달해야 할 지점입니다. 안녕은 교육을 전개할 때 보장되어야 할 학생의 상태입니다.

[표 6] 2014 차례 원문과 번역[22]

2014 차례 원문	2014 차례 번역
1 The significance of local curricula and the local curriculum process 1.1 The National Core Curriculum and the local curriculum 1.2 Principles that inform the preparation of the local curriculum 1.3 Evaluation and development of the local curriculum 1.4 Preparation of a local curriculum and key decision that guide education	1 지역 수준 교육과정의 중요성과 지역 수준 교육과정의 운영 과정 1.1 국가 핵심 교육과정과 지역 수준 교육과정 1.2 지역 수준 교육과정을 준비할 때 참고할 원리들 1.3 지역 수준 교육과정의 판단과 개선 1.4 교육을 안내하는 주요 결정 사항과 지역 수준 교육과정 준비
2 Basic education as the foundation of general knowledge and ability 2.1 Obligations that direct the organization of education 2.2 Underlying values of basic education 2.3 The conception of learning 2.4 Issues subject to local decisions	2 일반 지식과 일반 능력의 토대인 기본 교육 2.1 교육을 조직할 때 준수해야 할 강제 사항들 2.2 기본 교육을 관통하는 핵심 가치들 2.3 약속한 학습의 의미 2.4 지역이 결정할 사항
3 Mission and general goals of basic education 3.1 Mission of basic education 3.2 National goals of education 3.3 Aiming for transverse competence 3.4 Issues subject to local decisions	3. 기본 교육의 임무와 일반 목표들 3.1 기본 교육의 임무 3.2 교육의 국가적 목표들 3.3 포괄적 실행능력을 겨냥하기 3.4 지역이 결정할 사항
4 Operating culture of comprehensive basic education 4.1 Significance of school culture and its development 4.2 Principles that guide the development of the school culture 4.3 learning environments and working methods 4.4 Integrative instruction and multi-disciplinary learning modules 4.5 Issues subject to local decisions	4 종합적인 기본 교육을 작동시키는 문화 4.1 학교문화의 의의와 학교문화의 발달 4.2 학교문화의 발달을 안내하는 원리들 4.3 학습 환경과 일하는 방법 4.4 통합수업과 다분과 학습 모듈 4.5 지역이 결정할 사항

22. 2부 작업을 하면서, 2018년 가을 교과 자료집 준비를 하면서 번역에 문제가 많다는 것을 깨달았습니다. 봄 교과 자료집과 달라졌습니다. 책을 준비하면서 가을 자료집과도 조금 달라졌습니다. 아는 만큼 보입니다.

5 Organization of school work aiming to promote learning and well-being 5.1 Shared responsibility for the school day 5.2 Cooperation 5.3 Disciplinary educational discussions and the use of disciplinary measures 5.4 Forms of providing education 5.5 Other activities that support the goals of education 5.6 Issues subject to local decision	5 학습과 안녕의 증진을 겨냥하여 학교 일 조직하기 5.1 학교 일상을 위한 공유된 책임 5.2 협동 5.3 징계의 교육적 논의와 징계 조치 사용 5.4 교육을 제공하는 형식들 5.5 교육의 목표를 지원하는 다른 활동들 5.6 지역이 결정할 사항
6 Assessment 6.1 Purpose of assessment and assessment culture that supports learning 6.2 Nature and general principles of assessment 6.3 Assessment objects 6.4 Assessment during the studies 6.5 Final assessment of basic education 6.6 Reports and certificates used in basic education and their notations 6.7 A separate examination and certificates issued for it 6.8 Issues subject to local decision	6 평가 6.1 평가 기조와 학습을 지원하는 평가 문화 6.2 평가의 본질과 일반 원리 6.3 평가 대상 6.4 공부하는 동안 실시하는 평가 6.5 기본 교육의 최종 평가 6.6 기본 교육에서 사용하는 보고서와 증명서 그리고 문건 작성 방식 6.7 별도 시험과 그에 따라 발급하는 증명서 6.8 지역이 결정할 사항
7 Support in learning and school attendance 7.1 Principles that guide the provision of support 7.2 General support 7.3 Intensified support 7.4 Special support 7.5 Support forms stipulated in the Basic Education Act 7.6 Issues subject to local decision	7 학습과 학교 출석 지원 7.1 지원의 제공을 안내하는 원리 7.2 일반 지원 7.3 집중 지원 7.4 특별 지원 7.5 교육기본법에 규정된 지원 형식들 7.6 지역이 결정할 사항
8 Pupil welfare 8.1 Cross-sectoral cooperation in pupil welfare 8.2 Communal pupil welfare 8.3 Individual pupil welfare 8.4 Pupil welfare plans 8.5 Issues subject to local decisions and the preparation of school welfare plans	8 학생 복지 8.1 학생 복지의 범부문별 협동 8.2 공동체의 학생 복지 8.3 개인별 학생 복지 8.4 학생 복지 계획 8.5 지역이 결정할 사항과 학교가 복지 계획을 준비할 때 준수할 사항
9 Special questions of language and culture 9.1 The Sami and Sami language speakers 9.2 The Roma	9 언어와 문화의 특별 문제 9.1 사미 언어와 사미 언어 사용자 9.2 로마 언어

9.3 Sign language users 9.4 Other plurilingual pupils 9.5 Issues subject to local decisions	9.3 기호 언어 사용자 9.4 여타 복수 언어 사용 학생 9.5 지역이 결정해야 할 사안
10 Bilingual education 10.1 Goals of bilingual education and points of departure for the organization of instruction 10.2 Issues subject to local decisions	10 이중 언어 교육 10.1 이중 언어 교육의 목표와 수업을 조직하기 위한 출발점 10.2 지역이 결정할 사항
11 Basic education based on a particular philosophical or pedagogical system 11.1 Principles of the provision of education 11.2 Issues subject to local decisions	11 특별한 철학 혹은 교육학 체계에 근거한 기본 교육 11.1 교육을 제공하는 원리 11.2 지역이 결정할 사항
12 Optional studies in basic education 12.1 Optional lessons in artistic and practical subjects 12.2 Optional subjects 12.3 Free-choice and optional syllabi in foreign language 12.4 Issues subject to local decisions	12 기본 교육에서 선택할 수 있는 공부들 12.1 예술과 실용 교과에서의 선택 수업 12.2 선택 교과 12.3 외국어 교과에서의 자유결정과 선택 교수요목 12.4 지역이 결정할 사항
13 Grades 1~2 13.1 Transition from pre-primary education to basic education and the task of grades 1~2 13.2 Transverse competences in grade 1~2 13.3 Issues subject to local decisions 13.4 Subjects in grades 1~2	13 1~2학년 13.1 유치원 교육에서 기본 교육으로의 이행과 1~2학년의 과업 13.2 1~2학년의 포괄적 실행능력 13.3 지역이 결정할 사항 13.4 1~2학년의 교과
14 Grades 3~6 14.1 Transition phase between grades 2 and 3 and the task of grades 3~6 14.2 Transverse competences in grades 3~6 14.3 Issues subject to local decisions 14.4 Subjects in grades 3~6	14 3~6학년 14.1 2학년과 3학년의 이행 국면과 3~6학년의 과업 14.2 3~6학년의 포괄적 실행능력 14.3 지역이 결정할 사항 14.4 3~6학년의 교과
15 Grades 7~9 15.1 Transition phase between grades 6 and 7 and the task of grades 7~9 15.2 Transverse competences in grades 7~9 15.3 Issues subject to local decisions 15.4 Subjects in grades 7~9	15 7~9학년 15.1 6학년과 7학년의 이행 국면과 7~9학년의 과업 15.2 7~9학년의 포괄적 실행능력 15.3 지역이 결정할 사항 15.4 7~9학년의 교과

나. 2014 체계의 특징

차례를 보고 파악한 특징을 정리했습니다. 파악을 했다기보다는 느끼고 추측한 것입니다. 대한민국 2015와 비교하며 천양지차를 느꼈습니다. 핀란드 2004와 비교해도 너무 많이 변했습니다.

하나, 국가 수준 교육과정의 세 기능이 차지하는 위상이 변했습니다. 중앙의 행정적 기능은 축소되었습니다. 지적 기능과 교육학적 기능이 강화되었습니다. 행정적 기능의 축소가 어느 정도인지 차례만 보고 판단할 수는 없습니다. 그러나 중앙 행정의 기능이 지역 행정의 기능으로 대폭 이양되었음을 쉽게 확인할 수 있습니다. 15개 장 전부에서 지역 행정의 기능이 적시되었습니다. 중앙 행정의 기능은 1장 1절에 한 번 언급되었을 뿐입니다.

지적 기능과 교육학적 기능이 강화되었다는 것을 기본 교육, 학교 문화, 일반 지식, 일반 능력, 포괄적 실행능력, 원리라는 개념에서 읽어낼 수 있습니다. 차례에서 감지할 수 있습니다. 내용을 보면서, 행정 문건이 아니라 교육학 교재에 가깝다고 판단했습니다.

지역 행정으로 교육과정 관련 권한이 이양되었다는 간결한 진술을 조금 부연하겠습니다. 이런 세계사의 흐름은 대한민국에도 관철되고 있습니다. 2012 경기도 창의지성교육과정, 2013 강원도 창의공감교육과정은 그 증거입니다. 교육과정평가원의 연구 결과물은 이런 흐름에 동조하려는 중앙 정부의 노력을 반영했습니다.[한혜정 외, 2012] 지역 교육청의 연구도 이어졌습니다.[김은주, 2016] 하지만 세상의 흐름과 큰 격차가 있었습니다. 형식과 내용 두 측면에서 많은 분발이 있어야 합니다.

둘, 일반 지식과 일반 능력의 관계가 변했습니다. 기본 교육은 공동체 구성원으로 살아가는 데 필요한 일반 지식과 일반 능력을 제공하는 문화 전수의 다른 이름일 뿐입니다. 일반 지식과 일반 능력의 순서가 아직도 일반 지식이 일반 능력 앞에 있습니다. 교과의 지식 체계가 아직도 우선이라는 단정입니다. 하지만 여기저기에 체계적인 일반 지식 전수보다 중요하게 부각된 내용이 담겨 있습니다. 2장 3절의 약속한 학습의 의미, 3장 3절의 포괄적 실행능력을 목표로 나아가기, 그리고 4장 4절의 통합수업과 다분과 학습 모듈은 전통적인 교과, 일반 지식, 지식의 구조보다 일반 능력을 더 중요하게 취급하겠다는 의도를 담고 있습니다. 교과의 지식 체계보다 학생의 개념형성능력을 더 중시하겠다는 핀란드 교육계의 의지를 읽을 수 있습니다.

대립물의 전환이 펼쳐지고 있습니다. 교과의 지식을 가르치다 보니 능력이 생기는 경험이 누적되었습니다. 이제 목적의식적으로 일반 능력을 형성하기 위해 교과의 일반 지식을 가르치는 꼴입니다. 외적으로는, 현상에서는, 교실 활동에서는 큰 차이가 없습니다. 그러나 교육의 전체 흐름을 주도하는 것은 능력을 형성하는 것, 일반 능력을 발달시키는 것으로 넘어가고 있습니다. 교육의 장에서 새로운 세계사가 점점 거세게 펼쳐지고 있습니다. 거센 파고는 교과가 폐지되었다는 오보로 그 충격을 역사에 남겼습니다.

셋, 발달교육이 전면에 등장했습니다. 13장, 14장, 15장을 보며 당황했습니다. 위기와 평화기(양질전환)를 전제로 한 내용 구성 그리고 발달시켜야 할 문화적 행동 능력의 제시는 발달교육의 전형적인 외형입니다. 각각 장 마지막 절에 교과가 등장하는 것은 교과가 수단이 되어 포괄적 실행능력을 발달시키겠다는 계획을 드러낸 것입니다.

2014는 서구에서 최초로 발달교육의 체계를 국가 수준 교육과정에 담아낸 역사적 문건이 되었습니다. 동구에서는 오래전부터 발달교육을 중심으로 교육과정을 만들었습니다. 소비에트 활동이론의 선도적 활동은 이와 밀접하게 연결되어 있습니다.[23] 비고츠키가 제시한 발달의 중심노선은 동구 교육과정의 기저에 놓여 있고, 이런 모든 것을 발달교육으로 통칭합니다. 너무 오랫동안 해 왔기에 러시아에서 발달교육은 진부하게만 느껴진다고 합니다.Zuckerman, 2014: 177[24]

3. 2004 교과교육과정 차례와의 비교

가. 2004 수학과 교과교육과정 차례

제목을 중심으로 2004 수학과 교과교육과정의 주요 내용을 정리했습니다. 이어서 2007년 번역본과 2004 원본을 비교했습니다. 연구를 위해 연구자가 번역했습니다. 둘을 하나로 합쳐 제시했습니다.

[표 7] 2004 교과교육과정(수학) 차례

	학습 목표 Objectives	
1~2 학년 Grades 1~2	핵심 내용 Core Contents	수와 연산 Numbers and calculations 대수 Algebra 기하 Geometry 측정 Measurement 데이터 처리와 통계 Data processing and statistics
	2학년 말의 좋은 수행 기술(記述) Description of good performance at the end of the second grade	생각 기술능력과 일 기술능력 Thinking and working skills[25] 수, 연산, 대수 Numbers, calculations, and algebra 기하 Geometry 측정 Measurement

---

23. 국내에서 참고할 책으로 『교사와 부모를 위한 비고츠키 교육학』과 『발달을 선도하는 교수학습』이 있습니다. 일독을 강권합니다. 읽고 토론해야 할 것이 많이 있습니다.
24. 2017. 12. 25. 발달교육과 비고츠키(developmental education and vygotsky)로 검색을 했습니다. 0.39초에 약 678,000개의 자료가 검색되었습니다.
25. 좋은 수행의 기술에 있습니다. 교사가 신경 써 살펴야 할 내용입니다.

3~5 학년	학습 목표 Objectives	
	핵심 내용 Core Contents	수와 연산 Numbers and calculations 대수 Algebra 기하 Geometry 데이터 처리, 통계학, 통계 Data processing, statistics and probability
	5학년 말의 좋은 수행 기술(記述) Description of good performance at the end of the fifth grade	생각 기술능력과 일 기술능력 Thinking and working skills 수, 연산, 대수 Numbers, calculations, and algebra 기하 Geometry 데이터 처리, 통계학, 확률 Data processing, statistics and probability
6~9 학년	학습 목표 Objectives	
	핵심 내용 Core Contents	생각 기술능력과 생각 방법 Thinking skills and methods[25] 수와 연산 Numbers and calculations 대수 Algebra 함수 Functions 기하 eometry 확률과 통계 Probability and statistics
	총괄 평가의 8등급 기준 Final-Assessment criteria for grade of 8	생각 기술능력과 생각 방법Thinking skills and methods 수와 연산 Numbers and calculations 대수 Algebra 함수 Functions 기하 Geometry 확률과 통계 Probability and statistics

위에 제시된 차례가 시작되기 전, 두 문단에 걸쳐 수학 수업의 과제와 주의사항을 진술하고 있습니다.

---

26. 교과의 핵심 내용입니다. 중학교 수학은 2004에서 이미 이런 변화를 추구했습니다. 수학적 생각 기술능력과 방법이 교과의 내용이었습니다. 2004년에 그랬습니다.

연구자의 호기심을 자극하는 게 있습니다. 생각 방법을 왜 중학교에서 시작하느냐 하는 것입니다. 초등에서는 왜 다루지 않느냐는 것입니다. 왜 일 기술능력을 대체했느냐는 것입니다. 구체가 부족하니 속단도 못 하겠습니다.

학년 단위 밑에 학습 목표 제시 전, 한 문단에 걸쳐 간결하게 학년 단위의 핵심 과제를 제시하고 있습니다. 1~2학년 단위에 진술된 내용만 살펴보고 제 길로 돌아가겠습니다.

[표 8] 2004 수학수업의 핵심 과제 원본과 번역본 그리고 연구자의 번역 비교

2007년 서울시교육청 번역본	2004 원본	2017년 연구자의 번역
1~2학년에서 수학 교육의 핵심 과제는 수학적 사고를 계발하고, 집중하여 듣고 의사소통하는 연습을 하며, 수학적 개념과 구조를 공식화하는 데 기초가 될 경험을 습득하는 것이다.	The core tasks of mathematics instruction in the first and second grades are the development of mathematical thinking; practice concentrating, listening and communicating; and acquisition of experiences as a basis for the formation of mathematical concepts and structures.	1~2학년 수학 수업에서 핵심 과제는 다음 세 가지다. 하나, 수학적으로 생각하는 능력을 발달시키는 것이다. 둘, 집중, 경청, 의사소통을 연습하는 것이다. 셋, 수학적 구조와 개념을 형성하는 데 토대가 되는 경험을 습득하는 것이다.

만약에 꼼꼼하게 2004 원본을 읽었다면, 2008년 보고서에 제가 번역한 부분을 담았을 것입니다. 『생각과 말』 6장과 연결하여 개념(추상)을 형성하는 토대가 경험(구체)이라는 부분을 보고서에 크게 담았을 것입니다. 2007년 번역자들은 발달이나 개념형성이라는 표현을 편하게 사용하지 못했습니다. 시대적 한계라고 판단합니다. 그들은 비고츠키의 발달교육과 관련된 용어를 접한 적이 없었을 것입니다.

2004년에 이미 교사가 수학 수업을 통해 해야 할 주요한 과업을 발달교육의 용어로 제시했다는 것을 명확하게 확인했습니다. 하나, 수학적으로 생각하는 능력을 발달시키는 것[27], 둘, 집중, 경청, 의사소통을 연습하는 것, 셋, 수학적 구조와 개념을 형성하는 데 토대가 되는 경험을 습득하는 것입니다. 2018년 시점에서도 연구자는 발달교육에 더

적합한 내용을 서방 세계에서 찾을 수 없습니다.

나. 2014 수학과 교과교육과정 차례

이번에는 10년이 지난 후에 만들어진 수학과 교과교육과정입니다.
마찬가지로 차례만 제시했습니다. 이해를 돕고자 번역도 담았습니다.

[표 9] 2014 수학 교과교육과정 차례

2014 Mathematics		
Task of the subject (general) in 교과의 과제	grade 1~2 grade 3~6 grade 7~9	
Objectives of instruction in mathematics in 학년 단위별 수학 교과 수업의 목적	grade 1~2 grade 3~6 grade 7~9	
Key content areas related to the objectives of mathematics in 학년 단위별 수학 교과의 목적과 관련된 핵심 내용 영역	grade 1~2	C1 Thinking skills 생각 기술능력[28] C2 Numbers and operations C3 Geometry and measuring C4 Data processing and statistics
	grade 3~6	C1 Thinking skills 생각 기술능력 C2 Numbers and operations C3 Algebra C4 Geometry and measuring C5 Data processing and software, statistics, and probability

---

27. 대한민국 수학이 구성주의를 밀수하는 통로는 NCTM이었다고 추정합니다. 2018년 수학 교사용 지도서를 보면, NCTM(1989)에 담긴 내용이 최근 평가동향입니다. 미래 사회를 대비하기 위한 교육부의 2018년 자료입니다. 미국 일간지 일면에 수학전쟁, 교육과정전쟁, 문화전쟁으로 표현된 격렬한 담론투쟁의 도화선이 NCTM(1989)이라는 사실을 교육자의 상식으로 공유하고자 합니다. NCTM 홈페이지에 있는 2017년 논문에서 "We're all born with mathematical abilities"를 발견할 수 있었습니다. 출처 https://www.nctm.org/News-and-Calendar/News/Other-News/Were-All-Born-With-Mathematical-Abilities/

28. 의식적으로 보셔야 할 것은 수학 교과 내용 1번이라는 것입니다. 1번 말입니다. 딱 하나만 배워야 한다면 꼭 배워야 할 1번입니다. 생각하지 못하는 자는 수학 교육을 받은 자가 아닙니다. 이런 단정을 할 수밖에 없습니다.

	grade 7~9	C1 Thinking skills and methods 생각 기술능력과 생각 방법 C2 Numbers and operations C3 Algebra C4 Functions C5 Geometry C6 Data processing and statistics, and probability
Objectives related to the learning environments and working methods of mathematics in 학년 단위별 수학 교과의 일하는 방법과 학습 환경과 관련된 목적	grade 1~2 grade 3~6 grade 7~9	
Guidance, differentiation, and support in mathematics in 학년 단위별 수학 교과에서의 안내, 수준별, 지원	grade 1~2 grade 3~6 grade 7~9	
Assessment of the pupil's learning in mathematics in 학년 단위별 수학 교과에서 학생의 학습 평가	grade 1~2 grade 3~6 grade 7~9	
14 grade 3~6	Assessment criteria for mathematics at the end of grade 6 for a verbal assessment describing good knowledge and skills/numerical grade eight	6학년 말, 8등급에 맞는 좋은 지식과 기술능력을 기술한 구두평가를 위한 수학 교과 평가 기준
15 grade 7~9	Final assessment criteria for good knowledge and skills in mathematics (numerical grade 8) at the conclusion of the syllabus	교수요목을 끝낼 때 8등급에 해당하는 수학 교과의 좋은 지식과 기술능력을 위한 최종 평가 기준

외적 측면에는 큰 변화가 있었지만, 내적 측면에는 별 변화가 없었습니다. 세 장에 걸쳐 학년 단위에 따라 진술되는 외적 변화에 비하면 수학 내용 영역에서는 조작operation이 등장한 것이 유일한 변화입니다. 조작은 계산calculation을 대체했습니다. 교육 이론에 어떤 변화가

있었는지 모르겠습니다. 이 변화가 교육 실천에 어떤 변화를 불러올지 상상하기 어렵습니다. 그저 아련하게 추측할 뿐입니다. 수를 계산하는 것과 수를 조작하는 것의 차이를 넘어 구체적인 것을 인식하기 어렵습니다. 연구자의 한계입니다. 직접 방문하면 쉽게 해결할 수 있는 간단한 문제일 수도 있습니다.

학습 환경, 일하는 방법, 안내와 지원 등을 학년 단위마다 제시한 것이 외적 변화의 또 다른 모습입니다.

2017년에 빠뜨린 분석이 있습니다. 내용 영역의 분석에서 중대한 변화를 놓쳤습니다. 주목해야 할 지점도 있었습니다. 먼저 주목할 부분을 보겠습니다. 중학교 수학에 2004와 2014는 둘 다 생각 기술능력과 생각 방법을 교과 내용으로 설정하고 있습니다. 수학 교과서 단원 제목에 생각 기술능력과 생각 방법이 있다는 이야기인지, 장마다 일정 부분을 규칙적으로 이 내용 영역에 할당하고 있는지 확인했습니다. 중학교 수학 교과서가 국내에 소개되었기 때문에 가능한 일입니다. 저의 추측은 틀렸습니다.

중학교 1학년입니다. 제1부는 수와 식입니다. 네 개의 장이 있습니다. 마지막 장은 응용 편입니다. 여기에 생각 기술능력과 생각 방법이 집중적으로 담겨 있습니다. 수학 교과의 내용으로 제시되었습니다. 대부분의 경우 각 부의 마지막 장이 응용 편입니다.

주목할 지점은 초등학교에 2004에는 없었지만 2014 교과 내용에 생각 기술능력이 포함되었다는 것입니다. 제가 강연에서 자주 강조했듯이, 내용 1번(C1)으로 포함되었습니다. 가장 먼저 언급되었습니다. 2004에서는 평가할 때 주목해야 할 지점이 2014에서는 교과 내용으로 승격했습니다. 교수학습의 방법 측면에서 다루던 것을 교수학습을 해야 할 교과 내용으로 격상한 것입니다. 어떻게 구현되었는지 궁금합니다. 하여간 거대한 진전입니다. 역동적으로 전개되고 있는 교육혁명의 실체를 보았습니다. 제출한 보고서에는 이 내용을 빠뜨렸습니다.

다. 교과의 과제와 수업의 주의사항 비교

수학과 교과교육과정 진술이 시작되는 첫 부분을 비교했습니다. 차례를 비교하는 작업을 통해 얻은 것이 없어 취한 고육지책입니다. 교과(수학)를 대하는 방식의 변화가 있는지 살폈습니다. 독자를 위해 번역했습니다. 보고서에는 없던 내용입니다.

[표 10] 교과의 과제와 수업의 주의사항 2004와 2014 비교

2004	2014
The task of instruction in mathematics is to offer opportunities for the development of mathematical thinking, and for the learning of mathematical concepts and the most widely used problem-solving methods. The instruction is to develop the pupil's creative and precise thinking, and guide the pupil in finding and formulating problems, and in seeking solutions to them. The importance of mathematics has to be perceived broadly: it influences the pupil's intellectual growth and advances purposeful activity and social interaction on his or her part.	Task of the subject The task of the subject of mathematics is to support the development of the pupils' logical, precise, and creative mathematical thinking. Teaching and learning lay a foundation for understanding mathematical concepts and structures and develop the pupils' ability to process information and solve problems. The instruction proceeds systematically due to the cumulative nature of mathematics. A concrete and functional approach is essential in the teaching and learning of mathematics. Learning is supported by utilizing information and communication technology. The instruction supports a positive attitude towards mathematics in the pupils and their positive self-image as learners of the subject. It also develops their communication, interaction, and cooperation skills, Studying mathematics is a goal-oriented and persistent pursuit where the pupils take responsibility for their learning. The instruction guides the pupils to understand the usefulness of mathematics in their own lives and more broadly in the society. Teaching and learning develop the pupils' capacity of using and applying mathematics in a versatile manner.

Mathematics instruction must progress systematically and create a lasting foundation for the assimilation of mathematical concepts and structures. The discipline's concrete nature serves as an important aid in bringing together the pupil's experiences and systems of thought with the abstract system of mathematics. Problems that come up in day-to-day situations, and that can be resolved with the aid of mathematical thinking or operations, are to be utilized effectively. Information and communication technology are to be used to support the pupil's learning process.

In grades 1~2, the instruction of mathematics offers the pupils diverse experiences that help create a basis for the formulation of mathematical concepts and structures. Teaching and learning utilize different senses. Teaching and learning improve the pupils' ability to express their mathematical thinking through concrete tools, speech, writing as well as drawing and interpreting images. The instruction of mathematics lays a strong foundation for understanding the concepts of numbers and the decimal system and for learning arithmetic skills.

In grades 3~6, the teaching and learning of mathematics offer experiences on which the pupils can build their understanding of mathematical concepts and structures. The instruction supports the development of the pupils' skills in presenting their mathematical thinking and solutions to others in different ways and with the help of different tools. Solving a wide range of problems independently and in a group and comparing different solutions are important in teaching and learning. It is ensured that the pupils understand the concept of numbers and the decimal system and expand their understanding of it. The pupils also develop the fluency of their arithmetic skills.

In grades 7~9, the task of instruction is to strengthen general knowledge and ability in mathematics. The instruction helps the pupils to deepen their understanding of mathematical concepts and connections between them. Pupils are encouraged to discover and utilize mathematics in their own lives. The pupils' abilities include mathematical modelling and problem solving. The instruction of mathematics guides the pupils towards goal-oriented, precise, focused, and persistent activity. The pupils are encouraged to present and discuss their solutions. The pupils' team work skills are developed in teaching and learning.

수학 수업의 과제는 수학적 생각능력이 발달할 그리고 가장 널리 사용되는 문제해결 방법과 수학적 개념들을 학습할 기회를 제공하는 것

교과의 과제
수학 교과의 과제는 학생이 논리에 맞게, 치밀하게, 창조적으로 생각하는 능력을 발달시키도록 지원하는 것이다. 교수학습은 수학적 구조들과 개념들을 이해하는 토대를 구축하고 학생이 정보를 처리하고 문제를 해결하는 능력을

이다. 수업은 학생의 창조적이고 정확하게 생각하는 능력을 발달시켜야 하며 학생이 문제를 발견하고 공식화하도록 그리고 문제에 적합한 해결책을 찾을 수 있도록 안내한다. 수학의 중요성은 광범위하게 인식되어야 한다. 수학은 학생의 지적 성장에 영향을 미치고 학생 입장에서 의도적 활동과 사회적 상호작용을 진전시킨다.

수학 수업은 체계적으로 펼쳐져 수학 구조들과 개념들을 동화할 수 있는 지속적인 토대를 창조해야만 한다. 분과의 구체적 성질은 학생의 경험과 사고 체계를 수학의 추상적 체계와 결합하는 데 큰 도움이 된다. 일상적 상황에서 마주하는 그리고 수학적 생각 혹은 수학적 조작의 도움으로 해결할 수 있는 문제들을 효과적으로 활용한다. 학생의 학습 과정을 돕는 데 정보통신기술(ICT)을 활용할 수 있다.

발달시킨다. 수학의 누적적 성질 때문에 수업을 체계적으로 진행해야 한다. 구체적이고 기능적인 접근 방식은 수학과 교수학습에 극히 중요하다. 정보통신기술을 활용하는 것은 학습을 지원한다.

수업은 학생이 수학에 대해 긍정적 태도와 수학 학습자로서 스스로에 대해 긍정적 자기 이미지를 갖도록 지원한다. 또한 수업은 학생의 의사소통, 협의, 협동 기술능력을 발달시킨다. 수학 공부는 목표 지향적이고 지속적인 활동이고 거기서 학생은 자기의 학습을 책임진다.

수업은 학생이 자기 자신의 삶과 더 광범위한 사회에서 수학의 유용함을 이해하도록 안내한다. 교수학습은 학생이 다양한 방식으로 수학을 사용하고 응용하는 학생의 수용능력을 발달시킨다.

1~2학년에서, 수학 수업은 수학 구조들과 개념들을 공식화할 수 있는 기반을 창조하는 데 도움이 되는 다양한 경험을 학생에게 제공한다. 교수학습은 다른 감각들을 활용한다. 교수학습은 이미지를 그리고 해석하거나 구체적 도구들, 입말, 글말을 통해 학생이 수학적 생각을 표현할 수 있는 능력을 향상시킨다. 수학 수업은 수 개념과 십진법 체계를 이해하고 산술 기술능력을 학습할 수 있는 강력한 토대를 만든다.

3~6학년에서, 수학과 교수학습은 학생이 수학적 구조들과 개념들을 이해하는 데 필요한 경험을 제공한다. 수업은 학생의 수학적 생각과 해결책을 친구에게 다른 방식과 다른 도구를 사용하여 제시하게 하여, 학생의 기술능력이 발달하도록 지원한다. 집단으로 그리고 혼자서 폭넓게 문제를 해결하는 것과 다른 해결책을 비교하는 것은 교수학습에 중요하다. 교수학습은 학생이 수 개념과 십진법 체계를 이해하고 그 이해를 확장하는 것을 보장한다. 또한 학생은 산술 기술능력을 유창하게 사용할 수 있도록 발달시킨다.

7~9학년에서, 수업의 과업은 수학에서 일반 지식과 일반 능력을 강화하는 것이다. 수업은 학생이 수학적 개념들과 그것들 사이의 관계를 더 잘 이해하도록 돕는다. 학생 자신의 삶에서 수학을 발견하고 활용하도록 학생을 격려한다. 학생의 능력은 수학적 모델링과 문제풀이를 포함한다. 수학 수업은 학생이 목적 지향적이고, 정확하고, 집중적이고, 지속적인 활동으로 나아가도록 안내한다. 자기의 해결책을 제시하고 토론하도록 학생을 격려한다. 교수학습에서 학생의 팀 일 기술능력을 발달시킨다.

일반적인 내용을 2004는 두 문단에 걸쳐 진술했습니다. 2014는 세 문단에 걸쳐 진술했습니다. 나아가 학년 단위에 따라 한 문단씩 내용을 추가했습니다. 10년이 흐르면서 두 문단이 여섯 문단으로 늘어났습니다. 2004에는 있고 2014에는 없는 중요한 표현이 있습니다. 지적 성장intellectual growth, 사회적 상호작용social interaction, 동화assimilation, 일상적 상황day-to-day situation. 이렇게 4개의 용어가 눈에 띄었습니다. 사라진 네 용어와 연결할 수 있는 흐름을 하나 고르라면 난 주저하지 않고 구성주의라고 대답할 것입니다.

2014에서 좀 더 정교하게 표현된 것이 여럿 있습니다. 학년 단위에 진술된 것은 언급하지 않으려 했습니다. 하지만 마지막에 학년 단위에 진술된 내용도 하나 추가했습니다.

먼저, 교수학습teaching and learning이 전면에 배치되었습니다. 교수학습이 등장했습니다. 핀란드 핵심 교육과정 문건에 처음 등장했습니다. 정확하게 표현하면, 2004에는 없었습니다. 현재까지 제가 확인한 것입니다. 단 한 번도 없었습니다. 대한민국에서 2010년 『생각과 말』을 번역하면서 서방 세계 학자들에게 이 문제를 처음 제기했습니다. 1978년 『Mind in Society』를 통해 대중적으로 비고츠키를 서방 세계에 알린 번역자 대표, 마이크 콜은 이에 화답했습니다. 이와 관련된 짧은 논문도 발표했습니다. 그렇게 비고츠키의 오브체니обучение, obuchenie가 교수학습teaching and learning으로 서방 세계에 통용되었습니다.

둘, 수학적으로 생각하는 능력을 수식하는 용어가 하나 추가되었습니다. 정확하게, 창조적으로 이에 더하여 논리적logical이 추가되었습니다.

셋, 동화assimilation가 이해understanding로 대체되었습니다. 수학적 구조와 개념을 동화한다는 구가 수학적 구조와 개념을 이해한다는 표현으로 바뀌었습니다. 피아제의 동화와 조절이 일상적 교육학 용어인 이해로 바뀌었습니다.

넷, 정보를 처리할 수 있는 능력이 추가되었습니다. 문제해결능력과 결이 조금 다르기 때문인 듯합니다.

다섯, 수학 교과의 특징이 정교해졌습니다. 체계적으로systematically 와 수학의 누적적 성질the cumulative nature of mathematics이 여기에 해당합니다.

여섯, 정의적 측면에 대한 진술이 강화되었습니다. 긍정적 태도 positive attitude와 긍정적 자기 이미지positive self-image가 더해졌습니다. 나아가 의지적 측면으로 볼 수 있는 목표 지향적이며 지속적인 활동 a goal-oriented and persistent pursuit이 가볍게 채색되었습니다.

일곱, 학생 자신의 삶their own lives과 사회the society가 일상적 상황의 자리를 점령했습니다. 시간과 공간에 따라 변하는 무엇을 전제했습니다.

마지막으로, 학습learning의 자리를 대체한 표현을 제시하겠습니다. 3~6학년 단위에 있는 표현입니다. 편리하게 옮겼습니다. "교수학습이 제공한 경험에 근거하여 학생은 수학적 개념과 구조를 이해할 수 있다." 교수학습이 추동한 경험이 개념과 구조를 이해하는 데 필요하다는 진술입니다. 교수학습이 학생의 개념 발달을 이끄는 비밀이 구체 (교수학습의 경험)와 추상(교과 지식)의 연결입니다. 비고츠키처럼 표현하면, 구체(학생의 경험)와 추상(수학적 구조와 개념)을 연결하는 게 이해입니다. 이해가 없으면 개념 발달은 불가능합니다. 교사는 학생이 구체와 추상을 연결할 수 있도록 교수학습을 조직해야 합니다. 교육 환경을 구축해야 합니다.

4. 2014 수학과 교육과정 체계의 특징

가. 2015 수학과 교육과정 체계

욕심을 내 대한민국 2015 개정 교육과정의 수학과 교육과정도 살폈습니다. 우리가 개선해야 할 현실을 직시하기 위함입니다. 더 나은 내일을 기약하기 위함입니다.

[표 11] 2015 수학과 교육과정 차례

1. 성격		
2. 목표	가. 초등학교 나. 중학교	
3. 내용 체계 및 성취기준	가. 내용 체계	초등학교 표(기능) 중학교 표
	나. 성취기준 초등학교 1~2학년	(1) 수와 연산 (2) 도형　　　　　　(가) 학습 요소 (3) 측정　　　　　　(나) 교수학습 방법 및 유의 사항 (4) 규칙성　　　　　(다) 평가 방법 및 유의 사항 (5) 자료와 가능성
	초등학교 3~4학년	(1) 수와 연산 (2) 도형　　　　　　(가) 학습 요소 (3) 측정　　　　　　(나) 교수학습 방법 및 유의 사항 (4) 규칙성　　　　　(다) 평가 방법 및 유의 사항 (5) 자료와 가능성
	초등학교 5~6학년	(1) 수와 연산 (2) 도형　　　　　　(가) 학습 요소 (3) 측정　　　　　　(나) 교수학습 방법 및 유의 사항 (4) 규칙성　　　　　(다) 평가 방법 및 유의 사항 (5) 자료와 가능성
	중학교 1~3학년	(1) 수와 연산 (2) 문자와 식　　　　(가) 학습 요소 (3) 함수　　　　　　(나) 교수학습 방법 및 유의 사항 (4) 기하　　　　　　(다) 평가 방법 및 유의 사항 (5) 확률과 통계
4. 교수학습 및 평가의 방향	가. 교수학습 방향	(1) 교수학습 원칙 (2) 교수학습 방법
	나. 평가 방향	(1) 평가 원칙 (2) 평가 방법

핀란드와 한국의 차례를 비교했습니다. 대한민국을 중심으로 두 가지만 언급하겠습니다.

하나, 교수학습과 평가에 대한 언급이 중복된 구조입니다. 차례를 보면 그렇습니다. 실재는 더 끔찍합니다.

둘, 수학 교과의 내용 차례에 '생각 기술능력과 방법Thinking skills and methods'이 없습니다. 문화적 능력을 수학 교과의 내용으로 반영하지 못했습니다. 과거 방식 그대로입니다.

나. 2015 수학과 교육과정의 성격과 목적

차례를 비교했지만, 포괄적 실행능력과 연결하여 조사할 것을 찾지 못했습니다. 2015에 핵심역량이 교과와 어떤 관계를 갖고 있는지 확인하여 연구할 것을 찾고자 했습니다. 이 작업을 통해 2014의 수학과 교육과정의 새로운 점을 드러내고자 했습니다. 그렇게 해서 2014를 좀 더 명확하게 이해하려 했습니다. 그래서 세부적인 내용으로 조금 더 들어갔습니다. 2015의 수학과 교육과정의 성격과 목적을 들여다보았습니다.

[표 12] 2015 수학과 교육과정의 성격과 목적

1. 성격	수학과는 수학의 개념, 원리, 법칙을 이해하고 기능을 습득하여 주변의 여러 가지 현상을 수학적으로 관찰하고 해석하며 논리적으로 사고하고 합리적으로 문제를 해결하는 능력과 태도를 기르는 교과이다. 수학은 오랜 역사를 통해 인류 문명 발전의 원동력이 되어 왔으며, 세계화·정보화가 가속화되는 미래 사회의 구성원에게 필수적인 역량을 제공한다. 수학 학습을 통해 학생들은 수학의 규칙성과 구조의 아름다움을 음미할 수 있고, 수학의 지식과 기능을 활용하여 수학 문제뿐만 아니라 실생활과 다른 교과의 문제를 창의적으로 해결할 수 있으며, 나아가 세계 공동체의 시민으로서 갖추어야 할 합리적 의사결정 능력과 민주적 소통 능력을 함양할 수 있다.[29] ……

		교과 역량으로서의 문제해결은 해결 방법을 알고 있지 않은 문제 상황에서 수학의 지식과 기능을 활용하여 해결 전략을 탐색하고 최적의 해결 방안을 선택하여 주어진 문제를 해결하는 능력이고, 추론은 수학적 사실을 추측하고 논리적으로 분석하고 정당화하며 그 과정을 반성하는 능력이다. 창의·융합은 수학의 지식과 기능을 토대로 새롭고 의미 있는 아이디어를 다양하고 풍부하게 산출하고 정교화하며, 여러 수학적 지식, 기능, 경험을 연결하거나 타 교과나 실생활의 지식, 기능, 경험을 수학과 연결·융합하여 새로운 지식, 기능, 경험을 생성하고 문제를 해결하는 능력이다. 의사소통은 수학 지식이나 아이디어, 수학적 활동의 결과, 문제 해결 과정, 신념과 태도 등을 말이나 글, 그림, 기호로 표현하고 다른 사람의 아이디어를 이해하는 능력[30]이고, 정보 처리는 다양한 자료와 정보를 수집, 정리, 분석, 활용하고 적절한 공학적 도구나 교구를 선택, 이용하여 자료와 정보를 효과적으로 처리하는 능력이다. 끝으로, 태도 및 실천은 수학의 가치를 인식하고 자주적 수학 학습 태도와 민주시민의식을 갖추어 실천하는 능력이다.
		수학 교과 역량 함양을 통해[31] 학생들은 복잡하고 전문화되어 가는 미래 사회에서 사회 구성원의 역할을 성공적으로 수행할 수 있고 개인의 잠재력과 재능을 발현할 수 있으며, 수학의 필요성과 유용성을 이해하고 수학 학습의 즐거움을 느끼며, 수학에 대한 흥미와 자신감을 기를 수 있다.
2. 목적	초등	수학의 개념, 원리, 법칙을 이해하고 기능을 습득하며 수학적으로 추론하고 의사소통하는 능력을 길러, 생활 주변과 사회 및 자연 현상을 수학적으로 이해하고 문제를 합리적이고 창의적으로 해결하며, 수학 학습자로서 바람직한 태도와 실천 능력을 기른다.
		(1) 생활 주변 현상을 수학적으로 관찰하고 표현하는 경험을 통하여 수학의 기초적인 개념, 원리, 법칙을 이해하고 수학의 기능을 습득한다.
		(2) 수학적으로 추론하고 의사소통하며, 창의·융합적 사고와 정보 처리 능력을 바탕으로 생활 주변 현상을 수학적으로 이해하고 문제를 합리적이고 창의적으로 해결한다.
		(3) 수학 학습의 즐거움을 느끼고 수학의 유용성을 인식하며 수학 학습자로서 바람직한 태도와 실천 능력을 기른다.
	중등	(1) 사회 및 자연 현상을 수학적으로 관찰, 분석, 조직, 표현하는 경험을 통하여 수학의 개념, 원리, 법칙과 이들 사이의 관계를 이해하고 수학의 기능을 습득한다.[32]
		(2) 수학적으로 추론하고 의사소통하며, 창의·융합적 사고와 정보 처리 능력을 바탕으로 사회 및 자연 현상을 수학적으로 이해하고 문제를 합리적이고 창의적으로 해결한다.[33]
		(3) 수학에 대한 흥미와 자신감을 갖고 수학의 가치를 인식하며 수학 학습자로서 바람직한 태도와 실천 능력을 기른다.

---

29. 만약에 임용고시에 이런 문제가 나온다면 어떤 일이 벌어질까요? 학생이 어느 교과를 학습하며 세계 공동체의 시민으로서 갖추어야 할 합리적 의사결정 능력과 민주적 소통 능력을 함양할 수 있을까요? (   ) ① 국어 ② 수학 ③ 사회 ④ 과학 ⑤ 도덕

성격과 목적에서 2014와 확연하게 구별되는 진술을 발견하지 못했습니다. 사소한 차이는 여럿 있었습니다. 하나만 언급하겠습니다. 사고 thought와 생각thinking이 그것입니다. 2015는 논리적으로 사고하기만 언급했습니다. 2014는 논리적이고logical, 정확하며precise, 창조적으로 creative 생각하기로 표현했습니다.

2015는 수학과 교과 역량을 담았습니다. 6개의 교과 역량을 제시했습니다. 문제해결 능력, 추론 능력, 창의·융합 능력, 의사소통 능력, 정보 처리 능력, 태도 및 실천 능력입니다. 학년 단위(학년군)별 교과 역량을 담지 못했습니다. 기능skills(기술능력)만 언급했습니다.[34]

초등과 중등의 목적에서 너무 확연한 문제를 2개만 언급하겠습니다. 사족입니다.[35]

하나, 초등 수학과 중등 수학의 차이는 다루는 대상이 생활 주변 현상에서 사회 및 자연 현상으로 확장된 것에서 두드러지게 표현되었습니다. 너무 형식적인, 기계적인 단계 구분입니다. 경계도 모호합니다. 생활 주변의 사회 및 자연 현상은 언제 다루어야 할지 의문입니다.

---

30. 구성주의적 의사소통 정의를 보았습니다. 수학과 교육과정 공청회장에서 보던 '모범'과 호응하는 의사소통 정의입니다. 내가 표현하고 이해하면 끝입니다. 합의로 나아가는 공동 일반화 과정, 논의과정, 진리를 추구하는 여정은 의사소통에 담을 수 없습니다. 이런 의사소통의 결과로 수학과는 아직도 1989년을 최근이라고 교사용 지도서에 적시하고 있습니다. 아직은 저의 주관적 판단입니다.

31. 문제는, 고민은, 핵심은 어떻게 수학과 교과 역량을 함양하느냐 하는 것입니다. 그 방법이 생략되어 있습니다. 누구나 다 아는 것이라 생략한 것인지, 몰라서 언급할 수 없었던 것인지 궁금합니다.

32. 목적에는 경험을 통해 추상적인 개념, 원리, 법칙을 이해한다고 진술되어 있습니다. 추상적인 개념, 원리, 법칙을 발견하라던 시대가 끝났나 봅니다. 진짜 끝났으면 좋겠습니다.

33. 초등과 중등 9년 동안 목적이 똑같습니다. 발달 개념이 부재한 대학민국 교육계의 현실입니다.

34. Skills의 한국 기표를 교육부는 '기능'으로 사용했습니다. '역량'과 마찬가지로 참고한 자료가 일본 것이라면, 아니더라도, 출처를 밝히는 것이 예의입니다.

35. 교과 역량을 정의하는 작업은 국어 교수에게 자문을 구해야 합니다. 교과 역량이 성격에 있는 것도 납득하기 어렵습니다. 목적의 내용을 보면 그 내용을 준수해야 할 대상과 그 내용을 읽어야 할 대상이 일치하지 않습니다. 2014를 보고 알았습니다. (교사는) 학생이 이러저러한 기능을 습득하도록 (안내한다). 글쓰기는 수학 교수들끼리만 하지 않았으면 좋겠습니다.

둘, 정의적 측면도 위계가 잘못되었습니다. 초등의 즐거움이 중등의 흥미와 자신감으로 이어지는 것이 21세기 심리학의 연구 성과와 맞는지 의문입니다. 실천적으로 즐거움을 느끼는 것에 6년 동안 노출된 학생이 중학교에 입학하면 흥미와 자신감을 가지게 된다는 것은 납득하기 어렵습니다. 우리는 반대로 '발달의 역설'에 직면합니다. 즐겁지 않으면 수학 활동에 참여하지 않는 학생을 양산하고 있는 것은 아닌지 반성해야 합니다. 교육과정 연구자들은 흥미와 자신감이 6년의 공백 후에 생성될 수 있는 것인지 자문해야 합니다. 2014가 초등부터 흥미와 자신감을 키우기 위해 노력하고 있다는 사실을 냉정하게 직시해야 합니다. 즐거움은 수학 교수학습의 성취감에서, 수학 학습의 과정에서 생겨나는 부수적인 현상임을 잊지 말아야 합니다.

직설적으로 이야기하겠습니다. 원인과 결과가 바뀌었습니다. 발달의 순서가 거꾸로입니다.

다. 2014 수학과 교육과정 체계의 특징

앞에서 2014 체계의 특징을 세 가지로 나누어 제시했습니다. 국가 수준 교육과정의 기능 변화, 일반 지식과 일반 능력의 관계 변화, 발달교육의 전면화로 정리했습니다. 수학과 교육과정 체계에도 그 일반적 흐름이 관철되었을 것입니다. 하지만 차례와 일부 내용만 살폈습니다. 그 특수한 흐름을 도려내지 못했습니다. 실감 나게 전달하지 못했습니다.

지식과 능력의 관계 변화가 수학 교과에서 어떻게 관철되었는지 차례 비교를 통해 파악하지 못했습니다. 수학 교과의 과제와 수업의 주의사항까지 살폈지만 선명하고 구체적인 진술을 찾지 못했습니다.

교수학적 기능 강화로 읽을 수 있는 요소들이 있습니다. 학년 단위에 따른 교사가 주의할 사항, 교수학습Teaching and Learning이라는 개념의 등장, 목표 지향적 활동goal-oriented activity 따위가 그것입니다. 모아 보면, 발달교육의 전면화로 연결됩니다. 개인적으로, 2008년 연구에서 언급했던 엥게스트롬의 문화역사적 활동이론Cutural-Historical Activity Theory이 연상됩니다. 러시아 발달교육이 미친 영향이라고 추정할 수밖에 없습니다. 능동적으로 표현하면, 서방 세계에 속하는 핀란드가 러시아와도 교육과정 협력연구를 행한 것입니다.[36]

수학과 교과교육과정에 포함된 내용 부분을 보면, 2004와 2014에서 차이를 찾기 어렵습니다. 2014가 교과 해체를 추구했다는 한때의 언론 보도는 차례를 보면 확실한 오보입니다. 생각하는 기술능력과 방법을 제외하면 대한민국과 핀란드 수학 교과의 내용은 대동소이大同小異합니다. 수학 교과서를 보면, 핀란드가 더 교과의 개념, 방법, 원리, 법칙의 이해를 축으로 교과서를 만들었습니다. 저의 주관입니다.

교과의 과제를 비교하면서 2014는 2004와 결이 다른 발달교육이라는 암시를 했습니다. 구성주의적 용어(지적 성장, 사회적 상호작용, 동화, 일상적 상황)가 사라지고 활동이론(목표 지향적 활동)과 문화역사적 이론(교수학습, 학생의 삶, 능력)의 용어들이 새롭게 등장했다고 정리했습니다. 2015에서 강조된 기능skills이 2014뿐만 아니라 이미 2004에 사용되고 있었습니다. 2004와 2014는 둘 다 기술능력skill(기능)의 변화를 발달development로 표현했습니다.

2014에서 형식도야의 오랜 전통이 21세기 과학으로 새롭게 태어나고 있는 모습을 보았습니다. 수학 교과가 발달에서 해야 할 역할을 중심으로 진술했습니다. 이는 수학 교과의 영향력이 약화된 것이 아니라

---

36. 〈International Conversations on Curriculum Studies〉. Eero Ropo(2009) 편집. Sense Publishers.

강화된 것입니다. 수학 교과의 더 높아진 위상에 맞는 교육 효과가 나와야 합니다. 이를 위해 2014는 어떤 노력을 했을까요? 2014에 반영된 노력의 결과를 다음 장에서 살펴보겠습니다. 다음 장이 본 연구 보고서의 백미입니다. 대한민국 학력 담론이 놓치고 있었던 중심 고리를 다루고 있습니다.

IV.
포괄적 실행능력

　2017년에 2014를 연구했습니다. 연구 보고서를 작성할 시점이 되었을 때, 다음과 같이 간단하게 잠정적 결론을 제시했습니다. 두 가지 변화가 두드러집니다. 하나는 지역 수준 교육과정의 강화고, 다른 하나는 포괄적 실행능력의 등장입니다. 전자는 교육체제와 관련된 부분으로 외적인 측면에서의 변화입니다. 후자는 지적인 기능과 교육학적 기능과 연결되는 내적인 측면에서의 변화입니다. 두 측면 중에 연구자가 관심을 두고 정리하고자 한 것은 후자였습니다. 여기서는 포괄적 실행능력을 중심축으로 하여 국가 수준 교육과정 문건이 새로운 형식과 내용으로 창조된 결과를 정리하겠습니다.

1. 학년 단위와 발달

가. 학년 단위 그리고 학생의 성장과 발달
　2014는 교과가 동일한 학년 단위를 가졌습니다. 2004를 보면, 교과마다 학년 단위가 같지 않은 경우가 있었습니다. 예를 들면, 윤리는 1~5를, 음악은 1~4를, 물리와 화학은 5~6을, 수학은 3~5를 학년 단위로 묶었습니다. 2014에서는 모든 교과가 1~2, 3~6, 7~9를 학년 단위로 했습니다.

이러한 변화는 교육과정 내에서 봉건영주와 같은 교과의 독자적 위상이 결정적으로 무너졌음을 상징합니다. 옛것이 사라지고 새로운 것이 등장했습니다. 세상사 이치입니다. 무엇이 사라졌을까요? 교과가 임의적으로 학년 단위를 정하는 독자성이 무너졌습니다. 교과 내에서 내 맘대로 하던 것 말입니다. 교과의 내적 논리를 기준으로 위계를 설정하는 관행이 무너졌습니다. 교과가 봉건영주처럼 서로 독립적으로 존립하던 봉건적 교육체제가 붕괴한 것입니다.

무엇이 새롭게 등장했을까요? 이 현상에서 새롭게 등장한 것은 포괄적 실행능력입니다. 봉건 영지가 국가의 통제를 받는 개별 행정구역이 되었듯이, 개별 교과는 포괄적 실행능력을 키우는 수단으로 묶여버렸습니다. 새로움은 무엇을 대변할까요? 모든 학생의 성장과 발달입니다. 2014는 학년 단위에 맞게 체계적으로 포괄적 실행능력을 키워가는 교육으로 모든 학생의 성장과 발달을 구현하려 합니다. 저의 단정입니다.

대한민국을 생각하며, 사족을 남깁니다. 공교육이 추구해야 하는 게 무엇일까요? 핀란드 2014의 대답입니다. 국가 경쟁력을 위한 일부 학생의 성장과 발달이 아니라 지속가능한 미래를 건설할 모든 학생의 성장과 발달입니다.

교과교육을 넘어 발달교육이 전면에 등장하는 긴 세계사의 여정이 북유럽에도 이어졌습니다. 핀란드는 처음에는 독일식 발달교육의 외양을 취했습니다. 형태주의를 배경으로 했습니다. 헤르바르트의 도야 Bildung를 전면에 배치했습니다. 2차 세계대전 후 미군정의 영향을 받은 국가 일반처럼 어린이의 성장과 학습의 냄새도 물씬 묻어 있습니다. 구성주의를 원경으로 합니다. 듀이의 그림자가 진하게 드리워 있습니다.[Helena Fajakaltio, 2017] 2014를 보면, 핀란드는 의식적으로 구성주의 그림자를 많이 제거했습니다.

우리는 여전합니다. 교사용 지도서가 특히 그렇습니다. 교사를 통제하는 기제를 통해 교사에게 구성주의를 강제하고 있습니다.

나. 학년 단위와 발달 과제

2004에서는 모든 교과가 발달 과제를 교과의 과제로 진술했습니다. 수학 교과를 살펴보겠습니다. 수학 전반에 걸친 진술입니다.

> 수학 수업의 과제는 수학적 생각능력이 발달할 그리고 가장 널리 사용되는 문제해결 방법과 수학적 개념들을 학습할 기회를 제공하는 것이다. 수업은 학생의 창조적이고 정확하게 생각하는 능력을 발달시켜야 하며 학생이 문제를 발견하고 공식화하도록 그리고 문제에 적합한 해결책을 찾을 수 있도록 안내한다.[2004.6.3. 수학]

특정 학년 단위에 해당하는 서술입니다.

> 1~2학년 수학 수업에서 핵심 과제는 다음 세 가지다. 하나, 수학적으로 생각하는 능력을 발달시키는 것이다. 둘, 집중, 경청, 의사소통을 연습하는 것이다. 셋, 수학적 구조와 개념을 형성하는 데 토대가 되는 경험을 습득하는 것이다.[2004.6.3. 수학]

임유나[2017: 153]는 학년 단위의 변화를 알기 쉽게 2004와 2014를 비교하여 표로 제시했습니다.

교과의 독자성과 무관하게 학년 단위 1~2, 3~6, 7~9에 모든 교과가 종속되었습니다. 이런 변화에 따라 2014는 학년 단위에 따라 발달 과제를 진술했습니다.

2004는 총체적으로, 유기적으로 학생이 성장하고 발달하는 과정을 그려 내지 못했습니다. 2014는 13장, 14장, 15장 각 첫 절에서 이를 해결했습니다. 전체 과정을 도식적으로 정리하여 제시하면 다음과 같습니다.[37]

[표 13] 유치원에서 9학년까지의 발달 과제[38]

발달 과제	
이행	
유치원	능동적으로 행동하는 어린이 되기(Child as a active actor)
이행	
초 1-2	초등학생 되기(Becoming a pupil)
이행	
초 3-6	학습자로 발달하기(Developing as a learner)
이행	
중 1-3	공동체 구성원으로 성장하기(Growing as a member of a community)
이행	

위에 제시한 학생의 성장과 발달 경로를 간단하게 살펴보겠습니다. 성장과 관련된 것과 발달과 관련된 것을 확연하게 구별할 수 있습니다. 성장과 발달을 구분하는 것은 올바른 교육 실천을 위해 시급하게

---

37. 배희철(2017)에 있는 내용입니다. 거기서는 간단하게 논평도 했습니다.
38. 박남기(2017: 23)는 학년 단위별 발달 과제를 포괄하는 발달 과제로, 즉 교육 목표로 '홍익인간(세계시민) 되기'를 제안했습니다.

해결해야 할 대한민국의 당면 과제입니다.[39]

능동적으로 환경과 관계를 맺는 (국내에서 많이 사용하는 표현으로 바꾸면, 상호작용하는) 것은 성장입니다. 능동적으로 사회에서 관계를 맺는 (국내에서 많이 사용하는 표현으로 바꾸면, 사회적 상호작용하는) 것도 성장입니다. 학생의 성장과 발달에서 2014는 유치원과 중학교 시기에 총체적 측면에서 성장을 전면에 위치시켰습니다.

사회에서 문화를 내 것으로 하는, 할 줄 모르던 것을 능숙하게 해내는 것은 발달입니다. 초등학생답게 되는 것과 문화 전수 기관인 학교에 걸맞은 학습자가 되는 것은 발달입니다. 초등학교의 두 학년 단위의 총체적 변화에서는 발달적 측면을 전면에 배치하여 발달적 과제를 부각시켰습니다.

대한민국 7차 교육과정 일반과 정반대되는 관점입니다. 이런 관점이기에 2004에서 비고츠키의 발달교육 흔적을 찾았다고 단정했습니다. 하지만 이제는 전후 맥락을 찾아 설명해야 합니다.

『생각과 말』 6장 3절에 그 단서가 있습니다.[비고츠키, 2011: 446-454] 코프카는 두 가지 발달을 구분하여 제시했습니다. 성숙의 결과인 발달과 교수학습의 결과인 발달입니다.[비고츠키, 2011: 447] 전자는 성장으로 후자는 발달로 2014에 이어졌습니다. 헤르바르트의 형식도야를 언급했습니다. 비고츠키[2011: 450]가 분석한 것에 따르면, 특정한 교과의 교수학습 경로는 교과의 지식과 능력뿐 아니라, 어린이의 정신능력 일반의 발달을 전제합니다.

교과의 일반 지식과 일반 능력으로 2014에 이어졌습니다. 핀란드는 큰 틀에서 보면, 도야가 배경에 놓여 있습니다. 성장과 발달의 내용이

---

39. 정보통신기술, 독서능력, 창조적 생각은 성장이 아닌 발달입니다. 발달의 관점에서 이를 위한 교육을 계획해야 합니다. 바람직한 공동체 구성원이 되는 것, 민주시민이 되는 것은 성장입니다.

21세기 버전으로 바뀌었을 뿐입니다. 핀란드의 성장은 듀이의 그림자를 벗었다고 단정해도 좋을 듯합니다. 저의 주관적 판단입니다. 후속 연구자가 객관적 판단임을 증명해 주셔야 합니다.

10년이 흘러갔습니다. 좀 더 그럴듯하게 설명하겠습니다. 도야를 중시하는 독일 발달교육은 비고츠키와 핀란드에 영향을 주었습니다. 비고츠키와 핀란드가 받아들인 발달교육의 주요 내용이 일치했습니다. 시간과 공간의 차이로 역사의 흐름에 따라 약간의 차이가 노정되었습니다. 그러므로 핀란드 2004나 2014에서 비고츠키가 정립한 (문화역사적) 발달교육의 흔적을 발견하는 것은 당연한 일입니다.

위에 있는 발달 과제 표에 제시된 '이행'은 비고츠키[2016: 91-93]의 연구 성과와 견주어 봐야 합니다. 짧은 식견으로 단정합니다. 이행transition은 영향을 받았다는 간접적 흔적이 아니라 직접적 증거입니다.[40] 이를 반박할 수 있는 자료를 찾을 수 없었습니다.

다. 이행과 학년 단위의 내용

[표 13]과 관련된 내용을 다른 곳에서 구체적으로 소개했습니다. [배희철, 2017] 여기에서는 후속 연구자의 편의를 위해, 연구 범위 밖의 유치원 내용을 포함했습니다. 2014 유치원 교육과정까지 찾아 읽고 정리했습니다.

1) 유치원: 능동적으로 행동하는 어린이 되기Child as a active actor

유치원 시기의 발달 과제를 담은 별도의 절은 없었습니다. '능동적

---

40. 비고츠키 선집 8권, 9권은 위기의 시기에서 평화의 시기로 어떻게 이행해야 하는지를 다루고 있습니다. 아동학만이 위기 시기에서 이행의 교육적 중요성에 주목했습니다. 담긴 내용은 처음이라 경험적 처방 수준입니다. 학술적 처방은 다음 10년을 기약해야 합니다.

으로 행동하는 어린이 되기'는 3장 '성장과 학습을 지원하는 작동 문화' 1절 '작동 중인 문화의 발달을 보장할 원리들'에 담긴 내용 '능동적 행위자인 어린이'를 다듬어 표현한 것입니다.

이행에 담긴 내용은 가정에서 유치원으로 발달의 사회적 상황이 바뀌면서 생기는 문제에 대처하는 방안입니다. 간단하고 상식적인 것이라 넘어가겠습니다. 원문도 간단합니다. 제목은 '이행국면에서의 협동'입니다. 3장 3절에 간결하게 기술되어 있습니다. 보호자와 유치원 관계자의 협동을 강조했습니다.

"성공적인 이행은 원생의 안전과 안녕을 강화하고 성장과 학습에 필요한 전제조건이 된다."[3.3] 여기서 유치원 발달단계에 성장growth과 학습learning이 맞물려 펼쳐진다는 명제를 도출했습니다. 문화적 능력이 아니라, 자연적 능력이 주로 다루어지고 있습니다. 이런 내용은 대한민국 누리교육과정 해설서를 참고할 수 있습니다.

2) 유치원 교육에서 기본 교육으로 이행

13장 1절에 이에 대한 내용이 있습니다. 간단하게 언급했습니다. 전문을 옮기겠습니다.

어린이가 유치원을 마치고 초등학교에 입학transition(이행)할 때, 유치원과 초 1~2 교육 담당자는 체계적으로 협동한다. 두 집단은 학습 환경, 일하는 방법, 관련 문건이 비슷하다. 보호자와 협동하고 신뢰를 구축하는 것이 중요하다. 신변 환경, 학습 실제 능력 learning capability, 어린이의 필요를 고려한다. 필요하다면, 기본 교육이 시작될 때, 학습과 학교 출석을 위한 지원을 보장한다. 오전과 오후 활동 혹은 클럽 활동에 어린이가 참여할 필요가 있는지 살핀다. 나아가 이런 활동에 참여할 기회를 제공해야 할지 판단한다. 유치원에서 배운 기술능력skills에 자부심을 가지도록 어린이를 격려한다. 또한 새로운 집단에 참여하여 새로운 환경에서 만나는 어른과 함께하도록 어린이를 격려한다.2014.13.1

이행이라는 표현과 어울리는 초등학교 입학생의 입장을 고려한 전문적·체계적 서술은 아닙니다. 냉정하게 평가하면, 그저 행정적 조치뿐입니다. 10년 후에는 교육적 조치를 어떻게 진술할지 기다려집니다.

3) 1~2학년: 초등학생 되기Becoming a pupil
13장 1절에 세 문단으로 그 내용을 담았습니다. 전문을 옮기겠습니다.

1~2학년 시기 교수학습은 유치원 교육과 그 이전의 보육 교육과 돌봄을 통해 획득한 능력abilities을 토대로 펼쳐진다. 1~2학년의 특별한 임무는 학생이 학습자로 그리고 초등학생으로 자신을 긍정적으로 볼 수 있도록 돕는 것과 미래 학습에 필요한 기술능력을 가르치는 것이다. 기본 교육을 시작할 때, 학생이 확실하게 공부를 해 나갈 수 있게 하려면 개별 학생의 진전 상황을 계속해서 파악하는 게 특히나 중요하다.

개별 학생을 격려하는 피드백을 제공하는 것과 학습의 기쁨 joy of learning과 학습에서의 성공을 경험할 수 있는 기회를 제공하는 것도 중요하다. 학생이 자신의 관심을 표현하고 새로운 것을 발견하도록 격려한다. 개별 학생의 필요를 고려하여 적절하게 도전적인 내용으로 수업을 계획한다. 어떤 형태의 위협이나 차별도 학교에서는 용인될 수 없다. 학습을 통해 학생이 함께 일하고, 독립적이며, 자기 과제를 책임지도록 안내한다. 언어적, 사회적, 운동적 기술능력의 발달에, 기억의 발달에, 개별 학생의 발달 속도에 특별한 주의를 기울여야 한다. 목표는 초기 단계에 발달의 문제와 학습의 곤란을 모두 확인하여 적시에 지원을 제공하는 것이다. 학교에서 일할 때, 실례와 기능을 보여 주는 방식, 상상 imagination, 놀이play, 게임 같은 학습gameful learning, 이야기하기 storytelling를 강조한다. 학생이 학교생활을 시작하여 초등학생으로 성장할 때 보호자와 협동하여 학생을 지원한다.

1~2학년에서 유치원 교육의 학습 모듈은 교과로 대체되지만 필요하다면 대부분의 수업을 유치원처럼 통합하여 운영할 수 있다. 4장에서 기술한 다분과 학습 모듈은 학생의 스스로 주도하려는 자세, 팀워크 기술능력, 화제들을 연결하여 이해할 수 있는 능력을 향상시킨다. 다분과 학습 모듈은 유치원 교육뿐만 아니라 고학년 교육과 협동할 기회를 제공한다.[2014.13.1]

비고츠키의 발달교육을 잣대로 해석해 보겠습니다. 발달의 내적 측면을 생각해 봤습니다. 비고츠키 선집에 나오는 능력과 연결해 봤습니다. '미래 학습에 필요한 기술능력'을 자발적 주의능력으로 그리고 '기억의 발달'을 논리적 기억능력으로 연결할 수 있습니다.

다분과 학습 모듈이 초등학교 1학년부터 시작됨을 확인할 수 있었습니다. 다분과 학습 모듈을 운영하여 얻고자 하는 효과는 ① 학생의 주도성 강화, ② 팀워크 기술능력 발달, ③ 화제를 연결하여 이해하는 능력 발달입니다.

　1~2학년 시기에 권장하는 방법은 실례나 기능을 보여 주는 방식, 상상, 놀이, 게임 같은 학습, 이야기하기입니다. 핀란드 교육계가 합의한 사항입니다. 대한민국 교사들의 발견과 별로 다른 게 없습니다. 교육과정에 반영되었는지는 의문입니다. 확인하지 않았습니다. 1~2학년 단위와 관련하여 교수학습에 대해 언급한 부분이 없기 때문입니다. 봉건영주들의 개별적 언급, 특정 교과의 언급은 있을지도 모르겠습니다.

　학습에서 성공과 기쁨을 경험하게 합니다. 자신감은 이런 것이 누적되어 형성되는 것이라고 주장하고 있습니다. 활동을 통한 즐거운 경험이 아닙니다.

4) 2학년과 3학년 사이의 이행 국면

14장 1절에 진술되어 있습니다. 전체 두 문단을 모두 옮겼습니다.

　이행 국면에서, 학생이 공부할 때 필요한 기본 기술능력을 담보하는 것과 초등학생다운 자신감을 강화하는 것이 필요하다. 특히, 학생의 읽기와 쓰기 기술능력skills, 수학적 기술능력, 공부 기술능력의 발달을 지원한다. 또한 스스로 해 나가는 기술능력과 팀워크 기술능력이 발달하는 것과 책임지는 방법을 학습하는 것도 점점 더 중요해진다. 가정과 함께 학생이 학교 일에서 성공하도록 지원해야 한다. 학교가 제공하는 언어 프로그램, 공부 순서 배열study arrangement, 각 학년에 새롭게 시작되는 교과들, 선택 공부 혹은 자유 선택 공부에 대한 정보를 학생과 보호자에게 알려야 한다. 학생, 보호자와 함께 협의하여 공부 요구와 새로운 집단에 소속될 잠재적 필요를 반영한다.

> 법이 강제하는 특별 지원의 결정을 검토하는 작업은 학생이 3학년을 시작하기 전에 이루어져야 한다.2014.14.1

핀란드도 3학년에 새롭게 시작되는 교과들이 있다는 것을 확인할 수 있었습니다. 특별 지원은 3학년부터 시작된다는 것도 알 수 있었습니다.

집중 점검해야 할 사항이 공부에 필요한 기본(읽기, 쓰기, 셈하기, 공부) 기술능력의 발달과 초등학생다운 자신감을 강화하는 것입니다. 읽기, 쓰기, 셈하기(3Rs) 이외에 공부를 포함한 것이 인상적입니다. 일하는 기술능력 발달과 책임지는 방법도 강조합니다.

행간에서 대한민국처럼 3학년부터 교과교육이 어려워진다는 것을, 본격적인 교수학습이 시작된다는 것을, 학생들이 학교 공부에 의식적으로 주의를 기울여야 한다는 것을 확인할 수 있었습니다.

5) 3~6학년: 학습자로 발달하기Developing as a learner

4년 동안 의도적으로 전개하여 결실을 맺어야 할 학생의 변화를 '학습자로 발달하기'라고 표현했습니다. 14장 1절에 두 문단에 걸쳐 그 내용을 설명했습니다. 중요한 부분입니다. 전문을 옮겼습니다.

> 3~6학년의 특별한 임무는 학습learning-to-learn[41] 기술능력을 발

---

41. learning-to-learn을 간결하게 학습(learning)으로 번역했습니다. 그 낱말을 보며 미래에 사회에서 학습할 수 있는 능력을 펼칠 수 있도록 지금 학교에서 그 능력을 습득하는 데 필요한 기본적인 학습능력입니다. 제 판단입니다. 학교에서 길러야 할 기본적인 학습능력으로 파악했습니다.

달시키는 것과 개개인의 공부 습관을 알아내고 공부 기술능력을 발달시키는 것이다. 학생이 있는 그대로의 자기를 받아들이도록, 자기 한계를 인식하고 자기 권리를 옹호하도록, 자신의 안전을 돌보도록 학생을 격려한다. 또한 학생이 의무와 책임을 이해하도록, 자기 의견을 표현하도록, 함께 건설적으로 일하도록 안내한다. 어떤 형태의 위협이나 차별도 용인될 수 없다. 토론, 반성, 참여하여 책임을 지는 실천을 할 기회를 제공하여 학생이 윤리적이고 도덕적인 질문에 관심을 갖게 한다. 성별에 근거한 선택을 회피하면서, 학생이 개개인의 출발점에 근거한 선택을 하게 한다. 안내와 지원을 해야 할 학생의 필요에 특별히 주의를 기울여야 한다.

3~6학년에서 교수학습은 이전 학년에서 획득한 기본 지식과 기본 기술능력을 강화하고 보완하여 새로운 지식들의 학습을 지원한다. 교과의 수가 증가한다. 자연스럽게 통합수업을 할 기회를 만들려고 노력해야만 한다. 다분과 학습 모듈을 추진하면, 교과의 협동을 강화하고 학생 연령에 중요한 경험을 해 볼 기회를 제공한다. 학습 모듈을 진행하면, 다양한 환경에서 직접 해 보는 학습learning by doing과 탐구 중심 학습inquiry-based learning을 통해 더 능동적인 학습을 해 볼 수 있다. 모듈을 계획할 때, 학생의 참여를 점점 확대한다. 학습 모듈은 함께 일하고, 공동체에 유용한 활동과 개인적 표현을 할 기회를 제공한다.2014.14.1

초등학교 3학년에서 6학년까지 집중적으로 발달시켜야 하는 것은 학습과 공부 기술능력입니다. 여기서 문화의 차이를 고려해 보겠습니다. 우리 문화는 학습을 배움(학)과 익힘(습)의 과정으로 봅니다. 특히나 익힘은 어려운 것으로 봅니다. 백 번의 날갯짓입니다. 핀란드는 다를 것입니다. 학습은 우리의 배움에 공부는 익힘에 가까운 것이라고 추측했습니다. 그리고 도야는 우리의 익힘 그리고 핀란드의 공부에 가까운 것이라고 추측했습니다. 더 많이 연구해야 확인할 수 있는 사안입니다. 6개월 후, 출판 준비를 하면서, 저는 공부가 학습을 이끄는 것으로, 학습과 별개의 측면을 지적하는 표현이라고 추측하고 있습니다. 시간을 두고 계속 점검하면서 이해가 또 다른 지점으로 옮겨 가고 있습니다.

공부, 많이 쓰는 용어지만, 개념 정의하려니 너무 어렵습니다.

6) 6학년에서 7학년으로 이행

중학교에 입학하면, 초등학교와 다른 사회적 상황이 펼쳐집니다. 새로운 상황에 적합한 관계를 형성하도록 배려해야 합니다. 똑같은 내용이 14장 1절과 15장 1절에 있습니다. 전문을 옮겼습니다.

6학년에서 7학년으로 이행할 때, 학교 직원 사이의 협동이 요구된다. 수업을 제공하는 데 중요한 정보와 알고 있는 학습 환경, 운영 방법, 관련 서류를 넘겨줘야 한다. 이행 동안 가정과 학교가 원활하게 소통interaction하는 것은 너무도 중요하다. 학생 입장에서, 이행할 때 학생은 새로운 집단, 새로운 선생님, 새로운 환경에 적응해야 한다. 학교는 각 학년에서 사용하는 일하는 방식working approaches과 실제 평가assessment practices가 연령에 적합하고 학생의 전제조건과 맞도록 주의한다. 가정과 학교는 학생이 학교생활의 새로운 측면을 잘 받아들이도록 격려하고 안정감을 가질 수 있도록 배려한다. 학생은 자신의 미래에 영향을 미칠 많은 선택을 해야만 한다. 학생의 의견에 귀 기울이고 이를 존중해 주는 것, 학생과 관련된 쟁점을 선택하고 결정하는 데 학생의 참여를 보장하는 것은 중요하다.

법이 강제하는 특별 지원의 결정을 검토하는 작업은 학생이 7학년을 시작하기 전에 이루어져야만 한다.2014.14.1과 2014.15.1

새로운 상황에서 위기에 처한 학생의 발달 과제를 중심으로 교사가 주의할 점을 기술하지 못했습니다. 마찬가지로, 행정적이고 경험적인 수준의 언급입니다. 교사가 경험한 일반적 사실을 근거로 실용적 처방을 나열했습니다. 제 추측입니다. 초등학교 교사와 중학교 교사의 협의가 체계적으로 정리되어 위 내용에 반영되지 못했습니다. 이행의 시작과 끝을 설정하지 못했습니다. 6학년 말부터 7학년 초까지인지, 6학년 겨울방학과 봄방학인지, 7학년 초인지 궁금합니다. 위의 진술은 중학교 입학 초기를 가정하고 있는 것 같습니다. 실천을 통해 누적한 경험을 의식적으로 분석해야 이행 기간[42]을 설정할 수 있습니다.

7) 7~9학년: 공동체 구성원으로 성장하기Growing as a member of a community

중학교 3년 동안 전개될 발달 과제를 총괄하여 '공동체 구성원으로

---

42. 비고츠키는 7세의 위기, 13세의 위기, 17세의 위기를 언급했습니다. 생물학적 측면보다는 문화적 측면에 조금 더 방점을 찍고 위기를 구분한 것 같습니다. 둘이 복잡하게 얽히는 것은 당연한 것입니다.
　　저의 고민입니다. 21세기 대한민국에서는 어떻게 위기를 구분해야 할까요? 급별 구분에 따라야 할까요? 중2병을 무시해야 할까요? 21세의 위기를 새로 설정해야 할까요? 혹, 항상적 위기는 아닐까요? 10년 후 핀란드의 진전을 이해하기 위해서라도 비고츠키 선집을 좀 더 심층적으로 읽어야겠습니다.

성장하기'로 설정했습니다. 이 시기에 올바른 소속감을 갖는 것이 중요하다는 취지[43]입니다. 15장 1절의 내용을 전부 옮겼습니다.

강력하게 발달intense development하는 이 시기 동안 7~9학년의 특별한 임무The special task는 학생들을 안내하고 지원하여 학생들이 기본 교육의 교수요목syllabus 공부를 완수할 수 있도록 보장하고, 모두가 고등학교에서 공부를 계속할 수 있도록 격려하는 것이다. 개개인이 기본 교육을 따라 공부하는 게 가능한 최상의 전제조건the best possible preconditions과 아는 바에 근거하여 현실에 맞게 선택할 수 있는 능력ability을 지니는 것은 특히나 중요하다. 중학교 시기에 남녀 학생의 발달 속도의 다름뿐만 아니라 학생 개개인의 발달에서의 다름differences도 더 명백해지고 학교 일에 영향을 미치기 시작한다. 자신의 발달을 이해하도록 안내하고, 그러한 자신을 받아들이도록 격려한다. 또한 자신, 자기 공부, 친구, 주변 환경을 책임지도록 학생을 격려한다. 공동체 정신 a community spirit을 발달시키도록 이끌어야 한다. 공동체에서 위협, 성희롱, 인종주의, 다른 어떤 차별도 용납하지 않는다. 학생을 한 명 한 명으로 돌보고 마주하여, 다양한 일 방식과 학습 환경을 사용하여 학생의 공부 동기를 고양해야 한다. 공부하는 동안 평가를 실시하고 안내하는 일feedback은 학생들이 함께할 수 있도록 계획하여 실행한다. 이것은 학습을 올바르게 안내할 뿐만 아

---

43. 비고츠키의 영향을 강하게 받은 쿠바 사례가 연상됩니다. 중학교 시기에는 담임교사 제도를 채택하고 있습니다. 소속감을 강조한 것입니다. 학습공동체 측면을 강조한 것입니다. 학급당 학생 수도 초등이나 고등보다 더 적습니다. 쿠바만큼은 아니지만 핀란드도 상당히 낯선 중학교 발달 과제입니다. 중학교에 대한 새로운 접근이 필요합니다. 과거처럼 인지적 측면을 최우선으로 고려하여 설정한 급별 과제를 진지하게 재검토할 필요가 있습니다.

니라 학생이 집단으로 그리고 개별로 목표에 맞게 일하도록 한다. 가정과 학교의 협동은 새로운 형식들과 내용을 갖게 되고 성장하는 청년을 위한 중요한 지원의 한 형식으로 지속된다. 학생·보호자와 함께 상식적인 규칙common rules을 정하고 그들이 좋은 일의 방식에 동의하면, 학생은 안전감을 갖고 학교 일을 성공적으로 이끈다.

7~9학년 동안, 학생은 자신이 선택한 성인의 정체성their adult identities을 형성하기 시작하고, 자신의 지식과 기술능력을 확장하고, 자신의 방향을 발견하고, 기본 교육 후의 삶을 준비한다. 교수학습은 이전 학년에서 배웠던 것을 진전시키고, 풍부하게 하고, 확장시킨다. 새로운 핵심 교과로 가정 경제Home economics와 안내상담guidance counselling이 시작된다. 환경 공부를 위한 수업은 여러 교과(물리학, 화학, 생물학, 지리학)로 나뉜다. 더 많은 선택 교과를 학생에게 제공한다. 다분과 학습 모듈과 선택 교과들은 학생이 자신의 관심을 심화하고, 여유 시간에 배웠던 것과 학교 일을 결합할 수 있는 기회를 제공한다. 예를 들면, 예술 작품artistic production을 만들 때, 연구 프로젝트research projects 혹은 사회 문제 프로젝트social projects를 운영할 때, 모듈과 선택 교과는 독자적으로 실행하고 책임지는 기회를 학생에게 제공한다.[15.1]

중학교 발달 과제에 개념형성능력을 발달시킨다는 언급이 없습니다. 각론에는 관련된 언급이 2004에도 있었습니다. 모두를 위한 교육이라는 취지에서 보면, 공동체 정신을 발달시키는 시기로 설정한 것도 문제는 없을 듯합니다. 남학생과 여학생 그리고 개개인의 발달에서의 다름에 주목해야 합니다. 신체적 측면의 변화가 아닌 총체적인 변화, 즉 정신적 측면의 변화를 포함하여 살피라는 진술입니다. 발달에 담긴 뜻을 그렇게 읽었습니다.

정체성을 형성하기 시작합니다. '밖에서 안으로'입니다. 의미 있는 성인의 정체성을 따라 하게 됩니다. 중학교 시기가 그렇다고 합니다. 열성적인 10대 팬은 이렇게 보편적인 현상입니다. 남학생보다 여학생이 조금 더 빠른 것은 남녀 발달 속도가 다름의 일반적 모습입니다.

안내 상담이 핵심 교과라는 진술은 막막합니다. 그에 대한 경험이 없기 때문입니다.

8) 기본 교육 마무리와 교육의 다음 국면으로의 이행

15장 1절에 있는 내용을 모두 옮겼습니다. 고등학교로 진학할 때 어떤 것에 주의해야 할지 신경 쓰며 읽었습니다.

기본 교육에서 고등학교 교육upper secondary education으로 이행할 때, 학생은 더 해야 할 공부의 방향을 정하고 자신의 교육과 직업을 결정한다. 이행은 학생과 보호자와의 소통뿐만 아니라 체계적이고 다분과적인 협동을 필요로 한다. 목표는 기본 교육에서 이어지는 교육 국면으로 나아가는 데 필요한 기술능력과 지식을 제공하는 것과 학생의 안녕과 공부를 위한 전제조건을 보장하는 것이다. 삶의 새로운 국면으로 이행한다는 것은 청년다운 삶 관리life management, 독립심, 책임감을 요구한다. 학교는 발달 과정에서 학생을 지원한다. 안내 상담과 학생 복지의 중요성이 강조된다. 학생은 기본 교육 후에 활용할 수 있는 다른 선택에 대한 충분한 정보와 상담교사와 다른 교과 교사로부터 풍부한 안내를 제공받아야 한다. 학생과 그의 계획을 토론할 시간을 확보해야 한다. 학생이 이후 공부에 요구되는 조건을 이해하여 실제적인 선택을 할 수 있는 충분한 시간을 학생에게 보장한다.^{2014.15.1}

마지막 이행 관련 언급입니다. 청년다운 삶 관리, 독립심, 책임감이 새롭게 발달 과제로 설정되었습니다. 아직 청년답지 못한 중학생이 청년다운 모습을 취하도록 도와야 한다는 평범한 이야기입니다. 조금 당황한 것은 대학교로 이행할 때가 아니라 고등학교로 이행할 때의 발달 과제라는 것입니다. 이런 측면이 서양과 동양의 다름인 것 같습니다.

이런 내용 진술은 처음입니다. 교사가 주목해야 할 특별한 내용을 찾아보기 어렵습니다. 너무 포괄적인 언급입니다. 세세한 과제를 찾을 수 없습니다. 10년 후에 어떻게 확장되는지 기대가 됩니다. 첫걸음은 너무도 어렵고 어설픕니다. 거대한 진전도 이렇게 서먹하게 시작됩니다.

라. 학년 단위와 발달 그리고 포괄적 실행능력

2014에 담긴 학년 단위, 학생의 성장과 발달, 발달 과제를 살펴봤습니다. 이들 개념을 연결하는 중심 고리가 포괄적 실행능력이라는 것이 연구자의 가설입니다.[44] 이를 뒷받침할 내용을 제시하지 못했습니다. 무엇보다도 포괄적 실행능력이 무엇인지, 어떤 것인지 확신하지 못하기 때문입니다.

---

44. 보고서를 작성한 지 일 년이 지났습니다. 책으로 이 내용을 소개하는 지금은 연구자의 단정입니다. 체계적으로 진술하지 않았지만, 확인했습니다. 포괄적 실행능력이 중심 고리입니다. 확실합니다. 다음에는 이를 교과교육과정과 연결하여 실증하겠습니다. 먼저, 국어와 수학부터 시작하겠습니다. 그 후에는 사회와 과학을 연구하겠습니다. 자신과의 약속입니다.

포괄적 실행능력과 관련될 수 있는 내용이라고 판단한 것이 있습니다. 먼저, 핀란드 포괄적 실행능력의 배경에 독일 발달교육의 전통이 있다는 것입니다. 포괄적 실행능력의 정의나 종류가 코프카의 주장과 밀접하게 연결된다는 것입니다. 즉, 성숙의 결과인 성장과 교수학습의 결과인 발달이라는 작업 틀, 골격을 견지한다는 것입니다.

다음으로, 시기별 발달 과제에 맞게 시기별 포괄적 실행능력이 제시될 것입니다. 총체적인 발달의 모습이 시기별로 다르게 진술되었다면, 이러한 결과를 추동할 시기별 포괄적 실행능력의 내용이 달라질 것이라고 예측하지 않을 수 없기 때문입니다.

마지막으로, 시기별 발달 과제에 맞게, 학년 단위마다 반복되어 진술되는 능력을 찾지 못했습니다. 즉, 포괄적 실행능력의 종류 7개가 직접적으로 시기별 발달 과제와 연결되어 진술되지 않았습니다. 제가 전체와 부분의 관계를, 학년 단위의 전체 발달 과제와 7가지 포괄적 실행능력의 발달 과제의 관계를 아직 제대로 이해하지 못했기 때문일 수도 있습니다.

포괄적 실행능력이 중심 고리라는 가설을 지탱하기 위해서는 포괄적 실행능력은 광범위하게 정의되고, 그 종류에 여러 가지가 포함되어야 합니다. 포괄적 실행능력은 학년 단위의 발달 과제로, 즉 학년 단위마다 창출해야 할 다음발달영역의 과제로 진술되어야 합니다. 이러한 역할을 담당할 수 있는 내용으로 포괄적 실행능력이 정의되어야 합니다. 긴 시간 동안 펼쳐지기 때문입니다. 그래야 포괄적 실행능력이 중심 고리 역할을 한다는 저의 가설이 유효합니다.

확인 작업에 들어가겠습니다. 이제 연구의 핵심으로 들어갑니다.

2. 포괄적 실행능력의 정의

가. 포괄적 실행능력의 기능: 발달시켜야 할 대상을 명료하게 드러내기

핀란드 국가교육위원회Finnish National Board of Education(이하 FNBE로 약칭)는 2014를 홍보했습니다. 온라인에서 쉽게 확인할 수 있습니다. 아래 있는 홍보 자료를 보겠습니다. 좌측 중앙에 있는 내용을 "각 교과는 포괄적 실행능력의 발달development을 촉진해야 한다"라고 옮길 수 있습니다. 즉, 교과교육을 통해 발달시켜야 할 대상이 포괄적 실행능력(이후 T로 약칭)입니다. 양보하면, 발달시켜야 할 대상에 포괄적 실행능력이 포함됩니다. 그 내용을 보면, 9년에 걸친 기본 교육의 결과물과 광범위한 실행능력을 등치하고 있습니다. 나아가 2014는 이러한 사실을 강조합니다.

[그림 1] 포괄적 실행능력

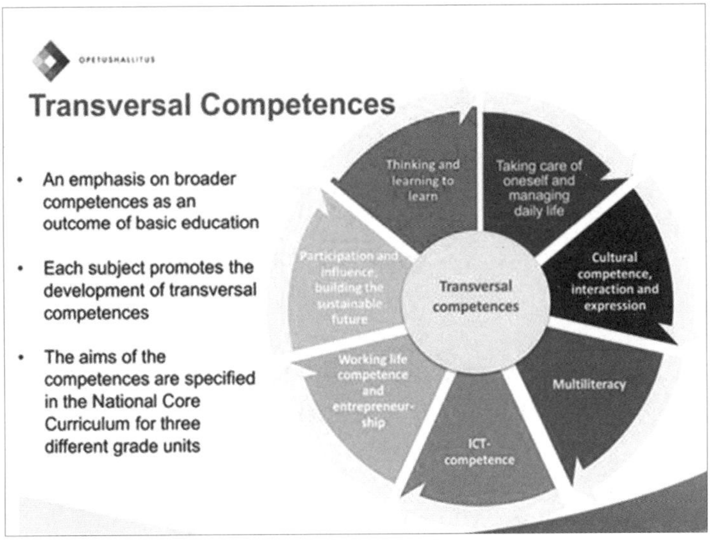

사실을 확인했습니다. 포괄적 실행능력은 성장의 대상이 아니라, 발달의 대상이라는 가설을 설정할 수 있습니다. 질문이 쏟아집니다. 비고츠키 연구자라면 던지지 않을 수 없는 질문이 있습니다. 포괄적 실행능력은 문화적 행동능력인가 아니면 고등정신능력인가? 즉, 인간 발달의 외적 측면인가 아니면 내적 측면인가? 아니라면 둘 다인가?

[그림 1]을 보면, 적어도 외적 측면의 비중이 높습니다. 핀란드 포괄적 실행능력은 외적 측면, 행동능력이라고 판단할 수밖에 없습니다. 진실이 그렇게 간단한지는 자신할 수 없습니다. 비고츠키 연구자는 안과 밖의 일원적 발달에 익숙하기 때문입니다.

나. 포괄적 실행능력의 정의

2015 개정 교육과정과 2015 개정 교육과정 총론 해설서(초등학교)를 봐도 핵심역량의 정의는 없습니다. 해설서에 정의는 없지만 용도는 있습니다. 무식하게 이야기하면, 뭔지 모르지만 하여간 하라는 억지입니다. 저의 감정적 주관에 충실한 판단입니다.

교육부[2016: 39]에 따르면, "총론에서 제시하는 핵심역량은 추구하는 인간상을 구현하기 위해 교과와 창의적 체험활동을 포함한 학교에서 이루어지는 모든 교육활동을 통해 중점적으로 기르고자 하는 능력이다." 즉, 추구하는 인간상을 구현하기 위해 필요한 능력이 핵심역량입니다. 지금까지 핵심역량을 모르고도 추구하는 인간상을 구현해 왔으니, 핵심역량을 몰라도 교육과정 운영하는 데 어려운 일이 없을 듯합니다. 대한민국 교사의 현실은 그렇습니다.

2014는 T를 정의했습니다. 국가 수준 교육과정 문건에 핵심역량의 정의를 포함한 첫 문건입니다. 나의 폭 좁은 연구에 근거한 속단입니다. 도전적인 시도입니다. 다음과 같이 정의했습니다. 논의를 위해 진하게 강조했습니다.

포괄적 실행능력은 지식, 기술능력skills, 가치, 태도, 의지로 이루어진 실체entity를 지칭한다.[45] 또한 실행능력은 직면한 상황에서 지식과 기술능력을 적용할 수 있는 능력ability[46]을 의미한다.[3.3]

위 정의에 따르면, 하나, T라는 실체는 다섯 가지 요소로 이루어졌습니다. 둘, 실행능력은 지식과 기술능력을 적용할 수 있는 능력ability입니다. '포괄적'이라는 수식은 정의해야 할 대상에 어떤 속성을 부과하고 있습니다. 여러 영역에 관여한다는 의미입니다. 연구의 잠정적 결론은 '포괄적'을 통해 능력이 펼쳐지는 시간의 흐름을 느낄 수 있다는 것입니다. 이렇게 보면, 실행능력이 장기적으로 펼쳐지기 위해서는 가치, 태도, 의지라는 요소가 필요하다는 것입니다. 정의적 요소도 필요하다는 것입니다. 비고츠키가 발달의 최고 수준이라고 했던 의지가 필요하다는 것입니다.

능력들의 묶음을 부연하고자 합니다.

이 분야 연구를 하며 알게 된 것입니다.

지식, 기능, 태도

⇨ 지식, 기능, 태도, 가치

⇨ 지식, 기술능력, 태도, 가치, 의지

---

45. 초안에는 하나가 더 있었습니다. 수용능력(capacity)이 그것입니다. Mrs. Irmeli Halinen, Head of Curriculum Development. OPS 2016. Curriculum reform in Finland. FNBE. p. 31.

46. 실행능력(Competence)이 대한민국 2015에 있는 핵심역량의 역량과 가장 유사합니다. 저들은 태도를 포함하지 않았습니다.

제가 접한 순서에 따라 배열했습니다. 2014년에 확인한 내용입니다. "핵심역량은 사회 공동체 구성원으로서의 역할을 성공적으로 수행하기 위해 학습자에게 요구되는 지식, 기능, 태도의 총체를 말하는 것으로, 초·중등교육을 통해 모든 학습자가 길러야 할 기본적이고, 필수적이며, 보편적인 능력을 의미"^{한국교육과정평가원, 2014: 30}합니다. 대량 생산된 연구 보고서에 핵심역량 정의로 가장 많이 인용된 표현입니다. 핀란드 포괄적 실행능력과 비교하면, 가치와 의지가 빠져 있습니다.

2016년에 확인한 내용입니다.[47]

　다. 유아의 생활 속 경험을 소재로 하여 지식, 기능, 태도 및 가치를 습득하도록 한다.

　유아는 일상생활 속에서 여러 가지 경험을 하게 되며, 이를 통해 지식, 기능, 태도 및 가치를 형성해 간다. 지식은 유아가 습득하게 되는 사실, 개념, 정보 등을 말한다. 기능은 지식을 습득하고 적용하는 방법을 강구하는 능력으로, 필요한 절차나 과정을 시작하고 진행하는 유능성을 의미한다. 태도 및 가치는 가치판단, 감정적인 성향, 학습 과정에서 나타나는 태도, 흥미와 관련된 것이며, 어떤 일을 행할 때 나타나는 특별한 양식으로 호기심, 자세, 느낌 등이 포함된다.^{교육부, 2015a: 28}

위 도식의 끝부분에 있는 내용은, 2017년에 핀란드의 포괄적 실행능력을 연구하며 알게 된 것입니다. 의지가 추가되었습니다.

2015 개정 교육과정의 '기능'은 'skills'를 표현한 것입니다. 여러 표

---

47. 인용한 지식의 정의를 보면 가슴이 갑갑합니다. 사실, 정보, 지식, 개념은 범주의 위계가 다르기 때문입니다.

현을 접했습니다. '기능', '기술', '역량', '숙련'을 확인했습니다. 누리과정 해설서의 정의를 참고하여, 본 연구에서는 '기술능력'으로 번역했습니다. 이는 외적으로는 기술이고 내적으로는 능력이라는 저의 판단을 그대로 담은 것입니다.

위에 인용한 교육부[2015a] 자료에 따라 다음과 같이 정의할 수 있습니다. 기술능력은 지식을 습득하고 적용하는 방법을 강구하는 능력이며, 필요한 절차나 과정을 손쉽게 시작하고 부드럽게 진행하는 능력입니다.

2014는 정의에 이어, 이해를 심화시키고자 관련된 개념의 관계를 서술했습니다. 위에 제시한 정의를 포함하여 두 문단을 영문 그대로 복사하여 붙여 넣었습니다. 실증이 필요하다고 판단했습니다. 분석을 위해 문장 앞에 번호를 붙였습니다.

Transverse competence refers to an entity consisting of knowledge, skills, values, attitudes and will. Competence also means an ability to apply knowledge and skills in a given situation. ① The manner in which the pupils will use their knowledge and skills is influenced by the values and attitudes they have adopted and their willingness to take action. ② The increased need for transverse competence arises from changes in the surrounding world. ③④ Competences that cross the boundaries of and link different fields of knowledge and skills are a precondition for personal growth, studying, work and civic activity now and in the future.

⑤ Values, the conception of learning and the school culture lay the foundation for the development of competence. ⑥ Each subject builds the pupil's competence through the contents and methods typical of its field of knowledge. ⑦ Competence development is influenced not only by the contents on which the pupils work but also, and especially, by how they work and how the interaction between the learner and the environment functions. ⑧ Feedback given to the pupils as well as guidance and support for learning influence attitudes, motivation and willingness to act.^{2014.3.3}

부연한 내용을 아래처럼 여덟 가지로 나눌 수 있습니다.

① 가치, 태도, 하려는 의향은 지식과 기술능력을 펼치는 방식에 영향을 줍니다.

② 주변 세계의 변화로 포괄적 실행능력이 더 필요해졌습니다.

③ 실행능력은 한 분야의 지식과 기술능력의 경계를 넘어 다른 분야의 지식과 기술능력과 연결됩니다.

④ 실행능력은 현재 전개되는 나아가 미래에 펼쳐질 개인적 성장, 공부, 일, 시민 활동의 전제조건입니다.

⑤ 실행능력 발달의 토대는 가치, 약속한 학습의 의미, 학교문화입니다.

⑥ 각 교과는 그 지식 분야에 전형적인 내용과 방법으로 학생의 실행능력을 형성합니다.

⑦ 학생이 일한 내용뿐만 아니라 어떻게 일했는가, 환경과 어떤 관계를 형성하는가는 실행능력 발달에 영향을 미칩니다.

⑧ 학생에게 제공한 피드백뿐만 아니라 학습을 위한 안내와 지원도 학생의 태도, 동기, 하려는 마음에 영향을 미칩니다.

당장 학교 수준 교육과정에도 적용할 수 있습니다. 하지만 우리에게 낯선 진술이 있습니다. 실행능력 발달의 토대입니다. 세 가지를 제시했습니다. 먼저, 가치를 제시했습니다. 다음으로, 약속한 학습의 의미를 언급했습니다. 마지막으로 학교문화를 적시했습니다. 우리에게 낯선 까닭은 우리 현실 때문입니다. 가치가 전도된 사회, 경쟁 중심의 가치, 시장 중심의 가치가 눈앞에서 생생하게 펼쳐집니다. 공유할 수 있는 개념화 작업을 하지 않는 학문 풍토, 본질을 추구하지 않는 연구 태도, 누가 해야 할지 책임 소재가 불명확한 교육계 상황도 갑갑하기는 마찬가지입니다.

왜 그런 일이 벌어졌는지 궁금합니다. 하여간 그 결과로 학교문화가 민주주의와 거리가 있습니다. 식민지 학교문화인지, 군사독재 학교문화인지, 관료주의 학교문화인지, 시장 친화 학교문화인지 구분하기 어렵습니다. 각각의 사악한 기운이 혼재되어 있는 학교문화는 지구 최후의 날처럼 전망을 깜깜하게 만들고 있습니다. 실행능력 발달이 어려운 우리 처지입니다. 그래서 성공한 혁신학교의 학교문화는 오아시스처럼, 북극성처럼 희망의 상징입니다.

정의와 관련된 내용을 정리했습니다. 다음에 더 고민하고 정리해야 할 과제가 제기되었습니다.

먼저, 지식과 기술능력의 관계를 규명해야 합니다.

다음으로, 실행능력과 그 구성 요소와의 관계도 규명해야 합니다.

적어도, 실행능력과 기술능력을 구분할 수 있는 기준을 명확하게 제시해야 합니다.

나아가, 정의를 생산하는 방식 자체가 적절한지 검토해야 합니다.

마지막으로, 포괄적 실행능력이 발달하는 경로를 그려야 합니다.

이러한 과제를 해결하려면 오랜 기간 치밀하게 연구를 진행해야 합니다. 먼 훗날의 과제로 돌리겠습니다. 10년 후 최종 연구에 담을 수 있도록 노력하겠습니다.

다. 포괄적 실행능력의 종류

1) 명명하기

영역area을 기준으로 나누어 7개의 T를 선별했습니다. 여러 경로로 T 7개가 국내에 소개되었습니다. 도입된 시기의 차이가 엿보입니다. 도표로 정리하여 번역의 차이를 비교하겠습니다.

T 명칭에 미묘한 변화가 있었습니다. T3, T6, T7을 소개한 표현에서 그 변화를 감지할 수 있습니다. 임유나의 자료가 가장 최근 자료를 옮겼습니다. 사라진 핵심어가 있습니다. '안전'이 사라졌습니다. 2015에 안전 교과를 신설하려던 시도와 대비됩니다.

여기서는 각각의 명칭을 [표 15]와 같이 사용하겠습니다.

[표 14] 7가지 포괄적 실행능력의 다양한 명명 비교

2014(2016)	약칭	윤은주(2015: 13)	한넬레 외(2017: 139)	임유나(2017: 154)
Thinking and learning to learn	T1	사고와 학습	생각하기와 배우는 것을 배우기	사고와 학습능력
Cultural competence, interaction and self-expression	T2	문화역량, 상호작용과 표현	문화적 역량, 상호작용과 표현	문화적 역량 및 상호작용과 자기표현
Taking care of oneself and managing daily life	T3	자기 돌보기, 일상 꾸리기, 안전	자신과 타인의 돌봄, 일상 활동을 안전하게 관리하기	자기 자신과 생활의 관리
Multiliteracy	T4	다언어	다중 문해력	멀티 리터러시
ICT Competence	T5	ICT 역량	ICT 역량	ICT 역량
Working life competence and entrepreneurship	T6	직업생활과 창업을 위한 필수 역량	노동세계의 역량과 기업가 정신	직업생활 역량과 기업가 정신
participation, involvement and building a sustainable future	T7	참여, 권한과 책임	참여와 영향 지속가능한 미래 구축	참여 및 소속, 지속가능한 미래 구축

[표 15] 본 연구에서 사용하는 7가지 포괄적 실행능력의 명칭

2014	약칭	본 연구에서 사용할 명칭
Thinking and learning to learn	T1	생각과 학습
Cultural competence, interaction and self-expression	T2	문화적 실행능력, 교류와 자기표현
Taking care of oneself and managing daily life	T3	자기 돌보기와 일상 관리
Multiliteracy	T4	다문해
ICT Competence	T5	ICT 실행능력
Working life competence and entrepreneurship	T6	노동 실행능력과 창업 정신
participation, involvement and building a sustainable future	T7	참여, 관여 그리고 지속가능한 미래 건설

2) 영역 추측하기

2014를 아무리 읽어도 7개 영역을 어떻게 추출했다는 진술을 찾을 수 없었습니다. 추측해 보겠습니다. 배희철[2017]에서 이음절로 된 영역 이름 추측하기 놀이를 했습니다.

[표 16] 7가지 포괄적 실행능력의 영역 추측

2014	약칭	영역	연상된 표현
Thinking and learning to learn	T1	인지	뇌, 교과, 자기주도 학습
Cultural competence, interaction and self-expression	T2	문화	다문화 사회, 함께 어울리기
Taking care of oneself and managing daily life	T3	자기	책임, 계획적, 주체적 생활
Multiliteracy	T4	문해	글말 읽고 쓰기, 다양한 방식으로 소통
ICT Competence	T5	정보	문화적 도구, 새로운 의사소통 방식
Working life competence and entrepreneurship	T6	노동	일하는 방식, 새로운 일 방식 찾기
participation, involvement and building a sustainable future	T7	시민	실천적 시민, 창조적 시민

어떤 기준 하나, 혹은 둘을 가지고 합리적으로 도출했다고 추측할 근거를 발견하지 못했습니다. 각국의 핵심역량은 천차만별입니다. 경험에 근거한 신념으로 선정했습니다. 개인이든 소집단 혹은 대집단이든 과학이 아닌 믿음으로 핵심역량을 선정하고 있습니다. 지나친 혹평입니다. 순화된 표현을 사용하겠습니다. 일반이 아닌 특수에 근거하여 핵심역량의 종류를 선별하고 있습니다. 모든 학생의 성장과 발달, 발달 교육을 잣대로 설정했다는 생각은 들지 않습니다. 대한민국의 경우에는 미래 사회의 필요라는 미명으로 실체를 가렸습니다. 하지만 그들은 자본, 기득권 세력, 철 지난 망령일 뿐입니다.

3) 영역 선정의 정당성

T 7개 각각을 설명할 수 없습니다. 자기 믿음의 정당성을 주장할 뿐입니다. 자기가 선정한 것이 정말 중요하다고 주장할 뿐입니다. "The following sections … justify their significance"[2014.3.3] 7개 중 맨 처음에 제시된 T1만 살펴보았습니다. 주장을 들어 보겠습니다.

T1: 생각과 학습Thinking and learning to learn

생각 기술능력과 학습 기술능력은 다른 실행능력들의 발달과 평생 학습의 밑바탕이 된다. 학생이 자신을 학습자로 인식하는 방식과 주변 환경과 영향을 주고받는 방식은 학생의 생각과 학습에 영향을 미친다. 또한 학생이 관찰하는 방법을 배우고, 정보나 관념을 찾고 가치를 저울질하며 편집하고 정보나 관념을 생산하고 공유하는 방식은 학생의 생각과 학습에 본질적인 영향을 미친다. 정보가 다양한 방식으로, 예를 들면 의식적인 추론으로 혹은 개인적 경험에 근거한 직관으로 생성될 수 있다는 것을 학생이 깨닫도록 안내한다. 탐구적이고 창조적으로 일에 접근하는 방식, 함께 무엇을 행하기doing things together, 주의를 집중할 기회를 실현하기는 T1의 발달을 촉진한다.

교사가 학생이 열린 마음으로 새로운 해결 방안을 찾을 수 있도록, 자기를 그리고 자신의 관점을 신뢰하도록 학생을 격려하는 것은 너무나도 중요하다. 또한 학생이 명료하지 않고 상반된 정보에 직면하도록 격려하는 것도 필요하다. 학생이 사물을 다른 관점에서도 고려하고, 새로운 정보를 찾고 그 정보를 근거로 자신이 생각하는 방식을 재검토하도록 안내한다. 자신이 제기한 질문에 학생이 대답할 수 있도록 시간적 여유를 주고, 또한 알고 있는 개인적 지식을 돌아보면서 스스로 대답을 찾도록 그리고 타인의 의견을 경청하도록 격려한다. 학생이 자신의 새로운 정보와 견해를 공식화하도록 독려한다. 학교가 만든 학습공동체의 구성원인 학생이 그들의 의견과 계획을 가지도록 지원하고 격려한다. 그들이 학습공동체 활동에서 자발적 행위를 강화하도록 배려한다.

학생이 문제해결, 논쟁, 추론, 결론 도출, 발명을 위해 타인과 협의하며 그리고 혼자서도 정보를 사용하도록 안내한다. 학생이 토론하는 화제를 다른 관점에서 비판적으로 분석할 수 있는 기회를 제공한다. 혁신적인 대답을 발견하는 데는 전제조건이 있다. 학생은 대안을 찾고 열린 마음으로 관점들을 결합하고, 경계 밖에서 생각할 수 있게 학습한다. 놀이 활동, 게임 중심 학습과 신체 활동, 실험 중심 접근 방식experimental approaches과 다른 기능적으로 일에 접근하는 방식, 그리고 다양한 예술 행위는 학습의 기쁨을 증진시키고 창조적으로 지각하고 생각할 수 있는 실제 능력을 강화한다. 체계적이고 윤리적인 생각을 할 수 있는 실제 능력은, 학생이 서로 영향을 주고받는 관계와 사물의 내적 연결을 파악하는 것을 그리고 복합적인 쟁점을 이해하는 것을 학습함에 따라, 점진적으로 발달한다.

개별 학생이 자기에 맞는 학습 방법을 인식하고 자신의 학습 전략을 발달시키도록 지원한다. 학생이 목표를 세우고, 자기 일을 계획하고, 자기 진척을 평가하고, 학습할 때 나이에 맞는 방식으로 첨단기술 도구와 여타 도구를 사용하도록 안내하면, 학습 기술능력은 향상된다. 기본 교육을 받는 동안, 지식과 기술능력의 토대가 잘 놓이도록 그리고 이후의 공부further studies와 평생 학

습을 위한 견고한 동기가 발달하도록 학생을 지원한다.2014.3.3

논리적으로 납득하기 어렵습니다. 이것이 꼭 선정되어야 할 필연적 까닭이 무엇인지 이해할 수 없습니다. 주장을 정당화하는 표현도 하나뿐입니다. "… 다른 실행능력들의 발달과 평생 학습의 밑바탕이 된다." 나머지는 이렇게 해라, 저렇게 하면 좋다는 처방일 뿐입니다.

논리를 극단까지 밀고 가겠습니다. 정당화한 주장도 T1이 아닙니다. 생각과 학습 기술능력을 정당화했습니다. T1을 정당화하려는 직접적 노력은 흔적도 없습니다. 이는 T를 설정해야만 했지만, 과학적으로, 학문적으로 참고할 내용이 없었다는 것을 암시합니다.

그럼에도 불구하고 어느 학교가 학교 수준 교육과정에 체계적으로 학생의 생각과 학습능력을 발달시키려는 로드맵을 담았다면, 누구라도 이를 칭찬할 것입니다. 경험에 근거한다면, 생각과 학습능력이 중요하지 않다고 T에서 이를 배제할 수는 없습니다. 이렇게 보면, 다음과 같이 결론을 내릴 수 있습니다. 각각의 T를 실천을 통해 확인했지만 이론으로 승화시키지 못했습니다. 현재 핀란드가 나아간 지점입니다. 우리는 그런 지점이 있다는 것을 이제 인식하기 시작했습니다.

실천을 통해 어떤 것을 선별하고 있는지, 바람직한 것으로 판단했는지 구체적으로 살펴보겠습니다. 생각과 학습능력이 학년 단위에 따라 어떻게 다른 내용을 담고 있는지 확인하겠습니다.

3. 학년 단위별 포괄적 실행능력

가. 유치원의 포괄적 실행능력

1) 유치원의 T

2장 5절에 세 문단에 걸쳐 유치원의 T 일반을 진술했습니다. 다른 곳에서는 찾을 수 없었습니다. 관련된 내용을 간결하게 정리했습니다. 편리하게 문장 수준으로 혹은 구 수준으로 진술했습니다.

- T 발달은 초기 아동기부터 시작되어 평생 동안 지속된다.
- 주변 세계가 변화함에 따라 T의 필요성이 강조된다.
- 실행능력은 현재와 미래의 개인 성장, 공부, 일과 시민 활동을 위한 전제조건이다.
- 모든 유치원 교육활동에서 T를 발달시키는 과제를 고려해야 한다.
- 어린이 T 발달에 영향을 미치는 것은 학습 내용이라기보다는 유치원 교육에서 사용하는 접근 방식approaches과 학습 환경을 구축하고 학생의 학습과 안녕을 보장하는 방식way이다.

유치원은 7개가 아니라 6개만 진술했습니다. T6(노동 실행능력과 창업 정신)가 빠졌습니다. 원생의 발달단계를 고려하면 쉽게 납득할 수 있는 조치입니다. T 발달에는 학습 내용보다는 학생을 존중하는 방식way과 교육에 접근하는 방식approaches이 더 큰 영향을 미친다는 진술을 비고츠키의 발달교육과 어떻게 연결시켜야 할지 잘 모르겠습니다. 비고츠키에 따르면, 유치원 단계에서 발달을 선도하는 능력은 놀이를 통해 강화되는 자기(신체와 감정) 통제 능력과 상상(공상) 능력입니다.

2) 생각과 학습 T1
진술된 전체 내용이 두 문단입니다. 두 문단 모두 제시했습니다.

세상과 교류interaction하면서 생각과 학습 기술능력은 발달한다. 생각과 학습 기술능력은 다른 실행능력과 평생 학습능력이 발달하는 토대를 형성한다. 어마어마한 정보의 양과 쓸모없는 정보로 전락하는 속도를 고려하면, 새로운 것에 적응하는 그리고 스스로 자기 학습을 인도하는 기술능력이 절실하다. 정보를 구조화하고 새로운 정보를 창조하는 일은 창조적이고 비판적인 생각 과정을 거친다. 유치원 교육의 과제는 어린이가 생각과 학습 기술능력을 발달하도록 격려하고 돕는 것과 자신의 실행능력에 대한 자신감을 강화하는 것이다.

전래 동요, 음악적 표현과 극 활동을 통해 어린이의 기억과 상상 발달을 지원한다. 놀이, 게임과 다른 문제를 해결하고 탐구하는 과제를 사용하여 어린이에게 새로운 것을 파악하고 발견하는 즐거움과 경험을 제공한다. 다양한 신체 활동과 감각 동작 연습은 어린이가 학습하는 데 도움이 된다. 질문하고 질문을 받는 것뿐만 아니라 어린이가 그들에게 도전적인 것을 가지고 실험하고 배우도록 격려한다. 어린이가 그들의 성공을 기뻐하고 실패에 낙담하지 않도록 친구를 격려하도록 안내한다. 활동들을 기록하고 토론한다. 그리고 성공적인 수행을 어린이와 함께 돌아봐야 한다. 동시에 어린이가 자신의 진전과 학습에 관한 정보를 얻을 수 있도록 돕는다.

전체 내용을 꼼꼼하게 읽고 모국어로 옮겼습니다. T1이 중요하다는 언급은 설득력이 있습니다. 하지만 어떻게 T1을 발달시킬 것인가에 대한 이야기는 산만합니다. 한 문장으로 정리했습니다. 어린이의 생각과 학습 T 발달은 학습한 내용보다는 문화적 행동 방식이 펼쳐지는 과정(놀이)에서 접하는 것들이 중요합니다.

산만한 이야기이지만, 학자들이 공통적으로 강조한 반성 능력과 관련하여 주의 깊게 고민할 지점이 있습니다. "성공적인 수행을 어린이와 함께 돌아봐야 한다." 이 진술의 전제는 성공과 실패도 의식적으로 구분하지 못한다는 것입니다. 먼저 성공을 반성하는 게 올바른 방향이라는 것입니다. 교사와 함께한다 해도 유치원생에게 실패를 반성하는 게 감정적으로 어려운 과제라는 것입니다. 저는 이렇게 행간을 읽었습니다.

눈에 띄는 능력이 있습니다. 자신감, 기억, 상상입니다. 핀란드는 생각과 학습 기술능력이 밀접한 관계에 있다고 전제하고 있습니다. 두 능력이 제 형상을 갖추지 못한 유치원 시기에 맞게 T1을 진술하는 것은 어려운 과제입니다. 제 판단입니다.

나. 1~2학년 단위의 포괄적 실행능력

1) 1~2학년 단위의 T

13장 2절에 있습니다. 두 문단에 걸쳐 진술했습니다. 내용을 확인해 보겠습니다.

T의 일반 목적을 3장에서 정의했다. 여기서는 1~2학년 단위에서 강조되는 목적의 여러 측면을 기술했다.

T를 위한 기반은 유치원 교육에서 그리고 기본 교육 1~2학년 뿐만 아니라 유치원 이전의 초기 유년기 교육과 돌봄에서 구축된다. 겨냥하는 바는 학생의 실행능력을 발달시켜 학생의 지식, 자기 존중, 자기 정체성 형성, 지속가능한 삶의 방식을 고양하는 것이다. 처음부터, 학교는 학생에게 서로를 격려하며 함께하는 공동체를 제공한다. 그 공동체에서 학생은 자기의 말을 듣고, 행동을 보고, 제대로 인정해 주고 있다고 느낄 수 있다. 학교는 주로 긍정적인 모범을 제공함으로써 지속가능한 삶의 방식을 향상시킨다. 지속가능한 삶의 방식을 향상시킬 때 강조할 것은 협력 기술 능력, 지역 공동체의 문화적 다양성을 관찰하기, 자연에서 움직이기, 자연과 학생의 관계를 강화하기다.[48] 2014.13.2

1~2학년 단위에서 특히 강조되는 T의 영역은 더불어 살아가는 삶의 영역입니다. 신뢰의 학습공동체 그리고 주변의 다양한 문화와 자연을 경험하고 자신의 삶과 긍정적으로 연결하는 것이 당면 과제입니다. 학교가 긍정적인 모범을 보여야 한다는 지적이 날카롭게 가슴에 와닿습니다. 교사는 책도 읽지 않으면서 학생에게 책 읽으라는 것은 위선을 가르치는 것이라는 질타가 연상됩니다. 1~2학년 단위 총체적 발달 과제인 '초등학생 되기'와 어떻게 연결되는지 잘 모르겠습니다. 구체적인 개별 T 진술에 연결 고리가 있을 것이라 예상합니다.

---

48. 교수학습에서 교사는 모범과 협력으로 다음발달영역(근접발달영역)을 창출해야 한다고 저도 수백 번 강조했습니다. 모범과 협력은 2014가 비고츠키의 문화역사적 이론과 가까이 있다는 유력한 증거입니다.

2) 생각과 학습 T1

1~2학년 단위 T1을 진술한 부분은 모두 세 문단입니다. 세 문단 모두 모국어로 옮기겠습니다.

학교 일은 학생의 경험, 관찰, 질문에 근거한다. 반성, 통찰, 발견, 발명, 상상, 학습의 기쁨을 위한 여지가 있어야만 한다. 학생이 질문하도록, 경청하도록, 세세하게 관찰하도록, 정보를 발견하도록, 새로운 관념을 함께 창조하고 발달시키도록, 일의 결과를 발표하도록 격려한다. 연령에 적합한 문제해결과 조사 과제는 주변 세계의 현상에 대한 학생의 호기심과 관심을 자극하고, 주변 환경의 요소들을 분석하고 명명하고 기술하는 학생의 능력을 향상시킨다. 또한 학생이 자신들의 관찰 결과에 질문을 던지도록 그리고 정보가 때때로 정확하지 않거나 모순적일 수 있다는 것을 이해하도록 격려한다.

학생은 함께하는 일과 자기 일을 계획하기, 목표를 설정하기, 그 일을 평가하기를 연습한다. 교사와 함께together with the teacher, 학생은 학교에서 했던 일의 성공을 돌아보며 성공의 기준을 진지하게 생각해 봐야 한다. 학생이 자신의 진척을 깨닫도록, 학습자로서 자기 강점을 인식하도록, 성공에 환호하도록 안내한다. 교사는 학생이 다른 방안들이 무엇인지 이해하도록 도와주면서, 공부와 관련된 가능한 선택을 학생들과 함께 논의한다.

다양한 신체 활동과 운동 기술능력 연습은 생각과 학습능력의 발달을 지원한다. 동화, 게임, 동요, 노래, 놀이, 예술 작품을 다양하게 표현하기, 다양한 상호 교류는 기억, 상상, 윤리적·심미적 생각 발달을 지원한다.[2014.13.2]

전체 내용은 교육과정의 기능 중 교수학적 기능과 관련되어 있습니다. 교사가 주의해야 할 바를 진술했습니다. 이론적 배경을 예측할 수 있는 내용을 찾아보았습니다.

첫 문단에서는 무엇보다도 학생의 현실에 근거한 교육을 강조하고 있습니다.

두 번째 문단에서는 교사와 학생의 협력이 두드러집니다.

마지막 문단에서 교육은 다양한 활동을 통해 학생의 발달을 지원해야 한다는 전제를 발견할 수 있습니다.

딱 하나의 이론으로 이 모두를 묶어 내기는 무리가 있습니다. 비고츠키를 연구하며 그려 보는 발달교육의 현재 모습과 비슷합니다. 모든 학문 분파가 비고츠키를 내세우며 이런저런 교육활동을 하자고 제안하고 있는 현실이 반영된 결과입니다. 아직은 제가 그 차이를 변별할 수 없습니다.

발달교육과 관련하여 하나 기억하겠습니다. 유치원에서 성공의 경험을 반성했습니다. 1~2학년에서는 일의 성공을 반성하면서 성공의 기준을 찾아갑니다.

다. 3~6학년 단위의 포괄적 실행능력

1) 3~6학년 단위의 T

14장 2절에 있는 내용은 전부 두 문단입니다. 전체 내용을 다 옮겼습니다.

T의 일반 목적은 3장에서 정의했다. 여기서는 3~6학년 단위에서 강조되는 목적의 여러 측면을 기술했다.

T의 교수학습teaching and learning을 체계적으로 지속한다. 겨냥하는 바는 학생의 실행능력을 발달시켜 자기 존중과 자기 정체성 형성을 고양하는 것이다. 정체성은 다른 사람과 주변 환경과 교류하면서 발달한다. 우정과 인정받는다는 느낌은 매우 중요하다. 이때가 학생 발달에서 지속가능한 삶의 방식을 채택할, 지속가능한 발달의 필요를 성찰할 특히나 적합한 시기다.2014.14.2

3~6학년의 총체적 발달 과제는 '학습자로 발달하기'입니다. 3~6학년 단위 T 진술은 정의적 영역이 압도합니다. 예측하지 못한 결과입니다. 지속가능한 삶의 방식이 대한민국 인간상 중 더불어 사는 사람과 밀접한 것이 아닌가 하는 의문이 생겼습니다.

연구 초기에는, 두 번째 문단의 첫 문장이 왜 거기 있는지도 의문이었습니다. 체계적으로 지속적으로 T를 교수학습teaching and learning 하라는 명령이 이어지는 문장들과 어떻게 연결되는지 납득하게 되었습니다. 오랜 시간 들여다본 성과입니다.

저의 이해입니다. T를 체계적으로 교수학습 하는 까닭은 이어지는 세 문장의 내용입니다. 즉 목표를 달성하기 위함입니다. 마지막 문장은 3~6학년 시기가 지닌 발달에서의 특징입니다. 특정 능력의 발달에 적기라는 단정입니다. 이 능력을 발달시키는 데 집중하라는 교육학적 조언입니다.

2) 생각과 학습 T1

앞서, 1~2학년 단위 T1을 진술한 세 문단을 모두 옮겼습니다. 여기서는 전체 내용이 두 문단입니다. 문단에 담긴 문장은 많습니다.

교수학습teaching and learning은 친구와 함께 그리고 혼자서[49] 관찰을 행함으로써, 정보의 다양한 원천과 다른 종류의 도구를 사용함으로써 질문을 던지고 그 질문의 대답을 찾는 학생의 기술능력skills을 강화한다. 또한 학생은 다루는 화제에 관한 다른 관점을 인식하기, 새로운 통찰 갖기, 비판적 평가를 통해 자신의 기술능력을 점차 발달시키기를 학습한다. 학생이 쟁점들의 얽힌 관계와 연결에 주목하도록 안내한다. 학생이 자신이 알고 있는 지식internal knowledge을 숙고할 때도 타인의 관점을 경청하도록 격려한다. 학생이 여러 가지 방식으로, 예를 들면, 의식적 추론으로 혹은 개인의 경험에 근거한 직관으로 정보가 만들어진다는 것을 깨닫도록 안내guide한다. 함께 협의하는 학습을, 특히 동료 학습 peer learning을 여러 가지 방식으로 사용한다. 이는 학생의 집단 일group work 기술능력을 강화한다. 문제풀이와 추론 과제를 그리고 호기심, 상상력, 발명을 활용하고 촉진하는 일에 접근하는 방식을 사용하며, 행하여 학습하며 생각 기술능력을 연습한다. 학생이 창조적 해결책을 발견할 때나 현존하는 경계를 넘어설 때 자신의 상상능력을 사용하도록 격려한다.

모든 공부 상황에서 학습 기술능력을 고양시킨다. 학생이 자기에게 가장 적합한 학습 방법을 인지하도록, 자신의 공부 기법에 주의를 기울이도록 안내한다. 학생은 자신의 학교 일을 계획하기, 목표를 설정하기, 자기 일과 그 진전 평가하기를 지속해서 연습한다. 학생이 규칙적으로 과제를 완수하는 게 자신의 진전에 어떤 영향을 미치는지 알아차리도록, 자신의 장점과 발달 욕구를 인

---

49. 영어 표현과 한국어 표현에는 차이가 많습니다. 우리는 큰 것에서 작은 것으로 표현합니다. 친구와 함께 그리고 스스로 이렇게 표현합니다. 같은 의미를 영어는 반대로 표현합니다.

식하도록 안내한다. 학생이 자신의 공부와 관련된 목표와 선택을 지각하도록 지원하고, 보호자와 함께 자신의 목표와 선택을 논의하도록 격려한다.2014.14.2

1~2학년 단위 T1 진술을 읽으며 알아차리지 못했던 것을 깨달았습니다. 첫 번째 문단은 생각을, 두 번째 문단은 학습을 담았습니다. 선생님, 친구, 보호자와 함께하는 교육 장면을 언급한 것이 인상적입니다. 안내하고 도와주고 격려하는 교사의 역할을 국가 수준 교육과정에 언급한 것도 저에겐 신기합니다. 연습해야 하는 학생의 역할을 언급한 것은 진부하지만 충격적입니다. 늘 새로운 원리, 방법, 법칙을 발견하도록 강요받았던 지난 20년이 만든 슬픈 자화상입니다. 익힘을 위한 연습은커녕 배움을 위한 시간도 부족한 대한민국 국가 수준 교육과정과 대비됩니다.

6학년까지 스스로 독립적으로 학습하는 학생을 발견할 수 없습니다. 그런 활동을 담지 않았습니다. 거기에 이르는 지난한 과정을 잘 견디어 내도록 교사가 안내해야 할 과제가, 학생이 연습해야 할 과제가 수북하게 쌓여 있습니다. 성급하게 단정합니다. 구성주의가 멸종한 새누리를 봤습니다. 20세기 후반의 모습과 비슷한 점도 어느 정도 있습니다. 무에서 창조된 새 세상은 아니라는 이야기입니다.

반성하는 대상이 유치원에서는 성공의 경험, 1~2학년에서는 일의 성공이었습니다. 여기서는 자신이 행한 일의 진전입니다. 이제 일의 성공과 실패를 함께 반성합니다. 실패를 돌아보는 과제를 3~6학년 단위에 설정했습니다. 발달교육의 위계가 참 그럴듯합니다. 이게 과학적인 것인지 저도 모릅니다. 우리가 실천으로 천천히 검증해 봐야 합니다.

라. 7~9학년 단위의 포괄적 실행능력

1) 7~9학년 단위의 T

15장 2절에 있는 내용은 전부 네 문단입니다. 전체 내용을 모두 옮겼습니다.

T의 일반 목적은 3장에서 정의했다. 여기서는 7~9학년 단위에서 강조되는 목적의 여러 측면을 기술했다.

학생은 성장함에 따라, 자신의 T를 발달시킬 더 나은 수용능력 capacity을 지니게 된다. 반면에 다른 교과와의 협동과 일상적 학교 삶의 관리는 더 도전적이다. 가장 좋은 상태에서, 학교는 사춘기를 겪고 있는 젊은이를 위한 의미 있는 공동체를 제공하고, 자기 발달과 주변 세계를 구조화하도록 도울 수 있다. 실행능력과 성공을 경험할 기회를 학생에게 제공하는 것은 특히나 중요하다. 이 경험은 학생의 자부심을 높인다. 학생의 개선 요구를 현실에 맞게 평가하는 것뿐만 아니라 학생이 자신의 독특함과 자기 장점을 인식하도록 안내하는 것도 마찬가지로 중요하다.

지속가능한 삶의 방식과 안녕을 위한 토대를 구축하는 일은 중학교 내내 지속된다. 지속가능한 발전을 위한 문화적, 생태적 전제조건뿐만 아니라 사회적, 관습적, 경제적 전제조건을 학생과 함께 논의한다. 지속가능한 발전의 다른 측면들이 어떻게 연결되는지를, 지속가능한 삶의 방식이 실제로 무엇을 의미하는지를 배울 수 있는 사례, 실천, 이론적 고찰을 수업에서 다룬다.

모든 교과는 가장 적절한 방식으로 T의 발달을 지원한다. 다분과 학습 모듈을 학생과 함께 계획하고 실행하는 것은 특히나 전

진 중인 T를 겨냥한다.2014.15.2

7~9학년의 총체적 발달 과제는 '공동체의 구성원으로 성장하기'입니다. 7~9학년 단위 T 진술에는 능력이라는 표현이 드물게 등장합니다. 당황했습니다. 그래도 발달 과제와 어울리게 공동체와 지속가능한 삶을 중심으로 기술했습니다. 마지막 문단은 T 발달의 원천이 교과임을 분명히 했습니다. 교과의 경계를 넘어서는 새로운 시도를 언급했습니다. 다분과 학습 모듈입니다. 이것은 특히나 전진하는 T를 목표로 해야만 합니다.

능력에 대한 표현이 여럿입니다. 여기서 눈에 밟히는 것은 수용능력입니다. 전후 맥락을 보며 두 가지를 추출할 수 있습니다. 첫째, 성장의 결과로 봐야 합니다. 둘째, T를 발달시키는 기반이 됩니다. 10년 후 연구에서는 다른 능력들과 어떤 관계를 맺고 있는지 살핀 성과를 담고 싶습니다. 능력들의 개념 체계를 세우고 싶습니다.

2) 생각과 학습 T1
7~9학년 단위 T1을 진술한 세 문단을 모두 살펴보겠습니다. 15장 2절에 있는 내용입니다.

학교 일을 하는 동안, 학습 과정에서 학생의 능동적 역할을 강화하고 학생에게 긍정적 경험과 감정을 가질 기회를 제공하여 학습을 지원한다. 학교 일을 계획하고 자신의 일하는 과정과 그 진척을 판단하면서 학생이 자신의 공부 목표를 책임지도록 격려한다. 자신의 학습 전략과 공부 전략을 인식하도록, 학생이 의식적으로 그것을 발달시키도록 안내한다. 학생은 공부하면서 기술과 다른 도움을 사용하는 수업이 필요하고, 지속적으로 주의를 기울여 집중하게 하는 안내가 필요하다.

학생이 자기 자신과 자기 관점을 신뢰하도록, 자신의 발상idea을 정당화하도록, 공부할 때 학교 밖에서 배운 기술능력을 적용하도록 격려한다. 자신과 타인의 말에 경청하도록, 타인의 눈으로 사물을 지각하도록, 대안과 창조적 해결책을 찾도록 학습하는 것은 중요하다. 학생은 불명확한 정보나 상반된 정보를 직시하고 다루도록 하는 격려를 필요로 한다. 학생이 교사와 함께 지식을 생성하는 다른 방법을 탐구하도록, 경험에서 얻은 자신의 지식을 표현하도록, 자신의 생각 방식을 중요하게 고려하도록 격려한다. 학생은 관찰하고 자신의 지각을 개선할, 여러 가지 다른 방식으로 정보를 찾을, 다른 관점에서 주제를 비판적으로 관찰할 기회를 갖는다. 학생이 상상력을 사용하여 독창적으로 생각하고 새로운 발상을 창조하도록, 열린 마음으로 다른 관점을 결합하도록, 새로운 지식과 견해를 생성하도록 격려한다.[50] 학생이 제안한 의견을 지원한다. 나아가 학생에게 협력적으로나 개인적으로 문제해결, 논쟁, 추론, 연역, 쟁점들의 얽힘과 연결의 이해, 결국 체계적인 생각을 할 수 있는 다양한 기회를 제공하여 학생의 생각 기술능력을 발달시킨다. 옳고 그름, 선한 삶과 선행, 윤리적인 삶의 방식에 관한 원리들을 차분하게 돌아보며 살피게 함으로써 윤리적 생각의 발달을 지원한다. 예술은 감정을 휘젓고 새로운 독창적인 발상을 이끌어 냄으로써 윤리적·심미적인 생각능력을 심화한다.

학생의 관심을 끄는 현상을 검토할 때, 교과들을 넘어 실험적

---

50. 지난 20년 동안 들렸던 창의성 교육에 참고할 내용입니다. 중학교에서 언급되었습니다.

으로, 탐구 기반으로, 기능적으로 일에 접근하는 방식은 생각 기술능력뿐만 아니라 학습 동기와 기본 교육 후의 공부 선택에 중요하다. 다른 교과들의 수업 동안, 학생은 공부의 중요성을 찾고 미래를 위해 자신의 생각 방식과 일하는 방식을 성찰한다. 학생이 공부와 일에 관련된 정보를, 다른 직업 선택에 관한 정보를 발견하도록, 나아가 자신의 태도와 관심을 저울질하면서 이성적인 선택을 하도록 지원한다.[2014.15.2]

3~6학년 단위 T1 진술 방식과 달리 여기서는 첫 번째 문단에 학습을, 두 번째 문단에 생각을 담았습니다. 세 번째 문단에는 그 둘이 섞여 있습니다.

학습과 관련하여 학습 방법, 공부 기법, 숙제하기, 목표 설정이 3~6학년 단위에서 언급되었다면, 여기서는 학습의 전 과정에서 학생이 능동적 역할을 하도록 안내하는 내용이 중심에 있습니다. 또한 장기간에 걸쳐 주의 집중을 유지하도록 안내하는 것[51]을 중요하게 언급했습니다.

생각과 관련하여 질문하고 질문에 대한 답을 찾기, 비판적으로 평가하기, 관계와 연결에 주목하기, 역지사지하기, 상상 사용하기가 3~6학년 단위에서 언급되었다면, 여기서는 체계적인 생각 펼치기로 수준이 높아졌습니다. 또한 윤리적 생각과 심미적 생각을 발달시키는 것을 새로운 과제로 제시했습니다.

학습과 생각을 새롭게 결합하여 일하는 접근 방식을 한 단계 높은 수준에서 진술하고 있습니다. 이성적인 선택을 할 수 있는 수준으로 학생을 안내해야 합니다.

---

51. 2004에서 1~2학년에 집중을, 3~6학년에 집중하는 기간을 확장하도록, 7~9학년에 더 확장하도록 언급했던 것이 기억납니다. 수학 교과에 있는 내용입니다.

4. 포괄적 실행능력과 수학 교과교육과정

교과교육과정은 포괄적 실행능력을 발달시키기 위해 어떤 변화를 추구했을까요? 외형적으로 눈에 확 띄는 것은 수업 목적들을 정리한 표들입니다. 학년 단위별로 수업의 목적을 담은 표를 살펴보았습니다. 교과는 수학 교과 하나만 살펴보았습니다. 교과교육과정 체계 전체를 꼼꼼하게 살피는 연구를 진행하지 못했습니다. 이 작업은 별도로 진행해야 할 거대한 연구 과제입니다. 여기에는 1~2, 3~6, 7~9학년 단위의 수학 수업의 목적과 기본 교육을 이수하는 평가 기준을 번역하여 [표 17], [표 18], [표 19], [표 20]에 담았습니다. 그 후에 분석한 결과를 간단하게 언급했습니다.

무엇보다도 수업 목적을 세 범주로 묶었다는 게 인상적입니다. 하나, 의의, 가치, 태도입니다. 둘, 일하는 기술능력입니다. 셋, 개념 관련 목적과 지식 영역에 특정된 목적입니다. 일하는 기술능력을 수업 목적의 한 범주로 설정했다는 것이 신기합니다. 등위에 지식 관련 목적이 놓여 있습니다. 예사롭지 않습니다. 아직은 이런 감각적 느낌을 남기는 수준입니다.

지난 20년 동안 대한민국에서 들을 수 없었던 수업 목표가 있습니다. 공책에 계산하고 암산하는 기술능력을 성취하는 것입니다. 3~6학년 목적 10번에 있는 내용입니다.

각각의 수업 목적과 포괄적 실행능력이 어우러지는 표들을 보았습니다. 이는 교사가 현실을 반영하여 다양하게 수업을 창조하도록 안내하고 있다는 느낌입니다. 이를 구현한 교과서 내용들을 보며 치밀하게 검토해야 할 영역입니다.

가. 학년 단위 수학 수업의 목적

[표 17] 1~2학년 단위 수학 수업의 목적

수업 목적	목표와 관련된 내용 영역	T
의의(Significance), 가치(values)와 태도(attitudes)		
O1 학생의 수학에 대한 관심과 열정을 지원하고 학생의 자기 이미지와 자기 자신감 발달을 지원하기	C1-C4	T1, T3, T5
일하는 기술능력(Working skills)		
O2 학생이 자신의 수학적 관찰 능력(ability)과 다른 상황에서도 관찰 결과를 활용하는 능력(ability)을 향상시키도록 지원하기	C1-C4	T4
O3 학생이 자신의 해결책과 결론을 구체적인 도구, 그림, 말과 글로 또는 ICT를 사용하여 제시하도록 격려하기	C1-C4	T2, T4, T5
O4 학생이 자신의 추론과 문제해결 기술능력(skills)을 발달시키도록 안내하기	C1-C4	T1, T4, T6
개념 관련 목적(Conceptual objectives)과 지식 영역에 특정된 목적(objectives specific to the field of knowledge)		
O5 학생이 수학적 개념과 수학적 기호 표시법을 이해하도록 안내하기	C1-C4	T1, T4
O6 학생이 수 개념과 십진법의 원리를 이해하는 능력을 발달시키도록 지원하기	C2	T1, T4
O7 학생이 기본적인 산수연산의 원리와 특징에 친숙하게 하기 (to familiarize)	C2	T1, T4
O8 학생이 자연수 범위에서 유창하게 기본 연산 기술능력을 발달시키도록 그리고 산술에 관한 다른 정신 전략을 사용하도록 안내하기	C2	T1, T4
O9 학생이 기하학적 도형(geometric shapes)에 친숙하게 하고 도형의 특징을 관찰하도록 안내하기	C3	T2, T4, T5
O10 학생이 측정의 원리를 이해하도록 안내하기	C3	T1, T4,
O11 학생이 표(tables)와 다이어그램(diagrams)에 친숙하게 하기	C4	T4, T5
O12 하나하나의 수업과 이어지는 수업(instruction)을 공식화하는 학생의 실행능력(competence)이 발달하도록 지원하기	C1	T1, T2, T4, T5

[표 18] 3~6학년 단위 수학 수업의 목적

수업 목적	목표와 관련된 내용 영역	T
의의(Significance), 가치(values)와 태도(attitudes)		
O1 학생의 수학에 대한 관심과 열정을 지속시키고 학생의 긍정적인 자기 이미지와 자기 자신감을 지원하기	C1-C5	T1, T3, T5
일하는 기술능력(Working skills)		
O2 학생이 학습하고 있는 사물들의 연결(connections)을 인식하고 이해하도록 안내하기	C1-C5	T1, T4
O3 학생이 자신의 관찰에 근거하여 질문을 제기하고 추론을 통해 결론을 내리는 기술능력을 발달시키도록 안내하기	C1-C5	T1, T3, T4, T5
O4 학생이 자신의 결론과 해결책을 타인에게 구체적인 도구, 그림, 말과 글로 또는 ICT를 사용하여 제시하도록 격려하기	C1-C5	T1, T2, T4, T5
O5 학생이 자신의 문제해결 기술능력을 발달시키도록 지원하고 안내하기	C1-C5	T1, T4, T5
O6 학생이 해결책이 이치에 맞고 의미 있는지를 평가하는 기술능력을 발달시키도록 안내하기	C1-C5	T1, T3
개념 관련 목적(Conceptual objectives)과 지식 영역에 특정된 목적(objectives specific to the field of knowledge)		
O7 학생이 수학적 개념과 기호 표시법을 사용하고 이해하도록 안내하기	C1-C5	T1, T4
O8 학생이 십진법 체계에 대한 이해를 강화하고 확장하도록 지원하고 안내하기	C2	T1, T4
O9 학생이 양의 유리수(positive rational numbers)와 음의 정수(negative integers) 개념에 관한 이해를 확장하도록 지원하기	C2	T1, T4
O10 학생이 계산의 속성을 활용하여 산술을 유창하게 공책에 풀고 암산하는 기술능력을 성취하도록 안내하기	C2	T1, T3, T6
O11 학생이 물체(objects)와 도형(figures)의 기하학적 속성을 관찰하고 기술하도록 안내하고, 학생이 기하학적 개념에 친숙하게 하기(familiarize)	C4	T4, T5
O12 학생이 측정 대상의 양을 측정하도록, 측정에 적합한 도구와 단위를 선택하도록, 결과가 이치에 맞는지를 숙고하도록 안내하기	C4	T1, T3, T6
O13 학생이 표와 다이어그램을 준비하고 해석하도록 그리고 통계적으로 중요한 숫자를 사용하도록 안내하기와 확률과 관련된 경험을 제공하기	C5	T4, T5
O14 학생이 그래픽 프로그램을 할 수 있는 환경에서 컴퓨터 프로그램을 사용하여 수업을 공식화하도록 고무하기	C1	T1, T4, T5, T6

[표 19] 7~9학년 단위 수학 수업의 목적

수업 목적	목표와 관련된 내용 영역	T
의의(Significance), 가치(values)와 태도(attitudes)		
O1 수학 학습자답게 학생의 동기, 긍정적 자기 이미지와 자신감을 강화하기	C1-C6	T1, T3, T5
O2 학생이, 혼자 할 때든 타인과 함께 할 때든, 수학 학습을 책임지도록 격려하기	C1-C6	T3, T7
일하는 기술능력(Working skills)		
O3 학생이 학습하고 있는 사물들의 연결(connections)을 인식하고 이해하도록 안내하기	C1-C6	T1, T4
O4 학생이 자신의 말과 글로 수학을 표현하는 능력을 발달시키도록 격려하기	C1-C6	T1, T2, T4, T5
O5 학생이 논리적이고 창조적인 생각을 요구하는 수학 과제를 해결하도록 그리고 그에 필요한 기술능력을 발달시키도록 지원하기	C1-C6	T1, T3-T6
O6 학생이 자신의 수학적 해결책을 평가하고 발전시키도록 결과가 이치에 맞는지 비판적으로 검토하도록 안내하기	C1-C6	T1, T3, T4, T6
O7 학생이 다른 교과와 사회에서 수학을 사용하도록 격려하기	C1-C6	T1-T7
O8 학생이 정보 관리와 분석 기술능력을 발달시키도록 그리고 정보를 비판적으로 검토하도록 안내하기	C1, C4, C6	T1, T4, T5
O9 학생이 수학과 문제해결을 학습할 때 ICT를 적용하도록 안내하기	C1-C6	T5
개념 관련 목적(Conceptual objectives)과 지식 영역에 특정된 목적(objectives specific to the field of knowledge)		
O10 학생이 추론과 산술 암산 기술능력을 강화하도록 안내하기 그리고 다른 상황에서도 산술 기술능력을 사용하도록 격려하기	C1, C2	T1, T3, T4
O11 학생이 유리수를 사용하는 기본적인 산술 계산 능력(ability)을 발달시키도록 지원하기	C2	T1, T4
O12 학생이 유리수의 수 개념에 대한 이해를 확장시키도록 지원하기	C2	T1, T4
O13 학생이 백분율 계산에 대한 이해를 확장하도록 지원하기	C2, C6	T1, T3, T6

O14 학생이 미지수 개념을 이해하도록 그리고 등호 문제를 해결하는 기술능력을 발달시키도록 안내하기	C3, C4	T1, T4
O15 학생이 변수 개념을 이해하도록 그리고 함수 개념에 익숙해지도록 안내하기, 학생이 함수 그래프를 해석하고 그리기를 연습하도록 안내하기	C3, C4	T1, T4, T5
O16 학생이 기하학적 개념과 그것들 사이의 연결(connections)을 이해하도록 지원하기	C5	T1, T4, T5
O17 학생이 직각 삼각형과 원과 관련된 속성을 이해하고 활용하도록 안내하기	C5	T1, T4, T5
O18 학생이 원주와 부피를 계산하는 기술능력을 발달시키도록 격려하기	C5	T1, T4
O19 학생이 통계적으로 중요한 수치를 결정하고 확률을 계산하도록 안내하기	C6	T3, T4, T5
O20 학생이 문제해결에 수학과 프로그래밍을 적용할 때 알고리즘 생각(algorithmic thinking)과 기술능력을 발달시키도록 안내하기	C1	T1, T4, T5, T6

나. 8등급에 적합한 지식과 기술능력

2014는 수업의 목적, 내용 영역, 평가 대상, 8등급에 적합한 지식과 기술능력을 표로 정리했습니다. 그 내용을 번역하며 차분하게 살펴보았습니다. [표 20]에 전체 내용을 담았습니다.

무엇보다도 평가 대상을 제시했다는 것이 인상적입니다. 이는 8등급에 적합한 기준과 일대일로 대응하고 있습니다. 즉 없어도 된다는 것입니다. 하지만 적시했습니다. 공간도 좁은데 평가 대상을 담았습니다. 게다가 좌와 우를 연결하는 중간에 위치합니다. 평가해야 할 것을 명확하게 제시했습니다. 교사를 위한 배려라는 느낌입니다.

수업의 목적과 평가 대상과 판단 기준이 일체화되어 있습니다. 수업할 것과 평가할 것이, 교수학습과 평가가 일치합니다. [표 20]에 따르면, 이해하도록 돕는 게 수업 목표였다면, 이를 설명할 수 있는지 확인하는 게 평가입니다. 말과 글로 수학적 생각을 표현하는 능력을 발달시키는 게 수업 목표였다면, 말과 글로 수학적 생각을 표현하는지 확인하는 게 평가입니다. 단순명료합니다. 수미일관입니다. 이게 일체화 아닐까요?

평가에서 확인해야 할 것이 대강화되었습니다. 3년 동안 살펴야 할 게 총 19개입니다. 수업 목적 1번은 평가 대상도 아닙니다. 개인의 사생활과 연결되는 항목이기 때문입니다. 저의 독단일 수 있습니다만, 우리 문화에서는 문제 될 게 하나도 없는 항목입니다. 하여간 대한민국 평가 부분을 담당하는 분은 명심해야 합니다. 'Everything is nothing'입니다. 자잘한 성취 기준들을 파격적으로 줄여야 합니다. 그래야 긴 시간 동안 전개되는 발달의 흐름, 학생의 변화를 볼 수 있습니다.

[표 20] 8등급에 적합한 지식과 기술능력

수업 목적 (내용 영역)	평가 대상	8등급에 적합한 지식과 기술능력
의의(Significance), 가치(values)와 태도(attitudes)		
7~9학년과 똑같음		등급 결정에 사용하지 않는다. 학생이 자기 평가의 일부로 자기 경험을 반성하도록 안내한다.
	학습 책임감	학생은 자기 학습에 책임을 지고 그룹 활동에 건설적으로 참여한다.
일하는 기술능력(Working skills)		
7~9학년과 똑같음	학습하고 있는 사물들(things)의 연결(connections)	학생은 학습하고 있는 사물들 사이의 연결을 조사하고 설명한다.
	수학적 표현	학생은 말과 글로 자신의 수학적 생각을 표현할 수 있다.
	문제해결 실행능력	학생은 자신의 수학적 활동을 표현할 수 있다.
	수학적 해결책을 평가하고 발전시키는 기술능력	학생은 자신의 수학적 해결책을 평가할 수 있고 결과가 이치에 맞는지 비판적으로 검토할 수 있다.

7~9학년과 똑같음	수학을 적용하기	학생은 다른 환경에서 수학을 적용할 수 있다.
	데이터를 분석하고 비판적으로 검토	학생은 혼자서 통계 자료를 확보하고 관리하고 제시할 수 있다.
	ICT 사용하기	학생은 수학 학습할 때 ICT를 적용할 수 있다.

개념 관련 목적(Conceptual objectives)과
지식 영역에 특정된 목적(objectives specific to the field of knowledge)

7~9학년과 똑같음	추론과 산술 기술능력	학생은 다른 상황에서도 추론과 산술 암산 기술능력을 능동적으로 사용한다.
	유리수 범위의 기본 산술 계산	학생은 유리수를 사용하는 기본 산술 계산을 수행할 수 있다.
	수 개념	학생은 실수를 인식하고 실수의 특성을 기술할 수 있다.
	백분율 개념과 백분율 계산	학생은 백분율 개념 사용을 기술할 수 있다. 학생은 백분율을, 어떤 백분율이 전체에서 표현된 양을, 변화(change)와 비교(comparison)의 백분율을 계산할 수 있다. 학생은 다른 상황에서 자신의 지식을 사용할 수 있다.
	미지수 개념과 등식 문제를 해결하는 기술능력	학생은 기호로 제시된 일차방정식을 풀 수 있다. 예를 들면, 학생은 추론 혹은 기호를 사용하여 불완전한 이차방정식을 풀 수 있다.
	변수와 함수 개념 그리고 그래프 해석과 그리기	학생은 변수와 함수 개념을 이해하고 일차함수 그래프를 그릴 수 있다. 학생은 그래프를 다양하게 해석할 수 있다.
	기하학 개념과 그것들 사이의 연결	학생은 선, 각, 다면체와 연결된 속성들과 그것들 사이의 연결(connections)을 명명하고 기술할 수 있다.
	직각과 원의 속성을 인지하기	학생은 피타고라스의 정리와 삼각함수를 사용할 수 있다. 학생은 원주각(inscribed angle)과 중심각(central angle)의 개념을 이해한다.
	면적과 부피를 계산하는 산술 기술능력	학생은 평면도형의 면적과 물체의 부피를 계산할 수 있다. 학생은 면적 단위와 부피 단위의 전환을 숙달한다(master).
	통계적으로 중요한 수치와 확률 계산	학생은 이것(central statistical key figures)을 숙달하고 그것들의 사례를 제공할 수 있다. 학생은 고전적 확률과 통계적 확률을 계산할 수 있다.
	알고리즘 생각과 프로그래밍 기술능력	학생은 알고리즘 생각의 원리를 적용할 수 있고 간단한 프로그램을 작성할 수 있다.

다. 수학 교과에 반영된 포괄적 실행능력 분석

1) 수업 목적의 종류

[표 21]을 보면, 수업 목적을 세 가지로 분류했습니다. 하나는 의의, 가치와 태도입니다. 다른 하나는 일하는 기술능력입니다. 마지막은 개념 관련 목적과 지식 영역에 특정된 목적입니다. 학년 단위에 각 영역에 얼마나 많은 수업 목적이 속하는지 통계 처리했습니다.

[표 21] 수업 목적의 종류와 학년 단위 언급 빈도

	의의, 가치와 태도	일하는 기술능력	개념과 지식 영역
1~2학년 단위	1	3	8
3~6학년 단위	1	5	8
7~9학년 단위	2	7	11
기본 교육 전체	4	15	27

의의, 가치와 태도는 포괄적 실행능력의 정의에 맞게 도입되었습니다. 빈도수가 너무 적어 형식적으로 다루어진 것이라는 의문이 들 수 있습니다. 하지만 수학 교과의 특성을 고려하면 그렇게 치부할 수만도 없습니다.

일하는 기술능력은 학년 단위가 올라가면서 규칙적으로 수치가 증가했습니다. 대한민국에 낯선 개념입니다. 이후 심층적인 연구가 있어야겠습니다. 비고츠키가 강조한 개념을 형성하는 능력과 관련될 수 있는 내용을 여기서 언급하고 있습니다.

개념과 지식 영역과 관련된 수업 목적이 가장 많습니다. 수학 교과의 특성을 고려한다면 당연한 결과입니다. 2015의 핵심 개념은 이렇게 크게 수업 목적을 제시해야 한다고 모범을 보이는 것 같습니다.

2) 수업 목적과 포괄적 실행능력

[표 19]를 보면, 맨 마지막 항목에 포괄적 실행능력이 있습니다. 수업 목적마다 그와 관련된 포괄적 실행능력들을 적시했습니다. 7가지 포괄적 실행능력은 다음과 같습니다. T1은 생각과 학습이고, T2는 문화적 실행능력, 교류와 자기표현이고, T3는 자기 돌보기와 일상 관리이고, T4는 다문해이고, T5는 ICT 실행능력이고, T6는 노동 실행능력과 창업 정신이고, T7은 참여, 관여, 그리고 지속가능한 미래 건설입니다.

학년 단위에 있는 수업 목적과 관련된 포괄적 실행능력의 종류를 헤아렸습니다. [표 22]에 결과를 담았습니다.

[표 22] 학년 단위 수업 목적에 언급된 포괄적 실행능력의 빈도

	T1	T2	T3	T4	T5	T6	T7
1~2학년 단위	8	3	1	11	5	1	0
3~6학년 단위	12	1	5	10	7	3	0
7~9학년 단위	17	1	7	15	10	4	2
기본 교육 전체	37	5	13	36	22	8	2

[표 22]에 따르면, 수학 교과에 반영하기 가장 어려운 포괄적 실행능력은 T7입니다. 초등학교 시기에는 한 번도 반영하지 못했습니다. 다음이 T2입니다. 수학 교과에서 문화적 실행능력을 수업 목적에 반영하는 게 쉬운 일이 아닐 듯합니다. 학년이 올라가 수학 교과의 특성이 강화될수록 T2를 반영하는 것이 더욱 어렵다는 사실을 표로 확인할 수 있습니다. 노동과 창업을 담은 T6를 8번이나 반영했다는 것이 신기할 뿐입니다.

T1을 가장 많이 반영했습니다. 학년 단위가 올라갈수록 그 빈도수

도 늘었습니다. 생각과 수학의 밀접한 관계를 고려한다면 자연스러운 결과입니다. T4를 T1만큼 많이 반영했습니다. 이는 많은 생각을 하게 합니다. 다문해에 수학적 기호를 사용한 소통이 포함된다는 인식에 도달하면 쉽게 납득할 수 있는 결과입니다. 수학 수업에 ICT를 사용하는 것이 강제되고 있다는 분위기를 T5의 빈도수를 통해 느낄 수 있습니다.

T를 반영한 결과가 교과서에 어떻게 예시되고 있는지 궁금합니다. 먼저 그러한 사례를 추리는 작업을 해야 합니다. 그리고 2015의 조언이 얼마나 잘 반영되었는지 확인하는 것도 큰 연구 과제일 듯합니다. 언어의 장벽으로 교과서를 분석하는 것부터가 어려운 일이기는 합니다. 이에 도전하는 후속 연구자가 나왔으면 좋겠습니다.

3) 수업 목적의 위계

학년 단위가 변함에 따라 구체적인 수업 목적이 어떻게 변했는지 간단하게 살펴봤습니다. O1의 변화를 추적했습니다. [표 23]에 결과를 정리했습니다.

[표 23] 수업 목적 1번의 학년 단위별 변화

	O1
1~2학년 단위	학생의 수학에 대한 관심과 열정을 지원하고 학생의 자기 이미지와 자기 자신감 발달을 지원하기
3~6학년 단위	학생의 수학에 대한 관심과 열정을 지속시키고 학생의 긍정적인 자기 이미지와 자기 자신감을 지원하기
7~9학년 단위	수학 학습자답게 학생의 동기, 긍정적 자기 이미지와 자신감을 강화하기

수업 목적 1번의 위계, 학년 단위별 시간 흐름을 보면, 일관성이 있

습니다. 1~2학년 단위에서 교사는 학생이 관심과 열정을 가질 수 있도록 환경과 분위기를 조성해야 합니다. 그 결과로 학생은 수학 학습에 자신감을 가지게 됩니다. 3~6학년 단위에서 교사는 학생이 가지게 된 관심과 열정이 꺼지지 않고 지속되도록 해야 합니다. 그 결과로 학생은 자기를 긍정적으로 보게 됩니다. 7~9학년 단위에서 교사는 학생이 수학 학습자다운 태도와 가치를 가지게 해야 합니다. 이에 근거하여 수학 학습에 대한 내재적 동기를 강화합니다. 이렇게 발달교육의 흐름을 엿볼 수 있습니다.

태도와 관련하여 깊이 고민해야 할 과제가 도출되었습니다. 2014는 초등학교 단계에서 학생을 수학 학습자로 보지 않았습니다. 수학 학습자로 발달시켜야 할 대상으로 설정했습니다. 수학 학습자가 되는 예비과정을 겪는 것으로 보고 있습니다. 관심과 열정이라는 표현을 보며 학생이 교과서에 제시된 교육활동에 흠뻑 빠지도록 교사들의 지혜를 모았을 것이라는 추측을 할 수 있었습니다. 핀란드 수학 교과서를 통해 추측을 확인할 수 있습니다.

4) 평가 대상과 8등급 기준

8등급에 적합한 지식과 기술능력을 드러낸 [표 20]에는 평가 대상 target으로 줄여 표현한 내용이 있습니다. 평가할 때 신경 써서 봐야 할 표적을 제시했습니다.

정의적 측면과 관련된 것은 하나뿐입니다. 수학 학습에 대한 책임감입니다. 일하는 기술능력과 관련된 것 중에서 눈을 끄는 것은 수학적으로 표현하는 다문해 능력과 학습하고 있는 사물들 사이의 연결된 관계를 파악하는 개념형성능력입니다.

8등급 기준에 해당하는 지식과 기술능력을 살펴봤습니다. 모두를 위한 교육을 전제로 하고 있음을 확인할 수 있었습니다. 핀란드가 엄격하게 모두를 위한 교육을 진행하고 있음은 이미 알고 있는 사실입니다. 낙오자가 생기지 않도록 지원하는 교육체계가 잘 작동하고 있습니다. 잘 작동해야만 통과 가능한 8등급 기준입니다.

5) 수업을 하는 까닭에 대하여

수업을 하는 까닭, 교육과정을 운영하는 까닭을 어떻게 제시해야 할까요? 2014는 수업 목적에 핀란드 교육 문화가 쟁취한 성과입니다. 저는, 좁은 의미에서, 학생이 T를 성취할 수 있는 계기를 제공하는 것이 수업을 하는 까닭이라고 읽었습니다. 우리가 교육과정은 발달의 청사진이라고 했던 것과 일맥상통합니다.

저의 추론을 뒷받침하겠습니다. 2014 3장에서 T를 지식, 기술능력, 태도, 가치, 의지로 이루어진 실체라고 정의했습니다. [표 17], [표 18], [표 19] 학년 단위 수학 수업 목적을 보면, 의의 significance, 가치, 태도를 하나로 그리고 일하는 기술능력을 다른 하나로, 개념 관련 목적과 지식 영역에 특정된 목적을 또 다른 하나로 분류했습니다. 맨 마지막 것에서 (수학적) 지식, 중간 것에서 기술능력, 처음 것에서 가치, 태도를 확인할 수 있습니다. 의지만 있다면 T의 정의와 똑같습니다. 의의significance[52]와 의지를 비슷한 것으로 볼 수 있다면 저의 추론은 완벽합니다.

O1, 수업 목적 1번에서 의의에 해당하는 것을 추출해 보겠습

---

52. 의의(significance)가 눈에 밟힙니다. 적절한 표현을 찾기 어렵습니다. 개념을 형성하지 못했기 때문입니다. 오랜 시간이 필요합니다.

니다. 1~2학년 단위에서는 '열정'을, 3~6학년 단위에서도 '열정'을, 7~9학년 단위에서 '동기'와 '책임'을 추출할 수 있습니다. 의지와 좀 더 가까운 사이가 되었습니다. 10~12학년 단위와 다른 교과를 확인해 보면 더 가까워질 것이라는 예측을 남기며 마침표를 찍겠습니다.

5. 다분과 학습 모듈

가. 다분과 학습 모듈의 정체

1) 현상기반 학습Phenomenon Based Learning

한동안 일부 사람은 다분과 학습 모듈을 현상기반 학습으로 착각했습니다. 중등교장연수생이 2008년에 만든 다음 카페에 있는 내용을 살펴보겠습니다. 2017년 4월 2일 글입니다.

......

핀란드 정부는 2020년부터 세계 최초로 교과를 없애고, 현상기반 학습phenomenon based learning을 도입하기로 했다.Segal, 2017 2020년까지 핀란드 학교들은 일 년에 한 번 이상 현상기반 학습을 실시할 것을 의무화했다. 유치원에서는 놀이학습센터(Playful Learning Center가 도입되어 현상기반 학습의 초석을 다지고 있다. 이미 교사들을 대상으로 한 연수가 한창 진행 중이다.

......

현상기반 학습은 구성주의에 기반을 둔다. 학습자는 능동적인 지식 구축자다. 문제해결의 결과로 정보가 구성된다. 협력적인 상황에서 학습이 이루어지고, 정보는 개인이 소유하는 것이 아니라 사회적 맥락에서 구축되는 것이다. 마지막 단계에서는 전체 과정의 결과로 실질적인 시행이 이루어진다. 이러한 혁신은 여러 교과 교사들 간의 많은 협동이 요구된다.

출처: http://cafe.daum.net/2008gyojang/1lt4

2020년부터 핀란드가 교과를 폐지하고 현상기반 학습을 도입한다는 헛소문의 진원지를 찾아보았습니다. 인터넷 검색으로 쉽게 해결했습니다. 『교육개발』 2017년 3월[vol. 44. no.1]에 실린 특별 기획(4차 산업혁명과 지능정보화사회 그리고 '교육의 미래') 부분에 있는 글이었습니다. 글쓴이는 조석희 세인트존스대학교 교수였습니다. 글의 제목은 「4차 산업혁명과 지능정보사회에서의 학생역량 개발」입니다. 인용하고 참고할 만한 근거가 충분합니다. 교수가 쓰고 기관이 출판했습니다.

하지만 한 번 더 생각해 봐야 합니다. 비판적 읽기를 해야 합니다. 세인트로 시작하는 대학교에서 구성주의를 예찬하지 않으면 생계를 유지할 수 없다는 것을 쉽게 유추할 수 있습니다. 그가 헛소리를 당당하게 할 수 있게 용기를 준 인용의 근거를 확인했습니다.[Segal, S., 2017] 「Yeap ! Finland will become the first country in the world to get rid of all schools subjects」를 검색했습니다. 3류 매거진에 있는 기사였습니다. Segal, S.가 저자임을 확인할 수 없었습니다. 잡지가 언급한 인용의 출처는 현상기반 학습 제품을 파는 소규모 업체의 인터넷 홈페이지였습니다.

2014를 현상기반 학습, 교과 폐지와 연결하는 최근 글을 더 이상 찾을 수 없었습니다. 빈도수로 보아 이제 그렇게 믿는 분이 거의 없는 것 같습니다. 2014 내용 연구를 통해 2014가 구성주의와 결별했음을 앞에서 이미 실증했습니다.

2) 학습자가 추상과 구체를 능동적으로 연결하는 통합수업

2004에도 통합수업에 대한 진술이 있었습니다. 2007년 번역본은 이 부분을 생략했습니다. 통합수업의 목적을 다음과 같이 진술했습니다.

수업은 교과별로 분리해서 진행하거나 통합하여 진행할 수 있다. 통합수업의 목적은 학생이 여러 지식 분야의 관점들로 현상을 조사하여, 주제를 정교하게 파악하고 교육 목표 일반을 달성하도록 안내하는 것이다.

범교과 주제는 교육적이고 교수적인 일에서 특히나 강조되어야 한다. 범교과 주제의 목적과 내용을 몇 개의 주제로 구체화했다. 그것은 교육과 수업을 통합하여 진행한다. 범교과 주제를 통해 시간 부족이라는 교육적 어려움을 해결할 수 있다.[53]

이 절(7장 1절)은 범교과 주제를 기술한다. 그러나 범교과 주제는, 각 교과 특유의 관점에 따라, 학생의 발달 국면developmental phase에 적합한 방식으로, 다양한 교과 수업을 통해 실행된다. 교육과정을 공식화할 때, 범교과 주제는 핵심 교과나 선택 교과에, 그리고 현장체험 학습에 포함되어야 한다. 학교의 작동하는 문화에도 명백하게 드러나야 한다.2004.7.1

---

53. 교과의 주제에 대한 강조점이 2014에서는 완화되었습니다. 2004는 '주제 중심 교육과정 재구성' 유행과 시기적으로 일치합니다. 시간 부족이라는 교육적 어려움을 해결하는 통로로 범교과 주제를 활용한다는 것은 쉽게 수긍할 수 있습니다. 우리도 경험을 해 보았고 해 보고 있기 때문입니다.

구성주의적 현상기반 학습과 달리 여러 지식 분야의 관점을 가지고 학생이 현상을 조사합니다. 2004도 그랬습니다. 학생이 스스로 해 보고 지식을 구성하는 활동이 아닙니다.

범교과 주제가 2014에는 없습니다. 짐작할 수 있듯이 일부는 교과의 내용으로 반영되었고, 대부분은 포괄적 실행능력에 담겼습니다. 이런 맥락에서 2004의 7가지 범교과 주제를 언급하겠습니다.

1. 인간으로 성장Growth as a person
2. 문화적 정체성과 국제주의Cultural identity and internationalism
3. 미디어 기술능력과 의사소통Media skills and communication
4. 참여적 시민의식과 창업 정신Participatory citizenship and entre-preneurship
5. 환경보전, 안녕과 지속가능한 미래Responsibility for the environ-ment, well-being, and a sustainable future
6. 안전과 교통Safety and traffic
7. 기술과 개인Technology and the individual

1번과 6번이 모호하지만 나머지는 포괄적 실행능력으로 이어지고 있습니다. 범교과 주제가 포괄적 실행능력 7개를 선정하는 작업을 예비했다고 단정하고자 합니다.

우리는 범교과 주제를 흉내 냈지만, 왜 그것을 교육과정에 담았는지 까닭을 몰랐습니다. 본질적인 질문을 던지지 않았습니다. 그 결과, 2015에도 20세기 교육의 화석이 흥하게 남아 있습니다.

2004에 담긴 내용입니다. 위 인용문에는 피아제식의 발달단계가 아니라 '학생의 발달 국면에 적합한 방식'이 담겨 있습니다. 이것이 2014

에서 다분과 학습 모듈과 연결되었다고 단정하고자 합니다.

2014의 관련 부분을 살펴보았습니다.

나. 통합수업의 위상과 목적

배희철[2017: 22-25]은 2014에 담긴 다분과 학습 모듈을 소개했습니다. 전체 내용을 각색하여 안내했습니다. 여기서는 각색하지 않고 본문 그대로 담았습니다. 문단별로 제목을 달아 제시했습니다.

통합수업은 통합 기본 교육을 지원하는 학교문화의 결정적 부분이다. 통합수업의 목적은 학생이 공부하는 현상 사이의 관계와 상호 의존을 확인할 수 있게 하는 것이다. 통합수업은 학생이 다양한 분야의 지식과 기술능력을 연결하도록 돕고, 다른 사람과 함께해 나가면서 그것들을 의미 있는 실체로 구조화하도록 돕는다. 여러 분야의 지식이 연결된 전체를 조사하고, 여러 분야의 지식을 연결하여 탐구하는 작업 기간을 겪는 동안, 학생이 자신의 지식을 적용하도록 안내하고, 학생은 공동체의 힘으로 지식을 형성하는 데 참여하는 경험을 한다. 이 과정을 통해 학생은 학교에서 배우는 화제가 자신의 삶과 공동체, 사회와 인류에 중요하다는 것을 인식하게 된다. 학습 과정에서 학생은 자신의 세계관을 확장하고 구조화한다.[2014.4.4]

통합수업이 학교문화에 생명력을 불어넣는 부분이라는 진술은 어마어마합니다. 통합수업의 목적이 현상 너머를 파악할 수 있는 능력을 발달시키는 것이라는 진술도 무시무시합니다. 통합수업을 통해 포괄적 실행능력을 의미 있는 실체로 접할 수 있습니다. 학생이 능동적으로 참여하여 함께 지식을 형성하는 경험을 하는 것은 중요합니다. 게다가 나, 우리, 인류에 중요한 화제로 채색된다면 더 의미 있습니다. 자신의 세계관을 확장하고 구조화할 수 있습니다. 어마어마한 위상입니다. 이렇게 당당하게 통합수업의 위상과 목적을 드러냈습니다.

다. 통합수업의 전제조건과 종류

이어지는 문단에서 통합수업을 진행할 때 필요한 전제조건과 다양한 방식을 진술했습니다.

> 통합수업의 전제조건은 수업 내용과 일하는 방법에 교수법적으로 접근하는 것이다. 거기서 학생은 각 교과에서 특히나 다분과 공부에서 실세계의 현상 혹은 주제를 전체wholes로 조사한다. 통합수업의 방식과 지속 기간은 학생의 필요와 수업 목적에 따라 변할 수 있다. 예를 들면 통합수업은 병행공부parallel study(두 교과에서 동시에 진행), 순차공부sequencing(한 교과에서 한 후에 다른 교과에서 이어서 진행), 기능적 활동functional activities(동일한 주제로 다양한 교과활동이나 체험활동을 진행), 좀 긴 다분과 학습 모듈long multidisciplinary learning modules(여러 교과가 함께 계획하고 진행), 선택공부(다른 교과에서 내용을 선택하여 통합 모듈을 만들어 진행), 총체적 통합수업holistic, integrated instruction(유치원처럼 통합된 형태로 모든 교수가 진행)으로 펼쳐질 수 있다.[2014.4.4]

통합수업의 배경에 있는 교육학적 관점은 실세계의 현상 혹은 주제를 전체로 다루는 것입니다. 분과로 공부하는 현상과 주제를 역으로 통합하여 공부해 보는 계기를 갖겠다는 것입니다. 대립물의 전환입니다. 분석 일변도의 교과교육을 인식 주체가 종합하는 교육과 조화시키겠다는 것입니다. 이러한 교육학적 관점이 부활했다는 것은 그 자체가 쟁점이 될 연구 주제입니다.[54] 기본 교과의 역할이 부분의 지식을 체계적으로 전수하는 것에 한정되던 시대가 마감되고 있다는 느낌입니다. 나아가 전체의 개념을 과학적으로 전수하는 시대로 나아가고 있다는 판단입니다.

기본 교육이 교과의 기계적 합이 아닌 유기적 합을 추구하고 있다는 시대적 흐름을 반영한 것입니다. 대한민국 공교육이 아직도 준비해야 할 필요를 느끼지 못하고 있는 영역입니다. 그 정도는 아닐 것입니다. 필요를 느끼지만 대처하지 못하고 있는 영역일 것입니다. 후발 주자의 이점을 살려 체계적으로 준비할 수 있습니다. 혁신학교가 선도적으로 이를 실천하며 성과를 모아 가면 좋겠습니다.

라. 다분과 학습 모듈 실행과 기대

다음 문단에 다분과 학습 모듈을 어떻게 강제했는지 그리고 강제한 까닭이 무엇인지를 담았습니다. 교육 제공자의 지도에 따라 일선 학교에서는 일 년에 한 번 이상 다분과 학습 모듈을 시행하고, 이를 통해 학생은 포괄적 실행능력의 발달을 촉진합니다.

모든 학생이 자신이 흥미 있어 하는 전체를 조사하고 좋아하는 탐구적 작업에 참여할 기회를 확실하게 보장하기 위하여, 교

---

54. 2017년 11월 11일 데이비드 켈로그 교수의 강연 내용은 이 주제를 언급했습니다. 분과로 나뉘기 전에는 전체를 연구했습니다. 전체를 공부했습니다. 전체를 가르쳤습니다. 전체를 배웠습니다. 초기 모습입니다. 긴 시간을 하나로 연결해 보면 변증법적 지양, 부정의 부정이 진행되어 한 단계 높은 수준으로 나선형적 진전이 이루어진 모습입니다. 전체 → 분과 → (분과를 거친) 전체로 변한 것입니다. 학문이 향상되는 일반 과정입니다.

육 제공자는 학생의 공부에 매년 적어도 한 번의 다분과 학습 모듈을 포함하는 것을 보장해야만 한다. 다분과 학습 모듈의 목적, 내용, 실행 방법을 지역에서 결정하여 지역 수준 교육과정에 반영하고, 학교의 연간 교육 계획서에 구체적으로 진술한다. 모듈 운영 기간은 학생이 모듈의 내용에 초점을 맞추어 장기간에 걸쳐, 목표 지향적goal-oriented이며 다목적의versatile 방식으로 일할 시간을 제공할 수 있도록 충분히 길어야 한다. 또한 지역 수준 교육과정과 학교의 연간 교육 계획서는 다른 형태의 통합수업을 담을 수도 있다.

다분과 학습 모듈은 기본 교육에 설정된 목표들의 성취, 특히 포괄적 실행능력의 발달을 촉진한다. 모듈의 화제topic는 4장 2절에 기술된 학교문화의 원리를 반영하여 지역에서 계획한다.[2014.4.4]

전체를 모두 다 공부하게 하는 것은 물리적으로 불가능합니다. 인지과학의 성과에 따르면 바람직하지도 가능하지도 않습니다. 교과의 부분을 기반으로 학생이 관심을 가지고 있는 전체를 공부하도록 하여, 부분과 전체를 연결하여 과학적 인식에 도달합니다. 이런 식으로 바람직한 교육적 경험을 쌓게 하는 것이 현실적 수준입니다.

현장의 자율성을 끌어내기 위해 '다른 형태의 통합수업'을 진행할 수 있음을 국가 수준 교육과정에 명시적으로 적시했습니다. 실제 삶 전체를 인식하고 활용하는 능력, 실제 삶을 살아갈 능력, 포괄적 실행능력을 발달시키는 것이 통합수업의 목적임을 다시 한 번 더 강조하고 있습니다.

마. 다분과 학습 모듈의 구체적 목표

다분과 학습 모듈을 운영하여 얻으려는 구체적인 목표를 진술했습니다. 일곱 가지나 언급했습니다.

다분과 학습 모듈을 계획하고 실행할 때, 지역의 자원과 기회 (행사 따위)를 활용한다. 모듈은 학교와 지역사회가 함께할 수 있는 아주 좋은 기회를 제공한다. 다루어야 할 내용이 지역적 화제라는 성질과 그 화제의 사회 관습적 중요성 때문에 교사와 학생 모두 높은 동기를 가지고 접근한다. 학생이 모듈을 계획하는 데 참여하는 것은 정말 중요하다. 학습 모듈의 기조는 학생이 경험한 세계의 특정 쟁점에 기능적으로 접근하는 것이고 다음과 같은 일곱 가지 구체적 목표에 맞게 자신의 경험 세계를 확장하는 것입니다.[55]

하나, 학생 참여를 강화하기 그리고 공부의 목적, 내용, 일하는 방법을 계획하는 데 관여할 기회를 학생에게 제공하기

둘, 학생이 의미를 발견한 쟁점을 키워 주기 그리고 그것을 토론하고 공부할 기회를 창출하기

셋, 다른 집단에서 다양한 연령의 학생과 함께 공부할, 나아가 여럿의 다른 성인과 작업할 부가적 기회를 제공하기

넷, 학생이 학교 밖에서 배운 것을 학교 일에 결합할 기회를 제공하기

다섯, 지적 호기심, 경험, 창조 활동을 할 수 있는 공간 제공하

---

55. 엥게스트롬의 문화역사적 활동이론을 연상했습니다. 확장으로서의 학습(Learning by expending)을 떠올렸습니다.

기 그리고 학생이 여러 가지 형식의 상호 교류와 언어 사용 상황
에서 활동하도록 격려하기

　여섯, 실제에서 지식과 기술능력을 적용하도록 장려하기 그리
고 지속가능한 삶의 방식에 맞게 행동 방식을 연습하기

　일곱, 학생이 공동체와 사회에 공헌하는 방식으로 행동하도록
독려하기^{2014.4.4}

　다분과 학습 모듈을 계획할 때 학생의 의견을 반영해야 합니다. 학
생의 능동성, 참여를 고려해야 합니다. 학년이 올라갈수록 학생의 의견
을 더 많이 반영하는 게 상식입니다. 배희철^{2016: 433-447}은 협력을 예로
들어 수업에서 학생의 능동성을 확장하는 긴 과정을 이야기했습니다.

　학생의 의견을 반영하는 잣대로 위에 제시된 일곱 가지 목표를 사
용하면 됩니다. 네 번째 목표는 비고츠키의 일상적 개념과 과학적 개
념의 연결을 연상시킵니다. 그 주도성이 학생에게 있습니다. 학생이 일
상에서 경험한 것을 교수학습을 통해 획득한 과학적 개념과 연결하여
수준 높은 일상적 개념으로 나아가는 과정이 펼쳐집니다.[56] 여섯 번째
목표는 정반대의 경로를 보여 주고 있습니다.

바. 다분과 학습 모듈 주의사항

다분과 학습 모듈을 진행하면서 주의해야 할 내용을 언급했습니다.

　다분과 학습 모듈을 계획하고 집행하기 위하여, 교과들은 비록
각기 다른 접근법을 가지고 있지만 협동해야 한다. 필요에 따라

---

56. 변증법적 지양, 부정의 부정입니다. 일상적 개념(eC) → 과학적 개념과 연결 → 일상적 개념
(Ec).

학교의 다른 활동도 활용한다. 현재의 화제와 관련된 모든 교과는 학습 모듈을 실행하는 데 차례로 관여한다. 학교문화의 원칙에 적합한, 학생이 관심을 가지고 있는, 교과나 교사의 협동에 적합한 주제를 학습 모듈의 내용으로 활용하려 노력한다. 이런 모듈들을 공부하면서 각 교과에 전형적인 접근법, 개념, 방법을 사용한다.

학습 모듈을 진행하면서 학생은 자신이 한 일에 대해 지도 feedback받는다. 구두평가를 기술할 때 혹은 교과 등급을 정할 때 학생이 펼친 실행능력을 고려한다.[2014.4.4]

무엇보다 먼저 교과 사이의 협동을 강조했습니다. 평가에서 가장 먼저 언급된 것은 일을 진행하는 과정에서 학생에게 피드백을 제공하는 것입니다. 등급을 설정하는 것이 아닙니다. 평가는 교수학습에 복종해야 합니다. 교육의 목적에 복종해야 합니다. 꼬랑지가 몸통을 흔드는, 주인 행세를 하는 하극상은 없어야 합니다. '교육과정-교수학습-평가-기록 일체화'에서 하극상의 잔상을 봅니다. 행정에 굴복하여 노예가 된 교육을 보게 됩니다.

사. 다분과 학습 모듈 도식화

2014는 통합수업과 다분과 학습 모듈을 진술하는 마지막 부분을 도식으로 장식했습니다. 학교문화, 다분과 학습 모듈, 포괄적 실행능력의 관계를 드러냈습니다. 이러한 2014를 보며, 핀란드가 교육 문화의 현 수준에 얼마나 자신감을 가지고 있는지 엿볼 수 있습니다. 영문판 2014를 교육학 책처럼 세계 출판 시장에 내놓고 경합을 했습니다. 진짜 수준이 어떤지를 떠나 너무나 부러운 자부심입니다.

다분과 학습 모듈(약칭 MLs)은 교과의 협동에 근거한 통합수업의 공부 기간study periods이다. 이를 실행하면서 학교의 가치와 약속된 학습의 의미를 드러내야 한다. 학습 모듈에 기본 교육의 작동하는 문화의 발달을 보장하는 그리고 포괄적 실행능력의 발달을 지원하는 원리들을 구체적인 용어로 표현한다.2014.4.4

[그림 2] 다분과 학습 모듈 도식

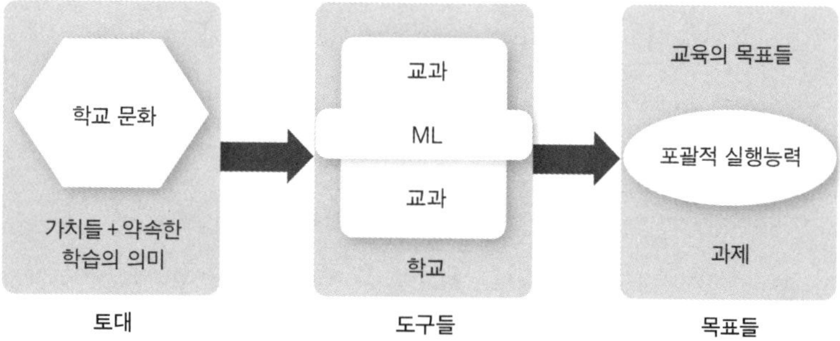

다분과 학습 모듈은 도구의 역할을 하고 학교문화가 이 도구가 잘 작동하게 하는 토대의 역할을 합니다. 학교문화는 가치와 학습에 대한 약속의 틀 내에서 형성됩니다. 다분과 학습 모듈을 적용하여 얻고자 하는 것이 포괄적 실행능력의 발달, 교육 목적의 달성입니다.

토대, 도구, 목적의 관계를 설정했다는 것은 핀란드 교육 문화가 쟁취한 교육학 수준을 드러냅니다. 학교, 교과들의 위상이 도구라는 진술은 많은 것을 담고 있습니다. 이 진술에 따르면, 교과 수업을 잘했니 못했니 따지는 것은 내 볼펜이 새 것이니 헌 것이니 따지는 것처럼 부질없는 일입니다. 학생의 T를 발달시키는 데 도움이 되었는지 안 되었는지를 따져야 합니다. 발달교육에 복무했는지를 따져야 합니다. 교과의 지식체계를 가르치는 것이 잘되었는지는 무엇보다도 학생의 개념 발달에 도움이 되었는지에 따라 판단해야 합니다. 비고츠키의 발달교육을 연구하며 깨달은 내용이 2014에 담겨 있습니다. 모든 핀란드 교사가 참고하는 내용입니다.

학교교육과정에 구체적인 용어로 학습 모듈과 관련된 원리를 담아가고 있다는 마지막 문장의 진술은 대한민국 선진 혁신학교가 도전해야 할 과제입니다. 실천을 통해 발달교육의 실제 원리를 확인하고 공유하여 적립해야 합니다. 대한민국 교육학을 주체적으로 정립하는 첫걸음입니다.

2014 유치원 교육과정에 있는 도식화도 살펴보겠습니다. 거기에는 다분과 학습 모듈이 없습니다. 학습 모듈만이 있습니다. 거기서도 학습 모듈을 공식처럼 표현했습니다. 연관된 개념들이 어떻게 위치하고 있는지 살펴봤습니다.

앞으로 연구해야 할 과제만 얻었습니다. [그림 3]에 따르면, '다목적의 학습 환경과 일하는 방법'이라는 제목 밑에 통합수업이 그려졌습니다. 어린이의 관심과 수업을 위해 결합한 목적에 영향을 받아 수업 모듈이 공식화됩니다. 수업 모듈은 포괄적 실행능력을 발달시킬 수 있게

[그림 3] 유치원 학습 모듈 공식화

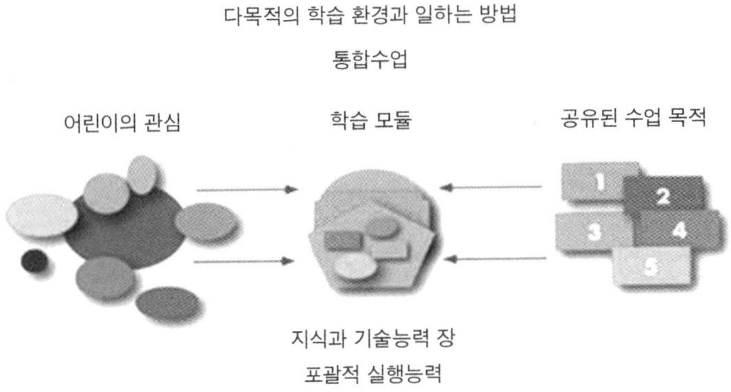

다목적의 학습 환경과 일하는 방법

통합수업

어린이의 관심　　　　학습 모듈　　　　공유된 수업 목적

지식과 기술능력 장
포괄적 실행능력

운영됩니다.

낯선 용어라 정의를 다시 한 번 더 상기하고자 합니다. 다분과 학습 모듈은 통합수업의 공부 기간입니다. 배움 기간이 아닙니다. 학습 기간이 아닙니다. 공부 기간입니다. 연구 기간입니다. 개별적 탐구 활동이 아닙니다. 통합수업입니다.

학습 모듈은 어린이의 관심과 수업해야 할 목적을 조화시켜 운영하는 공부 기간입니다. 이 기간에 T의 토대가 되는 지식과 기술능력을 다루어야 합니다. 조화에 방점을 찍고자 합니다. 왼쪽에서 어린이의 관심이, 오른쪽에서 수업 목적들이 압력을 가합니다. 균형을 이룬 상태에서 학습 모듈이 진행됩니다. 구성주의처럼 좌편향 하지 않았습니다. 어린이 중심 교육처럼 우익을 무시하지 않았습니다.

'진보주의 교육'의 오류는 연구 대상으로 영원한 어린이 개인을 설정한 것입니다. 나아가 연구 과정에서 드러난 결과를 해석하면서 변증법적 무지, 변화의 복잡함을 무시, 역동적인 관계의 부재를 노정한 것입니다. 이는 근본적 원죄입니다. 중세 흑사병이 창궐할 때, 신도를 교회에 모아 놓고 기도하던 무지와 비교됩니다. 그렇게 구성주의교육 실천은 20세기 세계 교육사에 각인된 가장 큰 오점입니다.

정말 부끄러운 일은 21세기 대한민국에서 이런 범죄 행위가 여전히 자행되고 있다는 것입니다. '우리 모두는 수학적 능력을 가지고 태어났다'는 믿음은 사이비 종교의 광신입니다. 20세기 미신입니다. 21세기 교육 과학이 아닙니다. 제대로 교육받으면 우리 모두는 수학적 능력을 형성할 수 있습니다.

6. 포괄적 실행능력 총평

가. 포괄적 실행능력 정의

앞서 살펴보았듯이, 2014의 정의에 따르면, "포괄적 실행능력은 지식, 기술능력skills, 가치, 태도, 의지로 이루어진 실체"를 지칭합니다. 2015와 비교하면 가치와 의지를 포함했다는 것이 인상적입니다. 발달 교육 연구자에게는 의지가 돋보입니다. 여기서 포괄적 실행능력의 정의에 정의적 측면과 시간적 측면이 담겨 있다는 것을 읽어 낼 수 있었습니다. 전면적 발달이라는 개념이 배경에 놓여 있다는 것을 발견했습니다. 이는 영미권의 핵심역량 담론과 확실히 결을 달리합니다.

따라서 포괄적 실행능력은 실행능력과 질적으로 구분된다는, 실행능력 이상이라는 가설을 설정할 수 있습니다. 2014의 정의에 따르면, "실행능력은 직면한 상황에서 지식과 기술능력을 적용할 수 있는 능력을 의미"합니다. 이렇게 보면, 2015의 핵심역량은 실행능력과 포괄적 실행능력 중간쯤에 위치시킬 수 있습니다. 냉정하게 이야기하면 2014의 실행능력에 가깝다고 진술할 수밖에 없습니다. 정확하게 표현하면, 실행능력 중에서 중요하다고 선별한 6개의 실행능력이 2015의 핵심역량입니다.

판단의 잣대로 비고츠키의 문화역사적 이론을 사용하는 본 연구자는 과정 속에서 펼쳐지는 의지라는 최고 수준의 고등정신능력을 능력들의 묶음, 예를 들면 핵심역량을 변별하는 중요한 요인이라고 단정합니다. 즉, 의지를 포함하는 것과 의지를 배제하는 것은 양적인 차이가 아닙니다. 질적으로 완전히 다른 것입니다.

나. 포괄적 실행능력의 기능

국가 수준 교육과정의 전면에 학교교육에서 교육해야 할 대상으로 포괄적 실행능력이 등장했습니다. 과거와 달리 교과 지식이 전면이 아닌 뒷면에 놓이게 되었습니다. 일부 언론의 오보처럼 교과가 사라진 것은 아닙니다. 교과가 국가 수준 교육과정에서 해야 할 기능이 변한 것입니다. 교육해야 할 대상으로 누리던 교과의 배타적 위상이 변한 것입니다. 배타적 위상을 포괄적 실행능력에게 빼앗겼습니다. 하지만 가장 강력한 수단이라는 독점적 위상은 여전합니다. 그리고 이 위상은 앞으로도 쉽게 흔들리지 않을 것 같습니다.

본 연구자는 공교육의 긴 과정, 긴 세월 동안 교과교육을 통해 강화되고 발달하는 개념형성능력을 근거로 이렇게 단정합니다.[57]

교육사에 남을 가장 거대한 혁명이 전개되고 있습니다. 새로운 역사가 창조되고 있습니다. 조, 해, 경의 실천을 통해 준비된 혁명입니다. 오랜 세월 배운 놈이 다르다는 세간의 경험적 지혜가 추동한 장구한 혁명입니다.

헤르바르트의 형식도야, 행동주의(기술능력), 구성주의(역량), 형태주의(도야), 비고츠키의 문화역사적 이론(고등정신능력)으로 이어지고 다듬어지며 완성된 혁명입니다. 그 와중에 진보도 있었고 반동도 있었습니다. 완성된 혁명의 테제를 정리하는 이론적 작업이 당면 과제로 등장했습니다. 어떻게 정리해야 하는지 저도 아직 잘 모릅니다.

이런 것도 공상해 봤습니다. 상상이 아닙니다. 그저 공상空想입니다. 제가 꿈결에 그려 본 교육 테제입니다.

---

57. 학교는 개념형성능력을 발달시키는 문화 기관입니다. 이게 학교의 골갱이입니다. 장구한 역사를 통해 변치 않았던 학교의 기능입니다. 학교가 해야 할 역할이었습니다. 최초의 학교는 회계 기술자를 키우는 교육 기관이었습니다. 직업교육이었습니다. 그러나 거기서도 수 개념형성능력을 발달시켰습니다. 저의 단정입니다.

● 대한민국 발달교육 2018 강령

1. 교육은 모든 학생의 성장과 발달을, 전면적 발달을, 홍익인간 弘益人間 됨을 추구해야 한다.
2. 발달교육은 문화적 능력을 발달시키는 교육이다.
3. 발달교육의 골격은 발달의 위계와 연계다.
4. 발달시켜야 할 능력의 시작이자 끝은 정의적 영역, 감정적 영역이다.
5. 발달시켜야 할 중심 능력은 개념형성능력이다.
6. 발달시켜야 할 능력의 백미는 의지다.
7. 발달의 전통적 기제는 교과의 교수학습이다.
8. 발달의 기제가 작동하는 과정은 교사의 모범과 협력으로 시작되어 학생의 익힘과 숙달로 마무리된다.
9. 발달의 최신 기제는 '다분과 교수학습 모듈'이다.
10. 발달교육은 학생의 실제에 근거하여, 적절하고, 다양하게 다음(근접)발달영역을 향해 펼쳐져야 한다.
11. 발달교육은 부분과 전체의 조화를 추구하며 장기적인 안목에서 추진해야 한다.
12. 문화적 능력 발달의 일반 법칙은 사람들 사이에서 시작되어 개인의 심리 관계로 펼쳐진다는 것이다
13. 말 발달의 경로는 외적 말(사회적 말), 혼잣말(자기중심적 말), 내적 말(개인적 말)의 순으로 펼쳐진다.
14. 말은 여러 고등정신능력이 함께 펼쳐지는 과정을 안내하는 등대의 역할을, 결합하는 접착제의 역할을 한다.

15. 문화적 능력의 발달과정을 변증법적 유물론의 삼대 법칙으로
    설명할 수 있다.

혁명의 승리를 위해 우리는 피할 수 없는 격전을 예상하고 철저하
게 준비해야 합니다. 대지를 불사를 역사적 실천을 예상해야 합니다.
올곧은 방향을 명확하게 제시해야 합니다. 교육 미신을 공교육의 장에
서 몰아내야 합니다.

다. 포괄적 실행능력의 위계

포괄적 실행능력의 위계는 발달단계입니다. 포괄적 실행능력의 위계
를 설정하는 행위는 발달에서 특정 능력이 질적으로 고양하는 과정
을 명확하게 드러내는 일입니다. 발달이 질적으로 고양하는 과정은 위
기와 평화기로 이어집니다. 이행의 시기와 번영의 시기가 교차하는 과
정입니다. 비고츠키 아동학에 담긴 강연 내용입니다.

2014는 총체적 인간 발달 경로를 상정하고 있습니다. 번영의 시기에
완수해야 할 단계별 발달 과제를 통해 이를 드러냈습니다. 혁명의 유
럽 전선 최북단에서 휘날리는 깃발에 새겨진 구호입니다.

능동적으로 행동하는 어린이 되기(유치원)
초등학생 되기(1~2학년)
학습자로 발달하기(3~6학년)
공동체 구성원으로 성장하기(7~9학년)

T 일반을 설명하면서, 정의적 혹은 본능적 영역과 관련된 내용을
일관되게 진술하고 있습니다. 유치원 단위에서 '자신감', 1~2학년 단위

에서 '서로를 격려하며 함께하는 공동체', '협력 기술능력', 3~6학년 단위에서 '우정과 인정받는다는 느낌', '존중감과 정체성의 형성', 7~9학년 단위에서 '사춘기', '자부심', '의미 있는 공동체', '예술은 감정을 휘젓고 새로운 독창적인 발상을 이끌어 냄'이 눈에 들어왔습니다

생각과 학습(T1)은 정의적 혹은 본능적 영역과 거리가 있습니다. 그럼에도 '성공을 기뻐하고 실패에 낙담하지 않도록 친구를 격려'하기 같은 진술을 유치원에서 확인할 수 있었습니다. 핀란드는 발달교육의 시작과 끝이, 알파이자 오메가가 정의적 영역, 감정과 관련된 영역임을 알고 있다고 판단했습니다.[58]

순서대로 T1의 학년 단위를 읽으면서 포괄적 실행능력의 위계를 명확하게 확인할 수 있었습니다. 질문과 관련된 기술능력의 위계를 '일상의 구체적인 것에 대해 질문하고 질문을 받기'(유치원), '학생이 경험한 것을 질문하기'(1~2학년), '친구와 함께 그리고 혼자서 질문을 던지고 그 질문의 대답을 발견하기'(3~6학년)에서 확인할 수 있습니다. 7~9학년 단위에서 해결해야 할 과업인, '불명확한 정보나 상반되는 정보를 처리하기', '상상력을 사용하여 독창적으로 생각하기', '새로운 지식과 견해를 생성하기', '체계적으로 생각하기' 따위는 질문하고 질문에 답하는 능력을 전제하고 있습니다.

라. 포괄적 실행능력을 구현하는 기제

2014는 포괄적 실행능력을 구현하는 기제로 두 가지를 제시했습니다.

하나는 교과와 다분과 학습 모듈입니다. 7~9학년 단위에 기술된

---

58. 1926년에 출판된 교육 심리학에서 비고츠키가 말한 내용입니다.

"모든 교과는 가장 적절한 방식으로 T의 발달을 지원한다. 다분과 학습 모듈을 함께 계획하고 실행하는 것은 특히나 T의 진전을 겨냥해야 한다." 이 내용만으로도 명확하게 확인할 수 있습니다.

다른 하나는 일하는 접근 방식입니다. 앞의 것이 '언제'와 '무엇'이라면 이것은 '어떻게'와 연결됩니다. 일하는 접근 방식을 비고츠키의 발달교육 용어로 진술하면, 협력으로 다음(근접)발달영역을 창출하도록 교육활동을 전개하는 다양한 방식입니다.

과학적 개념, 의식적 파악과 의지적 숙달, 모범, 협력, 발달의 중심 노선, 위기, 발달의 사회적 상황 등의 개념과 포괄적 실행능력을 발달시키는 기제를 연결하여 설명하는 일은 별도의 연구가 필요합니다. 아직은 제가 감당하기에는 너무 높은 수준의 연구입니다.

마. 비고츠키의 발달단계와 포괄적 실행능력

국가 수준 교육과정에 핵심역량으로 혹은 포괄적 실행능력으로 명명된 문화적 능력들을 제대로 이해하기 위해 하나의 잣대를 사용하고자 합니다. 2014와 2015를 하나의 잣대를 사용하여 비교하고자 합니다. 본 연구자가 사용하는 잣대는 비고츠키의 문화역사적 이론입니다.

2017년 11월 11일 데이비드 켈로그 교수를 모시고 진행한 강연에서 윤곽을 갖추게 되었습니다. 그는 선집 3권『어린이 자기행동숙달의 역사와 발달 I』제4장 「고등정신기능의 구조」에 있는 내용을 언급했습니다. 기존 학자들의 성과(본능-무조건 반사, 습관-조건적 반응, 해결책-지적 반응) 위에 의지(자발적 생각, 통제된 감정, 의도적 행위)를 놓았습니다.

"이 네 개의 지층은 메샤리아코프의 네 개의 발생 법칙[99]에 대한 진술과도 상응한다."[비고츠키, 2013: 519] 2008년 보고서에서 이 네 법칙을 이미 설명했습니다. 『생각과 말』 4장에 있는 내용입니다. 『비고츠키와 발달교육 1-비고츠키를 아시나요?』[2016: 360]에서 발달 법칙을 설명하며 언급했던 내용입니다.

비고츠키의 연구 성과를 잣대로 여러 교육과정을 살펴보고 [표 24]로 정리했습니다. 연구자가 실험적으로 분류한 것입니다. 조금씩 고쳤고, 앞으로도 고칠 것 같습니다.

[표 24] 비고츠키의 발달단계를 잣대로 살펴본 교육과정의 능력 묶음 비교

비고츠키	2014 T	2015 인간상	2015 핵심역량	2012 경기	2013 강원도
자유의지	T7 참여, 관여, 그리고 지속가능한 미래 건설	자주적인 사람		민주시민 의식	의지
창의지성	T1 생각과 학습	창의적인 사람	지식정보처리 역량	협력적 문제발견 해결능력	상상
창의지성	T4 다문해	창의적인 사람	창의적 사고 역량	자기주도 학습 능력	개념형성
문화습속	T2 문화적 실행능력, 교류와 자기표현	교양 있는 사람	심미적 감성 역량	문화적 소양 능력	논리적 기억
문화습속	T5 ICT 실행능력	교양 있는 사람	의사소통 역량	의사소통 능력	논리적 기억
문화습속	T3 자기 돌보기와 일상 관리	교양 있는 사람	자기관리 역량[60]	자기관리 능력	자발적 주의
인간본능	T6 노동 실행능력과 창업 정신	더불어 사는 사람	공동체 역량	대인관계능력	협력

59. 네 개의 발생 법칙에 대한 자세한 내용은 Boris G. Meshcheryakov(2007)의 논문을 참고해야 합니다. 참고 문헌에서 출처를 확인할 수 있습니다. 전문 연구자라면 한번 읽어 보기를 강력하게 추천합니다. 오래된 책입니다. 10년 전 책입니다. 이제는 인터넷에서 검색하여 그 논문을 찾아 읽을 수도 있습니다.

60. 이형빈 박사는 실제 내용이 문화습속으로 진술되어 있음을 상기시켜 주었습니다. 그래서 자기관리 역량을 자유의지에서 문화습속으로 이동했습니다. 인간본능을 인간본성으로 바꾸자는 제안도 있었습니다. 본능의 사전적 의미에 충실했습니다. "학습이나 경험에 의하지 않고 동물이 세상에 태어나면서부터 이미 갖추고 있는 행동 양식이나 능력"이라는 설명에 따르면, 전체가 능력의 위계로 일관되게 배열됩니다. 또한 비고츠키의 용어를 비고츠키 항목에서 다른 표현으로 고치는 것은 예의가 아니라고 판단했습니다.

최근 접했던 내용을 포함하여 하나의 표에 모아 비교했습니다. 그 결과, 일견 역설적인 결론에 도달했습니다. 2015의 인간상이 비고츠키의 발달단계와 가장 잘 조응했습니다. 깊이 들어가 보면, 당연한 일입니다. 인간상 부분이 7차 교육과정의 침탈에도 의연하게 가장 잘 버티고 있는 부분이기 때문입니다. 우리의 전통적 발달교육의 성과가 가장 잘 보존되어 있는 부분이기 때문입니다. 우리 교육 문화의 진수가 담겨 있기 때문입니다. 비고츠키의 잣대로 봐도, 우리 선각자들의 경험적 발견은 위대합니다. 이러한 발견적 지식에 현대 과학적 성과를 더하여 우리의 발달교육을 꽃피워야 합니다.

각각의 위계가 발달의 다음 영역이라는 것, 즉 교수학습을 통해 창출해야 할 다음(근접)발달영역이라는 것을 설명하는 작업은 본 연구의 주제를 벗어난 일입니다. 논의 없이 결론을 도출한 명제 두 가지만 언급하겠습니다.

하나, 각각의 위계에 따라 교수학습의 방식이 상당히 달라야 합니다. 학생의 의식이, 기능들의 체계가, 능력들의 관계가 다르기 때문입니다. 왜 그런지는 명확하게 설명하지 못했지만 우리는 다르게 교수학습을 해 왔습니다. 경험의, 실천의, 집단지성의 힘입니다. 하지만 이제 좀 더 체계적으로 그 차이를 드러내고 더 확실하게 부각시켜야 합니다. 교수학습의 과학화는 여기가 주 전선입니다. 진리 측면에서 그렇습니다. 인기 측면이 아니라, 유행 측면이 아니라, 대중의 인식 측면이 아니라 진리 측면에서 그렇습니다.

둘, 각 위계에 있는 능력을 발달시키는 것이 특히나 중요한 시기가 있습니다. 발달단계에 따라 학생의 의식이, 기능들의 체계가, 능력들의 관계가 다르다고 했습니다. 각 시기에 의식을 추동하는, 체계를 이끌어 가는, 관계를 주도하는 능력이 다릅니다. 그 능력을 '핵심능력'이라 지칭했습니다. 각 위계에서는 핵심능력을 발달시키는 것이 특하나 중요합니다. 2013 강원도 교육과정에 담긴 순서는 이런 측면에서 세계 최고 수준입니다. 협력(놀이) 〉 자발적 주의 〉 논리적 기억 〉 개념형성 (상상) 〉 의지의 순서입니다. 이 모든 진술이 학계에서 인정받은 내용은 아닙니다. 그저 저의 연구 결과일 뿐입니다. 아직 어느 학자도 이를 드러내 주장한 적이 없습니다.

전교조가 부여한 별칭, 배고츠키의 이름으로 단정합니다. 발달교육의 내적 측면에서 세계 최고의 연구 성과입니다. 대한민국 교사의 자랑입니다. 먼 훗날 역사가 평가할 것입니다.

깊이 고민해야 할 과제도 있습니다. 발달단계에 맞는 교육을 하려면 발달단계의 특성을 반영해야 합니다. 양의 누적과 질적 도약(양질전환의 법칙)을 고민하면서, 학습자의 갈등(대립물의 투쟁과 통일)을 배려하면서, 다음(근접)발달영역을 창출(변증법적 지양)하는 교육을 상상해야 합니다.

쉽게 풀어 가려면, 다른 국가의 실천을 꼼꼼하게 살펴 가면서 따라가면 됩니다. 핀란드를 넘어 쿠바와 러시아의 실천을 꼼꼼하게 살피게 된다면 우리의 시야에 진리가 놓일 것입니다. 모든 학생의 성장과 발달을 위한 교육을 행했던 경험, 문화, 연구의 역사가 있습니다. 근 백년의 실천을 했던 동구의 사례를 참고해야만 세계 최고 수준에 도달할 수 있습니다. 지금은 그저 서방 세계의 우수 사례를 참고하고 있을 뿐입니다.

V.
나오면서

1. 연구 정리

가. 연구 과정

국가 수준 교육과정이 고시, 지침, 행정 문건이라는 사실은 이제 지구적 사실이 아닙니다. 2014는 행정 문건이 아니라 책입니다. 국가 수준 교육과정 문건이 국가의 교육 문화 수준을 드러내는 책이라고 합니다. 돈을 지불하고 구입해야 하는 상품이 되었습니다. 그것도 전문 서적처럼 아주 비싼 책입니다. 전무한 일이 펼쳐졌습니다. 대한민국에서 아직도 상상할 수 없는 일입니다. 연구를 시작하면서 새로운 세상이 펼쳐지는 충격에 당황했습니다.

본 연구는 핀란드 핵심 교육과정 2014를 분석했습니다. 2008년 2004 연구와 달리 연구 대상을 너무 광범위하게 설정했습니다. 욕심이 너무 많았습니다. 자만했습니다. 제가 연구하기에는 2014는 너무 수준이 높았습니다. 그 결과로 2017년을 번뇌와 고통으로 보내야 했습니다.

2014를 여러 번 읽고, 결국은 주요 지점을 한 자씩 타자로 쳐 가며 밑줄을 그으며 읽었습니다. 제대로 이해하기 위해 중요한 내용들을 번역하며 읽었습니다. 관련 개념을 명확히 하고자 온라인에서 영문 검색을 했습니다. 너무도 많은 자료를 확인할 수 있었습니다. 관련 내용을 읽으며 개념을 형성하고 확장했습니다. 고통스러웠던 만큼 깨달음이 있었고, 번뇌로 갈등을 겪었던 만큼 연구 지혜가 생겼습니다.

연구 결과를 묶어 낼 보고서를 어떻게 쓸 것인지 고민했습니다. 지역 수준 교육과정을 부각할 것인지, 발달교육을 부각할 것인지 갈등했습니다. 순서의 문제라고 봤습니다. 우선순위를 발달교육에 두었습니다. 그래서 부제로 '포괄적 실행능력을 중심으로'를 달았습니다.

연구 보고서의 주제로 부족함이 없는 '학교문화'나 '발달중심 평가'는 우선순위에서 한참 밀렸습니다. 구체를 담아내는 '포괄적 실행능력을 구현하는 학년 단위 교과 수업 목표 분석' 같은 주제는 미래의 과제로 돌렸습니다. T1이 생각과 학습 포괄적 실행능력인 까닭을 고민하고 정리하는 작업은 연구자의 머리에서 혜성처럼 지나갔습니다. 정리할 주제로 설정할 꿈도 꾸지 않았습니다.

국가 수준 교육과정을 연구한다는 것이 얼마나 거대한 과제인지 절감했습니다. 10년의 세월을 두고 세 번째 도전을 하겠다는 결의로 고통과 번뇌에 마침표를 찍었습니다. 이를 위해서는 일부분을 다루는 간단한 결과물들을 틈틈이 써 나가는 과정이 이어져야 한다는 것을 깨달았습니다.

나. 연구 결과

본 연구 보고서는 연구 결과 중 포괄적 실행능력을 중심으로 내용을 구성했습니다. 보고서의 핵심은 4장입니다. 4장에 2014에 담긴 포괄적 실행능력Transverse Competence을 분석하고 종합하며 이해한 내용을 담았습니다. 이를 이해하기 위한 준비 작업으로 3장에 2014의 체계를 연구한 결과를 모았습니다. 2장에는 2008년 연구를 깊이 반성하는 개인적 다짐을 남겼습니다. 연구 보고서로는 사족입니다. 학술 보고서에는 담을 수 없는 내용입니다. 동료 교사를 위한 보고서이기에 가능한 형식이었습니다. 1장에서는 국내 연구 동향을 안내했습니다.

2014는 국가 수준 교육과정의 중심축으로 포괄적 실행능력을 설정하고 이를 중심으로 내용을 구성했습니다. 대범한 시도입니다. 이러한 작업의 결과를 이해하기 위해 연구 결과를 6개 절로 나누어 정리했습니다. 후속 연구자들을 위해 주요 내용을 번역해서 제시했고 그 의미를 간단하게 언급했습니다.

제출한 보고서와 달리 이 글을 읽을 교사를 위해 부연하는 내용을 제법 추가했습니다. 각주도 많이 달았습니다.

4장 1절에서 포괄적 실행능력을 중심축으로 설정하기 위해 했던 작업을 추적했습니다. 학년 단위와 학년 단위마다 설정된 발달 과제, 발달 과제의 구체적 내용으로 포괄적 실행능력이 설정되었음을 정리했습니다. 모든 교과의 학년 단위가 통일되었습니다. 교과의 학년 단위가 달랐던 2004와 구별됩니다. 1~2, 3~6, 7~9 이렇게 셋으로 학년 단위가 통일되었습니다. 학년 단위 사이에는 이행기 과제가 설정되었고, 학년 단위마다 발달 과제가 설정되었습니다. 비고츠키 선집 6, 7, 8, 9를 읽어 본 독자라면 쉽게 이해할 수 있는 설정입니다. 학년 단위별 발달 과제에 총체적 목적을 명시한 것이 신선했습니다. 모든 학생의 성장과 발달을 위한 교육을 위한 기본 골격을 파악하기 쉬웠습니다.

4장 2절에서 포괄적 실행능력의 기능과 정의 그리고 종류를 정리했습니다. 9년에 걸친 기본 교육의 결과물, 발달시켜야 할 구체적 대상, 포괄적 실행능력을 등치하고 있었습니다. 포괄적 실행능력을 지식, 기술 능력, 가치, 태도, 의지로 이루어진 실체라고 정의했습니다. 정의를 뒷받침하는 진술을 전부 담았고 그 작업을 평가했습니다. 포괄적 실행능력을 7개로 설정했습니다. 영역을 기준으로 했습니다. 국내에 소개된 7개의 포괄적 실행능력 내용을 모아 비교했습니다. 본 연구에서 사용할 명칭을 새롭게 제시하는 용기를 선보였습니다. 나아가 포괄적 실행능력으로 선정된 각각이 적절한지를 확인하기 위해 T1(생각과 학습 T) 관련 내용 전부를 독자가 읽고 살펴볼 수 있도록 번역하여 제시했습니다.

3절에서 학년 단위별 포괄적 실행능력 일반에 대한 진술과 T1의 내용을 정리했습니다. 포괄적 실행능력의 위계를 더 정확하게 파악하기 위해 유치원 시기도 정리했습니다. 학년 단위별 발달 과제와 포괄적 실행능력을 비교하면서 납득하기 어려운 내용도 지적했습니다. 예를 들면, 3~6학년 단위에서 발달 과제는 '학습자로 발달하기'인데, T 진술은 정의적 영역이 압도하고 있었습니다. 내용 진술을 살피면서 구성주의적 표현이 멸종했음을 확인했습니다. 7~9학년 단위 T 진술에서 T 발달의 원천이 교과임을, 효과적으로 이를 달성하기 위해 다분과 학습 모듈을 강제했음을 확인했습니다. T1과 관련하여 3~6학년 단위에서 학습 방법, 공부 기법, 숙제하기, 목표 설정이 언급되었고, 7~9학년 단위에서 학생이 학습에서 능동적 역할을 하도록 안내하는 내용이 중심에 놓여 있음을 확인했습니다. 이를 근거로 학년 단위의 위계를 잘 제시했다고 평가했습니다.

4절에서 수학 교과교육과정을 통해 포괄적 실행능력을 발달시키는 계획이 어떻게 설정되었는지 살펴봤습니다. 첫 연구라 학년 단위의 수업 목적과 T 진술을 검토했습니다. 수업 목적은 크게 세 부분으로 나누어 진술되었습니다. 첫 번째 부분은 의의, 가치와 태도이고, 두 번째 부분은 일하는 기술능력이고, 마지막 부분은 개념 관련 목적과 지식 영역에 특정된 목적이었습니다. 기본 교육이 끝날 때 등급을 설정하는 기준과의 관계도 확인했습니다. 수업 목적과 마찬가지로 세 부분으로 나누어 8등급의 기준을 진술했습니다. 분석을 위해 학년 단위별로 세 부분에 속하는 수업 목적을 확인하고 통계 처리하여 [표 21]로 제시했습니다. 이어서 학년 단위별로 수업 목표가 T1~T7까지의 포괄적 실행능력과 관련 있는지 통계 처리하여 [표 22]로 제시했습니다. 수업 목적의 위계를 살펴보기 위해 학년 단위별 수업 목적 1번(O1)을 비교하여 [표 23]으로 정리했습니다.

문장으로 읽으며 파악하기 어려운 차이를 표들로 정리하여 이해하기 쉽게 제시했습니다. 연구 결과를 널리 공유하기 위해, 후속 연구를 촉발하기 위해 취한 조치였습니다.[61]

5절에서는 다분과 학습 모듈을 정리했습니다. 먼저, 다분과 학습 모듈의 정체를 확인했습니다. 다분과 학습 모듈은 통합수업의 공부 기간임을 확인했습니다. 다음으로 통합수업의 위상과 목적, 통합수업의 전제조건과 종류, 다분과 학습 모듈 실행과 기대, 다분과 학습 모듈의 구체적 목표 일곱 가지, 다분과 학습 모듈 주의사항, 다분과 학습 모듈 도식을 번역하여 정리하고 평가했습니다. 기본 교육에서 다분과 학습 모듈을 운영하는 것과 연계되도록 유치원 단계에서 학습 모듈을 공식화하는 방안이 제시되어 있다는 사실도 확인했습니다. 통합수업의 배경에 놓인 교육학점 관점이 실세계의 현상 혹은 주제를 전체wholes로 다루는 것임을 드러냈습니다. 언론에 보도된 바와 같이 학생의 공부에 매년 적어도 한 번의 다분과 학습 모듈을 포함해야 합니다. 다분과 학습 모듈을 운영하는 까닭은 포괄적 실행능력을 발달

---

61. 출판을 준비하는 중에, 중등 교육과정 연구모임이 결성되어 활동하고 있다는 소식을 접했습니다. 교사의 전문적 연구는 결국 교육과정으로 총화되어야 합니다. 많은 연구 모임이 이러한 길로 나아갔으면 좋겠습니다.

시키기 위함입니다. 운영할 때 학생의 참여를 계획 단계부터 고려해야 하며 학년이 올라갈수록 학생의 주도적 참여를 더 확대하도록 노력해야 합니다.

6절에서 2014에 제시된 포괄적 실행능력 전체를 정리하면서 평가한 내용을 담았습니다. 총평했습니다. 평가의 잣대는 비고츠키의 문화역사적 이론입니다.

먼저, 포괄적 실행능력의 정의에 의지가 포함되었다는 것을 높이 평가했습니다. 2015의 핵심역량은 2014의 실행능력에 가깝다는 결론도 제시했습니다. 2014의 T(포괄적 실행능력)는 2015의 핵심역량보다 더 광범위한 개념이라고 단정했습니다.

다음으로, 교과의 지식과 포괄적 실행능력을 비교하여 교과의 위상이 변했다고 단정했습니다. 이를 세계 교육사에 전무후무한 대혁명으로 평가했습니다.

이어서, 포괄적 실행능력의 위계를 평가했습니다. 위계가 잘 제시되었음을 유치원부터 7~9학년 단위까지 질문과 관련된 기술능력의 내용을 살피며 확증했습니다.

네 번째로, 포괄적 실행능력을 작동시키는 기제가 교과와 다분과 학습 모듈 그리고 일하는 접근 방식으로 진술되었는데, '언제'와 '무엇을' 그리고 '어떻게'와 연결하여 진술되었음을 확인했습니다. 기제를 비고츠키의 문화역사적 이론의 여러 개념과 연결하여 구체화하는 작업의 필요성을 제기했습니다.

연구 전체를 마무리하며 비고츠키의 발달단계를 잣대로 하여 2014의 T, 2015의 인간상, 2015의 핵심역량, 2012 경기도 창의지성역량, 2013 강원도 핵심능력을 측정했습니다. 예상하지 못한 결론을 얻었습니다. 2015 개정 교육과정의 인간상이 비고츠키의 발달단계와 가장 잘 호응했습니다.[62] 정확하게 표현하겠습니다. 형식상 완벽하게 호응했습니다.

2. 추후 과제

크게 보면, 대한민국 국가 수준 교육과정을 세계적 수준으로 끌어올리기 위해 다양한 외국의 교육과정을 좀 더 깊이 연구해야 합니다. 미국, 영국, 일본의 교육과정을 따라가는 연구는 이제 그만두어야 합니다. 몰락하는 제국을 뒤따르는 충성은 맹목입니다. 냉정한 현실 인식이 필요합니다.

복사해서 붙여 넣는 대학생 보고서 작성 수준의 교육과정 연구, 책임 전가를 위한 전문가 설문 조사 수준의 교육과정 연구, 분야별·교과별·급별 나눠 먹기 수준의 교육과정 연구는 이제 지양해야 합니다. 맛보기 수준을 넘어서는 연구가, 다양한 비교 대상을 분석하고 종합하는 연구가, 우리 교육과정이 가야 할 방향을 찾는 연구가 필요합니다. 주체적인 입장에서, 체계적인 교육과정 연구가 필요하다는 원론적인 제안을 할 수밖에 없습니다.

좁게 보면, 네 수준의 교육과정과 관련한 최근 흐름을 정리하고 우리 것과 비교해 보며 가야 할 길을 찾는 연구를 해야 합니다.

먼저, 국가 수준 교육과정과 관련하여 제기된 연구 과제를 생각했습니다. 전부 다 새롭게 연구해야 합니다. 교육과정을 만드는 과정과 만

---

62. 출판을 준비하는 중에 서울국제교육포럼(2018년 10월 13일)에서 이와 관련된 글이 발표되었습니다. 김용호(2018). 교육과정의 인간상과 진단도구로서의 ZPD. 2018 서울국제교육포럼 자료집. 서울특별시교육청 교육연구정보원.

들어 낸 결과 둘 다 21세기와 거리가 있습니다. 충분한 시간을 확보하고 모두의 힘을 모아 함께 교육과정을 만들어야 합니다. 열린 광장에서 축제처럼 모든 국민이 참여할 수 있어야 합니다. 이를 위해 관행을 고집하는 적폐를 청산해야 합니다. 밀실에서 뚝딱 만드니 교육과정 전달연수를 진행해야 합니다. 형편없으니 읽어 보라고 교사 개개인에게 교육과정 문건을 건네지도 못합니다.

문건의 형식과 내용도 이제 한계에 이르렀습니다. 개괄식의 공문서와 전공 서적이라는 형식의 차이는 거기 담긴 내용의 차이를 더 극명하게 드러내고 있습니다. 저자와 독자도 천양지차입니다. 책임지는 기관도 다릅니다. 교과의 체계, 교수학습, 평가 따위의 교육과정 내용과 관련된 문제를 지적하는 건 사치스러운 일입니다.

다음으로, 지역 수준 교육과정과 관련된 연구 과제를 고민했습니다. 윗물이 흐린데 아랫물이 맑을 수는 없는 법입니다. 제대로 된 구체적인 내용으로 채워야 할 올바른 과제를 받아 본 적이 없습니다. 주체를 세우는 방법을 찾는 정책연구와 조직적 실천이 무엇보다 절실합니다. 무엇보다도 먼저 교육과정을 연구하고 마련하고 실천할 수 있는 주체를 세우는 목적의식적 노력이 필요합니다. 괴테의 이야기에 귀 기울여야 합니다. 외국어를 모르는 사람은 모국어도 모릅니다. 한국의 교육과정을 제대로 아는 교사도 드물지만 설혹 안다고 해도 그는 교육과정을 모르는 것이라는 사실을 잊지 말아야 합니다. 협력 연구를 통해 비교할 외국의 교육과정을 연구하도록 독려해야 합니다. 이런 일을 해 본 적이 없으니, 이런 일을 추진하는 방안부터 연구해야 합니다. 건국의 자세로 임해야 합니다.

2014는 교사가 작성한 문건이라는 연구자의 결론을 경청해야 합니다. 아래의 반성을 잊지 말아야 합니다.

이는 역량중심 교육과정의 도입 취지와 정책적 필요성 등에 대해서 소통하고 설득하려는 노력이 우선되어야 함을 시사한다. 역량중심 교육이나 창의지성교육이 몇몇 이론가와 정책가들이 주도적으로 만들어 내고 현장으로 보급하는 톱다운 방식을 취하면서 현장과 충분한 소통이 부족했고, 현장의 반응을 다시 정책으로 피드백하는 과정이 미흡한 것이 현장의 공감대를 얻지 못한 가장 주요한 요인으로 나타났다.^{김위정 외, 2014: 233}

유치원생을 배움의 공동체로, 초·중등학생을 학습공동체로, 고등학생을 전문적 학습공동체로 묶어 냈듯이, 대학생과 교사를 전문적 연구공동체로 묶어 내는 것이 앞으로 가야 할 올바른 방향임을 확인해야 합니다. 핀란드는 교사 양성부터 연구기반 교사교육이라는 사실을 확인해야 합니다. 이런 방향으로 가는 큰 그림을 그리는 정책연구도 필요합니다. 학생의 성장과 발달처럼 교사의 성장과 발달도 중요한 연구 주제이며, 정책 과제입니다.

세 번째로, 학교 수준 교육과정과 관련된 과제를 고민했습니다. 지난 8년의 노력으로 학교교육과정은 일부 학교지만 거대한 진보를 쟁취했습니다. 하지만 아직도 업무 분장 표에 교사 이름과 해야 할 과제를 적시하는 게 학교교육과정의 주요 내용인 학교도 있습니다. 학교 간 격차를 해소하는 방안을 연구하고 정책으로 추진하는 것은 회피할 수 없는 실제 과제입니다. 이게 혁신학교의 성과 확산을 강제하는 방안입니다.

성공적인 혁신학교의 성과를 한 단계 높이는 방안을 연구해야 합니다. 학교의 비전, 교육공동체의 약속, 학교 철학 따위로 가고자 하는 방향을 드러냈던 내용을 2014는 학교문화로 묶어 냈습니다. 좀 더 체계적인 학교교육과정을 만드는 선진적 실험이 지속되도록 격려하는 연구가 이어져야 합니다. 참고할 국내외 자료가 누적되고 심화되어야 합니다.

마지막으로, 교사 수준 교육과정과 관련된 방안을 사색했습니다. 계획이 좋아도 실행되지 않으면 소용이 없는 것입니다. 실천과 연결되는 이 수준의 연구는 정말 중요합니다. 교육과정 자율화의 실체는 교사가 대면하고 있는 개별 학생에 맞는, 학급에 필요한 발달 과제를 선정하고, 이를 중심에 두고 실천하는 권한을 향유하는 것입니다. 교육권에 속하는 것입니다. 이를 제약하는 지난 백 년의 적폐를 밑바닥까지 드러내는 연구가 필요합니다.

자율적으로 교육과정을 운영해 본 적이 없는 교사가 새롭게 실천에 나설 수 있는 분위기를 전면적으로 조성하는 방안도 연구해야 합니다. 2013 강원도 창의공감교육과정에서 제시한 생성교육과정은 교육청이 자율적으로 교육과정을 운영하라고 지시한 내용입니다. 하지만 이를 부분적으로 운영한 교사도 많지 않았습니다. 구체적인 교육과정 운영 방안(예를 들면, 수업 진행 방식이나 수업 시간 조정, 평가 방식 따위)을 동료 교사와 함께 나아가 학생과 함께 협의하여 정하는 방식을 낯설어하는 풍토를 개선해야 합니다. 이를 위한 방안을 연구해야 합니다. 민주적 학교문화가 학생의 학습, 성장, 발달의 결정적 요인이라는 2014의 진술을 깊이 음미해야 합니다.

이제 마침표를 찍어야 합니다. 하지만 그 전에 공유하고 싶은 과제가 하나 더 있습니다. 공허한 외침이 될 것 같아 주저했지만 용기를 내겠습니다. 너무도 본질적인, 핵심적인, 결정적인 과제이기 때문입니다. 2018년 현재 도대체 무엇이 정상과학의 교육 패러다임인지를 규명하는 연구입니다.

지난 20년 동안 교육과 관련된 이런저런 '패러다임의 전환'을 지겹게 들었습니다. 심지어 20년 전에 했던 말을 지금도 똑같이 반복하면서 새롭게 패러다임을 전환해야 한다고 열변을 토하는 강사를 만난 적도 있습니다. 처음에는 강사가 가련했습니다. 하지만 나중에는 적개심이 생겼습니다. 우리가 속을 줄 알고 그런 이야기를 한다는 느낌이 들고 그 느낌이 옳다는 생각이 들면 화를 참기가 어렵습니다. 1989년 자료가 최근 평가 패러다임의 전환을 보여 준다는 2018년 교사용 지도서의 진술을 읽게 되면 정말 때려 주고 싶습니다. 너무 뻔뻔합니다. 아마도 2019년 3월에도, 새로 출판되는 2015 초등학교 5학년과 6학년 수학 교사용 지도서에서도 이 내용을 만나게 될 것입니다. 이게 우리가 처한 냉혹한, 비참한, 후진적 상황입니다.

교육과 관련된 모든 패러다임 전환의 원천, 근원은 인간관(인간이 되는 과정을 어떻게 볼 것인가?)의 변화입니다. 인간이 성장하고 발달하는 장구한 과정을 어떻게 볼 것인지가 핵심 지점입니다. 논리적인 측면에서 보면, 인간관이 변해야 교육활동의 다양한 영역에 근본적인 변화가 이어지는 것입니다. 인간관이 정립되어야 교육 분야의 다양한 실천과 이론을 체계적으로 이해할 수 있습니다. 화려한 미사여구에 현혹되지 않고 올바른 판단을 할 수 있습니다.

외국의 교육대학원에서는 20세기 중반까지 행동주의 인간관에 근거한 교육 실천을 우매한 짓거리로 단정하고 반성합니다. 이를 극복하겠다는 구성주의 인간관에 근거한 교육 실천을 더 개판의 범죄 행위라고 비판하고 저주합니다. 이제 대한민국 교육의 '사상적 모국'에서도 이런 변화를 수용하고 있습니다. 3분 34초 분량의 동영상을 꼭 검색해서 보기를 권장합니다. "[뉴스G] 우리 아이는 왜! 자제력이 없을까?" 세 번의 마시멜로 실험을 다룬 2015년 EBS 뉴스입니다.

진보 교육자는
이제 잠시 멈추어
생각하고 판단해야 합니다.
교육혁신이라는 호의로 행했던 실천이
학생의 성장과 발달을 망치는
범죄 행위는 아니었는지
두려워해야 합니다.

2부

핀란드 핵심 교육과정 2014 총론 들여다보기

I.
지역 수준 교육과정

　중앙과 지역이 담당한 교육행정의 역할 분담이 국가 핵심 교육과정과 지역 수준 교육과정에 담겨 있습니다. 대한민국 국가 수준 교육과정과 지역 수준 교육과정을 살펴본 분은 동의하지 않을 수도 있습니다. 거기에는 역할 분담이 담겨 있지 않습니다. 잘하면 미미한 흔적을 찾을지도 모르겠습니다. 거기에는 중앙이 교육행정 권력을 독점하며 낳은 적폐가 겹겹이 쌓여 있습니다.

　이런 비참한 식민지 시대, 군사정권 시절의 유산을 냉정하게 직시하는 데 2014 1장의 내용은 큰 도움이 될 것입니다.

　1장은 네 가지를 언급했습니다. 첫째, 둘의 관계입니다. 둘째, 지역이 참고할 원리입니다. 셋째, 판단과 개선입니다. 마지막은 준비 과정입니다.

1. 국가 핵심 교육과정과 지역 수준 교육과정

　중앙과 지역, 둘의 관계입니다. 국가 핵심 교육과정과 지역 수준 교육과정의 관계를 중앙이 진술했습니다. 법률과 행정 측면에서 기술한

딱딱한 이야기입니다.

제가 파악한 것을 더 딱딱하게 제시하겠습니다. 중앙은 추상과 대강이고, 지역은 구체와 상세입니다. 둘의 올바른 관계는 하나의 유기적 체계입니다.

1.1 국가 핵심 교육과정과 지역 수준 교육과정The National Core Curriculum and the local curriculum

기본 교육을 관통하는 기조는 교육의 평등과 높은 질을 보장하고 학생의 성장, 발달, 학습에 우호적인 조건을 창출하는 것이다. 체계를 관통하는 규범적인 부분은 교육기본법과 동법 시행령, 정부 시행령들, 국가 핵심 교육과정, 지역 수준 교육과정, 지역 수준 교육과정에 근거한 개별 학교의 연간 교육 계획서를 포함한다. 교육을 조직하는 작업은 학교 주변 세계의 변화를 반영하고 지속가능한 미래를 건설하는 학생의 역할을 강화하는 것이다. 이를 보장하기 위하여 이 체계의 다양한various 부분들을 갱신해야 한다.

국가 핵심 교육과정은 교육기본법과 동법 시행령, 교육의 목표와 수업 시간 배분이 특정한 시행령에 따라 만들어진다. 핵심 교육과정은 핀란드 국가교육위원회가 공표한 국가 규정이다. 이에 근거하여 지역 수준 교육과정을 준비한다. 핵심 교육과정의 기조는 교육의 제공과 학교 일을 지속적으로 지원함과 종합적이고 단일 구조의 기본 교육을 평등하게 실행함을 증진하는 것이다.

기본 교육은 수업과 교육의 실재entity이다. 거기서 수업과 학교 문화의 토대를 형성하는 데 다양한 요소들의 목표와 내용은 서로 얽힌다. 이런 이유로, 핵심 교육과정은 목표와 내용에 적용되는 규정들regulations뿐만 아니라 그것들을 명확하게 하는 기술 descriptions을 포함한다. 필요한 경우에는, 핵심 교육과정은 문건에 제시된 규범을 규정한 입법 사항을 각주로 제시한다.

지역 수준 교육과정은 교육을 관통하는 중요한 부분이다. 지역 수준 교육과정은 지역이 중요하다고 간주한 국가적 과제targets, 목표goals, 과업tasks을 설정하고 실행하는 데 중요한 역할을 한다. 지역 수준 교육과정은 일상적 학교 일을 위한 공통적인 기초를 구축하고 일상적 학교 일에 방향을 제시한다. 지역 수준 교육과정은 교육 제공자가 행하려는 정책들과 학교가 수행해야 할 일을 규정하는 전략적·교육학적 도구a strategic and pedagogical tool다. 교육과정은 학교의 조직적 활동을 어린이와 젊은이의 안녕과 학습을 증진시키려는 지역의 다른 활동과 연결시킨다.

먼저 기조에서 내용을 제시한 순서에 주목했습니다. 평등이 높은 질보다 앞에 있습니다. 평등이 우수함보다 앞에 있습니다. 둘 다 소중한 가치입니다. 하지만 핀란드 사회는 어느 것에 조금 더 무게를 두고 있습니다. 미묘한 차이입니다. 또한 학생의 성장이 발달과 학습 앞에 있습니다. 성장이 발달보다 앞에 있습니다. 건강하게 자라는 것이, 사람과 조화롭게 함께함이 발달보다 앞에 있습니다. 성장의 토대 위에서 발달이 꽃핀다는 과학적 결론과도 일치합니다. 이러한 순서도 평등이 높은 질 앞에 위치하는 것과 밀접하게 연결됩니다. 모두를 위한 공교육의 운명입니다.

핵심 교육과정을 읽는 주요 독자는 교사입니다. 그들에게 특정 행동을 강제하려면 근거가 있어야 합니다. 민주 국가에서 이러한 경우, 법적 근거를 제시해야 합니다. 2014는 본문에 준수해야 할 법령의 내용을 제시하고 각주에 출처를 제시하고 있습니다. 옮기면서 다 생략했습니다. 핀란드 교육 관련 법 조항 번호들을 하나하나 옮길 필요를 느끼지 못했습니다.

교사가 핵심 교육과정의 문건을 해석하는데, 선택의 여지가 없는 강제 사항은 법적 근거를 각주로 제시하고 있습니다. 이는 국가 수준 교육과정의 일부 구절을 법처럼 강제하려는 대한민국 교육 관료들이 깊이 반성해야 할 지점입니다. 이는 위계에 의한 직권남용죄에 해당합니다.

지역 수준 교육과정이 해야 할 역할을 고민해야 합니다. 정책들을 별도로 나열하지 말고, 지역 수준 교육과정에 담아야 한다는 제안을 우리는 언제나 이해하고 실행할 수 있을지 갑갑합니다. 지역 수준 교육과정에 담을 수 없는 정책은 폐기해야 합니다.

독재가 판 친 긴 세월은 민주 진영 사람마저 독재적 작업 방식에 물들게 했습니다. 상호침투입니다. 공적인 자리에서 할 수 있는 일은 공적인 일뿐입니다. 그것은 법적으로 제한되어 있습니다. 자기가 좋다고 추진하는 것은 독재자가 하는 짓거리입니다. 공적인 자리에서는 공적인 일만, 법령에 따라 하셔야 합니다. 그게 현실입니다. 그 현실에서 하고자 하는 바를 관철하고자 노력하는 게 자유의지를 실천하는 것입니다.

전략적이고 교육학적 측면에서 접근하라는 제안은 대한민국 진보 교육감에게도 너무 공허한 소리로 들릴 것 같습니다. 전례가 없기 때문입니다. 10년이 흐르면, 강산이 확 바뀌면 이 내용을 이해한 교육 공급자, 지역 교육 담당자, 진보 교육감이 등장할 수 있을 거라고 낙관합니다. 이성이 아니라 의지로 낙관합니다.

2. 지역 수준 교육과정을 준비할 때 참고할 원리들

참고할 원리라고 부드럽게 번역했습니다. 각주가 11개나 있었습니다. 법률 내용을 11개나 제시했습니다. 강제적인 내용 일색입니다. 지역 수준 교육 담당자가, 교육전문직 종사자가 준수해야 할 내용입니다. 삭막한 내용입니다. 교사는 가볍게 읽고 넘어가도 됩니다.

1.2 지역 수준 교육과정을 준비할 때 참고할 원리들Principles that inform the preparation of the local curriculum

교육 제공자education provider는 지역 수준 교육과정을 준비하고 개선할 책임responsibility이 있다. 지역 수준 교육과정에는 기본 교육, 수업과 평가와 학습 지원, 상담 지원과 학생 복지, 가정과 학교의 협동, 다른 활동들의 조직과 실행에 대한 결정 사항이 담긴다. 지역 수준 교육과정은 핵심 교육과정에 특정된 교육의 조직the organization of education과 관련된 목표들, 활동을 안내하는 정책들, 핵심 내용 그리고 다른 측면들을 지역의 관점에서 보완하고 강조한다. 교육과정을 준비할 때, 교육 제공자는 학생의 필요, 지역의 특별한 사정, 자체 평가의 결과, 교육과정 개선 노력을 고려해야 한다.

지역 수준 교육과정의 기조purpose는 지속적으로 교육의 질을 개선하는 작업을 촉진하고 교육의 지속성을 강화하는 것이다. 이는 유치원에서 기본 교육으로 그리고 기본 교육에서 이후 단계의 교육과 직업 훈련으로 학생이 이행하는 데 기반이 된다. 지역 수준 교육과정을 준비할 때, 아래 사항을 포함하여 지역의 다른 계획을 설명해야 한다.

- 영아early childhood 교육과 돌봄을 담은 가능한 교육과정
a possible curriculum
- 유치원 교육 교육과정
- 기본 교육을 준비할 수업을 담은 가능한 교육과정
- 아침과 점심 활동을 담은 가능한 계획a possible plan
- 아동 복지법에 언급된 어린이와 청소년의 복지를 위한 계획
- 차별방지법에 언급된 공정equity을 위한 지자체의 계획a municipal plan
- 지속가능한 발전 계획 혹은 문화 교육 계획 그리고 특히 교육, 어린이, 청소년, 가족과 관련하여 교육 제공자가 만든 어떤 다른 계획들과 결정 사항들

교육과정은 필요하다면 핀란드어, 스웨덴어, 사미어, 다른 언어로 각각 만들어질 수 있다. 공동의 지역 수준 교육과정은 관할 지역의 모든 학교를 위해 준비하거나 혹은 지역 수준 교육과정에 교육 제공자를 위한 공통된 몇 절들과 몇몇 학교에 적용되고/되거나 개별 학교에 특정된 다른 절들을 포함할 수 있다. 교육 제공자는 교육과정을 준비하는 방식에 대한 결정 사항을 정한다. 몇몇 교육 제공자들이 교육과정에 관한 상호 협동과 공동의 지역 정책에 합의할 수도 있다.

교육과정을 준비할 때, 수업이 주로 교과별 수업이지만 통합수업도 가능하다는 사실을 고려해야 한다. 통합수업을 선택할 때, 학년 단위로 통합 교육과정을 만들 수도 있다.

학생을 위한 개별 계획서는 지역 수준 교육과정에 근거한다. 학교의 연간 교육 계획서는 교육과정이 매 학년마다 어떻게 실행되

는지를 명확하게 특정해야 한다. 교육기본법 시행령은 연간 교육 계획서에 담긴 주요 결정 사항을 학생과 보호자에게 알리도록 강제하고 있다.

교육과정과 연간 교육 계획서를 준비하면서 협동하는 것은 공유된 목표들에 대한 헌신성과 수업과 교육의 일관성을 향상시킨다. 교육 제공자는 교육 종사자들education personnel이 협동 과정에 참여할 수 있는 기회를 보장하고 교과들 간의 협동과 다양한 집단의 행위자 간의 다전문적 협동을 강화해야 한다. 이런 참여 기회는 교육과정을 준비하는 방식과 무관하게 보장되어야 한다. 교육기본법에 따르면, 교육과정과 이와 연관된 계획들을 준비하는 데 참여할 기회를 학생에게도 제공해야만shall provide 한다. 학생의 보호자가 교육과정 일, 연간 계획의 준비, 학교의 조직적인 활동, 특히 교육 목표들, 학교문화, 가정과 학교의 협동과 관련된 활동에 참여할 수 있는 기회를 보장하는 것은 중요하다. 보호자와 학생에 의미 있고meaningful, 학생의 발달단계에 민감하고sensitive, 다목적의versatile 참여 방법participation methods에 특별히 주의를 기울여야 한다.

학교 밖 행위자들과의 협동은 학교 일을 풍부하게 하고, 학교 일을 학교 주변 공동체의 삶과 연결한다. 교육기본법에 따라, 교육 제공자는 지역의 사회 보건 당국과 협력collaboration하여 학생 복지 그리고 가정과 학교의 협동과 관련된 교육과정의 절sections을 작성해야 한다. 또한 다른 행정 기관들과의 협동도 모든 학생의 학교 출석, 안전, 안녕을 보장하기 위해 필요하다. 나아가 다른 조직other organizations 그리고 다양한 전문가various experts와의 협동도 교육과정과 학교 일의 질을 향상시킬 것이다.

학교에 다니는all school days 동안 교육과정에 따라 기본 교육을 이수할 학생의 권리는 교육기본법에 잘 새겨져 있다. 교육 제공자는 이 권리의 실행을 보장해야만shall ensure 한다. 그리고 학생과 일하는 각 개인은 교육 제공자가 채택한 교육과정을 실행해야만 하고, 그들의 일을 안내하는 다른 규범을 준수해야만 한다.

우리 입장에서 새겨들을 만한 내용을 두 가지로 추렸습니다. 하나는 지역의 협력이고, 다른 하나는 학생의 참여입니다.

서울과 경기가 함께 지역 수준 교육과정을 준비할 수 있다는 것입니다. 함께 개발한 내용의 일부를, 심지어 전체를 같이 사용할 수 있다는 것입니다. 실질적으로 지역 수준 교육과정을 개발하는 출발선에선 지역에게 큰 도움이 될 이야기입니다. 협력하여 지역 수준 교육과정의 내용을 개발하는 것은 작은 지역에 특히나 도움이 될 제안입니다. 가까운 시기에 실천에서 큰 진전이 있을 수 있는 영역입니다.

지역 수준 교육과정과 국가 수준 교육과정을 만드는 작업에 학생이 참여해야 합니다. 학교교육과정을 만드는 작업도 마찬가지입니다. 법적 강제라고 합니다. 허용할 사항이 아닙니다.

아마도 대한민국도 마찬가지일 것입니다. 법 논리상 그렇습니다. 유엔 아동권리협약 가입국이니 그렇다는 것입니다. 참여시키고 싶어도 어떻게 해야 하는 줄 모르는 게 현실이라 예단합니다. 혁신학교에서 대한민국 역사를 선도하는 실천이 있어야 할 영역입니다. 학교 어린이상의 내용은 학생도 참여해서 결정해야 합니다. 누구를 위한 학교교육과정인지 진지하게 질문을 던져야 합니다. 학교교육과정은 누구의 일을 규정하는 것인지 고민해야 합니다.

3. 지역 수준 교육과정의 판단과 개선

봄 호에서는 '지역 수준 교육과정의 펼침과 평가'라고 번역했습니다. 대충 넘어가고 싶지만 의미가 너무 다르다는 것을 확인했습니다. 집행된 지역 수준 교육과정을 평가하여 판단하는 작업 그리고 지역 수준 교육과정의 질을 보장하기 위해 펼친 것을 개선하는 부분을 다루고 있습니다. 전체 내용을 살펴보겠습니다.

1.3 지역 수준 교육과정의 판단과 개선Evaluation and development of the local curriculum

교육 제공자는 제공한 교육과 그 영향impact을 판단해야만 한다. 교육 제공자는 교육의 조직적 실천에 대해 외부의 판단을 받아야만 한다. 내적·외적 판단의 기조The purpose는 교육 개선educational development을 지원하고 학습 조건conditions for learning을 향상하는 것이다. 관찰monitoring, 정기적인 판단, 지역 수준 교육과정과 연간 교육 계획서의 개선은 이 의무duty의 일부다.

기관별로 스스로 판단self-evaluations할 때, 교육 제공자와 학교는 국가의 판단과 개선 계획development projects의 결과와 기본 교육을 위한 국가의 질 기준을 참고할 수 있다. 학생, 보호자, 다른 참여자와의 협동은 투명하고 건설적인 자기 판단을 증진한다.

국가 핵심 교육과정에서 변화가 있다면, 이에 상응하는 변화를 지역 수준 교육과정에도 반영해야 하고 실제로 실행해야 한다. 또한 교육 제공자는 지역 수준 교육과정을 수정할 수 있고 지역의 필요에 근거하거나 개선 노력의 결과에 따라 교육과정의 질quality과 효과성effectiveness을 개선할 수 있다.

같이 주목하면 좋을 내용을 하나 제시하겠습니다. 운영했다면, 지역 수준 교육과정이 적절한지 판단해야 합니다. 그리고 개선해야 합니다. 이때 일관되게 적용해야 할 목적이 교육 개선을 지원하고 학습 조건을 향상시키는 것입니다. 학교가 교육을 향상하는데, 학교의 학습 조건을 개선하는 데 지역 수준 교육과정이 도움이 되고 있는지 살펴야 합니다. 이것이 지역 수준 교육과정을 평가하여 적절함을 판단하는 대원칙입니다.

똑같은 잣대를 학교교육과정을 판단하고 개선하는 데도 적용할 수 있습니다. 이 부분도 혁신학교에서 창조적, 혁명적, 협력적 실천을 통해 돌파해야 할 영역입니다. 교육과정 평가회에서 다루어야 할 안건이, 논의해야 할 내용이 달라져야 합니다. 이런 내용이 생산되어야 우리가 국가 수준 교육과정을 만드는 그날이 한 세대 안에 올 수 있습니다. 30년, 긴 시간입니다. 하지만 다른 국가의 여정을 보면 짧은 시간입니다. 부지런히 준비해야 합니다.

4. 교육을 안내하는 주요 결정 사항과
지역 수준 교육과정 준비

봄 호에서는 '지역 수준 교육과정과 교육을 안내하는 주요 정책 결정의 준비'라고 번역했습니다. 본문을 꼼꼼하게 읽지 않고 번역한 결과입니다. 교육을 안내하는 교육과정의 역할을 부각하고자 표현을 조금 다듬었습니다. 혁신학교를 확산하려면 진보 교육청에서 혁신학교 실험에서 얻은 성과, 성공한 내용을 일반화하여 지역 수준 교육과정에 반영해야 합니다.[63] 그래야 일반 학교에 혁신학교의 성과가 확산됩니다.

이러한 작업을 준비하는 데 참고할 내용이 있는지 꼼꼼하게 살피며 읽어 보겠습니다.

1.4 교육을 안내하는 주요 결정 사항과 지역 수준 교육과정 준비
Preparation of a local curriculum and key decisions that guide education

교육 제공자가 결정한 방식과 위에 기술된 목표와 원리를 참고하여 지역 수준 교육과정, 이를 보충하는 연간 교육 계획서, 어떤 다른 계획any other plans을 준비한다. 교육 제공자는 학교에 교육과정과 관련된 결정을 위임하여 특정한 학교교육과정school-specific curricula을 준비하도록 결정할 수 있다.

1장 4절은 이 문건의 다른 곳에서 논의되지 않았던 그리고 지역이 결정하도록 교육과정에 기술된 교육과정과 관련된 결정할 사항들과 요소들을 구체적으로 명시한다. 국가 핵심 교육과정의 각 장에서 이 장에서 논의한 주제와 관련하여 지역이 결정해야만 하고 지역 수준 교육과정에 기술해야만 하는 요소들을 아주 상세하게 제시한다.

교육 제공자는 교육과정을 준비하는 것과 관련된 쟁점 사항을 해결해야 하고, 이와 관련된 조직적 실행 방법operating methods을 결정해야만 한다.

- 지역 수준 교육과정을 모든 학교에 공통으로 할 것인지, 전부 다 혹은 부분적으로 개별 학교에 적용할 것인지, 혹은 지역

---

63. 혁신학교 성과를 일반화하는 작업을 책임져야 할 단위는 지역 교육청입니다. 개별 학교가, 개별 교사가 담당할 업무가 아닙니다. 본청 장학사가 교장들에게 혁신학교 성과를 일반화하라고 하는 것은 비문입니다. 논리적으로 잘못된 표현입니다.

regional에 따라 적용할 것인지, 혹은 어떤 다른 해결 방안을 채택할 것인지.

- 교육과정에서 준비하도록 승인한 수업에 사용할 언어.
- 교육과정의 구조, 주제들에 접근하는 순서, 교육과정이 출판되는 형식.
- 직원, 학생, 보호자가 교육과정을 준비하고, 판단하고, 개선하는 데 어떻게 참여할 것인지 그리고 다른 삶의 상황에 있는 보호자가 참여할 기회를 어떻게 보장할 것인지.
- 어떤 다른 단체들이 교육과정을 준비하고 실행하는 데 관련될 수 있는지 그리고 이때 협동을 어떻게 조직할 것인지.
- 교육과정을 준비할 때 지역의 특수성과 필요, 판단과 개선 노력으로 생산된 정보, 지역의 개선 목표와 다른 계획을 어떻게 고려할 것인지.

교육 제공자는 교육과정을 준비하고 개선하는 방식manner과 관련된 측면들aspects을 결정해야 하고 그 내용을 교육과정에 기술해야만 한다.

- 지역의 사회복지와 건강 담당 기관들과 협력하여, 학생 복지 그리고 가정과 학교의 협동과 관련한 절들의 내용 초안을 어떻게 작성할지.
- 교육과정 실행을 어떻게 관찰하고 교육과정을 어떻게 판단하고 개선할 것인지.
- 교육과정 실행에 어떤 지역 계획과 프로그램이 보완이 되고 공헌이 될지(예를 들면, 오전과 오후 활동을 위한 계획, 지속가능한 발전을 위한 프로그램, 성 평등gender equality을 위한 계획, 문화

교육 계획, ICT 전략).

교육 제공자는 교육의 조직the organization of education과 관련된 해결 방안을 결정해야 하고 교육과정에 그 내용을 기술해야만 한다.

- 단일 구조의 기본 교육과 이행 국면과 관련된 협동을 어떻게 촉진할 것인지[기본 교육 내에서, 유치pre-primary 교육과 다른 유아other early childhood 교육 그리고 기본 교육에 이어지는 국면을 대표하는 교육 기관들 내에서].
- 교육 혹은 그 일부가 복식multi-grade 수업으로 조직될 수 있는지 여부(5장 4절과 5장 6절을 참고).
- 교육 혹은 그 일부가 학년에서 학년으로 진급하는 수업으로 이루어질지 아니면 학생의 개별 연구 계획personal study plans에 근거하여 학년과 무관한 학습grade-independent learning으로 이루어질지(5장 4절과 5장 6절 참고).
- 교육이 주로 개별 교과들 수업으로 이루어질지 아니면 전적으로 혹은 부분적으로 통합수업으로 제공될지, 이 경우 잠정적인 통합수업의 주된 특징이 어떤 것인지.
- 각 학년의 수업 시간을 주지 교과들에 몇 시간, 예술과 실생활 교과의 선택 수업에 몇 시간 할당할 것인지, 그리고 정부 시행령(지역이 결정하는 수업 시간)에서 요구하는 것처럼 학생이 선택할 수 있는 교과에 몇 시간 할당할 것인지.
- 교육 제공자의 언어 프로그램이 무엇인지, 몇 학년에서 다른 언어로 수업을 시작할 것인지(제2모국어와 외국어에 있는 절과 12장을 참고).

- 어떤 선택 교과들을 학생에게 제공할 것인지 그리고 몇 학년에 서 가르칠 것인지(12장을 참고).
- 수업에서 강조할 게the potential instructional emphases 어떤 것인 지 그리고 그것들이 어떻게 실행될 것인지. 어떻게 강조할 바를 수업 시간 배분에, 교육의 목표들과 내용에 반영할 것인지(12장 을 참고).
- 상담 안내guidance counselling를 어떻게 조직할 것인지.
- 상담 안내 계획은 상담 안내를 조직하는 구조를, 그것이 작동 하는 방법을, 분야를 넘어선 연결망에서 하는 일뿐만 아니라 노동과 책임 배분을, 상담 안내에서 가정과 학교의 협동을, 학 생에게 일하는 삶의 안내introduction를 위해 일하는 삶과 그 배 열에 대한 협동을 기술한다(13~15장 학년 단위 절들에 포함된 상담 안내의 임무에 대한 기술을 참고).

어려운 내용은 없습니다. 우리와 다른 상황이라 낯선 것은 있습니 다. 제2모국어와 외국어로 수업을 진행할 수 있다는 것입니다. 언제, 어느 정도로, 몇 개의 언어까지 이런 사항은 지역이 결정합니다. 반영 해야 할 지역 주민의 현실 때문입니다. '지역의 특수성'이라는 표현에 담긴 구체 때문입니다.

결정해야 할 세세한 쟁점을 핵심 교육과정 각 장마다 별도의 절에 서 언급합니다. 이런저런 사항에 대해 지역이 결정해야 한다고 계속 언급합니다. 우리가 음미했으면 좋겠다고 생각한 것을 두 개로 추렸습 니다.

하나, 학교교육과정 관련입니다. 연간 교육 계획서와 학교교육과정 문건은 별개입니다. 10년에 한 번 만들면 되는 학교교육과정 문건이 있습니다. 수시로 개선할 수 있습니다. 연간 교육 계획서는 매년 작성해야 합니다. 연간 교육 계획서는 간단하게 작성합니다. 이 둘의 관계에 대해 지역이 결정합니다. 법적 강제 사항은 연간계획서입니다. 지역 수준 교육과정을 학교교육과정으로 대체할 수 있습니다. 핀란드 이야기입니다. 우리는 법적 강제가 학교교육과정입니다.

그렇다면, 주변 여러 학교가 하나의 학교교육과정을 공유하는 것도 고민해야 합니다. 학교교육과정을 만들 능력은 없습니다. 연간 교육 계획서를 학교교육과정이라 우기지도 말아야 합니다. 그 대안을 지역이 논의하고 결정해서 지역 수준 교육과정에 담아야 합니다. 몇몇 인접 학교나 지역 교육청이 공동 개발하여 학교가 활용하거나, 시·도 교육청이 개발한 지역 수준 교육과정을 학교가 공유하는 방안을 핀란드는 지역이 결정하라고 명령하고 있습니다. 우리는 몇몇 혁신학교가 공유하는 학교교육과정도 상상하고 구현할 수 있을 것입니다. 연간 교육 계획서가 아닌 학교교육과정 말입니다. 백년의 대계를 가장 구체의 수준에서 담는다는 그 학교교육과정 말입니다. 학교교육과정의 골격과 핵심 내용은 안정적이어야 합니다. 매년 학교교육과정을 새로 만드는 것은 정말 아닙니다.

실제와 명칭을 일치하게 하는 것이 바른 세상을 만드는 첫걸음입니다. 연간 교육과정 계획서와 학교교육과정 문건을 구분 정립해야 합니다. 매년 교육과정 실행을 위한 계획서를 작성하는 것과 최소 3년, 6년의 교육과정 흐름에서 펼쳐질 학생의 성장과 발달을 위한 청사진을 그리는 것은 질적으로 다른 차원의 일입니다. 전자는 후자를 구현하는 수단입니다.

둘, 지역 수준 교육과정을 국가 수준 교육과정을 짜깁기하는 식으로 일관했습니다. 일부 지역의 새로운 시도가 있었지만 큰 틀에서 보면 오십보백보입니다. 새로운 형식과 필요한 내용으로 채워야 합니다. 핀란드는 그렇게 하라고 강제하고 있습니다. 어느 지역의 지역 수준 교육과정을 참고하여 국가 수준 교육과정을 새롭게 만드는 올바른 일 처리 방식을 살아 있는 동안 볼 수 있으면 좋겠습니다.

교육정책은, 특히나 공문으로 시행되는 교육정책은 대한민국에서 사라져야 합니다. 그 모든 것은 지역 수준 교육과정에 담겨야 합니다. 담을 수 없다면 폐기해야 합니다. 교육을 지원하는 모든 것은 지역 수준 교육과정에 담겨야 합니다. 전체와 조화를 고민합니다. 장기간의 흐름과 조응해야 합니다. 지역이 명심해야 합니다. 특히나 진보 교육감은 그렇습니다.

앞에서 언급했듯이 몇몇 진보 교육감이 공동 연구를 통해 지역 수준 교육과정을 준비하고 사용할 수 있습니다. 이렇게 당면 과업을 해결하라고 대한민국 헌법은 강제하고 있습니다. 명령하고 있습니다. '교육 전문성'은 그렇게 무서운 것입니다. 교육과정 분야에서도 교육감들이 협력의 모범을 보이면 좋겠습니다.

5. 2004에서 2014로의 진전

2014 1장이 적절한지 판단하려고 대한민국의 국가 수준 교육과정을 살피는 것은 너무 싱거운 작업입니다. 대신 핀란드에서 10년 동안 어떤 진전이 있었는지를 살피는 연구를 했습니다. 간결하게 어떤 것들이 변했는지 정리했습니다. 먼저 결을 달리하는 문구 하나 음미하고 정리한 내용을 셋으로 나누어 제시했습니다.

2004 1장 2절 '교육과정의 내용' 마지막에 있는 표현입니다. "*활

동 및 지속가능한 발전에 대한 평가"로 2007년에 번역했던 것입니다. 원문은 "*evaluation of activity and ongoing development"입니다. 2018년의 시각으로 번역한다면, "활동과 진행 중인 개선 판단하기"로 하겠습니다. 교육과정의 내용에 '지속가능한 발전을 평가'하기가 들어가는 것은 어색합니다. '진행 중인 개선을 판단'하겠다는 시도입니다. 2004에 들어 있었습니다. 지속가능한 발전이 아니었습니다.

첫째, 체계를 갖추었습니다. 2004는 교육과정의 제정과 내용만 있었습니다. 2014는 국가 수준 교육과정과 지역 수준 교육과정의 관계, 지역 수준 교육과정을 준비할 때 참고할 원리, 지역 수준 교육과정의 판단과 개선, 지역이 결정해야 할 사항으로 구성되어 있습니다.

2004 1장은 정말 형식적인 행정 문건처럼 구조나 관계를 고려하지 않고 쭉 나열만 했습니다. 이에 반하여 2014는 그 내용을 추려 적절하게 연결하려 노력한 흔적이 역력합니다. 교육과정과 관련한 행정 업무의 경계를 명확하게 나누려는 땀의 성과가 감상할 만합니다. 2004와 견주어 보면, 지역이 할 수 있는 일과 없는 일을 구분하기가 너무도 쉬워졌습니다.

둘째, 위계를 갖추었습니다. 2004는 교육기본법과 동 시행령, 일반적 국가 목적에 관한 정부 시행령들, 국가 수준 교육과정, 지역 수준 교육과정, 학교의 연간 교육 계획서를 나열했습니다. 이 다섯 가지가 기본 교육을 안내하는 전체를 구성한다고 진술하고 있습니다. 이와 달리 2014는 법과 정부 규정이 국가 수준 교육과정에 문장으로 반영되었고, 근거를 각주로 제시했습니다. 이에 근거하여 지역 수준 교육과정에 위임한 내용을 진술했습니다. 위임한 내용을 결정할 때 학교의 연간 교육 계획서를 작성하는 작업과 실천을 개선하는 것에 중점을 두도록 입체적으로 제시했습니다. 규범의 위계를 갖추었습니다. 전체를 관통하는 기조는 평등하고 높은 질의 교육 보장과 학생의 성장, 발달, 학습을 위한 조건 창출입니다.

셋째, 지역의 자율을 보장하려 노력했습니다. 2004에는 없던 '지역 수준 교육과정을 준비할 때 참고할 원리'를 배치했습니다. 원리를 근거로 지역이 자율적으로 실천하도록 격려하겠다는 취지입니다. 하지만 2014에 제시된 내용은 원리라기보다는 원칙에 가깝습니다. 의도에 미치지 못한 결과입니다. 2024에서는 원리를 추려 내고 이를 제시할 것이라고, 나아가 그 원리를 중심으로 지역이 준비할 내용을 배열할 것이라고 기대하겠습니다.

II.

기본 교육:
일반 지식과 일반 능력의 토대

2014 핀란드 핵심 교육과정의 2장 제목은 'Basic education as the foundation of general knowledge and ability'입니다. 이 표현을 편집하여 제목으로 제시했습니다. 아래 내용은 2014 2장에 있는 내용입니다.

기본 교육은 우리의 초·중등 교육에 해당합니다. 우리와 마찬가지로 의무교육입니다. 기본 교육의 목적을 풀어냈습니다. 법률 조항의 단순함을 넘어섰습니다. 법률 조항의 내용을 이렇게 풀어냄으로써 각 학교는 기본 교육을 실행하며 창조적 실천을 할 수 있는 든든한 기반을 가지게 되었습니다. 또한 기본 교육이라는 공동체의 재생산 과정 하나를 건설적으로 지속할 수 있게 되었습니다.

기본 교육의 성격을 글말로 풀어낸 첫 시도입니다. 제가 목격한 첫 사례입니다. 저의 짧은 식견에 근거한 단정입니다. 이러한 당위를 어떻게 설명했는지 그 첫 시도를 차분하게 살펴보겠습니다.

기본 교육Basic Education은 일반 지식general knowledge과 일반 능력general ability의 토대를 구축한다. 지역 당국은 지역에 거주하는 의무교육을 받을 연령의 어린이에게 기본 교육을 제공해야 할 의무가 있다. 기본 교육을 제공하도록 강제하는 사항은 핀란드 헌법, 교육기본법the Basic Education Act, 정부 시행령, 국가 핵심 교육과정the National Core Curriculum에 근거한다. 교육을 제공할 때 다른 입법과 핀란드가 조인한 국제 협약에 따른 강제 사항Obligations도 고려한다. 기본 교육은 공유된 핵심 가치shared underlying values와 상식적으로 합의한 학습 개념a common conception of learnin에 근거한다.

기본 교육을 가장 포괄적으로 진술한 부분입니다. 저들의 기준으로 딱 하나만 지적하라면, 기본 교육의 역할은 일반 지식과 일반 능력의 토대를 구축하는 것입니다. 이 일을 하며 주의할 것 두 가지만 지적한다면, 공유된 핵심 가치와 상식적으로 합의한 학습 개념입니다. 크게 보았을 때 이렇다는 진술입니다. 세세한 것을 잠시 잊고 구조의 가장 큰 골격을 보면 이렇다는 진술입니다. 저들이 도달한 기본 교육에 대한 인식입니다.

어찌 되었든 일반 지식과 일반 능력의 토대를 구축하지 못했다면, 기본 교육은 완전히 실패한 것입니다. 일반 지식과 일반 능력이 무엇인지 모르는 사람은 교사일 수가 없다는 이야기입니다. 대한민국 이야기가 아닙니다. 핀란드 이야기입니다. 최근에 『일곱 가지 교육 미신』을 읽으며 일반 지식에 대한 유럽 교육계의 인식을 살짝 엿보았습니다. 아직은 저도 구체로 내려가면 막막한 수준입니다.

1. 기본 교육을 규제하는 법률

2장의 내용을 네 부분으로 나누어 기술했습니다. 먼저, 교육을 조직하는 방식을 규제하는 내용들을 살펴보겠습니다. 첫 번째 부분입니다. 2014 2장 1절입니다. 절 제목이 길어 줄여 제시했습니다. 대부분의 내용이 법령에 따라 준수해야만 하는 강제 사항입니다.

2.1 교육을 조직할 때 준수해야 할 강제 사항들Obligations that direct the organization of education

교육기본법에 적시된 것처럼 합의된 법에 근거하여 기본 교육을 관리govern한다. 학생의 나이age와 실제 능력capabilities에 맞게 그리고 학생의 건강한 성장growth과 발달development을 증진시키기 위해 교육을 제공한다. 그렇게 교육을 제공할 때, 학생의 부모와 협동해야만shall cooperate 한다.[64]

학생은 필요한 때는 즉각 교육과정에 따라 안내 상담guidance counselling과 충분한 학습 지원support in learning을 받으며 학교에 출석해 수업instruction을 받을 자격을 가져야만shall 한다. 교육과정에 설정된 목적들이 교수학습 과정에서 달성될 수 있도록 교수 집단을 구축해야 한다. 수업, 필수 교재와 다른 학습 자료, 그리고 학교 시설과 자료 비용을 학생에게 요구할 수 없다. 학생은 또한 교육에 참여하는 데 필요한 복지와 법령에 따라 학생을 위한 사회적 편의와 서비스를 무상으로 누릴 자격을 가진다. 제공해야 할 학생 복지의 내용은 학생복지법the Pupil and Student

---

64. 'shall'에서 짐작하셨듯이 이 문장은 법령의 내용을 인용한 것입니다. 이 글에서는 각주를 삭제하고 간편하게 번역했습니다. 각주 내용은 모두 법령의 출처입니다.

Welfare Act에 명시되어 있다. 교육에 참여하는 학생은 안전한 학습 환경을 향유할 권리가 있다. 기본 교육을 받는 학생에게 제대로appropriately 마련된 균형 있는balanced 무상 급식을 매일 제공해야만 한다. 급식 시간을 감독해야만shall be supervised 한다.

헌법과 차별방지법the Non-Discrimination Act에 따라, 어느 누구도 성gender, 연령, 인종, 태어난 국가, 국적, 언어, 종교, 신념, 의견, 성적 취향sexual orientation, 건강, 장애 혹은 개인적 특징personal characteristics 때문에 차별받지 않아야만 한다. 양성 평등법The Act on Equality between Women ad Men에 따라, 모든 교육 기관은 교육과 훈련에서 남녀에게 공평한 기회를 보장해야 한다. 수업과 사용하는 공부 자료the study material used는 이 법의 취지를 준수해야만shall support 한다.

교수 집단의 자격과 수에 대한 규정, 안전시설과 직업적 건강과 안전, 개인 정보 사용, 정보 공개, 사생활과 저작권 보호, 그리고 학생과 함께하는 사람의 범죄 조회에 적용되는 법규도 교육을 제공할 때 고려해야 한다.

인권과 그 의미를 해석할 때, 역사적이며 도덕적인 기준은 유엔의 세계 인권 선언The UN's Universal Declaration of Human Rights 이다. 핀란드는 각국이 모든 학생에게 학습과 안전을 누릴 기회를 보장하도록 강제하는 여러 국제 인권협약에 조인했다. 아동권리협약the Convention on the Rights of the Child, 경제적, 사회적, 문화적 권리 국제 협약the International Covenant on Economic, Social and Cultural Rights, 유럽 인권협약과 유럽 장애인 권리협약은 핀란드 정부가 조인한 중요한 협약이다. 사미인의 권리를 보장하기 위하여 유엔 원주민 권리 선언the UN Declaration on the Rights of

Indigenous Peoples도 준수해야 한다.

기본 교육의 법적 토대에 유엔 아동 권리 선언the UN Declaration on the Rights of the Child도 있다. 그 선언에 따라, 아동과 함께 아동을 위하여 일하는 자는 협약의 일반 원리를 준수해야 한다. 협약의 일반 원리에는 평등과 차별금지, 아동의 관심을 가장 우선시할 것, 아동의 보호받을 권리, 돌봄과 발달, 아동의 듣고 의견을 표현할 권리, 그리고 아동의 견해를 존중할 것이 있다. 또한 모든 아동은 품위 있는 삶을 누릴 권리a right to a decent life와 개인적, 신체적, 정신적, 영적spiritual, 도덕적, 사회적 발달development을 추구할 권리도 지닌다.

전문을 옮기며, 몇 가지 생각을 했습니다.

먼저, 교육복지를 생각했습니다. 대한민국은 진보 교육감의 정책으로 교육복지가 확산되었습니다. 핀란드는 학생복지법에 근거하여 교육복지를 펼치고 있습니다. 대한민국 중앙 정부와 국회가 좀 더 노력해야 합니다.

다음은, 교사 정원입니다. 1995년 5·31 교육 개악의 후속조치로 교육기본법이 파편처럼 나누어졌습니다. 많은 내용이 시행령으로 격하됐습니다. 신자유주의 교육정책이 강화되면서, 이제는 교사 정원이 지역 정부가 예산에 따라 알아서 조정하는 사안이 되었습니다. 학부모와 학생의 교육권이 심각하게 훼손되었습니다. 이 부분을 5·31 교육 개악 이전처럼 법률로 규정하여 학생의 교육권을 제도적으로 보장해야 합니다.[65]

마지막으로 언급하고 싶은 것은 국제 협약입니다. 대한민국 정부가 조인한 국제 협약이 있습니다. 교육을 전개할 때 이러한 내용을 준수하겠다고 국제 사회에 약속했습니다. 그 의무를 이행하려는 노력을 경주해야 합니다. 국가 수준 교육과정에 이행 의지를 담아야 합니다. 대한민국 정부는 약속(법)을 지키지 않으면서 학생에게 준법정신을 가르치는 것은 뻔뻔한 짓거리입니다. 적폐입니다.

2. 기본 교육의 기저 가치들

두 번째 부분입니다. 기본 교육을 관통하는 핵심 가치를 살펴보겠습니다. 크게 네 가지로 나누어 진술하고 있습니다. 하나는 개별 학생의 독특함을 존중하는 것과 양질의 교육을 받을 권리입니다. 둘은 인간다움, 일반 지식과 일반 능력, 평등 그리고 민주주의입니다. 셋은 문화적 다양성입니다. 마지막은 지속가능한 삶의 방식입니다.

대한민국 교육과정 문건에서 만날 수 없었던 생소한 내용입니다. 전문을 꼼꼼하게 읽어 보겠습니다.

2.2 기본 교육을 관통하는 핵심 가치들Underlying values of basic education

국가 핵심 교육과정을 준비하며 다음과 같은 핵심 가치 underlying values를 반영했다.

개별 학생의 독특함Uniqueness of each pupil과 양질의 교육을 받

---

65. 시·도 교육감들은 총액 인건비가 아닌 헌법적 권리를 보장하기 위한 장치로 초중등교육법에 교사 배치 기준을 법으로 명시하는 작업을 추진해야 합니다. 물론 시민사회 단체도 전략적 과제로 인식하고 대처해야 합니다.

을 권리right to a good education

기본 교육은 아동기에 특별한 가치the specific values of childhood를 둬야 한다는 관념에 근거한다. 각각의 학생은 현재 모습 그대로 독특하고 가치 있는 존재다. 각각의 학생은 한 사람a human being으로 그리고 사회의 한 구성원으로 자신의 잠재 능력을 최대full potential로 펼쳐 성장할 권리를 갖는다. 이를 달성하기 위하여, 학생은 격려와 개별적 지원뿐 아니라 학교 공동체에서 자기의 말이 경청되고 존중받는다는 경험을 필요로 한다. 또한 학생은 공동체가 그들의 학습과 안녕을 돌보고 있다고 느낄 수 있어야 한다. 공동체의 기능과 복지를 증진시키기 위하여 다른 사람과 함께 일할 기회를 갖고 참여하는 경험도 똑같이 중요하다.

각각의 학생은 좋은 교육을 받고 자신의 공부에서 성공할 권리가 있다. 학습하는 동안 학생은 세상에서 자신의 위치를 찾고, 자신의 정체성, 인간다움에 대한 이해, 세계관과 삶의 철학을 세운다. 동시에 학생은 자신을, 다른 사람을, 사회를, 주변 환경을, 다른 문화를 이해하게 된다. 학습에서 학생을 배제하는 것은 학생의 교육권을 박탈하고 그의 건강한 성장과 발달을 위협하는 일이다. 기본 교육은 평생 학습life-long learning에 필요한 전제조건preconditions을 창출create한다. 평생 학습은 고귀한 삶a decent life을 건설building하는 데 기초elemental part가 된다.

다양한 형태의 매체, 지구 차원의 정보 연결망, 사회적 매체와 동료 관계망을 통해 유통되는 정보가 어린이와 젊은이의 가치 체계를 형성하는 세상에서 가치 교육values education의 의의significance는 부각highlight되고 있다. 학생들과 가치들에 대해 토론하는 것은 그들이 직면할 가치와 태도를 올바로 인식하고 그것들을 비판적으로 생각할 수 있도록 이끈다. 학생들이 자신의 가치 체계를 세울 수 있도록 지원해야 한다. 학교와 가정이 함께 가치들을 숙고하는 것은 그리고 이 과정에서 구현되는 협동은 학생의 안전security과 총체적 안녕holistic well-being을 증진한다. 다른different 종교, 관점views, 전통traditions과 교육의 개념화 과정 conception of education을 열린 마음으로 존중하는 교직원의 태도는 건설적인 교류를 확립하는 기반이 된다.

인간다움Humanity, 일반 지식과 일반 능력, 평등 그리고 민주주의

기본 교육은 진truth, 선goodness, 미beauty, 정의justice, 평화 peace를 추구하는 사람으로as a human being 학생이 성장하도록 지원한다. 개인이 성장하는 과정에서, 열망과 현실 사이에서 갈등은 생겨날 수밖에 없다. 그런 갈등들을 공감하며 윤리적으로 다스릴 수 있는 것과 올바른 것을 지지할 수 있는 용기를 갖는 것은 일반 지식과 일반 능력의 일부다. 또한 지식knowledge과 능력ability 은 개인과 공동체가 지식에 근거하여 사안을 숙고consideration하고, 타인의 입장에도 서 보고, 윤리적 성찰에 근거하여 결정하는 것을 의미한다.[66] 윤리학과 미학의 관점들은 학생이 무엇이 삶에서 가치 있는 것인지를 생각하도록 안내한다. 일반 지식과 일반 능력은 우리, 타인, 환경, 정보에 대한 우리의 태도attitudes에, 우리가 행동하는 방식ways에, 그리고 행동하려는 우리의 의향 willingness에도 드러난다manifest. 교육받은 사람Educated persons은

---

66. 지식과 능력을 동적으로 규정하고 있습니다. 이 정의에 따르면, 현실에 적용하는 활동까지 포함하고 있습니다.

올바르게 행동하려 노력하고 자신, 타인, 환경을 존중하는 모습을 보인다. 교육받은 사람은 정보를 비판적으로 사용할 수 있다. 자기를 규제하려 노력하는 것과 자신의 발달과 안녕을 책임지려는 것도 일반 지식과 일반 능력의 일부다.

기본 교육은 생명과 인권을 존중하는 풍토 위에 펼쳐진다. 기본 교육을 통해 학생은 이러한 가치들을 옹호하고 신성불가침한 인간 존엄성의 진가를 인정하게 된다. 기본 교육은 시민 사회에 안녕, 민주주의, 능동적 참여를 증진한다. 평등equality과 공정equity의 목표goals와 평등과 공정에 따라 확장된 원리extensive principles가 기본 교육의 발달을 안내한다. 교육은 경제적, 사회적, 지역적, 성적 평등을 강화하는 데 기여해야 한다.[67] 교육의 미명으로 학생에게 종교적, 철학적 혹은 정치적 편향을 요구하거나 유도해서는 안 된다. 학교와 교육이 상업적 영향이 전달되는 통로로 이용되어서도 안 된다.

풍부함의 원천인 문화적 다양성Cultural diversity as a richness

기본 교육은 다양한 핀란드 문화유산a diverse Finnish cultural heritage 위에 세워졌다. 핀란드의 문화유산은 다른 문화와 교류하며 만들어졌고 형성되고 있다. 교육은 학생이 자기 자신의 문화적 정체성을 확립하도록 그리고 다른 문화들에 관심을 증진하면서 동시에 자신의 문화와 공동체에 능동적으로 참여하는 시민으로 성장하도록 지원한다. 또한 기본 교육은 문화 창조와 문화적 다양성을 존중하는 태도를 강화하고, 문화들 내와 문화들

---

67. 교육을 통해 경제적·사회적·지역적·성적 평등을 강화한다는 발상은 너무도 신선하면서 동시에 진부합니다. 우리 현실과 거리가 멀지만, 오래된 당위이기 때문입니다.

사이의 교류를 증진한다. 그 결과 지속가능한 문화 발달culturally sustainable development의 토대가 구축된다.

기본 교육을 받는 동안, 다양한 문화적·언어적 배경을 지닌 사람들이 함께하고 많은 다른 관습, 공동체 관행과 믿음을 알게 된다. 학생은 다른 삶을 살아가는 사람의 상황과 환경을 고려하며 쟁점에 접근하도록 학습한다. 언어, 문화, 종교, 믿음의 경계를 넘어 함께 학습하는 것은 진정한 교류와 공동체성을 창출하는 배경이 된다. 기본 교육은 인권을 존중하고 긍정적 변화를 위해 행동하는 세계 시민의식global citizenship을 배양하는 토대를 구축한다.

지속가능한 삶의 방식의 필요Necessity of a sustainable way of living
인간은 자연의 일부이며 생태계의 활력에 완벽하게 의존한다. 이를 이해하는 것은 한 인간으로 성장하는 데 중요한 역할을 한다. 기본 교육은 지속가능한 발전sustainable development과 친환경적 사회eco-social 지식과 능력의 필요를 인정하고, 이에 근거한 원리들을 따르고, 학생이 지속가능한 삶의 방식을 채택하도록 안내한다. 지속가능한 발달과 삶의 방식은 생태적, 경제적 차원뿐 아니라 사회적, 경제적 차원을 포괄한다. 친환경적 사회 지식과 능력이라는 선도적 관념The leading idea은 신성불가침한 인간의 존엄과 종 다양성을 강화하고 생태계를 재생할 수 있는 능력을 키우는 삶의 방식과 문화를 창조한다. 동시에 천연자원의 지속적 사용으로 대표되는 순환 경제를 위한 건강한 토대를 구축한다. 친환경적 사회 지식과 능력은 학생들이 기후 변화의 심각성을 이해하고 특히 지속가능성을 위해 노력하는 것을 의미한다.

인간이 기술을 개발하고 사용하고 기술과 관련하여 결정하는 방식은 우리의 가치values에 근거한다. 인간은 인류와 환경의 미래를 보전하는 방향으로 기술을 활용할 책임이 있다. 기본 교육을 받는 동안, 학생들은 지속가능한 미래sustainable future와 관련하여 우리의 생산과 소비 양식의 갈등적 측면들을 검토하고, 장기적으로 우리의 삶의 방식을 개선할 수 있는 해결책을 찾고 함께 이를 실천한다. 또한 학생들은 개발에 영향을 미치는 사회 구조와 해결책을 잘 알고 있어야 하고, 사회 구조와 해결책에 영향을 행사하도록 학생을 안내한다. 기본 교육은 학생의 시야horizons를 확대한다. 이로 인해 학생은 세대를 넘는 긴 시간을 고려하며 지구를 책임cross-generational global responsibility지려는 마음을 가질 수 있다.

핵심 가치underlying values는 기본 교육을 통해 습득해야 할 대상이며, 기본 교육의 전체 흐름을 조율하는 기준입니다. 여기서는 후자의 측면을 이야기했습니다. 전자의 측면은 뒤에서 이야기합니다. 예를 들면, 지속가능한 삶의 방식을 포괄적 실행능력 7번에서 교육 대상으로 진술합니다.

학교 밖에서는 가치 형성에 영향을 미치는 정보가 범람하고 있습니다. 이런 측면에서 학교에서 가치 교육을 해야 할 필요가 강화되고 있다는 진술은 우리에게도 설득력이 있습니다. 학교에서 가치 체계를 세울 수 있도록 지원한다는 것은 개념형성능력을 발달시키는 교육활동과 맥을 같이합니다.

일반 지식과 일반 능력의 범주를 설정하려는 노력도 돋보이지만, 거기에 용기를 포함한 것은 우리보다 한 차원 높은 학문 수준을 보여 주는 것 같습니다. 일반 지식과 일반 능력의 일부라고 언급된 내용은 우리가 교과 중심의 지식 교육을 너무 편협하게 해 왔다는 반성을 재촉합니다. 용기와 의향은 의지와 연결됩니다. 저들이 포괄적 실행능력의 정의에 의지도 포함한 것과 연결됩니다.

교육받은 사람은 우리가 추구하는 인간상 중 교양 있는 사람과 범주가 비슷합니다. "문화적 소양과 다원적 가치에 대한 이해를 바탕으로 인류 문화를 향유하고 발전시키는 교양 있는 사람." 인류 문화를 향유하고 발전시키는 주체가 교양 있는 사람이라는 진술은 부족한 것이 많습니다. 2014의 내용을 보니, 명확하게 보입니다. "올바르게 행동하려 노력하고 자신, 타인, 환경을 존중하는 모습", "정보를 비판적으로 사용", "자기 규제를 위해 노력하고 자신의 발달과 안녕에 책임"이 빠진 것을 드러냈습니다. 일상의 상황에서 매일을 살아가야 하는 개인으로서의 교양 있는 사람이 부재합니다.

우리는 너무 추상적으로 진술하여 실천의 안내자 역할을 못하고 있습니다. 보완책이 필요합니다. 가장 중요한 출발점, 추구하는 인간상이 국가 수준 교육과정을 준비하고 실행하는 조율자로 거듭나는 방안을 강구해야 합니다. 대강이 아니라 극단적 추상입니다. 구체적으로 방향을 제시해야 하는 대강이 아니라 문건을 고급스럽게 장식한 치장일 뿐입니다.

기본 교육이 자국의 문화유산에 근거한다는 진술은 당연합니다. 우리를 돌아보게 합니다. '지속가능한 문화 발달의 토대'를 마련하려는 국가 수준 교육과정을 꿈꾸어야 합니다. 문화적 다양성과 인권을 세계 시민교육과 연결하고 있습니다. 새 출발을 하는 자세로, 이 분야도 깊은 연구와 실천이 필요합니다.

엄마 지구와 함께 살아가야 하는 인간입니다. 지속가능한 발전을 친환경적 사회 지식과 능력으로 연결한 개념형성은 우리가 여러 영역에서 활용할 필요가 있습니다. 지속가능한 발전이 외적 측면이라면 친환경적 사회 지식과 능력은 내적 측면입니다. 사회와 사람, 둘 다를 고려해야 합니다. 방향 제시는 구체적으로 사람을 지향해야 합니다. 세대를 넘어서는 역사적 실천을 계획하며 지구를 책임지려는 마음을 확고하게 해야 합니다.

3. 약속한 학습의 의미

2014의 '약속한 학습의 의미'는 봄 호 26~27쪽에 전문을 담았습니다.[68] 거기서는 '약속한 학습의 의미'로 번역한 까닭을 이야기했습니다. 전체 내용에 대한 느낌을 간단하게 남겼습니다.

여기서는 좀 더 나아가고자 합니다. 학습을 어떻게 이해하느냐는 교육 실천이 나아가는 양상과 밀접하게 연결되기 때문입니다. 학생 중심 교육의 성격을 채색하기 때문입니다. 이를 위해 2004의 '약속한 학습의 의미'와 2014의 유치원 교육과정의 '약속한 학습의 의미'를 추가했습니다. 이번에는 관련 내용과 연결하여 흐름을 고려하여 내용을 조금 더 깊이 살펴보겠습니다.

가. 2004의 약속한 학습의 의미

먼저, 기본 교육을 위한 핵심 교육과정에 있는 두 문단으로 구성된

---

68. 전국교직원노동조합 참교육마당, 자료실, 교과·분과 발간 교육 자료, 2018년 상반기 비고츠키 발달교육에 있습니다. https://chamsil.eduhope.net/bbs/board.php?bo_table=maybbs_chamsil_11_14&wr_id=201995&menu_id=40d0

약속한 학습의 의미를 확인하겠습니다. 2004년의 내용입니다. 2018년
이 폭발적인 지식혁명의 시대임을 고려하면, 정말 오래전 내용입니다.
반감기에 비유하면 적어도 1/2048로 그 영향이 줄어들었습니다. 물리
적으로는 과거의 내용이지만, 학술적으로는 대한민국 교육과정에서
미래에나 볼 수 있는 내용입니다.

3.1 약속한 학습의 의미The conception of learning

학습의 의미를 지식과 기술능력들을 형성하는 공동체적 과정
과 개인적 과정으로 약속한 것에 근거하여 국가 핵심 교육과정을
공식화했다. 이 과정을 통해, 문화적 개입cultural involvement이 펼
쳐진다. 교사와 동료 집단과 소통하며, 교사의 안내를 받으며, 스
스로 행하는 다양한 상황에서 목적의식적purposeful 공부로 학습
은 발생한다. 새로운 지식과 기술능력에 더하여 평생 학습의 도
구로 기능하게 될 학습 습관learning habits과 일 습관work habits도
학습해야 한다.

학습은 학생들이 그들이 지닌 지식 구조에 근거하여 학습한
자료를 처리하고 해석하는 능동적이며 목적의식적 활동의 결과
다. 학습의 일반적 원리들은 모두에게 똑같이 적용되기는 하지
만, 학습은 이전에 구성된 학습자learner의 지식, 동기, 학습 습관,
일 습관에 좌우된다. 소통적 협동interactive cooperation을 통해 발
생하는 학습은 개인의 학습에 도움이 된다. 어떤 형태의 학습이
더라도, 학습은 집단적 혹은 개인적 문제해결을 포함하는 능동
적이며 목적 지향적 과정이다. 학습은 상황적이다. 그래서 학습
환경의 다양성the diversity of the learning environment에 특별한 관
심을 두어야만 한다. 학습으로, 문화와 문화에 담긴 의미를 이해

하는, 사회 활동에 참여하는 새로운 가능성new possibilities을 연다.[2004.3.1]

위 내용에서 이번 연구를 진행하며 주목한 사실들이 있습니다. 세 가지로 정리했습니다.

무엇보다도 눈을 사로잡은 것은 공부와 학습의 관계입니다. "목적 의식적 공부로 학습은 발생한다." 이 진술에 담긴 전제는 학령기에 학생이 펼치는 학습은 학교 입학 전 그리고 졸업 후에 진행하는 학습과 다르다는 것입니다. 학생이 교사가 교수한 내용을 공부해야만 학습이 시작된다는 것입니다. 학생이 스스로 저절로 알아서 학습하는 게 아니라, 교사가 교수한 내용과 이를 파악하려는 의지로 공부가 펼쳐지는 과정 후에 학습이 시작된다는 것입니다.

2004에 전제된 이런 의미를 2008년 연구할 때 제대로 읽어 냈다면, 수도 없이 인용하여 대한민국을 도배했을 것입니다. 연구자가 능력이 부족하여 이를 깨닫는 데 10년의 세월이 필요했습니다. 강산이 변한다는 그 10년이 필요했습니다. 2014 연구를 통해 교수-공부-학습을 전체로 보는 핀란드 교육학의 성과를 이해했기 때문에 이를 인식할 수 있었습니다. 혼자 힘으로 당시에 백 번을 읽었어도 연구자가 당시에는 이런 개념이 없어 이를 파악하지 못했을 것입니다. 이 개념이 없다면 지금도 파악하지 못했을 것입니다. 이런 상황을 쉽게 이야기하면, 모르면 보이지 않고, 알아야 볼 수 있다는 것입니다.

두 번째로, 학습자가 학습을 할 수 있는 까닭에 대한 설명입니다. "학습은 이전에 구성된 학습자의 지식, 동기, 학습 습관, 일 습관에 좌우된다." 애매한 진술입니다. 학습자라는 표현은 구성주의를 연상시킵니다. 구성주의 가설에 따르면, 학습자가 자기 지식을 구성한다면, 이는 개인의 타고난 인지구조 때문입니다. 하지만 2004년 내용임에도 기술된 내용은 좀 다릅니다. 기존 지식, 동기, 학습 습관, 일 습관이 학습을 결정한다는 진술은 행동주의와 인지주의에 닿아 있습니다. 2004년에 핀란드가 구성주의에서 이탈하는 조짐으로 가볍게 정리하고 분석을 끝내겠습니다. 2014는 저 맥락이라면 학습자 대신 학생이라고 표현합니다. 이런 측면에서 강원도 교육과정 편성·운영지침에 학습자 대신 학생을 적시한 것은 세계적 추세를 반영한 올바른 조치입니다.

마지막으로, 학습의 실체를 진술한 부분입니다. "학습은 … 능동적이며 목적 지향적 과정이다." 학습을 상호작용과 연결된 자율적이고 자동적인 과정으로 보지 않았습니다. 학습을 목적에 도달하려는 의식적인 활동이 펼쳐지는 것으로 보고 있습니다. 여기서 소비에트 활동 이론의 뒷맛을 느낄 수 있습니다. 내막을 아는 분은 쉽게 헬싱키 대학 엥게스트롬의 문화역사적 활동이론을 연상할 수 있습니다.

2007년 번역본을 읽을 때는 상상할 수 없었던 진술입니다. 똑같은 영문이지만 10년의 격차를 두고 읽으면 그 의미가 완연히 달라지는 경우가 있습니다. '약속한 학습의 의미'가 그렇습니다. 2004에 이미 이런 진전이 있었다는 것은 연구자인 저에게는 충격입니다.

나. 2014 유치원 교육과정의 약속한 학습의 의미

이번에는 위계를 살폈습니다. 유치원 교육과정에 있는 내용을 확인하겠습니다. 전체 내용이 두 문단에 담겨 있습니다.

유치원 교육을 위한 핵심 교육과정은 아이들children이 다른 아이들과 선생님들, 다른 공동체와 주변 환경과의 교류interaction에서 새로운 지식과 기술능력을 획득한다는 사실과 일치하는 약속한 학습의 의미에 기초한다. 학습은 행동actions, 감정emotions, 감각적 지각sensory perception, 신체적 경험bodily experiences, 생각thinking이 결합되는 총체적인 사건a holistic event이다. 어린이들이 행위를 직접 하는 것과 자신이 학습자다워질 가능성을 신뢰하는 것은 학습을 하는 데 필수적이다. 또한 어린이들의 자기 의지will와 발달 중developing인 함께 일하는 기술능력도 학습에 중요하다. 유치원 교육을 하는 동안, 어린이들은 놀고, 움직이고, 탐색하면서, 다른 과제를 하고, 자신을 표현하면서, 그리고 예술적 활동을 통해 학습한다. 긍정적인 감정적 경험들Positive emotional experiences, 기쁨joy, 창조적 활동creative activities은 아이들의 학습을 촉진하고 어린이가 자신의 실행능력을 발달시키도록 고무한다.

어린이 각자의 이전 경험과 어린이의 실행능력은 학습을 위한 출발점이다. 어린이가 학습한 새로운 지식과 기술능력들을 어린이가 경험하는 세계와 어린이의 일상생활과 연결하는 것은 중요하다. 놀이와 지시받은 활동에서, 어린이들은 다른 사람들과 협동하며 일하는 것과 개별 혹은 공동 활동을 위한 목표를 설정하는 것을 학습한다. 어린이들의 말을 경청하고, 어린이와 다양한 주제를 토론하며, 다른 사람들을 고려하도록 수업instruct한다. 이를 통해 어린이들은 그룹과 공동체에서 소속감을 경험하게 된다. 목적은 새로운 지식과 기술능력의 습득으로 어린이가 더 학습하려는 열망a desire을 창출하는 것이다.

제가 음미하고 싶은 내용을 간단하게 요약하겠습니다. 유치원 핵심 교육과정은 '약속한 학습의 의미'에 기초합니다. 유치원생에게 학습은 총체적 사건입니다. 학습이 제대로 벌어지려면 직접 행위하고 자신이 잘할 것이라고 믿어야 합니다. 또한 의지와 함께 일하는 기술능력도 중요합니다. 긍정적인 감정 경험, 기쁨, 창조적 활동은 학습을 촉진합니다.

어린이의 구체로 어린이가 경험하는 세계와 어린이의 일상생활을 제시했습니다. 타인의 말을 경청하고 다양한 주제를 토론하고 다른 사람을 고려하는 일은 어린이가 스스로 감당할 수 없는 일이지만 해내야 하는 일입니다. 교사는 이를 수업해야 합니다. 어린이가 더 학습하려는 열망을 창출하게 하는 것은 쟁취해야 할 중요한 목적입니다.

학령기 이전 어린이와 관련된 내용이라 제가 그 적절함을 판단하기가 더 어렵습니다. 진술의 전체 흐름에서 발달교육의 냄새가 풍깁니다. 아직은 저의 주관적 느낌입니다. 유치원 교육과정에서 협력과 의지를 대면했습니다. 어찌 해석해야 할지 감당하기 어렵습니다. 먼 미래에 풀 숙제입니다.

다. 2014 약속한 학습의 의미

봄 자료집에서 제목을 '약속한 학습의 의미'로 번역한 사연을 28쪽에 언급했습니다. 이어서 전반적인 느낌을 담았습니다. 학습의 의미를 합의하기 어려워 구성주의, 행동주의, 형태주의, 활동이론, 문화역사적 이론 따위를 절충했을 것이라고 분석했습니다. 그럼에도 불구하고 교사들이 오랜 협의를 통해 약속한 것이라 실천에 큰 영향을 미칠 것이라고 단정했습니다.

2.3 약속한 학습의 의미The conception of learning

학습 과정에서 학생은 능동적 행위자active actors라는 (암묵적) 약속이 있다. 국가 핵심 교육과정은 이 토대 위에 세워졌다. 학생은 다른 사람과 함께 심지어 혼자서도 목표를 설정하고 문제를 해결하는 방법을 배울 수 있다. 학습은 개인이 인간으로 성장하고 공동체를 위한 고귀한 삶을 이룩하는 과정과 분리될 수 없다. 다른 감각(기관)의 사용, 물리적 요소들physical elements, 언어는 생각과 학습에 절대적으로 필요하다. 새로운 지식과 기술능력skills을 습득하면서, 학생은 자신의 학습, 경험, 감정을 돌아보는 방법을 학습한다. 긍정적인 감정을 경험하면, 즉 학습과 창조적 활동에서 즐거움을 경험하면, 학습은 촉진되고 학생은 자신의 실행능력을 발달시키려 한다.

다른 학생들, 교사들, 다른 성인들, 다양한 공동체나 학습 환경과 능동적으로 관계를 맺어 가며 학습은 펼쳐진다. 학습은 필연적으로 함께 혹은 혼자 어떤 일을 하는 것, 생각하는 것, 계획하고 탐구하는 것, 이 과정을 적합한 여러 방식으로 평가assessing하는 것과 관련된다. 함께하면서 학습하려는 학생들의 적극성과 그렇게 하면서 향상된 학생들의 기술능력skills은 학습 과정의 흐름을 결정한다. 학생이 자신의 행위가 다른 사람과 환경에 미친 영향과 결과를 고려하도록 안내한다. 창조적·비판적으로 생각하고 문제를 해결할 때, 함께 학습하는 게 학생의 기술능력과 다른 관점을 이해하는 능력ability을 향상시킨다. 또한 함께 학습하면 학생은 흥미를 가져야 할 대상을 더 쉽게 확장한다. 학습은 학습했던 내용, 시간, 장소와 다양하게 연결된다.

스스로 학습할 수 있도록 학습 기술능력learning-to-learn skills을 발달시키는 것이 목표 지향적인 학습과 평생 학습의 토대가 된다. 그렇기 때문에, 학생이 자신의 학습 방식을 자각하도록 그리고 이 지식을 사용하여 자신의 학습을 향상시키도록 안내한다. 자신의 학습 과정을 자각하고 그 과정에 대한 책임이 자기에게 있음을 아는 학생은 자신을 규제하는 방법을 더 잘 배우게 된다. 학습하는 과정에서 학생은 일하는 기술능력working skills과 생각하는 기술능력thinking skills을 학습하고 다양한 학습 단계the various stages of learning를 예상하고 계획하는 기술능력을 익히게 된다. 학생이 새로운 개념을 학습하고 학습했던 화제를 더 깊게 이해하도록 하려면, 학생이 학습하는 화제와 새로운 개념을 전에 배운 것과 연결시키도록 안내한다. 지식과 기술능력의 학습Learning knowledge and skills은 누적되며 종종 장기간에 걸친 지속적인 익힘long-term and persistent practice을 필요로 한다.

학생이 경험한 바와 학습자로as learners 자신을 어떻게 인식하는가, 무엇에 흥미를 두는가, 자신을 어떻게 평가하는가, 과업에 어떤 자세로 임하는가, 어떤 감정을 지니는가는 학생의 학습 과정learning process과 동기motivation에 영향을 미친다. 학생의 자기 이미지, 자기 효능감self-efficacy, 자기 존중심self-esteem은 학생이 자신의 행위가 도달해야 할 목표를 설정하는 데 영향을 미친다. 학습하는 과정에서 고무적인 안내를 받게 되면, 학생은 자기 잠재력을 더욱더 확신하게 된다. 다양한 방식으로 긍정적이며 실제적인 정보나 의견을 주고받는 것feedback이 학습을 지원하고 학생의 관심을 확장시키는 작업 중 소통interaction의 핵심적인 부분a key part이다.

2004와 2014의 가장 큰 차이는 학습의 주체입니다. 2004는 개별 학생, 학습자입니다. 학습은 개별 학생의 몫이고 이를 전제로 진술했습니다. 2004가 사회적 구성주의와 맥을 같이한다는 주장은 적어도 '약속한 학습의 의미'를 보면 문제가 있습니다. 2014는 '함께하는 학습'이라는 표현에서 알 수 있듯이 학습의 주체가 학생들로 한정되었습니다.

게다가 2004에서도 학생은 능동적 학습자가 아니라 능동적 행위자라고 진술하고 있습니다. 학습은 인지 구조가 지식을 구성하는 무엇이 아니라 목적 지향적 활동입니다. 외부를 향한 활동입니다. 소비에트 활동이론의 냄새가 진하게 요동칩니다.

2014에는 학습의 결과에 대한 관점이 명확해졌습니다. 행동주의마저 연상시키는 '지식의 학습은 누적된다'는 표현이 등장합니다. 나아가 학습의 결과는 장기간에 걸친 지속적인 익힘을 필요로 한다고 단정합니다. 20분 활동으로 발견해야 하는 학습과는 천지 차이입니다. 장기간에 걸친 지속적인 익힘은 포괄적 실행능력의 한 실체인 의지와 밀접하게 연결됩니다.

학습 과정에서 교사의 역할도 부각되었습니다. 학생을 안내하는 역할, 교수하는 역할, 학생과 함께 협의하는 역할, 피드백을 제공하는 역할이 설정되었습니다. 학습 과정에서 학생이 추상과 구체를 연결하도록 교사는 적극적으로 안내해야 합니다.

이 부분은 두 배로 늘어 2014에서는 네 문단이 되었습니다. 이 부분을 2024년에는 몇 문단으로 늘릴지 궁금합니다. 얼마나 체계적으로 진술할지 기대됩니다.

4. 지역이 결정할 사항

마지막으로 기본 교육을 집행하면서 시·도 교육청이 결정해야 하는 것을 살펴보겠습니다. 앞에서 살펴본 세 가지 내용과 관련된 내용입니다.

2.4 지역이 결정할 사항Issues subject to local decisions

지역 교육과정을 준비하고 교육 비전을 공유하며 함께 집행함에 있어, 가치들을 논의하는 과정은 토대에 해당한다. 교육과정의 초안을 만들 때 그리고 수시로 정상적인 학교 일을 집행할 때, 가치들을 논의하는 방식을 지역이 결정한다. 또한 논의 과정에 교직원, 학생, 보호자와 다른 관련자의 참여를 보장하기 위해 어떤 전제조건들을 만들 것인지 지역이 결정한다.

교육 제공자는 교육과정에서 다음 측면들을 결정하고 기술한다.
- 기본 교육에서 학습의 핵심 가치와 개념을 보완할 지역의 관점이나 강조 사항들이 무엇인지, 그리고 어떻게 그러한 가치와 개념을 실현할지(다른 관점에서, 핵심 가치와 약속한 학습의 의미를 기술하는 것으로 핵심 교육과정의 텍스트를 사용할 수 있다).
- 핵심 가치와 약속한 학습의 의미의 실행을 어떻게 관찰하고 판단할 것인지.

교육 제공자가 결정한 바에 따라 어떤 보완적인 학교에 특수한 세부 사항Any complementing school-specific details을 학교교육과정 그리고/혹은 연간 교육 계획서에 담을 수 있다.

학교에서 교직원이 학교가 지향하는 가치를, 그 가치들의 우선순위를 정하고 교육과정에 반영합니다. 이를 실천한 후에 이를 반성합니다. 이러한 과정이 어떻게 진행되어야 하는지를 지역 교육청은 안내합니다. 취지는 '교육과정 함께 만들기 주간 운영'과 비슷한 제안입니다. 다른 점은 지역 수준 교육과정에 담느냐 아니면 공문에 담느냐 하는 것입니다.

기저 가치와 약속한 학습의 의미를 반성하는 방법은 진짜 혁신학교에서 그 원형을 볼 수 있습니다. 지역 수준 교육과정에 담는 것은 아직도 요원합니다. 국가 수준 교육과정에 대강화된 방향 제시가 없기 때문에 정말 어려운 과업입니다.

교육과정과 관련된 모든 공문을 지역 수준 교육과정에 녹여내는 날까지 살아야겠다는 오기를 품어 봅니다. 입말로 이런 제안을 한 지 15년 지났습니다. 이제 글말로 제안했습니다. 앞으로 15년이면 그날이 눈앞에 올 것이라고 의지로 낙관합니다.

III.
기본 교육:
임무와 일반 목표

2014 핀란드 핵심 교육과정의 3장 제목은 'Mission and general goals of basic education'입니다. 이를 다듬어 제목으로 제시했습니다. 3장의 내용을 살펴보겠습니다.

1. 기본 교육의 임무

시기 측면에서 보면, 핀란드의 기본 교육은 우리의 초·중등 교육에 해당합니다. 기본 교육을 진행하면서 국가가 책임져야 할 임무가 있다는 발상은 너무나 충격적입니다. 현실에서 국가의 명령만 듣다 보니, 이런 상식이 너무 이상합니다. 국가가 책임져야 할 임무가 무엇인지 꼼꼼하게 음미하겠습니다. 그 씨앗은 2004 2장 2절(기본 교육의 임무)에 뿌려져 있었습니다.

3.1 기본 교육의 임무Mission of basic education
기본 교육은 교육 체계의 초석이며 동시에 유치원부터 시작되어 지속될 교육 흐름의 일부다. 기본 교육을 받으면 학생은 방대한 일반 지식과 일반 능력의 토대를 구축하고 의무교육compulsory education을 마칠 수 있다. 기본 교육을 통해 후기중등 교육과 직업교육에 필요한 자격eligibility과 실제 능력capabilities을 얻게 된다. 기본 교육은 학생이 자신의 개인적 장점을 인식하고 학습을 통해 자신의 미래를 건설하는 데 도움을 제공한다.

기본 교육의 임무를 기본 교육의 교육적 과제, 사회적 과제, 문화적 과제 혹은 미래 관련 과제future-related task라는 다양한 관점에서 검토할 수 있다. 통합의 원리the inclusion principle가 기본 교육의 전개development를 인도한다. 교육에 접근할 수 있는 기회를 보장해야만 한다. 기본 교육을 제공하는 각 학교가 담당할 교육적 과제가 있다. 그것은 가정과 협동하여 학생의 학습, 발달, 안녕을 지원하는 것이다. 기본 교육을 통해 학생은 자신의 실행 능력을 다목적으로 발달versatile development시킬 기회를 갖는다. 또한 인간, 학습자, 공동체 구성원으로서 긍정적으로 자신의 정체성을 강화할 수 있다. 교육은 참여, 지속가능한 삶의 방식, 민주적인 사회 구성원으로 성장하는 것을 촉진한다. 기본 교육을 통해 학생이 인권을 인지하고, 존중하고, 방어하도록 교육educate한다.

기본 교육의 사회적 과제는 공정equity, 평등equality, 정의justice를 증진하는 것이다. 기본 교육은 인적 자본과 사회 자본을 강화한다. 인적 자본은 실행능력으로 구성되지만 사회 자본은 이와 달리 사람들과의 접촉, 교류, 그 결과인 신뢰로 이루어진다. 공동으로jointly 두 자본은 개인과 사회의 안녕과 발달을 촉진한다. 기본 교육의 임무는 불평등과 배제를 예방하고 성 평등gender equality을 증진하는 것이다. 기본 교육은 소년과 소녀가 공평하게 다른 교과들을 공부하도록, 성 다양성에 대한 정보와 이해를 증진하도록 격려한다. 학생이 자신의 개인적 잠재력potential을 인식하고 성 편향적 역할 모델의 영향을 받지 않으며 학습 경로를 선택하도록 지원한다.

기본 교육의 문화적 과제는 다양한 문화적 실행능력과 문화유산을 이해하는 능력을 증진시키고, 학생이 자신의 문화적 정체성과 문화 자본을 형성하도록 지원하는 것이다. 기본 교육은 문화적 다양성에 대한 이해를 향상시키고, 학생이 문화를 모든 사람이 참여하여 과거, 현재, 미래로 나아가는 진보의 성과로 인식하게 한다.

학교 밖 세상의 변화는 학교의 작동 방식뿐만 아니라 학생의 발달과 안녕에도 영향을 미칠 수밖에 없다. 기본 교육을 받는 동안, 학생은 변화하라는 압력에 적극적으로 대처하고, 그 압력을 비판적으로 평가하고, 우리 미래를 결정하는 선택에 대해 책임지는 방법을 학습한다. 기본 교육의 한 부분인 세계 교육global education은 유엔의 발전 목표들과 보조를 같이하는 공정하고 지속가능한 발전을 위한 전제조건을 창출하는 데 공헌해야 한다. 가능한 한 최선을 다해, 학교는 다른 국가의 학교와 교육 행위자와 협력work together한다. 기본 교육은 사회에 공헌하는 긍정적 변화를 위한 추동력으로as a driver 국가 차원과 세계 차원에서 영향력을 행사exerts influence한다.

제가 보기에, 기본 교육의 가장 중요한 임무는 학생이 일반 지식과 일반 능력의 토대를 구축하도록 하는 것입니다. 네 영역으로 나누어 기본 교육의 임무를 언급했습니다. 교육적 과제는 학생의 학습, 발달,

안녕을 지원하는 것입니다. 사회적 과제는 공정, 평등, 정의를 증진하는 것입니다.[69] 문화적 과제는 다양한 문화적 실행능력과 문화유산을 이해하는 능력을 증진시키고 학생이 자신의 문화적 정체성과 문화 자본을 형성하도록 지원하는 것입니다. 미래 관련 과제는 유엔의 기준에 맞춰 협력을 통해 문제를 해결할 수 있는 능력을 함양하는 것입니다. 나아가 긍정적 방향으로 사회가 변화하도록 기본 교육을 통해 영향력을 행사하는 것입니다.[70]

핀란드가 서방 국가임을, 특히나 보수 정권이 장기 집권 중인 국가라는 사실을 실감하게 하는 표현이 있습니다. '자본'이 그것입니다. 대한민국 교육과정 총론에도 없는 표현입니다. 하긴 '자본'이라는 표현으로 가장 유명한 분이 마르크스이기는 합니다. 교육에서 겉으로 드러내 놓고 인간을 자본과 연결해 표현하는 것은 대한민국 교육과정 문건에서 앞으로도 보기 어려울 것 같습니다. 지금처럼 속으로 보이지 않게 연결해서 표현하기 때문입니다. 진로 교육이 그렇습니다. 대입을 위한 공정한 선발도 마찬가지입니다.

2. 교육 목표들

대한민국 교육기본법에는 교육이념이 있습니다. 그와 조응하는 교육 목표들도 있습니다. "제2조(교육이념) 교육은 홍익인간弘益人間의 이

---

69. 사회적 과제를 읽다 보면, 문재인 정부가 추구하고자 하는 방향이 연상됩니다. 기회는 평등하게, 과정은 공정하게, 결과는 정의롭게. 이런 상식이 통용되는 사회에 살고 싶습니다.
70. 직설적으로 기본 교육을 통해 사회가 긍정적인 방향으로 나아가도록 영향력을 행사한다는 표현을 사용했습니다. 솔직하게 이를 드러낸 용기에 찬사를 보냅니다. 소수가 밀실에서 은밀하게 작당하여 그 방향을 결정하고 국가 수준 교육과정을 통해 영향력을 행사하는 구태를 최근에도 겪었습니다. 이런 적폐는 이제 사라져야 합니다.

넘 아래 모든 국민으로 하여금 인격을 도야陶冶하고 자주적 생활능력과 민주시민으로서 필요한 자질을 갖추게 함으로써 인간다운 삶을 영위하게 하고 민주국가의 발전과 인류공영人類共榮의 이상을 실현하는 데에 이바지하게 함을 목적으로 한다." 교육 목적들을 개별 문장들로 추려 보겠습니다.

> 홍익인간 되기
> 모든 학생은
> 하나, 자신의 인격을 도야한다.
> 둘, 자주적 생활능력을 발달시킨다.
> 셋, 민주시민의식을 배양한다.
> 넷, 인간다운 삶을 살아가는 능력을 갖춘다.
> 다섯, 지속가능한 미래를 건설할 능력을 숙달하여 국가와
>   인류를 위해 실천한다.

교육의 국가적 목표들이라는 범주는 우리에게 어색합니다. 실천 측면에서만 그렇습니다. 사문화된 법적 측면에서는 위에서 보았듯이 그렇지 않습니다. 이런 간극은 법적 강제를 무시하고 행정이 독재를 했던, 하고 있는 현실 때문입니다.

행정 측면에서 어떻게 교육의 국가적 목표들을 구체적으로 제시했는지 궁금합니다. 미지의 세계를 탐험하듯이 새로운 내용을 즐겨 보겠습니다.

3.2 교육의 국가적 목표들 National goals of education

교육의 국가 차원 목표들은 교육기본법 Basic Education Act과 동

법 시행령에 상세하게 명문화되어 있다. 이러한 목표들이 국가 핵심 교육과정의 모든 측면을 준비하는 데 방향을 제시한다. 나아가 지역 수준 교육과정을 준비하고 학교에서 교육과정을 집행하는 데도 방향을 제시한다.

사람으로 그리고 사회 구성원으로 성장Growth as a human being and membership in society

교육기본법 시행령 2장에는 학교가 담당해야 할 교육 과제가 명확하게 적시되어 있다. 한 명의 인간으로 그리고 윤리적으로 책임 있는 사회 구성원으로 학생이 성장하도록 지원하는 것은 중심 목표a central goal다. 또한 교육은 건전한 자존감을 지닌 조화로운 성인으로 학생이 성장하도록 지원해야만 한다. 교육기본법 시행령에 따라, 교육은 문화들과 이데올로기적, 철학적, 기독교를 포함한 종교적 전통들 그리고 서구 인문주의의 유산과 관련된 지식과 이해를 늘린다. 생명, 타인, 자연을 존중하는 것에 더하여 교육기본법 시행령은 인간 존엄성의 신성불가침, 인권 존중, 그리고 핀란드 사회의 공정과 평등을 포함한 민주적 가치들을 강조하고 있다. 또한 일반 지식과 일반 능력은 협동과 책임, 건강과 안녕의 증진, 좋은 습관과 예절의 학습, 그리고 지속가능한 발전의 증진도 포함한다고 봐야 한다is seen to include.

필요한 지식과 기술능력Requisite knowledge and skills

교육기본법 시행령 3장에 따르면, 교육의 핵심 목표는 학생이 광범위한 일반 지식과 일반 능력을 형성할 수 있는 그리고 자신의 세계관을 확대할 수 있는 토대를 구축하는 것이다. 이를 위하여, 다른 분야들의 지식 그리고 지식 분야들을 가로질러 연결하는 실행능력에서 지식과 기술능력 둘 다 필요하다. 동법 시행령은 가르칠 지식은 과학적 정보scientific information에 근거해야만 한다고 적시하고 있다. 또한 학생의 모국어가 아닌 언어로 제공되는 수업 그리고 특별한 세계관 혹은 특별한 교육학적 체계에 근거한 수업의 조직과 목적에 대한 규정도 담고 있다.

지식, 능력, 평등, 평생 학습의 증진Promotion of knowledge and ability, equality and lifelong learning

교육기본법 시행령 4장은 교육과 학생 복지를 조직할 때 방향을 제시할 목표들과 원리들을 담고 있다. 모든 활동은 교육적 공정과 평등을 강화하고 평생 학습에 필요한 학생의 학습 기술능력learning-to-learn skills과 실제 능력capabilities을 향상시켜야만 한다. 시행령은 적극적으로 함께하는 학습 환경과 수업 자원으로 학교 밖 학습 기회를 활용하도록 강조stress한다. 또한 효과적인 학생 복지뿐만 아니라 성장과 학습을 향상시키는 학교문화의 의의 significance도 강조underline한다.

시행령에 언급된 목표들은 지금 여기에 필요한 일반 지식과 일반 능력을 제공하고 평생 학습을 위한 토대를 구축하는 전체로as a whole 교육을 검토하게 하는 방식이다. 개별 지식 분야들의 실행능력뿐만 아니라 개별 교과들의 경계를 넘어서는 실행능력도 발달시키려 노력해야 한다. 이런 토대 위에, 핵심 교육과정은 다분과 학습 모듈뿐만 아니라 핵심 교과들과 포괄적 실행능력들 둘 다를 위한 목적들과 내용들을 규정한다. 이러한 목표를 달성하려면, 체계적인 협동과 목표 성취의 판단evaluation이 필요하다.

교육의 안정성, 지속성, 방향성을 법령으로 보장해야 합니다. 국회 교육위원회가 해야 할 일입니다. 5년마다, 심지어 매년 요동치는 국가 수준 교육과정은 적폐입니다.

교육의 국가 차원의 목표들이 교육과정이 아닌 법령에 체계적으로 제시되어 있음을 2014에서 확인할 수 있었습니다. 교육기본법 시행령, 2장, 3장, 4장에 제시되어 있습니다. 우리도 먼저 제대로 교육기본법 체계를 잡아야 합니다. 그 교육기본법의 내용을 시행령에 상세하게 풀어내야 합니다. 그래야 교육과정을 수시로 개정하는 적폐를 청산할 수 있습니다. 그래야 정치권력의 교체와 무관하게 교육과정의 안정성을 보장할 수 있습니다. 그래야 백년대계百年大計를 세울 기반을 마련할 수 있습니다.

3. 포괄적 실행능력

1부에서 포괄적 실행능력의 정의 부분과 1번 포괄적 실행능력(약칭 T1)을 언급했습니다. 정의 부분에 더하여 담긴 내용을 안내하는 문단도 살펴보겠습니다. 이번에는 7가지의 정의를 모두 살피겠습니다.

1부에서 중점적으로 위계를 살폈다면, 이번에는 연계를 살피는 작업입니다. 7가지 포괄적 실행능력들이 같은 학년 단위에서 서로 조화를 이루는지 확인해 보겠습니다.

3.3 포괄적 실행능력을 겨냥하기Aiming for transverse competence

포괄적 실행능력은 지식, 기술능력, 가치, 태도, 의지로 이루어진 실체를 지칭한다. 또한 실행능력은 직면한 상황에서 지식과 기술능력을 적용할 수 있는 능력을 의미한다. 학생이 채택한 가치와 태도 그리고 행동하려는 의향은 학생이 지식과 기술능력을 펼치는 방식에 영향을 미친다. 주변 세계의 변화 때문에 포괄적 실행능력을 점점 더 필요로 하고 있다. 지식과 기술능력의 경계를 넘어서고 다른 분야들의 지식과 기술능력을 연결하는 실행능력들은 현재와 미래에 펼쳐질 개인적 성장, 공부, 일, 시민 활동을 가능하게 하는 전제조건이다.

가치values, 약속한 학습의 의미the conception of learning, 학교문화the school culture는 실행능력이 발달할 수 있는 토대를 구축한다. 각 교과는 그 지식 분야에 전형적인 내용과 방법을 통해 학생이 실행능력을 형성하게 한다. 학생이 일하는 내용뿐만 아니라 특히 학생이 일하는 방식 그리고 학습자와 환경의 관계가 기능하는 방식도 실행능력 발달에 영향을 미친다. 학습을 위한 안내와 지원뿐만 아니라 학생에게 제공되는 피드백도 태도, 동기, 행동하려는 의향에 영향을 미친다.

다음 항에서 7가지 포괄적 실행능력의 영역들을 기술했고 그것들의 중요성을 주장한다. 그 영역들은 빈번하게 서로 연결된다. 그것들의 공통된 목적은 기본 교육의 임무와 함께하며, 학생의 연령을 고려하면서 한 명의 인간으로 성장하도록 지원하는 것이고, 민주적 사회의 구성원에게 요구되는 그리고 지속가능한 삶의 방식에 필요한 실행능력을 제공하는 것이다. 특히 학생이 자신의 독특함uniqueness, 자신의 강점들, 발달 잠재력을 인식하도록 그리고 스스로를 제대로 인정appreciate하도록 격려하는 것은 아주 중요하다.

포괄적 실행능력의 목적들을 학년 단위에 따라 13장, 14장, 15장에서 더 상세하게 논의한다. 교과의 핵심 내용 영역과 목적들을 정의하면서 이러한 실행능력들을 고려했다. 교과를 기술하면서 교과들의 목적들과 포괄적 실행능력들의 목적들 사이의 연결links을 지적한다.

7가지 포괄적 실행능력을 살피기 전에 간단하게 가장 중요한 사실 하나만 정리하고 넘어가겠습니다. 무엇보다도 강조하고자 하는 바는 포괄적 실행능력과 '핵심역량'이 많이 다르다는 것입니다. 가장 큰 차이는 2014 포괄적 실행능력은 학교교육 내내 체계적으로 교수하고, 공부하게 하고, 배우고 익히게 해야 하는 대상이지만, 2015 '핵심역량'은 교사가 교과 수업에서 교수할 대상도, 학생이 공부하고 익혀야 할 대상도 아닙니다. 학생이 스스로 배워 가는 능력의 원천일 뿐입니다. 이미 발달된 능력입니다. 수행평가를 할 수 있도록, 과정평가를 할 수 있도록 교사 앞에서 펼치기만 하면 됩니다. 이론적으로는 그렇습니다. 2015와 2014가 완전 딴판인 까닭입니다. 2015에는 발달하는 문화적 능력을 진단하는 과정이 언급될 수 없습니다.

7가지 포괄적 실행능력을 하나하나 만나 보겠습니다. 1부에 언급한 내용을 참고하면 이해하는 데 많은 도움이 될 것 같습니다. [표 15]에서 제시한 포괄적 실행능력의 명칭을 여기서도 사용하겠습니다.

T1: 생각과 학습Thinking and learning to learn
생각 기술능력과 학습 기술능력은 다른 실행능력들의 발달과 평생 학습의 밑바탕이 된다. 학생이 자신을 학습자로 인식하는 방식과 주변 환경과 영향을 주고받는 방식은 학생의 생각과 학습에 영향을 미친다. 또한 학생이 관찰하는 방법을 배우고, 정보나 관념을 찾고 가치를 저울질하며 편집하고 정보나 관념을 생산하고 공유하는 방식은 학생의 생각과 학습에 본질적인 영향을 미친다. 정보가 다양한 방식으로, 예를 들면 의식적인 추론으로 혹은 개인적 경험에 근거한 직관으로 생성될 수 있다는 것을 학생이 깨닫도록 안내한다. 탐구적이고 창조적으로 일에 접근하는 방식, 함께 무엇을 행하기doing things together, 주의를 집중할 기회를 실현하기는 T1의 발달을 촉진한다.

교사가 학생이 열린 마음으로 새로운 해결 방안을 찾을 수 있도록, 자기를 그리고 자신의 관점을 신뢰하도록 학생을 격려하는 것은 너무나도 중요하다. 또한 학생이 명료하지 않고 상반되는 정보에 직면하도록 격려하는 것도 필요하다. 학생이 사물을 다른 관점에서도 고려하고, 새로운 정보를 찾고 그 정보를 근거로 자신이 생각하는 방식을 재검토하도록 안내한다. 자신이 제기한 질문에 학생이 대답할 수 있도록 시간적 여유를 주고, 또한 알고 있는 개인적 지식을 돌아보면서 스스로 대답을 찾도록 그리고 타인의 의견을 경청하도록 격려한다. 학생이 자신의 새로운 정보와 견해를 공식화하도록 독려한다. 학교가 만든 학습공동체의 구성원인 학생이 그들의 의견과 계획을 가지도록 지원하고 격려한다. 그들이 학습공동체 활동에서 자발적 행위를 강화하도록 배려한다.

학생이 문제해결, 논쟁, 추론, 결론 도출, 발명을 위해 타인과 협의하며 그리고 혼자서도 정보를 사용하도록 안내한다. 학생이 토론하는 화제를 다른 관점에서 비판적으로 분석할 수 있는 기회를 제공한다. 혁신적인 대답을 발견하는 데는 전제조건이 있다. 학생은 대안을 찾고 열린 마음으로 관점들을 결합하고, 경계 밖에서 생각할 수 있게 학습한다. 놀이 활동, 게임 중심 학습과 신체 활동, 실험 중심 접근 방식experimental approaches과 다른 기능적으로 일에 접근하는 방식, 그리고 다양한 예술 행위는 학습의 기쁨을 증진시키고 창조적으로 지각하고 생각할 수 있는 실제 능력을 강화한다. 체계적이고 윤리적인 생각을 할 수 있는 실제 능력은, 학생이 서로 영향을 주고받는 관계와 사물의 내적 연결을 파악하는 것을 그리고 복합적인 쟁점을 이해하는 것을 학습함에 따라, 점진적으로 발달한다.

개별 학생이 자기에 맞는 학습 방법을 인식하고 자신의 학습 전략을 발달시키도록 지원한다. 학생이 목표를 세우고, 자기 일을 계획하고, 자기 진척을 평가하고, 학습할 때 나이에 맞는 방식으로 첨단기술 도구와 여타 도구를 사용하도록 안내하면, 학습 기술능력은 향상된다. 기본 교육을 받는 동안, 지식과 기술능력의 토대가 잘 놓이도록 그리고 이후의 공부further studies와 평생 학습을 위한 견고한 동기가 발달하도록 학생을 지원한다.

1부에서는 생각과 학습이 T1인 까닭을 모르겠다고 고백했습니다. 경험적으로 수긍할 수 있지만 논리적으로 납득하기 어렵다고 했습니다. 그리고 이 부분을 2014가 비고츠키와 연결되는 증거로 제시하지도 못 했습니다. 또한 '학습공동체'라는 표현을 판단하지 않았습니다. '학습공동체'에 대한 불편한 심기부터 언급하겠습니다. 2014에 따르면, 학습공동체의 구성원이 학생입니다. 교사가 아닙니다. 연구공동체의 구성원이 교사입니다. 전문적으로 학습하는 자를 학생이라고 합니다. 그러므로 전문적 학습공동체의 구성원도 학생입니다. 전문적이라는 수식어는 저학년보다는 고학년 학생과 어울립니다. 이런 괴리를 보며 실천이 이론을 만든다는 명제를 다시 생각합니다. 대한민국 교사가 예비 교사, 고학년의 학생처럼 실천하기에 '전문적 학습공동체'라는 표현에 이질감을 느끼지 않는다는 잠정적 결론을 도출했습니다. 혁신학교 이야기이기에 더 갑갑합니다. 그래도 교사다운 실천을 하다 보면 언젠가는 자연스럽게 해결될 문제라고 낙관하겠습니다.

학생의 생각능력을 어떻게 볼 것인지 고민했었습니다. 이에 대한 비고츠키의 연구 성과를 제대로 음미했다면, 비고츠키의 발달교육이 가장 강력하게 영향을 미친 2014의 내용으로 T1을 제시했을 것입니다. 생각능력을 근거로 제시했을 것입니다. 이번 작업을 하면서 생각능력을 새롭게 인식하게 되었습니다. 비고츠키 선집 8권 『의식과 숙달』에서 비고츠키는 학령기(소비에트), 기본 교육(핀란드), 초·중등교육(대한민국)이 시작될 때는 생각 자체가 무의식적이고 비자발적 상태였지만, 끝날 때는 의식적이고 자발적인 생각으로 새롭게 형성된다고 논증했습니다. 이에 따르면, 총체적인 인간발달에서 학령기의 핵심적인 신형성은 생각능력입니다.

오직 비고츠키만이 이렇게 주장했습니다. 아직까지도 그렇습니다. 핀란드는 2014에서 그 생각능력을 포괄적 실행능력 1번으로 설정했습니다. 서방 세계에서 최초의 일입니다. 우리와 마찬가지로 지난 10년 보수우파가 집권했는데, 우리와 똑같이 미군정을 겪으며 '성장'을 강요받았는데, 핀란드는 우리보다 너무 빨리 제 길로, 진리를 찾는 길로 나아가고 있습니다.

T2: 문화적 실행능력, 교류, 자기표현Cultural competence, interaction and self-expression

학생은 문화적, 언어적, 종교적, 철학적 다양성이 삶의 한 일부인 세상에서 성장하고 있다. 다양한 환경에서 행동하고 살아가는 문화적으로 지속가능한 방식의 전제조건은 인권을 존중함에, 공경하며 교류하는 기술능력에, 자기와 자신의 관점을 표현할 수 있는 수단들에 토대를 둔 문화적 실행능력을 소유하는 것이다.

기본 교육을 받는 동안 학생이 자신의 환경에서 문화적 의미를 깨닫고 그 가치를 알아보도록, 각자의 문화 정체성을 확립하고 환경과 긍정적 관계를 형성하도록 안내한다. 학생은 개인의 사회적, 문화적, 종교적, 철학적, 언어적 뿌리뿐만 아니라 자신의 생활환경과 문화적 유산을 알고 인식하도록 학습한다. 학생이 각자의 배경에 담긴 의미와 여러 세대로 이어진 흐름에서 각자의 위치가 지닌 중요성을 고려하도록 격려한다. 학생이 문화적 다양성을 근본적으로 긍정적인 자산으로 간주하도록 안내한다. 또한 학생이 문화, 종교, 철학이 사회와 일상생활에 영향을 미치는 방식과 미디어가 문화를 형성하는 방식을 인식하고, 나아가 무엇이 인권을 위반하여 용인할 수 없는 것인지 알 수 있도록 지원한다. 학교 공동체 안에서 그리고 밖과도 협동하여, 학생이 문화적 특수성을 식별하고 다양한 환경에서 유연하게 대처하는 방법을 배워 익히게 한다. 학생이 다른 사람들을 존중하고 예의 바르게 대하도록 교육한다. 학생이 예술, 문화, 문화적 유산을 경험하고 해석할 수 있는 기회를 제공한다. 또한 학생은 문화와 전통을 이야기하고, 수정하고, 창조하도록 그리고 안녕에도 문화와 전통이 중요함을 이해하도록 학습한다.

학생이 자기 의견을 건설적으로 표현하고 윤리적으로 행동할 수 있는 실천 기회들이 학교 일에 풍부하게 담겨야 한다. 학생이 다른 사람의 입장에서 자기를 돌아보도록 그리고 다른 관점에서 쟁점과 상황을 검토하도록 안내한다. 학교 일을 통해 인권, 특히 아동 권리, 그리고 이러한 권리에 담긴 행동들에 대한 학생의 인식과 가치 존중을 체계적으로 향상시킨다. 모든 교육활동에서 나아가 국제적 협력을 통해, 다른 집단의 사람과 다른 국가의 사람을 존중하고 신뢰하는 학생의 태도를 강화한다.

학교 공동체에서, 학생은 학생 개인의 발달에 다른 사람과 교류하는 게 중요함을 경험한다. 학생은 사회적 기술능력들을 발달시키고, 다른 방식들로 자신을 표현하고 다양한 상황에서 공개적으로 발표하고 수행하도록 학습한다. 교육을 통해 학생이 모국어와 또 다른 언어들을 다재다능하고 기술적으로 사용하는 사람으로 발달하도록 지원한다. 학생이 서로 교류하고 자신을 표현할 때, 비록 제한된 언어 기술능력일지라도 이를 사용하도록 학생을 격려한다. 학생이 학습해서 수학 기호들, 이미지와 다른 시각적 표현들, 드라마와 음악 그리고 교류와 표현의 수단인 움직임을 사용하도록 하는 것도 마찬가지로 중요하다. 또한 학교 일을 통해 학생이 신체 기술능력들manual skills을 발달시킬 수 있는 적절한 기회를 제공한다. 학생이 자신의 신체를 적절하게 사용하여 감정, 관점, 사고thoughts, 발상idea을 표현할 수 있도록 안내한다. 학교 일을 하면서, 학생이 상상능력imagination과 창조능력creativity을 발휘하도록 격려한다. 학생이 자기 환경에 있는 심미적 가치aesthetic values를 향상시키는 방식으로 행동하도록, 학생들의 다양한 표현을 즐기도록 안내한다.

포괄적 실행능력 2번이 문화 영역에서 추출된 까닭은 쉽게 유추할 수 있습니다. 유럽이 다문화 사회고, 핀란드 사회는 특히나 그렇기 때문입니다. 다양한 문화적 배경을 지닌 시민이 늘어나고 있는 최근 추세가 반영되었을 것이라는 추측은 단정에 가깝습니다. 미래 사회의 필요가 아닌 현재 사회의 필요를 반영한 포괄적 실행능력입니다.

문화적 실행능력을 다양한 문화적 배경과 상이한 언어를 지닌 사람들이 함께 살아가면서 서로를 존중하며 더불어 살아가는 능력, 그 정도로 파악하고 넘어가고자 합니다.

이번에는 자기를 잘 돌보고 일상생활을 효과적으로 관리하는 포괄적 실행능력 3번[71]입니다.

T3: 자기 돌보기와 일상 관리하기Taking care of oneself and managing daily life

매일매일의 삶을 관리하는 데 점점 더 광범위한 범위의 기술능력이 필요하다. 이 영역은 건강, 안전과 인간관계, 이동과 교통, 점점 기술공학에 의존하는 일상 행동, 그리고 개인의 재정과 소비 관리를 포함한다. 이 모두 지속가능한 생활 방식의 요소들이다. 기본 교육을 통해, 학생이 자신의 미래를 긍정적으로 생각하도록 격려한다.

학교 공동체는 모든 사람이 자신과 다른 사람의 안녕, 건강, 안전에 영향을 미친다는 사실을 학생이 이해하도록 안내한다. 학생이 자신과 다른 사람을 돌보도록, 자신의 일상 삶을 관리하는 데

---

71. 봄 호에서 자기와 일상 관리로 명명했습니다. 가을에도 이 표현을 사용했습니다. 하지만 봄 호 103쪽 [표 14]에 있는 윤은주 교수의 명칭을 참고해야 한다는 판단을 하게 되었습니다. '자기 돌보기와 일상 관리하기'가 더 적절한 번역입니다. 출판을 준비하면서 이를 반영했습니다.

중요한 기술능력을 익히도록, 자기 주변 환경의 안녕을 위해 일하도록 격려한다. 기본 교육을 받는 매 학년에서, 학생은 안녕과 건강을 증진하거나 훼손하는 요소들의 중요성과 안전의 중요성을 알고 이해하도록 그리고 이 영역들과 관련된 정보를 발견하도록 학습한다. 학생이 자신의 일과 행동 그리고 함께하는 일과 행동에 책임질 수 있는, 또 자신의 감정적 기술능력과 사회적 기술능력을 발달시킬 수 있는 기회를 제공한다. 학생은 인간관계의 중요성과 타인을 돌보는 것의 중요성을 깨달으며 성장한다. 또한 학생은 일상적 생활 관리와 자기 규제self-regulation에 중요한 한 부분인 시간 관리time management를 학습한다. 학생이 교통 상황을 포함하는 다양한 상황에서 자기 안전과 타인의 안전을 돌볼 수 있도록 익힘의 기회를 제공한다. 학생이 위험한 상황을 예견하고 스스로 적절하게 행동하도록 안내한다. 학생이 안전과 관련된 중요한 기호들을 인식하고, 자신의 사생활을 보호하고, 개인적 경계personal boundaries를 설정하도록 교수teach한다.

학생은 과학기술technology, 과학기술의 진보, 삶과 환경의 다양한 영역에 미친 과학기술의 충격에 관한 기본 정보가 필요하다. 또한 학생은 민감한 과학기술적 선택에 조언이 필요하다. 수업에서 과학기술의 다양하고 유용한 측면들을 검토하고, 학생이 과학기술의 작동 원리들과 사회적 비용cost formation을 이해하도록 안내한다. 또한 학생이 과학기술을 책임 있게 사용하도록 안내하고 과학기술과 관련된 윤리적 문제들을 고려하게 한다.

학생이 소비자 기술능력skills과 개인 재정을 관리하고 계획할 수 있는 실제 능력capabilities을 발달시키도록 안내하고 지원한다. 학생이 소비자로 행동하도록, 광고를 비판적으로 검토하도록, 소비자의 권리와 책임을 알도록, 윤리적으로 올바르게 권리와 책임을 사용하도록 안내한다. 절제moderation, 공유sharing, 절약being economical을 독려한다. 기본 교육에서 학생은 지속가능한 방식에 맞게 선택하고 행동하는 것을 익힐 기회를 가져야 한다.

발달교육과 관련하여 인상적인 것을 잠깐 음미하겠습니다. 절제, 공유, 절약을 감독하고 격려합니다. 학생이 안전과 관련된 중요한 기호를 인식하도록 교수합니다. 전통 교육에서 했던 것입니다. 구성주의 시대에 부차적인 것으로 간주한 것입니다. 중요함을 잊고 지낸 것입니다.

포괄적 실행능력 3번은 개인의 삶 영역에서 주체적인 생활이 가능하도록 준비시키는 것입니다. 미래 사회의 필요는 아닙니다. 나의 현재와 미래 삶에 필요한 것입니다. 체계적으로 한곳에 모아 진술해서 그렇지 우리에게도 낯선 내용은 아닙니다.

다음에는 다문해 실행능력으로 옮겼던 것을 알아보겠습니다. 문해literacy 개념이 현실을 반영하여 확장되었음을 확인할 수 있습니다.

T4: 다문해Multi-literacy

다문해는 다양한 다른 텍스트different texts를 해석하고 생산하고 가치를 판단할 수 있는 실행능력이다. 이는 학생이 여러 양식diverse modes의 문화적 의사소통을 이해하고 자신의 자기 정체성을 형성하는 데 도움이 된다. 다문해는 텍스트를 넓게 정의하면서 추출한 개념이다. 이런 맥락에서, 텍스트text는 입말, 시각, 청각, 수, 신체 감각과 관련된 상징들의 체계systems로 그리고 이것들이 결합된 체계systems로 제시된 지식knowledge[72]을 지칭한다. 예를 들면, 텍스트는 글말, 입말, 인쇄, 시청각 혹은 디지털 형태로 해석되고 생산될 수 있다.

학생은 자기 주변의 세계를 해석하고 그 문화적 다양성을 인식하기 위해 다문해가 필요하다. 다문해는 다른 양식으로, 다른 맥락과 상황에서, 다양한 도구를 사용하여 정보를 획득하고, 결합하고, 수정하고, 생산하고, 제시하고, 평가하는 능력abilities을 의미한다.

다문해는 비판적 생각 기술능력과 학습 기술능력의 발달에 도움이 된다. 다문해를 발달시키는 과정에서, 또한 학생은 윤리적 문제와 심미적 문제를 논의하고 반성한다. 다문해는 모든 교수학습all teaching and learning에서 발달한 많은 다른 문해different literacies와 얽혀involve 있다. 학생은 전통적 학습 환경에서 그리고 다른 방식으로 과학기술과 미디어를 활용하는 디지털 환경에서, 자신의 기술능력을 연습할practise 기회를 가져야만must have 한다.

일상적 언어에서 앎knowing의 다른 방식들different ways로 표상한 양식presentational modes과 언어를 숙달하는 데로 나아가면서, 모든 학교 교과는 학생의 다문해를 발달시킨다. 이 실행능력을 발달시키는 전제조건은 풍부한 텍스트 환경, 이런 환경을 활용하는 교육학pedagogy[73], 그리고 다른 분actors과의 그리고 교수에서의 협동cooperation이다. 수업에서 학생이 다른 형태의 텍스트를 즐길 수 있는 기회를 제공한다. 학습 상황에서, 학생은 함께 그리고 혼자 다른 형태의 텍스트를 사용하고, 해석하고, 생산한다. 다양한

---

72. 2014에서 사용한 텍스트의 정의입니다. 앞으로도 세 번 더 나옵니다. 학년 단위 포괄적 실행능력을 기술한 부분입니다. 그런데 뒤에 나올 세 번과 딱 한 낱말이 다릅니다. 앞으로 나올 세 번은 지식(knowledge)이 아니라 정보(information)입니다. 개인적 판단입니다. 정보가 더 타당합니다. 왜냐하면, 텍스트 개념을 설명하면서 연결한 다른 개념들이 지식과 어울리기는 좀 무리가 있기 때문입니다. 저의 판단입니다.

73. 'pedagogy'를 교육학으로 번역했지만, 문맥을 보면 교수학에 가깝습니다.

제시 방식으로 된 텍스트를 학습 자료로 사용하고, 학생이 텍스트에 담긴 문화적 맥락을 이해하도록 지원한다. 학생은 자신에게 의미가 충만한meaningful 실제authentic 텍스트인지 그리고 그 텍스트에서 제시한 세계에 대한 해석이 적절한지 검토한다. 이를 통해 학생은 자신의 강점을 살리고 학습에서 그것과 관련된 내용을 활용하고 또한 참여participation와 관여involvement하는 데도 자신의 강점을 살린다.

포괄적 실행능력 4번은 2015 '의사소통역량'과 비슷합니다. 교과서의 입말과 글말을 넘어서서 폭넓게 텍스트를 정의한 것이 인상적입니다.

'포괄적'에 어울리게 다문해를 설명하면서, 생각과 학습(T1), 다문화(T2), 참여와 관여(T7)와 연결된 부분을 언급했습니다.

일상의 텍스트를 통해 얻는 일상적 개념과 학교교육의 텍스트를 통해 얻는 학문적 개념의 통합을 학생에게 일임하지 않고, 학교에서 두 개념을 연결하는 작업까지 교수학습 하고 있는 놀라운 장면을 상상할 수 있었습니다. 학생이 개념을 형성하는 일을 더 이상 개별 교사가 알아서 하는 어떤 것으로 치부해서는 안 됩니다. 체계적으로 교육과정에 담아야 합니다. 과학적으로 교수하고 공부를 통해 열정적으로 학습할 수 있어야 합니다. 변화된 지점을 확인할 수 있었습니다. 모국어 교육이 담당하고자 하는 책임이 얼마나 확장되었는지, 이를 얼마나 잘 해결하고 있는지 느낄 수 있었습니다.

이번에는 21세기를 시작하면서 대한민국 교육현장을 강타했던 정보통신기술입니다. 그때 우리는 ICT 강국을 예비하기에 충분한 교육현장이었습니다. 20년간 우리는 제자리걸음, 아닌 혹독하게 평가하면 뒤로 후퇴했습니다. 핀란드는 어떤 변화가 있었는지 살펴보겠습니다.

T5: ICT 실행능력ICT Competence

ICTinformation and communication technology(정보통신기술)에서 실행능력competence은 그 자체로 그리고 다문해의 일부로 시민에게 중요한 기술능력an important civic skill이다. ICT는 학습할 대상이며 동시에 학습하며 사용하는 도구이다. 기본 교육은 모든 학생이 자신의 ICT 실행능력을 발달시킬 수 있는 기회들을 보장한다. 기본 교육의 모든 학년all grades[74]에서, 다른 교과different subjects와 다분과 학습 모듈에서, 다른 학교 일other school work에서 ICT를 체계적으로 활용한다.

학생은 중요한 네 영역에서 자신의 ICT 실행능력을 발달시킨다.

1) 학생이 ICT를 사용하는 원리 그리고 ICT의 작동 원리와 핵심 개념을 이해하도록 안내하고, 학생이 자기 일을 행하면서 자신의 실제적인 ICT 실행능력을 발달시키도록 지원한다.

2) 학생이 ICT를 책임 있게, 안전하게, 인체 공학적으로 ergonomically 사용하도록 안내한다.

3) 학생이 정보 관리를 할 때 그리고 탐구적 과제와 창조적 과제를 수행할 때 ICT를 사용하도록 안내한다.

4) 학생은 서로 교류하고 연결 관계를 유지하면서 ICT를 사용하여 연습practise하고 사용한 경험을 누적gather한다.

이 네 영역 모두에서, 학생이 스스로 능동적이어야 한다는 것과 학생이 창조적으로 활동할 그리고 자신에게 적합한 일하는 방식과 학습 경로를 발견할 기회를 갖는 것은 중요하다. 또한 학습

---

74. 초등학교 1학년 학생도 ICT를 활용합니다. 유치원에서 게임 같은 활동으로 컴퓨터 기기를 사용합니다.

동기에 영향을 미치는 함께 일하는 기쁨과 발견하는 기쁨도 매우 중요하다. ICT는 자신의 사고thoughts와 착상ideas을 다른 방법으로 시각화할 수 있는 도구들을 제공한다. 이렇게 ICT는 학생의 생각 기술능력과 학습 기술능력도 발달시킨다.

학생이 다양한 ICT 응용 프로그램과 사용 방법에 친숙해지도록 그리고 학생의 일상 삶에서, 서로 간의 교류에서, 영향을 미치는 통로로서 ICT의 중요성을 관찰하도록 지원한다. 학생은 지도 교사와 함께together with the teacher 왜 ICT가 공부, 일, 사회에 필요한지 그리고 어떻게 이러한 기술능력이 일반적인 노동 실행능력working life competence의 일부가 되었는지를 고려consider한다. 학생은 지속가능한 발전의 관점에서 ICT의 충격impact을 평가assess하는 것과 책임 있는 소비자가 되는 것을 학습한다. 또한 기본 교육을 받는 동안 학생은 국제적 의사소통에서 ICT를 사용한 경험을 누적한다. 학생은 국제화된 세상에서 ICT가 지닌 의의significance, 잠재력potential, 위험risks을 인식perceive하도록 학습한다.

포괄적 실행능력 5번은 20세기 끝자락에 대한민국에 도입된 'ICT 능력'과 유사합니다. ICT 자체와 관련된 진술은 새로울 게 없습니다. 낯선 것을 세 가지만 언급하겠습니다. 하나, 다른 포괄적 실행능력과 연결되는 지점을 짚는 서술 방식입니다. 둘, 2004에서 그리고 2015에서 보기 어려웠던 '지도 교사와 함께'라는 수식입니다. 셋, ICT를 학습 대상이자 학습 도구라고 표현하는 설명 방식입니다.

ICT가 학습 대상이며 학습 도구라는 표현은 교육과정 문건에서는 낯선 것이지만, 개인적으로는 친숙합니다. 비고츠키의 문화역사적 이론을 공부하면서 접하던 친숙한 진술 방식입니다.

총체적으로 서술하는 방식과 다양한 측면을 설명하는 방식 때문에 많은 분이 비고츠키 책을 읽기가 어렵다고 합니다. 일부만 서술하는 방식과 드러난 부분만 묘사하는 방식에 길들여졌기 때문입니다. 비고츠키 공부를 위해 일상적으로 주변 분들과 함께 종합적으로 다양한 부분을 살피는 연습을 하시면 좋겠습니다.

좀 더 어려운 진술은 첫 문장입니다. 포괄적 실행능력 하나는 그 자체로 하나의 포괄적 실행능력이고 동시에 다른 포괄적 실행능력의 일부입니다. 이것을 인간과 연결하면 시민이 사용하는 문화적 도구입니다. 기술능력skill입니다. 기술능력을 일부로 하는 포괄적 실행능력이 인간이 사용할 기술능력이기도 합니다. 이게 ICT가 다른 포괄적 실행능력과 결을 달리하는 까닭입니다.

여섯 번째 포괄적 실행능력을 살펴보겠습니다.

T6: 노동 실행능력과 창업 정신Working life competence and entrepreneurship

과학기술의 진전과 경제의 세계화와 같은 다양한 결과들 때문에, 노동 생활working life, 직업occupations 그리고 노동의 성질 the nature of work은 변화한다. 노동에 필요한 것들을 예견하는 일은 과거보다 훨씬 더 어렵다. 기본 교육은 노동과 노동 생활에 대한 긍정적 태도와 관심을 향상시키는 일반적인 실제 능력general capabilities을 제공해야만must impart 한다. 학생이 지역 공동체와 사회 구성원으로서 노동과 창업의 중요성, 잠재된 창업 정신the potential of entrepreneurship, 개인적 책임personal responsibility을 이해하는 데 도움이 되는 경험을 획득하는 것은 중요하다. 미래의 직업을 위해, 학생이 노동 생활working life의 지식을 누적할 수 있게, 창업에 필요한 방법들을 학습할 수 있게, 학교와 여가 시간에 습득한 실행능력의 중요성을 이해할 수 있게 학교 일을 조직한다.

학생은 사업businesses과 산업industries의 특징과 그 지역의 핵심 분야key sectors에 친숙are familiarized with해야 한다. 기본 교육을 받는 동안, 학생은 노동 생활을 알게 되고, 학교 밖 사람들과 일하고 협력collaboration하는 경험을 누적한다. 이런 경험을 통해, 학생은 노동 생활에 요구되는 적절한 행위와 협력 기술능력을 연습하고 언어와 교류interaction 기술능력의 중요성을 이해한다. 또한 학생은 고용에, 창업 정신에, 여러 프로젝트various projects를 통해 위험 평가와 통제하여 위험 감수하기controled risk-taking에 필요한 기술능력을 잘 안다. 학생은 팀 노동team work, 프로젝트 과제, 연결망 사용networking을 학습한다.

학생이 다른 사람과 함께 그리고 혼자서 일하는 것과 체계적으로 장기간에 걸쳐 행동하는 것을 익힐 수 있는 기회를 학생에게 제공해야만must 한다. 함께하는 과제를 해결하면서, 각각의 학생은 자기 일을 전체의 일부로 인식할 수 있다. 또한 학생은 호혜reciprocity와 공동의 목표를 달성하려는 노력을 학습한다. 기능들을 학습하는 상황functional learning situations에서, 학생은 작업 과정을 계획하는 법, 가설을 설정하는 법, 다른 선택을 찾아보는 법, 결론을 도출하는 법을 학습할 수도 있다. 학생은 과업을 해결하는 데 필요한 시간과 일을 추진하는 데 요구되는 다른 전제조건을 판단하고, 환경 변화에 따른 새로운 해결책을 모색하는 활동을 연습한다. 동시에 학생이 일을 해 나가며 직면할 수 있는 어려움들을 예견하고 실패와 실망에 대처하는 방법을 학습할 수 있는 기회를 제공한다. 학생이 자기 일을 결론conclusion까지 추진하는 끈기tenacity를[75] 발휘하고, 일과 그 결과를 평가appreciate하도록 격려한다.

변화에 직면했을 때, 학생이 열린 마음으로 새로운 기회를 붙잡고 유연하고도 창조적으로 행동하도록 격려한다. 학생이 주도권을 잡고 다양한 선택을 살피도록 안내한다. 전통적인 성 역할과 다른 역할 모델들의 영향을 의식하면서, 학생이 자신의 직업적 관심을 파악하고 처음부터 이후에 진행할 공부를 합리적으로 선택하도록 지원한다.

포괄적 실행능력 6번은 최근 진행되고 있는 '진로 교육'과 같은 영역에 속합니다. 창업에 대한 이야기도 그렇습니다. 노동 실행능력[76]은 미래 사회가 요구하는 특정한 노동 시장을 전제하지 않았습니다. 어떤 직업에 필요한 특정 기술을 익히는 것을 배제했습니다. 노동 과정 전반을 종합적으로 파악하고 대처하는 능동적인, 주체적인, 창조적인 노동자를 만들겠다는 계획을 구현하고자 하는 장치입니다. 평생 다섯 가지 직업은 경험해야 할 학생입니다.

겸손하고 냉정하게 미래를 봐야 합니다. "노동에 필요한 것들을 예견하는 일은 과거보다 훨씬 더 어렵다"는 진술이 가슴에 와닿습니다. '진로 교육'은 사라져야 합니다. 그 역할을 직업 대학교와 평생 직업교육 기관에 넘기고, 일반적 실행능력을 키우는 일하는 삶을 위한, 일상생활을 위한 교육으로 방향을 돌려야 합니다.

---

75. 1970년대를 소환했습니다. '의지의 한국인'과 '은근과 끈기'가 연상되었습니다. 끈기는 의지와 밀접하게 연결됩니다.

76. 노동 실행능력으로 번역했지만, '일하는 삶에 필요한 실행능력'이라는 의미입니다.

이제 마지막으로 민주시민에 필요한 포괄적 실행능력을 알아보겠습니다.

T7: 참여, 관여 그리고 지속가능한 미래 건설하기Participation, involvement and building a sustainable future

시민 활동civic activity에 참여하는 것은 민주주의가 효과적으로 작동하는 데 기본이 되는 전제조건이다. 미래를 책임지려는 태도 뿐만 아니라 참여와 관여에 필요한 기술능력skills은 오직only 실천by practising으로만 학습될 수 있다. 기본 교육이 학생이 민주적 권리democratic rights와 자유freedom를 책임 있게responsibly 사용할 수 있는 능동적 시민으로 성장할 수 있는 실행능력의 토대를 구축하는 동안, 학교 환경environment은 이를 위한 지혜로운 무대 a sage setting가 되어야 한다. 개별 학생의 참여를 강화reinforce하는 것은 학교가 담당해야 하는 임무mission다.

기본 교육을 통해 학생이 학교 공동체와 사회에 관심을 갖게 되는 토대가 창출된다. 학교는 의사결정 과정에 참여하는 학생의 권리를 학생의 연령과 발달 수준에 적합하게 존중한다. 학생은 자신의 학습을, 협력적 학교 일을, 학습 환경을 계획하고, 실행하고, 평가assessing하고, 판단evaluating하는 데 참여한다. 학생은 시민 사회와 학교 밖 공동체 일에 참여participation하고 관여 involvement하는 체계와 방법에 대한 지식과 경험을 누적gather한다. 학생은 스스로 자연과 직접 관계를 맺으면서 환경 보호의 중요성을 이해한다. 학생은 미디어의 영향을 평가하고 미디어가 제공하는 잠재력을 활용하도록 학습한다. 직접 경험해 가면서, 학생은 관여, 의사결정, 책임을 학습한다. 또한 학습을 통해 학생은 규칙, 합의, 신뢰의 중요성을 이해한다. 학교와 학교 밖에서 참여를 통해, 학생은 자신의 관점을 건설적으로 제시하는 것을 학습한다. 학생은 협력하는 것을 학습하고, 쟁점을 비판적으로 검토하는 것뿐만 아니라 협상 기술능력, 중재와 갈등 해결을 실행해 볼 기회를 갖는다. 학생이 다른 집단들different parties을 평등하게 대함, 공정한 대우, 지속가능한 삶의 방식, 이런 관점에서 제안 proposals을 고려하도록 격려한다.

기본 교육을 받는 동안, 학생은 과거, 현재, 미래의 연결을 고려하고 다양한 대안적 미래를 성찰한다. 학생이 자기 지역 환경, 사회, 자연뿐만 아니라 자기 자신에게도 자신의 선택들과 살아가고 행동하는 방식way of living and actions이 중요함을 이해하도록 안내한다. 학생은 지속가능한 미래를 건설하는 데 공헌하기 위해, 자기 자신과 지역 공동체와 사회의 작동방식과 구조를 판단할 수 있고 그것들을 변화시킬 수 있는 실제 능력을 발달develop시킨다.

포괄적 실행능력 7번은 최근 진행되고 있는 '민주시민 교육'을 연상시킵니다. 보통의 경우, 학교 자치활동에 학생의 연령과 발달 수준에 맞지 않게 생색내듯이 학생을 형식적으로 참여시키는 우리 현실과 어울리지 않는 내용입니다. 초등학교를 대표하는 어린이 회장을 선출하는데, 1학년 학생도 참여해야 합니다. 대표 없이 의무 없다는 민주주의의 대원칙을 기억하셔야 합니다.

잘못된 선택을 하면 어떻게 하냐고 걱정합니다. 잘못된 선택을 했다고 성인의 선거권을 제약한 사례가 단 한 차례라도 있었는지 자문해보셔야 합니다. 행함으로 배워야 할 성장의 영역입니다. 공동체의 영역입니다.

기본적인 전제조건을 깊이 음미해 보는 게 실천을 위해 필요한 현실적인 조치일 듯합니다. "시민 활동에 참여하는 것은 민주주의가 효과적으로 작동하는 데 기본이 되는 전제조건이다." 중학교부터는 최소한 한 가지 시민 활동에 참여하도록 학교교육과정을 운영해야 합니다. 양의 누적 없는 질적 도약은 환상입니다. 대한민국 학생도 관리되는 도덕적 봉사 활동을 넘어서서 미래를 설계하고 건설하는 조직된 시민 활동에 참여하고 관여할 수 있어야 합니다. 교육적으로, 체계적으로, 지속가능한 미래를 창조하려는 의지로 이런 기회를 충분히 제공해야 합니다. 이는 헌법적 명령입니다. 동시에 행정적 금지사항이기도 합니다. 주체적인 교사라면 어디에 복종해야 할까요?

기본 교육의 임무와 일반 목표들을 달성하기 위해 지역이 해야 할 일을 살펴보겠습니다.

4. 지역이 결정할 사항

기본 교육의 임무와 일반 목표들을 지역이 어떻게 녹여내야 하는지를 알아보겠습니다.

3.4 지역이 결정할 사안Issues subject to local decisions

지역 수준 교육과정을 준비할 때, 관계자actors는 정부 시행령에 특정된 기본 교육의 임무와 국가 수준의 교육 목표들을 지역에서 어떻게 해석해야 하는지를 논의해야만should discuss 한다. 또한 관계자는 국가 수준의 목표들과 목적에 따라 지역 수준에서 교육 제공과 방향 제시에 필요한 것도 고려해야만should consider

한다.

교육 제공자는 교육과정에 아래 사항과 관련하여 결정한 내용을 기술한다.

- 지역 수준에서 기본 교육의 임무에 담긴 내용을 보완하고, 기본 교육을 실제로 집행하면서 분명히 드러내려는 관점이 무엇인지(달리 표현하면, 핵심 교육과정의 텍스트를 지역 수준의 임무를 기술하는 데 그대로 사용할 수도 있다. 또한 임무를 더 구체적인 용어로 표현할 수 있고, 교육과정을 보완하는 계획에 따라 집행할 수도 있다. 예를 들면, 지속가능한 발전 프로그램 혹은 문화교육 프로그램이 계획에 포함된다. 이런 경우에는 교육과정에 이 프로그램에 대한 언급reference이 있어야 한다).
- 핵심 교육과정에 정의된 포괄적 실행능력 영역들에서 지역이 잠정적으로 강조하고자 하는 것이 무엇인지, 그리고 이런 강조를 실행에서 어떻게 드러낼 것인지(달리 표현하면, 핵심 교육과정의 텍스트를 포괄적 실행능력을 기술하는 데 그대로 사용할 수도 있다).
- 교육에서 포괄적 실행능력의 목적을 성취하는 것을 보장ensure하고 확인monitor하는 조치들과 방식들이 무엇인지(포괄적 실행능력의 좀 더 세세한 목적은 학년 단위로 정의한다. 13장에서 15장을 참고하면 된다).

지역이 국가의 안내를 참고로 교육 전문성과 민주적 합의에 따라 자유롭게 무엇이든 할 수 있습니다. 하지 말아야 한다는 것을 기술하지 않았습니다. 중앙과 지역의 관계가 다른 기조 위에 설정되어 있음을 확인할 수 있었습니다.

지역 수준 교육과정은 상세한 내용을 담아야 합니다. 이는 21세기 교육과정의 절대 원칙입니다.

발달교육을 기준으로 핵심역량을 살펴보겠습니다. 대한민국 사례입니다.

첫째, 국가가 대강을 제시하기 전에 지역이 먼저 나섰습니다. 2012년 경기도 창의지성교육과정이 그랬습니다. 2014 총론 수준의 분량을 제시했습니다. 학년 단위는 상상도 하지 않은 것 같습니다.

둘째, 발달을 고려하여 가장 핵심적인 능력만 제시했습니다. 2013년 강원도 창의공감교육과정이 그랬습니다. 특정 시기에 강조할 것을 선별했습니다. 각각의 정의와 사례를 기술했습니다. 마찬가지로 각각의 학년 단위 내용은 채우지 못했습니다.

셋째, 대구 지역 수준 교육과정은 최초로 급별에 따라 핵심역량을 간결한 목표로 제시했습니다. 발달을 고려한 형식적으로 제대로 된 첫걸음이었습니다. 2014년입니다. 총론에 간결하게 언급한 목표를 현장에서 실행할 수 있도록 핀란드 2014 정도로 대강을 체계적으로 제시해야 하는 과제는 풀리지 않고 있습니다.

이런 대한민국의 현실과 비교하면, 세세한 부분을 지역 수준 교육과정에 담아야 한다는 2014는 우리에게는 너무도 먼 미래의 교육과정입니다.

IV.
학교문화

2014 4장은 종합적인 기본 교육에 적합하게 펼쳐져야 할 문화를 안내하고 있습니다. 2004 3장 3절에 언급된 문화를 2014 4장에서 언급했습니다. 문화가 대세라는 인상을 받았습니다. 분석하고 종합하면서 좀 더 알아보겠습니다.

4장은 4개의 절로 나누어 내용을 담았습니다. 1절에서는 학교문화와 학교문화 발달의 중요성을, 2절에서는 학교문화의 발달을 보장하는 원리들을, 3절에서는 학습 환경과 일하는 방법들을, 4절에서는 통합수업과 다분과 학습 모듈을 설명하고 있습니다. 1부에서 4장 4절의 전체 내용을 다루었습니다. 이 부분은 2004와 비교하며 변화 과정을 중심으로 한 번 더 살펴보겠습니다. 나머지는 2014 내용만 검토하겠습니다. 한국에 너무 낯선 내용이라 세세하게 살펴보겠습니다.

1. 학교문화와 학교문화 발달의 중요성

1) 2004 반성

2014에 담긴 내용을 알아보기 전에, 2004에 담긴 내용을 먼저 살펴보겠습니다. 3장 3절에 간단하게 언급했습니다. 처음은 이렇게 간단한 언급이었습니다.

2007년 번역본에 있는 내용을 먼저 읽어 보겠습니다.

3.3 학교문화

학교문화는 학교교육에 중대한 영향을 미친다. 이는 교육과업을 위해 설정된 목표를 달성할 수 있도록 학교의 풍토를 통일성 있게 발전시키는 것을 목표로 한다. 학교문화에는 학교 업무의 기반이 되는 가치, 원칙, 기준뿐만 아니라, 학교의 공식·비공식 규정, 운영 및 행동 모형 등이 포함된다. 기념식, 주제 활동일, 다양한 행사 등과 같은 특별활동도 학교문화에 포함된다. 학교의 가치관, 교육 목표, 범교과적 주제는 구체적인 형태로 학교문화를 이루고 있다. 학교문화는 학교와 가정, 사회와의 협력을 뒷받침하고 개방적이며 상호적이어야 한다. 또한 학생도 학교문화 창조와 발전에 참여할 수 있는 기회를 가질 수 있어야 한다.[2004.3.3]

2004 영문판과 비교했습니다. 일단 문단 수가 틀립니다. 한 문단이 아니고 두 문단입니다. 실수를 되풀이하지 않기 위해 2004 영문판 내용을 자세히 읽어 보겠습니다.

3.3 OPERATIONAL CULTURE

A school's operational culture[77] has a significant impact on education and instruction at the school, and thus on

---

77. 제목에 문제가 있습니다. 학교가 없습니다. 진행의 의미는 생략되었습니다. '학교문화'가 아니라 '학교에서 작동하는 문화' 혹은 '작동하는 학교문화' 이렇게 번역해야 합니다.

learning. The objective is that all the school's practices be developed uniformly, so as to support attainment of the objectives established for the educational and teaching work.

The operational culture embraces all the school's official and unofficial rules and operational and behavioral models, as well as the values, principles, and criteria on which the quality of the schoolwork is founded. It also encompasses extracurricular school activities such as celebrations, theme days, and various events. The school's values, educational objectives, and cross-curricular themes must assume concrete form in the operational culture. The objective is an open, interactive operational culture that supports cooperation both within the school and with the home and the rest of the society. The pupils must also enjoy the opportunity to participate in the creation and development of the school's operational culture.[2004.3.3]

2006년, 2007년 대한민국 수준이란 것이 있습니다. 혁신학교도 없던 시절입니다. 학교문화에 대한 감각이 부족하여, 학교에서 작동하는 문화는 번역에 제대로 담을 수 없는 개념이었습니다. 번역의 미묘한 차이가 해석과 활용에 큰 차이를 만들 수 있겠다는 생각을 했습니다. 차분하게 전문을 번역하겠습니다. 아래 내용은 2018년에 제가 한 번역입니다.

3.3 작동하는 문화OPERATIONAL CULTURE

학교에서 작동하는 문화는 학교의 교육과 수업에 결국에는 학생의 학습에도 중요한 영향을 미친다. 교육적 일educational work과 교수적 일teaching work을 위해 설정한 목적을 달성하도록 지원하기 위하여, 학교의 모든 실천을 통일성 있게 펼치는develop 것을 목적으로 한다.

작동하는 문화는 학교 일의 질the quality of the schoolwork을 결정하는 가치values, 원리principles, 기준criteria뿐만 아니라 학교의 공식·비공식 규칙rules, 작동·행동 모델models 모두를 포괄한다. 기념식, 주제 활동일, 다양한 행사 등과 같은 특별활동도 포함한다. 학교의 가치들, 교육 목적들, 범교과 주제들은 작동하는 문화에서 구체적인 형태concrete form를 취해야만must assume 한다. 그 목적은 학교 내에서의 협동과 가정·지역사회와의 협동을 지원할 수 있는 공개적·소통적으로 작동하는 문화an open, interactive operational culture를 구현하는 것이다. 또한 학생도 학교의 작동하는 문화를 창조하고 발달시키는 데 참여할 기회를 즐겨야만 한다 must enjoy.

미묘한 차이를 의식하며 차분하게 정리하겠습니다.

하나, 실행을 강조하는, 활동을 규제하는, 새로운 실천이 잉태되는 역동적인 측면의 문화를 살려야 합니다. 문화가 교육에 영향을 미친다는 하나마나한 단순한 진술이 아니었습니다. 현재 역동적으로 펼쳐지고 있는 문화가 미치는 영향을 이야기했습니다. 교사들에게 영향을 미쳐 교육과 수업에 영향을 줄 뿐 아니라 궁극적으로 학생의 학습에 영향을 미친다는 사실을 지적하고 있습니다.

혁신학교 경험을 통해 확인했습니다. 질문하고 토론하지 못하는 교사 집단은 질문하고 토론하는 학생 집단을 만들지 못한다는 평범한 사실 말입니다. 학교에서 민주적으로 전개되는 문화는 학생을 민주시민으로 키워 내는 데 결정적인 영향을 미칩니다. 교사가 침묵하는 문화는 수업과 학습에서 수동적인 학생을 양산합니다. 우리는 중대한 영향을 미친다는 진술을 심각한 실천적 과제로 인식해야 합니다.

민주적으로 작동하지 않는 학교문화는 심각한 교육 적폐입니다. 거기서 식민지 통제 문화, 군사 정권의 상명하복 문화, 무사안일의 관료주의 문화, 학생을 상품화하는 시장주의 문화, 가부장적 문화 따위가 주인 행세를 하고 있습니다. 민주주의를 위해 청산해야 할 부정적 문화를, 특히나 적폐를 학교에서 추방해야 합니다.

둘, 과업을 위해 풍토를 만들자는 이야기가 아닙니다. 일을 위해 제대로 실천하자는 이야기입니다. 관료주의적 용어가 아니라 사회주의적 용어입니다. 노동work과 실천practice 말입니다. 문화적 행동이 발달해야 한다는 진술입니다. 교육활동과 가르치는 일을 하며 역사에서 누적된 문화적 행동을 하자는 것입니다. 그런 취지에서 학교노동 schoolwork, 학교 일이라는 용어를 자연스럽게 연상할 수 있습니다.

셋, "학교의 가치관, 교육 목표, 범교과적 주제는 구체적인 형태로 학교문화를 이루고 있다." 교육 흐름 측면에서 가장 큰 오역입니다. 제가 한 번역입니다. "학교의 가치들, 교육 목적들, 범교과 주제들은 작동하는 문화에서 구체적인 형태를 취해야만 한다." 먼저, 진술에 담긴 국가의 의도가 확연히 다릅니다. 전자는 상태를 진술하여 교사의 인식을 확대하겠다는 것입니다. 후자는 학습하라는 것이 아닙니다. 연구해서 구체적인 형태가 무엇인지 찾아 반영해 나가라는 명령입니다. 해야만 한다는 것입니다.

1부에서 암시했던 내용입니다. 범교과 주제들을 10년 동안 학교에서 구체적인 형태로 녹여 구현하는 작업이 있었습니다. 그 결과로 포괄적 실행능력을 2014 핵심 교육과정의 중심 골격으로 삼을 수 있었습니다. 2004 범교과 주제들은 사라지고 2014 포괄적 실행능력으로 질적 비약을 했습니다.

마지막입니다. 학생의 참여를 학교가 선택할 사안인 것처럼 번역했지만, 실제는 강제 명령입니다. 'Must'입니다. 그것도 학생이 참여를 즐겨야만 합니다.

사족입니다. 변증법적 유물론 이야기 좀 하겠습니다. 변화와 모순을 이야기하겠습니다. 변화와 모순을 잣대로 문화를 간단하게 분석하고 종합하겠습니다. 상대적 측면에서 보면, 빠르게 변하는 학교문화와 느리게 변하는 학교문화가 있습니다. 둘은 대립하고 갈등합니다. 특정 순간에는 모순 관계일 수 있습니다. 2007년 번역본은 후자의 느리게 변하는 학교문화를 상정하고 있고, 원문인 2004는 빠르게 변하는 학교문화를 상정하고 있습니다. 이를 구분하고자 '작동하는'이라는 현재적 의미를 추가했습니다. 학교 구성원이 현재 막 생성하는 학교문화를 상정하고 있습니다.

이러한 인식 방식은 『생각과 말』에서도 확인할 수 있습니다. 과거분사의 의미가 담긴 사고thought와 현재진행의 의미가 담긴 생각thinking을 구분하는 것이, 언어language와 말speech을 구분하는 것이 일반 독자에게 어려운 현실입니다. 학자들도 곤란을 겪고 있으니 크게 걱정하지 않으셔도 됩니다. 그러나 앞으로는 구분할 수 있어야 합니다. 그래야 올바른 실천을 위한 나의 생각이 적절하게 펼쳐질 수 있기 때문입니다.

2) 2014 음미

2014에 담긴 내용은 전부 네 문단입니다. 첫 문단은 도입을 위한 배경 설명입니다. 다음 문단은 학교문화의 중요성을 정리했습니다. 나머지 두 문단은 학교문화 발달의 중요성을 언급했습니다. 전체 내용을 다 살펴보겠습니다.

4.1 학교문화의 의의와 학교문화의 발달Significance of school culture and its development

기본 교육은 일관된 교육과정·교육학의 전체curricular and pedagogical whole로서 펼쳐진다. 시행령에 따라 기본 교육은 1~2, 3~6, 7~9로 구성된 학년 단위로 구조화된다. 매 학년을 경과하면서 일관된 수업과 지속적인 교육이 연속적으로 펼쳐져야 한다. 유치원 교육과의 협동은 일의 장기적 목표들을 지원한다. 비록 유치원 교육과 기본 교육이 혹은 기본 교육의 다양한 학년들이 다른 행정 단위 하에서 작동하거나 다른 기관에 위치했다 할지라도, 교육 제공자는 수업에서의 협동과 일관성Cooperation and coherence of instruction을 보장한다. 가능하다면, 이러한 협동은 이후 교육과 훈련 단계의 교육 기간까지도 확대한다.

학교문화는 종합적인 기본 교육comprehensive basic education[78]이 펼쳐지는 데 중요한 역할을 한다. 학생이 경험하는 것처럼 학교문화는 언제나 학교 일의 질에 영향을 미친다. 공동체의 문화는 공동체의 역사와 문화its history and culture가 실현shaped한 실천

---

78. 종합적인 기본 교육은 초등 6년과 중등 3년을 하나로 묶어 냈다는 것입니다. 그 외형은 하나의 국가 수준 교육과정에서 잘 드러납니다. 초등과 중등이 별도의 국가 수준 교육과정을 갖는 우리와 많이 다릅니다.

practices으로 이루어진다. 학교문화는 발달하고 변할 수 있다. 학교 문화는 다음과 같은 다섯 가지 요소로 이루어진 실체an entity이다.

하나, 구성원이 활동의 목적과 일의 방향을 결정하는 규범을 어떻게 해석하는가.

둘, 지도력과 일의 전체 과정(조직, 계획, 집행, 평가)이 어떻게 펼쳐지는가.

셋, 공동체의 실행능력과 발달이 어떤 수준인가.

넷, 교육학과 전문가 정신.

다섯, 교류, 분위기, 일상적 실행과 학습 환경.

학교문화는 의식적 요인과 무의식적 요인으로 형성된다. 학교 문화는, 그 중요성과 충격을 인정하든 안 하든 그와 무관하게, 그 영역 내에 있는 사람들에게 영향을 미친다. 성인이 행동하는 방식은 학생에게 전달transmit된다. 학생은 학교 공동체에 퍼져 있는 가치, 태도, 관습을 취한다adopt. 예를 들면, 성 역할뿐만 아니라 언어 사용과 교류의 모범은 학생에게 전달된다. 학교문화의 충격을 고려하는 것과 학교문화의 바람직하지 못한 자질을 인식하고 수정하는 것은 학교문화가 발달development하는 중요한 과정an important part이다.

학교문화는 공동체의 실천practices에서 가장 분명하게 드러난다. 기본 교육에서, 모든 실천은 교육적 일을 위해 설정된 목표를 지원하는 데 맞추어져야 한다. 학교문화는 교육의 목적과 목표를 달성하는 걸 지원하고, 학교 일을 하며 공유된 기저 가치와 학습의 의미가 구현되는 걸 증진해야 한다. 학교문화를 진전시키는 기본 전제조건은 공개적으로 함께하는 토론open and interactive discussion[79]이다. 타인을 존중하며 모든 구성원이 참여하는 신뢰 분위기에서 토론을 진행한다.

먼저, 2004에서 2014로 이어지는 것과 끊어진 것을 찾아보았습니다. '학교 일의 질'과 '교육적 일'은 이어졌습니다. '교수적 일', '범교과 주제들', '즐겨야만 한다'가 사라졌습니다. 2014의 다른 부분을 살펴보면 하나도 사라지지 않았습니다. 기쁨을 강조하는 2014라는 선전 홍보물을 인터넷에 쉽게 접할 수 있습니다. '범교과 주제들'이 포괄적 실행능력으로 확대되고 중심적 역할을 하고 있습니다. '교수적 일'도 확대되어 서술되고 있습니다.

이제, 2014의 내용을 살펴보겠습니다. 공동체의 문화를 변화와 실천과 연결하여 기술하고 있습니다. 이렇게 보는 것은 변증법적 유물론의 방식입니다. 역사와 문화를 연결하는 방식은 변증법적 유물론의 방식 중에서도 비고츠키의 문화역사적 이론의 방식과 매우 유사합니다. 그러므로 변증법적 유물론 철학을 공부하지 않은 대다수 독자는 학교 문화에 왜 위에 기술한 다섯 가지 요소를 포함했는지 납득하기 어려울 것입니다.

학교문화의 진전을 위해 주목할 두 지점에 대한 언급은 누구라도 쉽게 이해할 수 있습니다.

진전을 위한 기본 전제조건도 이해하기는 쉽습니다. 공개적으로 함

---

79. 대한민국 공교육의 정체를, 혁신학교의 정체를 학교문화를 잣대로 분석할 수도 있습니다. 불행하게도 기본이 되는 전제조건부터 문제입니다. 공개적으로 함께하는 토론을 구경하기가 어렵습니다. 국가 단위, 시·도 교육청 단위, 학교 단위에서 공개적으로 함께하는 토론을 접하지 못했습니다. 5분 발제하고 5시간 토론해야 할 과제가 산적합니다. 현실은 형식적인 공청회 수준, 딱 거기까지입니다. 말로만 민주주의 딱 거기까지입니다. 이 부분을 돌파해야 진전이 있습니다. 그래서 몇몇 혁신학교의 민주적 토론은 밤하늘의 북극성처럼 돋보였습니다.

께 하는 토론입니다. 하지만 실천하기는 어렵습니다. 혁신학교 10년 실험을 통해 확인한 사실입니다. 즉 대한민국 학교문화는 토론 수준이 낮기 때문에, 앞으로 나아가기 위해 의식적으로 토론을 실천할 필요가 있습니다.

양이 아니라 질을 잣대로 사용하는 문화가 확산되어야 합니다. 공개적으로 함께하는 토론을 통해 질을 판단하는 것입니다. 공정한 경쟁이 아니라 어수선한 협력을 추구해야 합니다. 종이 위에 빽빽하게 기록된 책무가 아니라 주변을 신뢰로 채우는 책임을 추구해야 합니다. 공개적으로 함께하는 토론이 협력과 책임을 강화하는 계기가 됩니다.

2. 학교문화의 발달을 보장하는 원리들

학교문화가 발달하는 데 도움이 될 이야기가 2004에는 원리 수준으로 전개되지 않았습니다. 2014에는 원리를 7가지나 제시했습니다. 10년 실천의 성과를 체계적으로 정리하여 기술했습니다. 모범을 모방하려는 마음으로 전체 내용을 경청하겠습니다.

4.2 학교문화의 발달을 안내하는 원리들Principles that guide the development of the school culture

활동 방향을 잡을 때, 학교문화의 원리The principles of the school culture는 교육 제공자와 학교를 지원한다. 특히 학교에서 작동될 때를 상정하며 원리들을 기술한다. 교육 제공자의 과업The task은 학교에서 이 원리들이 집행될 수 있는 전제조건preconditions을 창출create하는 것과 작동하는 문화가 같은 경로를 따라along the same tracks 발달develop하는 것이다. 목표는 학습, 참여, 안녕 그리고 지속가능한 삶의 방식을 증진시키는 학교문화a school culture를 창조하는 것이다. 이런 원리들을 집행하는 데 필수조건prerequisites에는 지역의 필요와 가능성을 고려하는 것, 보호자와 다른 동료와 협동하는 것, 그리고 학생이 공동체의 발전에 정말로 참여하는 것이 포함된다.

가. 학교문화의 심장인 학습공동체A learning community at the heart of the school culture

학교문화는 학습공동체로 작동하고 모든 구성원이 학습하도록 격려한다. 학습공동체는 대화in dialogues하며 발전develops한다. 그 학습공동체는 협력working together과 참여participation를 통해 강화strengthen된다. 목표를 돌아보는 것, 자기 일을 규칙적으로 판단하는 것, 평화로운 분위기를 창출하는 것은 공동체의 학습을 촉진한다. 가정과 동료의 피드백은 공동체의 학습을 지원한다. 또한 발달을 위한 노력, 판단evaluations, 연구research를 거쳐 through 수령한 정보를 활용하는 것도 학습을 향상시킨다. 교육학적pedagogical 지도력과 공유된shared 지도력의 중요성은 강조되어야 한다. 그리고 학습을 위한 우호적인 분위기를 보장하는 것은 지도력에서 특히나 중요한 지점이다.

학습공동체는 함께 그리고 각자 학습할 수 있는 전제조건이 된다. 또한 탐구와 실험을 행할 그리고 열정과 성공을 경험할 무대도 된다. 공동체는 그 구성원이 최선을 다하도록 그리고 실수로부터 배우도록 격려한다. 이는 적절한 도전suitable challenges을 시도하게 하고 공동체 구성원이 공동체와 개인의 힘을 인식하고 활용할 수 있게 한다. 공동체 구성원으로서 학생은 긍정적이고 현실적인 자기 이미지를 세울 수 있고, 실험하고 탐구하려는 자신의 자연적 욕구natural desire를 발달develop시킬 수 있다. 학습공동체는 학습에 신체 활동이 중요하다는 것을 이해하고 생활에서 앉아서 하는 방식a sedentary way을 줄인다. 이는 일에 대한 집중, 학습에 필요한 노력, 끝까지 일을 해내기bring work to a conclusion의 진가眞價를 알게appreciate 한다.

나. 일상에서의 안녕과 안전Well-being and safety in daily life

학습공동체의 구조와 실천은 안녕과 안전을, 결과적으로 학습을 위한 전제조건 창출을 증진한다. 이러한 관점은 학교 일 전반으로 확대되어야 하고 개개인의 일을 안내한다. 활동에서in the activities 공동체 구성원 개개인의 개성, 공동체 구성원들의 평등, 공동체의 필요를 고려한다. 학교의 실천은 유연하고 다양한 활동들을 가능하게 한다. 정신적 안녕을 증진시키는 육체적 운동과 공유된 활동들은 학교 일상의 자연스러운 한 부분이다. 공동체적communal 학생 복지는 학교문화의 중요한 한 부분이다.

모든 학생은, 집단 구성원으로 그리고 개인들로, 그들의 발달과 학습을 위한 안내guidance와 지원support을 동등하게 받는다. 공동체는 공감empathy과 우정friendliness을 존중한다. 위협, 폭력, 인종주의 혹은 다른 형태의 차별은 용납되지 않고 부적절한 행동은 간섭intervene을 받는다. 학교 일은 일상적 활동들에서 예측가능하고 평화로운 분위기에서 진행된다. 공정하게 듣고 인정받는다는 경험은 굳건한 신뢰를 구축한다. 차분하고 수용적인 분위기, 좋은 사회적 관계 그리고 매력적인 환경은 조화롭고 유쾌한 일할 분위기working atmosphere를 증진promote한다.

다. 소통과 다목적의 일하는 방식interaction and versatile working approach

소통, 협동, 그리고 다목적의 일하는 방식은 모든 공동체 구성원에게 안녕well-being과 학습learning을 증진시키는 요인factors이다. 학습공동체는 지식을 학습하고 구축하는 다양한 방식을 인정하고 유연하게 작동operate한다. 학습공동체는 실험적 시도를 격려하고, 다양한various 연령과 다른different 학습자에 특유한 characteristic 능동적 학습, 창조적 일, 신체 활동, 놀이, 경험을 위한 공간space을 제공한다.

다목적의 일하는 방식과 학습 환경은 학교 일에 체계적으로 적용되어야 하고, 교실classroom 밖 일에도 규칙적인 노력regular efforts을 행한다. 프로젝트 형태의 일, 모듈에서의 공부, 그리고 학교 밖 사람들과 그리고 학교 내 사람들의 협동을 위한 기회를 제공한다. 학교 밖 사회와 학교 내 성인과의 협동과 소통은 학생이 효과적인 소통과 협동을 할 수 있는 사람으로 성장하도록 지원한다. 함께 무엇을 하는 것Doing things together은 학생이 자신의 독특함을 인식하는 데 도움이 되고 다른 부류의 사람과 건설적으로 일하는 기술능력을 향상시킨다. 일에서 여러multiple 감각과 경로 senses and channels의 사용과 소통을 촉진하도록 ICT를 사용한다.

라. 문화적 다양성과 언어 인식Cultural diversity and language awareness

한 학습공동체로서 학교는 지역과 세계가 겹쳐지는 문화적으로 변형 중인 다양한 사회a culturally transforming and diverse society 의 일부다. 다양한 정체성, 언어들, 종교들, 세계관들이 공존하고 영향을 주고받는다. 국제화된 가정Internationalization at home은 학습공동체에 도움이 되는 중요한 자원resource이다. 공동체는 공동체와 그 환경에 문화적, 언어적, 종교적, 철학적 다양성뿐만 아니라 국가의 문화적 유산과 언어들을 존중하고 이를 활용한다. 이는 사미 문화와 핀란드 소수 민족의 중요성을 강화한다. 이는 책임 있는 행위를, 개인과 공동체 사이의 이해와 존중을 증진한다. 공동체는 학생의 언어와 문화에 대한 권리를 근본적인 권리로 인정한다. 학생은 문화적 전통에 익숙해야 하고, 생각thinking과 행동acting의 다른 방식을 건설적으로 논의하고, 함께 행동하는 새로운 방식new ways of acting together을 창조한다.

문화적 다양성의 한 증표는 다언어주의multilingualism다. 각 공동체와 공동체 구성원은 다언어를 사용한다. 학교 일상에서 여러 언어를 병행해 사용하는 것은 자연스럽고, 각 언어를 존중해야 한다. 언어 민감성을 지닌 공동체는 언어와 언어공동체에 대한 태도를 토론하고 학습, 소통과 협동에 그리고 정체성과 사회화에 언어가 아주 중요함을 이해한다. 각 교과는 고유의 언어, 교재에 맞는 실행과 개념들을 가진다. 다른 지식 분야의 언어와 상징체계는 동일한 현상에 대해 다른 관점을 갖게 한다. 수업Instruction은 일상적 언어everyday language에서 개념적 생각conceptual thinking의 언어로 나아간다. 언어 인식 학교a language-aware school에서 각각의 성인each adult은 한 언어의 모델이고 동시에 자신이 가르치는 교과에 적합한 언어를 가르치는 교사다.

마. 참여와 민주적 행위Participation and democratic action

학습공동체는 작동하는 방법operating methods을 함께 구안한다. 참여를 독려하고, 인권을 실현하고, 민주적으로 작동하는 학교문화는 학생이 능동적인 시민으로 성장pupils' growth into active citizens하는 토대가 된다.[80]

학생은 발달단계developmental stage에 맞게 활동들을 계획하고, 펼치고, 평가하는 데 참여한다. 학생은 공동체 구성원으로 듣고 인정받는 경험을 한다. 공동체는 민주적 대화와 참여를 격려하고, 그들에 맞는 작동 방법과 구조를 고안한다. 학생 연합 활동Student association activities은 학생이 참여하는 중요한 통로다. 이러한 활동은 동료 자원자, 멘토, 자발적인 일 혹은 다른 지속가능한 발달 활동을 포함하는 다른 작동 방법으로 보완된다. 또한 전체 학교 공동체에서의 협동과 소통을 강화한다. 다양한 행정 조직, 행정 단위, 조직들, 기업들, 다른 활동가들과의 협동은 학생의 사회 개념과 시민 사회에서의 활동을 확장한다. 다른 나라 학교와의 접촉Contacts은 지구화된 세계a globalized world에서 행동하는 기술능력skills in acting을 증진improve한다.

바. 공정과 평등Equity and equality

학습공동체는 공정과 평등을 증진한다. 공동체 구성원은 평등하게, 개개인을 차별하지 않고 만나고 대우한다. 평등은 모든 사

---

80. 구성주의 여파로 '능동적인 학습자'는 유치원, 초등학교 저학년에 산적합니다. 하지만 그들이 능동적인 학습자로 계속 자라나 어른이 되는지는 관심 밖입니다. 능동적인 시민이 된다는 것은 상상하지도 않습니다. 보수적인 시민을 만들려 한국사 국정 교과서를 채택하려고 했습니다. 수동적인 시민으로 만들겠다는 계획이었습니다. 수동적인 시민이 동시에 능동적인 학습자일 수 있을까요?

람이 같다는 것을 의미하지 않는다. 평등한 대우Equal treatment는 만인의 근본적 권리를 보장safeguarding하고, 개인의 필요를 다루고 참여participation할 기회를 제공한다.

학생이 자신의 성 정체성gender identity과 성적 취향sexuality을 개념화conceptions하는 일은 기본 교육을 받는 동안 점진적으로 이루어진다. 학습공동체는 성 가치와 실행으로 성 평등을 증진하고 학생이 성 정체성을 형성하는 데 도움을 제공한다. 수업을 대하는 방식The approach of the instruction은 성 인식gender awareness을 담아야 한다. 공동체는 학생이 자신의 잠재력을 인식하고, 다양한 교과를 공부하고, 왜곡된 성 역할 양식modes 없이 선택하고 공부를 할 수 있도록 격려한다. 학습 환경, 일하는 방법working methods, 학습 자료learning materials를 선택하고 개발할 때, 인간의 다양성을 존중하는 모습이 드러나야 한다.

사. 환경 책임의식과 지속가능한 미래 지향Environmental responsibility and sustainable future orientation

학습공동체는 그 모든 활동에서 지속가능한 삶의 방식이 필요함을 안내한다. 학교는 학교의 일상적 선택과 활동에서 환경에 책임 있는 태도를 견지한다. 원자재, 에너지, 생물 다양성을 훼손waste하는 자재 선택Material choices과 작동 방법operating methods은 지속가능한 선택과 방법으로 대체한다. 안녕에서 지속가능한 삶의 방식을 구성하는 비물질적 요소들이 행하는 역할은 부각되어야 하고, 별도의 시간이 배정되어야 하고, 일상적인 학교 일everyday school work에서 이러한 요소들이 가시화되어야 한다. 학생은 지속가능한 일상의 삶everyday life을 계획하고 집행해 봐야 한다.

학습공동체는 환경·사회적eco-social 지식knowledge과 능력 ability을 위한 토대를 구축함으로써 좋은 미래에 대한 희망을 갖게 한다. 좋은 미래를 위한 전제조건들을 형성하려는 현실적이고 실행적인 태도는 학생이 책임 있는 공동체 구성원, 지역 주민 그리고 시민으로 성장growth하는 것을 강화한다. 이는 학생이 열린 마음과 호기심으로 세계의 다양성에 직면하고 더 정의롭고 지속 가능한 미래를 위해 행동하도록 격려encourage한다.

2004에 없던 학교문화가 발달하도록 이끄는 원리를 상상했습니다. 2014는 여기서도 크게 나아갔습니다.

언제 원리들이 필요할까요? 학교에서 활동 방향을 잡을 때 필요합니다. 교육 관료는 학교에서 원리들이 집행될 수 있는 전제조건을 만들고 문화가 올바른 방향으로 진전되도록 안내해야 합니다. 목표는 바람직한 학교문화를 창조하는 것입니다. 원리들이 집행되는 데 필수조건은 지역 상황을 고려하는 것, 관련자와 협동하는 것, 학생이 공동체 발전에 참여하는 것입니다.

핀란드 교육 공동체는 이러한 취지에 따라 일곱 가지 원리를 제시했습니다.

가장 중요한 용어는 학습공동체입니다. 평생 학습 이야기가 시작된 지도 꽤 오래되었습니다. 이를 위해 학교가 무엇을 할 것인지에 대한 핀란드의 대답을 확인할 수 있었습니다. 학교부터 학습을 생활화하는 습관·관습을 익히는 것입니다. 학생을 학습공동체의 구성원으로 인식하고 그에 맞추어 학교의 모든 활동을 진행하는 것입니다.

사족입니다. 듀이를 연상시키는 표현입니다. 성장은 민주시민으로 자라는 것입니다.

진하게 비고츠키를 떠올리는 표현이 있습니다. "수업은 일상적 언어 everyday language에서 개념적 생각conceptual thinking의 언어로 나아간 다." 『생각과 말』 6장 내용과 연결됩니다. 일상적 개념과 학문적 개념 의 관계를 쉽게 풀어냈습니다. 학생의 구체, 현실, 실제인 일상적 말입 니다. 교과의 추상, 논리, 체계인 개념적 말입니다.

학생의 측면에서 보면 구체에서 추상으로 나아갑니다. 동일한 과정 이 교사의 측면에서 보면 추상에서 구체로 나아갑니다. 하나의 과정, 교과 수업 과정에서 이 두 측면은 복잡하게 얽히고설킵니다. 문화 전 수와 문화 계승이 펼쳐집니다.

학생을 중심으로 보면 교과의 학문적 개념을 참고하며 자신의 일상 적 개념을 확장하는 과정입니다. 교사를 중심으로 보면 학생의 일상 적 개념을 교과의 학문적 개념과 연결하도록 안내하는 과정입니다. 지 식 측면에서 보면 학생이 여러 교과에서 지식의 관계를 파악하며 개 념 체계를 잡는 과정이고, 문화적 능력 측면에서 보면 개념형성능력을 접하고 익히고 숙달하는 과정이고, 사회 측면에서 보면 문화가 재생산 되고 새롭게 창조되는 과정입니다.

3. 학습 환경과 일하는 방법

이 부분을 2004에서는 3장 2절과 3장 4절로 나누어 서술했습니다. 왜 하나의 절로 합쳤는지 모르겠습니다. 결이 다른 것 같은데 말입니 다. 이를 확인하기 위해 먼저, 2004를 돌아보겠습니다.

1) 2004 반성

먼저, 2007년 번역본을 읽어 보겠습니다.

3.2 학습 환경

학습 환경이라는 용어는 학습과 관련된 물리적 환경, 심리적 요인, 사회적 관계 전체를 의미한다. 이런 배경 속에서 연구와 학습이 이루어진다.

특히 물리적 학습 환경은 학교의 건물과 시설, 교수 학습 도구, 학습 자료 등으로 구성된다. 또한, 더 넓게 구성된 환경과 자연환경도 학습 환경에 포함된다. 학습 도구와 시설은 다양한 학습 방법과 활동 방법을 적용할 수 있도록 설계되고 조직되어야 한다. 학생들이 능동적이고 독립적인 학습을 할 수 있도록 학습 도구, 자료, 도서관 서비스 등이 갖추어져야 한다. 또한 학습 환경은 학생이 정보사회의 일원으로 발전할 수 있도록 컴퓨터, 미디어테크놀로지, 데이터 네트워크를 사용할 수 있는 장비를 갖추어야 한다. 또한 물리적 학습 환경의 미美적 수준에도 주의를 기울여야 한다.

한편으로는 학생의 인지적·감성적 요인과, 다른 한편으로는 상호작용과 인간관계의 요인이 물리적·사회적 학습 환경 형성에 영향을 준다.

학습 환경은 학생의 성장과 학습을 지원해야 하고, 물리적·심리적·사회적으로 안전하면서, 학생의 건강에 도움을 주어야 한다. 흥미로운 도전과 문제를 제공하여 학습에 대한 호기심과 동기를 증대시키고, 학생의 능동성, 자기 주도적 방향 설정, 창의성을 증진시키는 데 목적을 두어야 한다. 또한, 학습 환경은 학생이 스스로 목표를 설정하고 자신의 행동을 평가하도록 안내해 주어야 한다. 학생 스스로가 자신의 학습 환경을 창조하고 개발할 수 있는 기회를 줄 수 있어야 한다.

학습 환경은 교사와 학생, 학생과 학생 간의 상호작용도 지원해야 한다. 대화를 장려하고, 그룹의 일원으로서 공부하도록 안내해야 한다. 개방적이고 용기를 주며 서두르지 않는 긍정적인 분위기 조성을 목표로 하며, 그러한 환경을 유지하기 위해 교사와 학생이 공동 책임을 진다.

......

3.4 효과적인 학습 방법

학습 지도에 있어 과목의 특징에 맞는 교수 방법을 사용해야 하듯이, 학생의 학습을 지원하고 안내하는 데에도 도움이 되는 다각적인 방법이 사용되어야 한다. 효과적 방법을 통해 사회성, 학습, 사고, 연구, 문제해결 능력을 개발하고 적극적인 참여를 유도할 수 있다. 그 방법은 정보와 의사소통 테크놀로지와 관련된 기술 개발을 촉진하는 것이어야 한다. 또한 창의적인 활동과 경험의 기회를 제공해야 하며, 해당 연령 집단의 특성에 맞아야 한다. 교사는 효과적인 접근법을 선택해야 한다. 개별 학생과 집단별 학생 모두를 지도하고 안내하는 것이 교사의 임무이다. 이를 위해 다음과 같은 효과적인 방법을 선택한다.

- 학습욕구 자극
- 학습의 과정과 특성 고려
- 목적을 가지고 공부하도록 동기 부여

- 조직화된 지식 구조의 형성, 기술의 습득 촉진
- 정보의 습득·적용·평가 능력 개발
- 학생 상호 간의 학습 지원
- 사회적 유연성, 건설적인 협력에 기여할 수 있는 능력 증진
- 자신의 학습에 대해 책임지고, 그 학습을 평가하며, 반성을 목적으로 피드백을 추구할 수 있는 능력 개발
- 학습과 학습에 영향을 미치는 계기를 인식하도록 지원
- 학습 전략 개발과 새로운 상황에서 학습 전략을 적용하기

남학생과 여학생의 일반적인 차이, 개인 간의 발달 격차뿐만 아니라 학습 스타일과 배경 등을 고려하여야 한다. 통합 학급이나, 취학 전 집단과 연계한 학급을 지도할 때에는 학급을 구성하고 있는 서로 다른 집단의 목적과 특징에 유의해야 한다.

10년 전 우리 수준을 앞에서도 이미 확인했습니다. 여기서는 별 문제가 없을 것이라고 예상합니다. 평범한 내용이기 때문입니다. 그래도 실수를 반복하지 않기 위해, 2004 영문을 손가락으로 하나하나 짚으며 꼼꼼하게 읽어 보겠습니다.

3.2 Learning Environment

The term learning environment refers to the entirety of the learning-related physical environment, psychological factors and social relationships. In this setting, study and learning take place.

In particular, the physical learning environment consists

of the school's buildings and facilities, the instructional tools and the learning materials. It also includes the wider constructed environment and the surrounding natural environment. The study tools and facilities must be designed and organized so as to allow the employment of diverse study methods and working approaches. The working tools, materials, and library services must be available to the pupil so that they provide an opportunity for active and independent study. The learning environment must also be equipped so as to support the pupil's development into a member of today's information society, and provide opportunities for the use of computers, other media technology, and as possibilities allow, data networks. Attention also has to be given to the aesthetic qualities of the physical learning environment.

The pupil's cognitive and emotional factors on the one hand and, on the other, factors of interaction and human relations affect the formation of the physical and social learning environment.

The learning environment must support the pupil's growth and learning. It must be physically, psychologically, and socially safe, and must support the pupil's health. The objective is to increase pupils' curiosity and motivation to learn, and to promote their activeness, self-direction, and creativity by offering interesting challenges and problems.

The learning environment must guide pupils in setting their own objectives and evaluating their own actions. The pupils may be given the chance to participate in the creation and development of their own learning environment.

The learning environment must also support interaction between teacher and pupil, and among the pupils. It must promote dialogue and guide the pupils in working as members of a group. The objective is an open, encouraging, unhurried, positive atmosphere, for whose maintenance the teacher and the pupils share responsibility.

......

3.4 Working Approach

In instruction, methods characteristic of the subject are to be used, as are versatile working approaches that help support and guide the pupil's learning. The function of the working approaches is to develop social, learning, thinking, working, and problem-solving skills, and foster active participation. The approaches must further the development of skills with information and communication technology. They must also provide opportunities for the creative activity, experiences, and play characteristic of the age group in question.

The teacher selects the working approaches. It is their task to teach and guide the work and learning of both the individual pupil and the entire group.

Working approaches are chosen because they
- excite a desire to learn
- take the process and purposeful nature of learning into account
- motivate the pupils to work purposefully
- further the formation of an organized knowledge structure, the learning of skills, and practice in those skills
- develop skills for acquiring, applying, and evaluating information
- support learning that occurs through interaction among the pupils
- promote social flexibility, an ability to function in constructive cooperation, and the assumption of responsibility for others
- develop capabilities for taking responsibility for one's own learning, for evaluating that learning, and for seeking feedback for purposes of reflecting on one's own actions
- assist the pupils in becoming conscious of their learning, and their opportunities for affecting that learning
- develop the pupils' learning strategies and skills for applying them in new situations.

The pupils' various learning styles and backgrounds, as

well as the developmental differences between boys and girls and among individuals generally, must receive consideration. In implementing instruction either in combined classes or in combination with a pre-primary group, attention must also be given to the objectives and distinctiveness of the different groups making up the class.

발달교육과 관련된 표현을 제외하면 전반적으로 잘된 번역입니다. 예를 들면, 공부study를 명확하게 인식하지 못했습니다. 'skills'와 'ability'를 구분하지 못했습니다. 발달교육을 연구하고 있는 상황이라, 꼼꼼하게 다시 옮기겠습니다. 친숙함을 위해 가능한 한 2007년에 번역한 내용을 살리겠습니다. 학습 환경과 일에 접근하는 방식working approach으로 나누어 옮기겠습니다. 2004 3장 2절의 내용을 2018년에 제가 옮기는 것입니다.

3.2 학습 환경Learning environment

학습 환경이라는 용어는 학습과 관련된 물리적 환경, 심리적 요인들, 사회적 관계들 전체를 지칭한다. 이 배경 속에서, 공부study와 학습이 펼쳐진다.

특히, 물리적 학습 환경은 학교의 건물과 시설, 교수학습 도구, 학습 자료로 구성된다. 또한, 더 넓게 구성된 환경과 주변의 자연환경도 물리적 학습 환경에 포함된다. 공부 도구와 시설은 다양한 공부 방법과 일에 접근하는 방식working approach을 적용할 수 있도록 설계되고 조직되어야만 한다. 학생들이 능동적이고 독립적인 공부를 할 수 있는 기회를 제공하기 위하여, 일하는 도구

working tools, 자료, 도서관 서비스 등이 갖추어져야만 한다. 또한 학습 환경은 학생이 정보사회의 일원으로 발달하는 것을 지원해야만 하고, 컴퓨터, 미디어테크놀로지, 가능하다면 데이터 네트워크를 사용할 수 있는 기회를 제공해야만 한다. 또한 물리적 학습 환경의 심미적 질the aesthetic qualities에도 주의를 기울여야 한다.

한편으로는 학생의 인지적·감정적 요인과, 다른 한편으로는 교류와 인간관계의 요인이 물리적·사회적 학습 환경을 형성하는 데 영향을 준다.

학습 환경은 학생의 성장과 학습을 지원해야만 한다. 학습 환경은 물리적·심리적·사회적으로 안전해야만 하고, 학생의 건강을 지원해야만 한다. 흥미로운 도전과 문제를 제공하여 학습에 대한 호기심과 동기를 증대시키고, 학생의 능동성, 자기 주도적 방향 설정, 창조성을 증진시키는 데 목적을 두어야 한다. 또한, 학습 환경은 학생이 스스로 목적을 설정하고 자신의 행동을 판단하도록 안내해야만 한다. 학생이 자신의 학습 환경을 창조하고 개선하는 데 참여할 수 있는 기회를 학생에게 제공할 수may give 있다.

학습 환경은 교사와 학생, 학생과 학생 간의 교류를 지원해야만 한다. 교류는 대화를 장려하고, 그룹의 일원으로서 일하도록 안내해야만 한다. 개방적이고, 용기를 주며, 서두르지 않는, 긍정적인 분위기 조성을 목표로 하며, 그러한 분위기를 유지하는 데 교사와 학생이 공동 책임을 진다.

2004년에 핀란드는 성장과 발달을 이렇게 구분했습니다. 공동체 구성원이 되는 것은 성장growth이고, 정보화 사회 구성원이 되는 것은 발달development입니다. 학습 환경은 학생의 발달이 아닌 성장에 영향을 미칩니다. 성장과 발달의 의미를 확장하는 데 도움이 되었으면 좋겠습니다.

2004에는 강제 규정이 많습니다. 모모 해야만 한다는 표현이 여럿입니다. 'Must'입니다. 조금 당황한 것은 학생이 학습 환경을 개선하는데 참여하는 것이 권장 사항으로 표현된 것입니다. 'May'입니다.

고딕으로 처리한 부분은 미묘한 차이지만 발달교육 측면에서는 의미 있는 차이입니다. 그래서 강조했습니다. 2007년에는 국가 수준 교육과정과 연결된 '공부', '일', '발달'이라는 개념이 우리에게 없었습니다. 우리의 현실이었습니다. 냉정하게 봐도 서방 세계 최고와 적어도 20~30년의 차이가 있습니다. 슬픈 일이지만 인정해야 합니다.

이번에는 2007년에 '효과적인 학습 방법'으로 옮겨졌던 2004 3장 4절, 'working approaches' 부분을 옮기겠습니다.

3.4 일에 접근하는 방식Working Approach

수업에서, 학생의 학습을 지원하고 안내하는 다목적의versatile 일에 접근하는 방식이 있듯이, 교과의 특색에 맞는 방법들을 사용해야만 한다. 일에 접근하는 방식의 기능은 학생의 사회적 기술능력, 학습 기술능력, 생각 기술능력, 일 기술능력, 문제해결 기술능력을 발달시키는 것과 학생의 능동적 참여를 강화하는 것이다. 접근하는 방식은 ICT 기술능력의 발달을 촉진해야만 한다. 또한, 해당 연령 집단의 특성에 맞는 창조적인 활동, 경험, 놀이play의 기회를 제공해야만 한다.

교사는 일에 접근하는 방식을 선정한다. 개별 학생과 전체 집단 모두의 일과 학습을 교수하고 안내하는 것은 교사의 과제다.

다음과 같은 까닭으로 일에 접근하는 방식을 선택한다.

- 학습 욕구 자극
- 학습의 과정과 의도성 고려
- 학생이 목적을 가지고 일하도록 동기 부여
- 조직화된 지식 구조의 형성, 기술능력의 학습, 이런 기술능력 연습 촉진
- 정보를 습득·적용·판단하는 기술능력 발달
- 학생들의 교류를 통한 학습 지원
- 사회적 유연성, 건설적인 협동에 기여할 수 있는 능력, 타인에 대한 책임감 증진
- 자신의 학습에 대해 책임지고, 그 학습을 판단하며, 자기 행동에 대한 반성을 목적으로 한 피드백을 추구하는 실제 능력 발달
- 자신의 학습과 학습에 영향을 미치는 것을 인식하도록 지원
- 새로운 상황에서 자신의 학습 전략과 학습 기술능력을 적용하도록 학습 전략과 학습 기술능력을 발달

남학생과 여학생 그리고 개인 간의 발달 차이뿐만 아니라 다양한 학습 스타일과 배경을 고려해야만 한다. 통합 학급이나, 취학 전 집단과 연계한 학급에서 수업할 때에는 학급을 구성하고 있는 서로 다른 집단의 목적과 특징에 유의해야만 한다.

사소한 것입니다. 2007년 번역자는 고등학교 영어 교사라, 놀이play가 교육과정에 언급되는 상황을 상상하지 못했던 것 같습니다. 발달을 여섯 번이나 언급했습니다. 번역자는 한 번도 이를 주목하지 못했습니다. 10년 전 일입니다. 발달 개념이 없으면 발달이라는 용어를 선

택·사용할 수 없습니다.

결정적인 것입니다. 일에 접근하는 방식은 2014에 확대·강화된 능력들과 밀접하다고 언급되어 있었습니다. "일에 접근하는 방식의 기능은 학생의 사회적 기술능력, 학습 기술능력, 생각 기술능력, 일 기술능력, 문제해결 기술능력을 발달시키는 것과 학생의 능동적 참여를 강화하는 것이다." T1로 나아간 생각 기술능력과 학습 기술능력이 10년 전에 이미 언급되어 있었습니다. 2007년 번역본의 "… 학습, 사고를 … 개발하고, …"이 부분을 읽고는 상상할 수 없었던 것입니다.

2) 2014 음미

여전히 두 부분으로 나누어 서술하고 있습니다. 하나 아래 단계로 구성했습니다. 각각을 살피며 10년 동안 무엇이 달라졌는지 확인하겠습니다. 절 제목에서 접근하는 방식approaches은 방법methods으로 바뀌었습니다.

4.3 학습 환경과 일하는 방법Learning Environment and Working Methods

가. 학습 환경Learning environment

학습 환경은 학습과 공부가 펼쳐지는 곳에서 작동하는 실천practices, 공동체, 장소locations, 시설을 지칭한다. 또한 학습 환경은 공부할 때 사용하는 도구들, 서비스들과 자료들을 포함한다. 학습 환경은 개인과 공동체의 성장growth, 학습learning과 교류interaction를 지원해야만must support 한다.[81] 공동체의 모든 구성원은 행동으로 학습 환경에 영향을 미친다. 잘 기능하는 학습 환경은 교류, 참여 그리고 공동의 지식 구축을 촉진한다. 또한 학교 밖 공동체 혹은 전문가와 능동적인 협동을 가능하게 한다.

목적은 교육학적으로 다목적의 유연한 전체a pedagogically versatile and flexible whole를 형성하는 학습 환경으로 발전시키는 것이다. 발전을 위한 노력에서 다양한various 교과의 특정한 필요를 고려한다. 학습 환경은 다른 관점에서 현상을 탐구하고 창조적 해결책을 찾을 수 있는 기회를 제공해야만 한다. 나아가in addition, 학생이 학교 밖에서도 새로운 지식과 기술능력을 학습한다는 사실을 학습 환경을 선정하고 발전시킬 때 고려한다.

기본 교육에 필요한 시설을 계획하고 집행하고 사용하는 전반적인 과정에서 고려할 요소factors는 인체 공학, 생태학적 질, 미학, 접근성, 음향 조건, 조명, 실내 공기 질, 편안함, 부지 내의 시설 배열과 청결함을 포함한다. 가구, 장비 같은 학교 내 시설 설비는 수업의 교육학적 전개와 학생의 능동적 참여를 지원할 수 있어야 한다. 학생이 시설들, 도구들과 자료들, 도서관 시설에 접근할 수 있도록 노력한다. 그래야 학생은 독자적으로 공부할 기회를 가질 수 있다. 다양한 교과를 수업하면서 학교 안과 밖 시설뿐만 아니라 자연nature과 조성된 환경built environment을 활용한다. 도서관, 스포츠 시설, 예술과 환경 센터, 박물관과 다른 협조 기관은 다양한 학습 환경을 제공한다.

ICT는 다목적의versatile 학습 환경 중 중요한 부분이다. ICT는 지역 일에서 학생의 참여와 기술능력을 강화할 수 있고, 학생의 개인적 학습 경로를 지원할 수 있다. 학습 환경을 개선하면

---

81. 10년 전과 똑같은 강제 규정입니다. 그 까닭은 근거가 법령이기 때문입니다. 교육학적 진전을 반영하지 못한 표현인 까닭이기도 합니다.

서 다양한 미디어 문화를 고려한다. 학습을 향상시키고 지원하기 위해 새로운 ICT 솔루션을 도입한다. 보호자의 동의가 있다면, 학습에 필요한 경우 학생의 ICT 기기를 사용할 수 있다. 동시에 모든 학생이 ICT를 사용할 수 있는 가능성을 보장해야만must ensure 한다.

다양한 환경과 학습 상황에서 누적된gathered 경험과 성공의 느낌feeling으로 학생은 자신의 실행능력을 발달시키려 한다. 학생들은 학습 환경을 개선하는 데 참여한다. 학습 환경을 계획할 때, 학생 개개인의 필요를 고려한다. 이런 방식way은 학습에 대한 지원을 필요로 하고 학교 출석으로 간주할 수 있다. 필요한 학생을 만족시키도록 지원하는 데 맞추어진 학습 환경은 학생에게 제공되어야 할 체계적인 지원의 일부일 수 있다.

학습 환경을 개선할 때 학교 공동체와 개별 학생의 총체적 안녕을 고려한다. 환경은 안전하고 건강에 도움이 되어야만must be 하고, 학생의 연령과 실제 능력에 적합하게 건강한 성장과 건전한 발달을 촉진해야만must promote 한다. 학생이 모든 학습 환경에서 안전하고 책임 있게 행동하도록 안내한다. 평화적이고 우호적인 일 분위기atmosphere로 그리고 차분하고 평화적인 기분mood으로 학습을 지원한다.

학습 환경을 좀 더 세련되게 정의했습니다. 10년의 변화를 느낄 수 있었습니다. 다양한 미디어 문화와 ICT가 등장했습니다. 학생이 ICT를 사용할 수 있는 기회를 보장해야만 합니다. 강제 사항입니다. 생각할 게 있습니다. 학생이 소유한 ICT 기기를 수업 시간에 사용하는 것은 부모의 동의가 있어야 가능합니다. 보호자의 동의가 없다면, 학습에 필요해도 학생의 핸드폰을 사용할 수 없다는 것입니다. 우리 문화에서는 납득하기 어려운 조치입니다.

기분mood이 등장했습니다. 개인의 심리적 요인을 학습 환경과 연결했습니다. 공동체의 상황을 변화시켜 분위기를 조성해서 학생이 학습을 적극적으로 진행하도록 하겠다는 발상은 발달교육과 호응합니다. 교사라면 당장 의식적으로 적용할 수 있습니다. 하지만 이를 국가 수준 교육과정에 담는 일은 별개의 문제입니다. 이런 섬세함을 모방했으면 좋겠습니다. 하지만 먼저 골격부터 잡아야 합니다.

학습 환경은 너무도 친숙한 용어입니다. 일에 접근하는 방식이나 일하는 방법을 교육과정에 포함한다는 것은 우리나라에서 상상하기 어려운 일입니다. 그런데도 저들은 학습 환경과 일하는 방법을 포함했습니다. 왜 그랬는지 생각해 봐야 합니다.

　　나. 일하는 방법working methods
　일하는 방법을 선택하는 출발점은 교수학습teaching and learning을 위해 설정한 목표들goals과 학생의 필요needs, 실제 능력capabilities, 관심interest이다. 다양한varied 일하는 방법은 전체 교수집단과 개별 학생의 학습을 지원하고 선도한다. 수업에서 다른 연령과 다양한 학습 상황에 적합한 일하는 방법을 사용한다. 다양한 일하는 방법과 평가 방법은 개별 학생이 다른different 방식으로 자신의 실행능력을 드러낼 가능성을 높인다. 일하는 방법을 선택할 때, 성별을 반영하는gendered 태도와 관행을 인정하고 수정하는 데 주의를 기울인다.

　다목적의versatile 일하는 방법은 학생에게 학습의 기쁨joy of learning과 성공의 경험을 제공하고 다른 연령 집단과 함께하는 창조적 활동을 지원한다. 경험에 근거한 기능적 일하는 방법, 다른 감각들을 사용하는 것 그리고 신체 활동을 사용하는 것은 학습의 경험적 성질experiential nature을 늘리고 동기를 강화한다. 또한 자기 규제와 집단의 소속감을 지원하는 일하는 방법들도 동기를 강화한다. 드라마Drama와 예술적 표현의 다른 형식other forms of artistic expression은 학생이 다목적의 방식으로 자신을 표현할 수 있는, 다른 사람과 건설적으로 함께하는 창조 능력과 자기 지식self-knowledge을 지닌, 건강하게 자기를 존중하는 사람persons 으로 성장하도록 촉진한다. 다른 사람과 함께하며 실행능력과 이해가 구축되는 공동체적 학습을 지원하기 위해 특정한 일하는 방법을 선택할 수 있다. 학생이 다양한 역할을 해 보도록, 서로 과업을 공유하도록, 그리고 개인적이고 공동적인 목적 둘 다를 위해 책임을 다하도록 안내한다.

일하는 방법을 선택할 때, 다른 교과의 특색과 포괄적 실행능력의 발달을 고려한다. 각 교과에 전형적인 일하는 방법을 사용하는 것은 조직화된 지식 구조의 형성과 기술능력의 적용을 촉진한다. 정보information를 발견finding하고, 처리processing하고, 분석하고, 제시하고, 적용applying하고, 결합하고, 판단evaluating하고, 창조creating하는 기술능력은 학습하는 데 중요하다. 탐구적이고 문제 중심의 일하는 접근 방식, 놀이, 상상과 예술 활동의 사용은 개념적이고 방법론적인 실행능력, 비판적이고 창조적으로 생각하기, 자신의 실행능력을 적용하는 기술능력을 촉진한다.

수업의 개별화를 반영하여 일하는 방법을 선택한다. 개별화 Differentiation는 학생 개인의 필요pupil's personal needs에 대한 교사의 지식teacher's knowledge에 근거한다. 이것은 모든 수업에 적용되는 교육학적pedagogical 출발점이다. 이것은 학습의 폭과 깊이를, 일의 리듬과 진전을, 그리고 학생의 다른 학습 방식을 고려한다. 개별화는 학생 자신의 공부를 계획할, 다른 일하는 방법을 선택할 그리고 개인별 속도로 진전할 필요와 가능성에 근거한다. 또한 학생들의 개인차individual differences[82]와 발달의 다름developmental differences도 일하는 방법을 선택할 때 고려한다. 개별화는 학생의 자기 존중과 동기를 지원하고 평화로운 학습 분위기를 촉진한다. 개별화는 또한 필요한 지원을 미연에 방지한다.

또한 통합수업도 일하는 방법의 선택을 안내한다. 통합수업은 이어지는 4장 4절에서 논의한다.

ICT를 다양하고 시기적절하게 사용하면 학생이 자신의 일하는 접근 방식과 네트워크를 형성하는 기술능력networking skills을 발달시킬 가능성이 커진다. 이렇게 되면, 학생은 독립적으로 교류하며, 비판적으로 정보를 습득·처리하고, 정보를 창조적으로 생산하는 실제 능력capabilities을 만든다build. 게임들과 게임 같은 학습이 제공하는 가능성The possibilities도[83] 일하는 방법을 선택할 때 활용한다.

교사는 학생과 협의하며 일하는 방법들을 선택하고, 특히 학생이 자기규제 능력ability for self-regulation을 강화하면서 새로운 일하는 방법을 사용하도록 학생을 안내한다. 학습 기술능력은 교사가 학생이 일하는 방법을 계획하고 판단evaluating하도록 안내할

---

82. '차', '차이'와 '다름'은 느낌이 다릅니다. 연결되는 개념의 색깔이 다릅니다. 차는 차가운 경쟁의 의미와 다름은 따뜻한 협력의 의미와 잘 어울립니다. 저의 느낌입니다. '개인차'도 '개인의 다름'이 더 적절한 번역이라고 생각합니다. 여기서는 일단 일반적 사용 관례를 따랐습니다.

83. 기계적으로 가능성으로 번역했습니다. 하지만 '가능성'에 어떤 내용이 담기는지 모르겠습니다. 제 상상이 부족하기 때문입니다. 이를 보완할 직접 경험도 없습니다. 지금은 '교육적 효과로 발달할 수 있는 실제 능력' 이 정도로 추측하고 넘어가겠습니다.

때 최적으로 발달develop optimally한다. 교사의 안내는 학생을 고취하고 도와 학생이 학교 공동체에서 학습과 일에 책임감을 가지게 한다. 평가의 목표와 원리를 함께 논의하면 도움이 돼, 학생이 목표 달성을 촉진하도록 일을 실행하게 한다.

일에 접근하는 방식보다는 일하는 방법이 더 구체적입니다. 10년의 실험으로 이런 사실을 확인했습니다. 일하는 방법을 선택할 때, 주의해야 할 점을 중심으로 서술하고 있습니다.

개별화Differentiation가 한 문단에 걸쳐 진술되었습니다. 10년 전에는 특수교육을 제외하면 개별화에 대한 언급이 없었습니다. 10년 후에는 얼마나 확대될지 기대가 됩니다. 개별화의 근거에 대한 진술을 기억해 두겠습니다. "개별화는 학생 자신의 공부를 계획할, 다른 일하는 방법을 선택할 그리고 개인별 속도로 진전할 필요needs와 가능성possibilities에 근거한다." 아직 개별화와 발달이 치밀하게 얽혀 진술되지 않았습니다.

제가 연수를 진행하면서, 논리적 측면에서 보면, 피아제식 발달단계는 수준별 수업을 뒷받침하고, 비고츠키의 발달단계는 개별화 수업을 뒷받침한다고 단정했습니다. 현실에서 비고츠키의 발달교육이 인기가 없는 까닭이라고 했습니다. 비고츠키의 발달교육은 정치가에게는 교육 예산을 대대적으로 늘려야 한다는 담론이기 때문입니다. 교육 행정가에게는 단일한 잣대로 교육 현상을 파악하는 야만의 시대가 끝나야 한다는 주장이기 때문입니다. 교사에게는 전체를 상대로 한 지식 전달 수업에 마침표를 찍는, 동시에 학생이 스스로 구성하니 교사는 고민하지 않아도 된다는 신화에 종언을 고한 교육 이론이기 때문입니다.

'… 최적으로 발달한다.' 이렇게 단정했습니다. 확인하지 못했으니, 참인지 거짓인지 모릅니다. 하지만 명제처럼, 테제처럼 진술하는 용기가 탐이 납니다. 세계가 핀란드를 주시하고 있었습니다. 용기가 아니라 과학적 태도일 거라 생각합니다. 학습 기술능력을 발달시키려는 노력이 유럽 대륙에서 21세기 동안 치열하게 전개되었습니다. 그 결과 최적으로 발달하게 하는 방안을 찾았다는 느낌입니다. 2014에 따르면, 학생이 자신의 일하는 방법을 계획하고 실행해 보고 이를 반성하며 판단하도록 교사가 안내하는 게 최상의 방법입니다.

다음 절은 1부에 있는 내용입니다. 생략하려다 2004와 연결해서 한 번 더 보는 것이 좋겠다고 판단했습니다. 특히나 '다분과 학습 모듈' 때문입니다. 포괄적 실행능력을 발달시키는 핀란드의 최신 기제이기 때문입니다.

4. 통합수업과 다분과 학습 모듈

이 부분은 2004 7장 1절에 한 문단으로 간결하게 언급되었습니다. 7장 1절의 내용은 주로 범교과 주제였습니다. 그 부분이 포괄적 실행능력으로 이어졌습니다. 통합수업은 딱 한 문장입니다. 10년 동안 거대한 진전이 이루어졌습니다.

게다가 이 부분은 2007년 번역본에 없는 내용입니다. 당시에는 번역할 필요를 느끼지 못했을 것입니다. 2004 7장 1절이 10년 동안 이렇게 확대될 줄 누가 예측할 수 있었겠습니까? 2014에 한 절로 늘어난 그 한 문단을 살펴보겠습니다.

1) 2004 반성

10년 전에는, 원문과 번역문을 비교하며 이 부분을 번역하지 않았다는 것을 확인하지 못했습니다. 연구자의 게으름입니다. 통합수업을 언급한 문단 전체를 옮기겠습니다.

7.1 통합과 범교과 주제Integration and Cross-curricular themes[84]

수업은 교과별로 분리해서 진행하거나 통합하여 진행할 수 있다. 통합수업의 목적은 학생이 여러 지식 분야의 관점들로 현상phenomena을 조사하여, 주제를 정교하게 파악하여 교육 목표 일반을 달성하도록 안내하는 것이다.

수업의 종류를 교과별 수업과 통합수업으로 나누었습니다. 그리고 통합수업의 목적을 딱 한 문장으로 진술했습니다. 2004는 거기까지만 나아갔습니다. '현상'이 그때 벌써 등장했습니다. 학문적 지식을 활용하여 현상을 살피는 수업 활동입니다. 단지 현상을 전체적으로 파악하는 데 여러 교과의 지식이 필요하기 때문에 통합수업을 진행한다는 주장입니다.

2) 2014 음미

10년이면 강산이 변한다고 했는데, 통합수업 부분이 그렇습니다. 1부에 있는 내용입니다. 여섯 부분으로 나누어 이야기했습니다. 제가 작성했던 설명 내용을 여기에 옮기지 않았습니다. 여기서는 여섯 부분을 모아 한 번에 살피겠습니다.

---

84. 영어 원문에 충실하게 옮기면, 범교과 주제가 아니라 범-교육과정 주제입니다.

4.4 통합수업과 다분과 학습 모듈Integrative instruction and multidisciplinary learning modules

통합수업은 통합 기본 교육comprehensive basic education을 지원하는 학교문화의 결정적vital 부분이다. 통합수업의 목적은 학생이 공부하는 현상 사이의 관계와 상호 의존을 확인할 수 있게 하는 것이다. 통합수업은 학생이 다양한 분야의 지식과 기술능력을 연결하도록 돕고, 다른 사람과 함께해 나가면서 그것들을 의미 있는 실체로 구조화하도록 돕는다. 여러 분야의 지식이 연결된 전체를 조사하고, 여러 분야의 지식을 연결하여 탐구하는 작업 기간을 겪는 동안, 학생이 자신의 지식을 적용하도록 안내하고, 학생은 공동체의 힘으로 지식을 형성the communal building of knowledge하는 데 참여하는 경험을 한다. 이 과정을 통해 학생은 학교에서 배우는 화제topics가 자신의 삶과 공동체, 사회와 인류에 중요significant하다는 것을 인식하게 된다. 학습 과정에서 학생은 자신의 세계관을 확장하고 구조화한다.

통합수업의 전제조건은 수업 내용과 일하는 방법에 교수법적으로 접근pedagogical approach하는 것이다. 거기서 학생은 각 교과에서 특히나 다분과 공부에서 실세계의 현상 혹은 주제를 전체wholes로 조사examine한다. 통합수업의 방식과 지속 기간은 학생의 필요the pupils' needs와 수업 목적the objectives of the instruction에 따라 변할 수 있다. 예를 들면 통합수업은 병행공부parallel study(두 교과에서 동시에 진행), 순차공부sequencing(한 교과에서 한 후에 다른 교과에서 이어서 진행), 기능적 활동functional activities(동일한 주제로 다양한 교과활동이나 체험활동을 진행), 좀 긴 다분과 학습 모듈long multidisciplinary learning modules(여러 교과가 함께 계획하고 진행), 선택공부(다른 교과에서 내용을 선택하여 통합 모듈을 만들어 진행), 총체적 통합수업holistic, integrated instruction(유치원처럼 통합된 형태로 모든 교수가 진행)으로 펼쳐질 수 있다.

모든 학생이 자신이 흥미 있어 하는 전체를 조사하고 좋아하는 탐구적 작업에 참여할 기회를 확실하게 확보하기 위하여, 교육 제공자는 학생의 공부에 매년 적어도 한 번의 다분과 학습 모듈을 포함하는 것을 보장해야만shall ensure 한다. 다분과 학습 모듈의 목적, 내용, 실행 방법을 지역에서 결정하여 지역 수준 교육과정에 반영하고, 학교의 연간 교육 계획서에 구체적으로 진술한다. 모듈 운영 기간은 학생이 모듈의 내용에 초점을 맞추어 장기간에 걸쳐, 목표 지향적이며 다목적의 방식a goal-oriented and versatile manner으로 일할 시간을 제공할 수 있도록 충분히 길어야must be long 한다. 또한 지역 수준 교육과정과 학교의 연간 교육 계획서는 다른 형태의 통합수업을 담을 수도 있다.

다분과 학습 모듈은 기본 교육에 설정된 목표들의 성취, 특히 포괄적 실행능력의 발달the development of T을 촉진promote 한다. 모듈의 화제topic는 4장 2절에 기술된 학교문화의 원리the principles of school culture를 반영하여 지역에서 계획한다.

다분과 학습 모듈을 계획하고 실행할 때, 지역의 자원과 기회(행사 따위)를 활용한다. 모듈은 학교와 지역사회가 함께할 수 있는 아주 좋은 기회를 제공한다. 다루어야 할 내용이 지역의 화제라는 성질과 그 화제의 사회 관습적 중요성societal significance 때문에 교사와 학생 모두 높은 동기를 가지고 접근한다. 학생이 모듈을 계획하는 데 참여하는 것은 정말 중요한다. 학습 모듈의 기조The purpose는 학생이 경험한 세계의 특정 쟁점에 기능적으로 접근하는 것이고, 다음과 같은 일곱 가지 구체적 목표the aim에 맞게 자신의 경험 세계를 확장하는 것이다.

하나, 학생 참여를 강화하기 그리고 공부의 목적, 내용, 일하는 방법을 계획하는 데 관여할 기회를 학생에게 제공하기

둘, 학생이 의미를 발견한 쟁점을 키워 주기 그리고 그것을 토론하고 공부할 기회를 창출하기

셋, 다른 집단에서 다양한 연령의 학생과 함께 공부할, 나아가 여럿의 다른 성인과 작업할 부가적 기회를 제공하기

넷, 학생이 학교 밖에서 배운 것을 학교 일에 결합할 기회를 제공하기

다섯, 지적 호기심, 경험, 창조 활동을 할 수 있는 공간 제공하기 그리고 학생이 여러 가지 형식의 상호 교류와 언어 사용 상황에서 활동하도록 격려하기

여섯, 실제에서 지식과 기술능력을 적용하도록 장려하기 그리고 지속가능한 삶의 방식에 맞게 행동 방식을 연습하기

일곱, 학생이 공동체와 사회에 공헌하는 방식으로 행동하도록 독려하기

다분과 학습 모듈을 계획하고 집행하기 위하여, 교과들은 비록 각기 다른 접근법을 가지고 있지만 협동해야 한다. 필요에 따라 학교의 다른 활동도 활용한다. 현재의 화제와 관련된 모든 교과는 학습 모듈을 실행하는 데 차례로 관여한다. 학교문화의 원칙에 적합한, 학생이 관심을 가지고 있는, 교과나 교사의 협동에 적

합한 주제를 학습 모듈의 내용으로 활용하려 노력한다. 이런 모듈들을 공부하면서 각 교과에 전형적인 접근법The approach, 개념 concepts, 방법methods을 사용한다.

학습 모듈을 진행하면서 학생은 자신이 한 일에 대해 지도 feedback 받는다. 구두평가를 기술할 때 혹은 교과 등급을 정할 때 학생이 펼친 실행능력을 고려한다.

다분과 학습 모듈(약칭 MLs)은 교과의 협동에 근거한 통합수업의 공부 기간study periods이다. 이를 실행하면서 학교의 가치와 약속된 학습의 의미를 드러내야 한다. 학습 모듈에 기본 교육의 작동하는 문화의 발달the development of the operating culture을 보장하는 그리고 포괄적 실행능력의 발달the development of T을 지원하는 원리들the principles을 구체적인 용어로 표현한다.

[그림 4] 다분과 학습 모듈 도식

학교문화		교과		교육의 목표들
가치들 + 약속한 학습의 의미	ML	포괄적 실행능력	
		교과		
		학교		과제
토대		도구들		목표들

직접 확인하셨듯이 10년 동안 통합수업에 많은 진전이 있었습니다. 통합수업의 목적이 깔끔해졌습니다. "학생이 공부하는 현상 사이의 관계와 상호 의존을 확인할 수 있게 하는 것입니다." 2004의 어설픈 통합수업의 목적에서 부차적 효과가 빠지고 목적을 이성으로 정교하

게 다듬었습니다. 교과의 지식을 넘어서는 것이 필요할 수 있음을 경험으로 확인한 듯합니다.

통합수업의 전제조건과 종류를 기술했습니다. 통합수업의 공부 기간을 다분과 학습 모듈(약칭 MLs)로 정의했습니다. 다분과 학습 모듈 실행을 강제했습니다. 적어도 1년에 한 번입니다. 다분과 학습 모듈이 구체적으로 겨냥하는 것을 7가지나 진술했습니다.

"통합수업이 학교문화의 결정적 부분"이라는 진술을 아직도 부연 설명할 수 없습니다. 느낌은 점점 진해지고 있습니다. 최고 수준의 학교문화, 가장 정교하고 복잡한 인간들의 실천, 협력적 교수학습의 결정판, 통합수업 이렇게 막연하게 느낌이 스쳐 갑니다.

국가교육과정에 하나의 개념이 씨앗으로 뿌려지고, 10년이 지난 후에 꽃을 피우는 과정은 구경하는 재미가 제법입니다. 우리도 이렇게 체계적으로 국가 수준 교육과정을 개선하면 좋겠습니다. 백 년의 계획을 십 년에 걸쳐 준비하는 저들의 방식을 눈여겨봐야 합니다.

5. 지역이 결정할 사항

지역 교육과정에 반영해야 할 학교문화와 관련된 내용을 알아보겠습니다.

4.5 지역이 결정할 사항 Issues subjects to local decisions

학교문화의 발달을 안내하는 원리들을 반성Reflection하는 것이 교육과정 일curriculum work의 핵심적인 부분이다. 또한 원리들을 반성하는 것이 지속적인 개선improvement을 촉진하는 한 요인이다. 지역은 학생과 보호자가 학교문화의 발달에 어떻게 참여할 수 있는지, 학교는 어떤 다른 형태의 협동을 할 수 있는지, 새로운 다른 협동을 어떤 집단과 할 수 있는지를 결정한다. 계획을 세울 때, 유치원에서 기본 교육으로 그리고 기본 교육의 여러 국면에서 학교문화의 지속을 유지하는 데도 주의를 기울인다.

교육 제공자는 교육과정에 아래 사항과 관련하여 결정한 내용을 기술한다.

- 교육 제공자와 학교가 학교문화의 원리들이 실행되는 것을 어떻게 향상시키고 판단할 것인지 그리고 지역이 잠정적으로 강조하는 것과 이런 강조를 실행에서 어떻게 드러낼 것인지(핵심 교육과정의 텍스트를 지역 수준의 학교문화 원리들을 기술하는 데 그대로 사용할 수도 있다).
- 지역의 목표가 무엇인지 그리고 학습 환경과 일하는 방법의 선택, 사용, 개선을 안내하는 특별한 질문이 무엇인지(달리 표현하면, 핵심 교육과정의 텍스트를 지역 수준의 학습 환경과 일하는 방법을 기술하는 데 그대로 사용할 수도 있다).
- 통합수업이 실제로 어떻게 실행되는지.
- 다분과 학습 모듈이 실제로 어떻게 실행되는지.
  - 실행을 안내하는 지역의 목표들(핵심 교육과정의 텍스트를 일반 기술처럼 사용할 수도 있다).
  - 실행을 안내하는 원리와 방법(예를 들면, 다분과 학습 모듈의 주제에 대한 결정을 지역 교육과정에 담고 동시에 좀 더 상세한 목적과 내용을 학교교육과정 혹은 연간 교육 계획서에 기술할 것인지 혹은 다른 몇 가지 방법을 추가할 것인지를 기술해야 한

다, 어떻게 매 학년 적어도 한 번 다분과 학습 모듈을 학생의 공부에 포함하는 것을 보장할 수 있는지를 기술해야 한다, 학습 모듈 영역과 관련하여 어떤 수업 형태가 가능한지를 기술해야 한다, 선택한 모듈에 교과들이 어떤 시간에 어떻게 포함되는지를 기술해야 한다, 계획에 학생의 참여를 어떻게 조직할 것인지를 기술해야 한다 등등).

- 목적과 내용(교육 제공자가 결정한 바에 따라 학교교육과정 혹은 연간 교육 계획서에 진술해야 한다).
- 평가의 실행(모듈 실행의 일부가 된 교과의 평가에서 모듈에서 드러난 일하는 기술능력과 다른 실행능력을 고려하는 것을 어떻게 보장할 것인지 기술해야 한다).
- 실행의 모니터링, 판단, 개선.

교육 제공자는 학교가 학교의 작동하는 문화, 학습 환경과 일하는 방법과 관련된 목적들, 협력적 작동 원리들, 협동, 다른 실제 집행을 특정하도록 보장한다. 또한 교육 제공자는 학교가 상세한 목표들과 내용 제시를 그리고 다분과 학습 모듈과 어떤 다른 통합수업과 관련된 계획, 실행, 모니터링, 평가 협동assessment cooperation을 특정하도록 보장한다. 학교가 학습 모듈을 실행할 때 교과와 학교의 다른 활동 사이의 협동과 노동 배분division of labour에 관한 적절한 방법을 진술하는 것과 학습 모듈과 관련된 평가의 실제를 규정하는 것은 중요하다. 교육 제공자가 결정한 바에 따라 세세한 사항을 학교교육과정 그리고/또는 연간 교육 계획서에 담는다.

다분과 학습 모듈의 실행을 지원하는 학교 밖 행위자들과 작성한 협동 계획cooperation plans도 교육과정에 첨부할 수 있다.

대한민국 국가 수준 교육과정을 아무리 봐도 이런 내용을 예비하고 있지 않습니다. 혁신학교 10년을 돌아봐도 이런 이야기를 예상할 수 있는 단초를 찾기가 만만치 않습니다. 학교교육과정 작업의 핵심이 학교문화가 발달하도록 안내하는 원리들을 반성하는 일이라는 첫 문장은 충격입니다. 선도적인 혁신학교는 학교문화가 발달하려면 무엇을 해야 할지 진지하게 고민하고 계획하고 실천하는 역사적 과업을 받아 안아야 합니다.

모두가 동의하는 공정한 경쟁도 교육과 거리가 있습니다. 2018년, 대학입시 공론화 혼란을 보며 갑갑했습니다. 건전한 교육의 방향, 학생의 성장과 발달을 위한 교육 선상에 교육부가 공론화하라는 그런 입시는 없기 때문입니다.

작업하다 과거를, 문화를, 김구를 소환했습니다. 근 40년 전 읽었던 『백범일지』가 생각났습니다. 사랑의 문화, 평화의 문화, 문화 강국을 꿈꾸던 그가 떠올랐습니다. 추억을 위해 그의 글말을 옮겨 보겠습니다.

국민성을 보존하는 것이나 수정하고 향상하는 것이 문화와 교육의 힘이요, 산업의 방향도 문화와 교육으로 결정됨이 큰 까닭이다. 교육이란 결코 생활의 기술을 가르치는 것만을 의미하는 것이 아니다. 교육의 기초가 되는 것은 우주와 인생과 정치에 대한 철학이다.

어떠한 철학의 기초 위에 어떠한 생활의 기술을 가르치는 것이 곧 국민 교육이다. 그러므로 좋은 민주주의의 정치는 좋은 교육에서 시작될 것이다. 건전한 철학의 기초 위에 서지 아니한 지식과 기술의 교육은 그 개인과 그를 포함한 국가에 해가 된다. 인류 전체로 보아도 그러하다.

2015에 새로 담겼다는 지식과 기능의 교육은 20세기 중반 김구가 언급한 지식과 기술의 교육과 겉은 동일합니다. 'Skill'을 '기능'으로 표현했느냐 '기술'로 표현했느냐의 차이뿐입니다. 60년 전 언급했던 교육을 소환한 것입니다. 특정인에게만 새로운 것입니다. 역사적으로, 객관적으로, 학술적으로 오래된 것입니다. 김구를 역사에서 지우려던 박근혜가 김구를 소환한 꼴입니다. 역사의 아이러니입니다. 모르면, 무지하면, 개념이 없으면 별짓을 다 하는 게 인간사입니다. 그런 인간들까지 포함한 총합으로 인류는 느리게 한 걸음씩 나아갑니다.

V.
학습과 안녕의 증진을 겨냥하여 학교 일 조직하기

2014 5장 "Organization of school work aiming to promote learning and well-being"을 살펴보겠습니다. 모두 6개의 절로 구성되어 있습니다. 한국에서는 국가 수준 교육과정에서 이런 내용을 다룬 적이 없습니다. 조심스럽게 새로운 것에 도전해 보겠습니다. 지금은 관심 밖에 있습니다. 하지만 10년 후에는 지금보다 더 중요하게 여기게 될 것 같습니다.

1. 학교 일상을 함께 책임지기

학교 일상을 누구와 함께 책임져야 하는지 궁금합니다. 책무가 아니라 책임입니다. 면피를 위한 행정 절차인 책무가 아니라 기본 교육의 목적을 달성하겠다는 책임입니다. 본문을 살펴보겠습니다.

> **5.1 학교 일상을 위한 공유된 책임**Shared responsibility for the school day
> 학교 일을 실제로 조직할 때 핵심 가치들, 약속한 학습의 의미,

학교문화를 드러낸다. 학교 일은 교육을 위해 설정한 목표들을 성취하는 것과 기본 교육의 임무가 달성되는 것을 증진해야만 한다. 학교 일의 조직화는 학생의 안녕, 발달, 학습을 위한 전제조건을 창출하고, 학교 공동체의 매끄러운 작동과 잘 기능하는 협동을 보장한다. 또한 학교 일의 실천은 지속가능한 삶의 방식을 증진한다.

출발점은 모든 학생이 안전하고 좋은 학교 일상을 향유하는 것을 보장하려는 공유된 책임shared responsibility과 이에 주의 attention를 기울이는 데 있다. 안녕의 증진은 자신의 역할과 무관하게 학교 내 모든 성인의 임무 중 하나다. 학교 일을 조직할 때, 모든 학생의 필요the needs, 실제 능력capabilities, 강점strengths을 고려한다. 보호자와 다른 부문의 사람들과의 협동은 이런 목표 this aim를 성공적으로 성취하도록 지원한다.

모든 학생은 모든 학교 일상과 안전한 학생 환경을 담은 교육과정에 따라 수업instruction, 안내guidance, 학생 복지pupil welfare, 지원support을 받을 자격이 있다.[85] 교육 제공자는 학생의 권리가 구현되는 것과 이 목표 달성을 증진하는 학교 일에 필요한 전제조건을 창출하는 것을 보장한다. 학교 운영The school management 은 학교 공동체에서 모든 학년, 모든 교과의 수업, 안내, 학생 복지, 지원의 제공과 관련된 결정decisions에 실제적 책임practical responsibility을 진다. 또한 이는 문제를 예방하는 것과 학교를 작동하는 방법들에 있는 성장과 학습을 장애하는 요인들을 인식하고 제거하는 것을 포함한다. 모든 교사는 자신이 가르치는 집

---

85. 교육기본법의 내용입니다. 각주가 달려 있었습니다.

단의 활동, 학습, 안녕을 책임진다. 교사는 교수학적 해결책과 안내하는 방식을 수단으로 이러한 측면들에 영향을 미친다. 교사의 의무는 학생의 학습, 일에 접근하는 방식, 안녕을 관찰하고 증진하는 것, 모든 학생을 존중하고 공정하게 대함을 보장하는 것, 잠재적 문제를 조기에 인식하는 것, 학생에게 안내와 지원을 제공하는 것을 포함한다. 교사는 수업과 학생 복지 영역에서 학생의 안내와 지원을 받을 권리가 실현되는 것을 보장하는 데 공헌한다. 이것은 학생과 보호자와의 협의interaction, 교사들 사이의 상호 협동mutual cooperation, 특히 학생 복지 담당자 간의 협력collaboration을 필요로 한다.

학생은 학교 공동체 구성원으로서 자기 몫의 책임을 진다. 이것은 학교 일에 정규적으로 참여하는 것, 학교에서 동료와 성인에게 공정하고 존경하는 태도를 보이는 것, 공유된 규칙들에 순응하는 것이다. 타인의 불가침성the inviolability을 인정하기, 노동 존중respect for work과 좋은 징계 분위기a good disciplinary climate를 보여 주기, 합의된 과제the agreed assignment를 완수하기는 학교 일의 결정적 요소vital elements이다. 교육기본법에 따라, 학생은 기본교육에 참석해야만shall attend 하고, 자신의 과업을 성실하게 완수해야만 하고, 올바르게 행동해야만 한다. 학생은 특별한 사유가 있는 경우에만 일시적으로 출석을 유예할 수 있다. 가정과 학교는 학생이 법에 정해진 것처럼 행동하도록 안내하기 위하여, 그리고 최선을 다해 학생을 지원하기 위하여 협력work together한다. 학교는 결석에 대응할, 학생이 학교 일에 성공하도록 지원할 의무를 갖는다.

학교 일상과 관련된 교육 삼 주체의 책임을 언급하고 있습니다. 어려운 내용은 없습니다. 각 주체가 져야 할 책임을 국가 수준 교육과정에 명시적으로 적시했다는 것이 신기할 뿐입니다. 교육기본법에 "학생은 기본 교육에 참석해야만shall attend 하고, 자신의 과업을 성실하게 완수해야만 하고, 올바르게 행동해야만 한다"는 내용이 있다는 것이 부러울 뿐입니다.

상식적인 수준이지만 법률의 내용으로 학생의 책임을 사회에서 공유한다는 것은 중요한 의미가 있습니다. 학생이 자신의 과업을 성실하게 완수하고 학교에서 올바르게 행동한다면 대한민국에서 교사의 교육권은 논의할 필요가 없기 때문입니다. 나아가 법률로 가정의 책임을 명확하게 드러내면 교사의 교육권 논쟁은 정말 필요가 없을 것입니다.

상식이 무너진 세상입니다. 공동체 구성원이 특별한 무엇이 아니라 이렇게 상식적인 것을 법률로 공유하는 것이 필요한 시대입니다. 그렇게 된다면, 학교폭력도 많이 줄어들 것입니다. 국회, 교육위원회가 해야 할 일입니다. 시민사회단체가 요구해야 할 일입니다.

2. 협동

모두 네 가지 유형의 협동을 이야기합니다. 세 부분으로 나누어 진술했습니다. 국가 수준 교육과정에 이런 내용이 담겨 있습니다. 그 의도를 추측해 보겠습니다. 그 의미를 상상해 보겠습니다.

5.2 협동Cooperation

교육 행정The educational administration과 학교는 기본 교육의 단

일 구조적 접근, 기본 교육의 통합integrity과 질quality을 강화하기 위하여, 그 활동의 공개성을 증대하기 위하여, 학생의 학습과 성장을 지원하기 위하여 다목적의 협동versatile cooperation에 관여한다. 또한 협동은 학습 환경의 다양함과 안전 그리고 학교 공동체의 안녕을 안전하게 보장하는 데 필요하다. 협동은 체계적이고, 그 집행its implementation을 함께한 분들과 같이 판단한다.

학생의 참여Pupils' participation

학교 일을 조직하는 것은 학생의 참여에 근거하고, 학생의 의견을 듣는 과정을 보장ensure한다. 학교는 학생이 자신을 가르치는 집단in their own teaching group에서, 학교와 그 주변 환경에서, 다양한 네트워크various networks에서 협동과 민주적 행동을 경험하도록 보장한다.

그들의 학교 일과 집단 활동을 계획하는 데 학생이 관여involvement하는 것은 참여를 강화하는 자연스러운 방식이다. 학생은 다분과 학습 모듈을 계획할 때 중요한 역할을 한다. 또한 학생이 학교의 활동과 학습 환경을 계획하고 개선하는 데 관여하도록 격려한다. 교육 제공자는 학생이 교육과정과 연결된 계획들associated plans 그리고 학교 규칙을 준비하는 데 참여할 기회를 확실하게 보장해야만must make sure 한다. 또한 학생은 협동을 판단하고 개선하는 데 참여한다.

교육기본법에 따르면, 학교에는 학생들로 구성된 학생 위원회a pupil council가 있어야만shall have 한다. 위원회의 임무는 공동 행동, 학생의 참여와 관여를 증진하는 것이다.[86] 위원회는 학생이 학생과 그들 공동체와 관련된 쟁점들에 자신의 의견을 제출하도록, 능동적이도록, 관여하도록 고무한다. 학생 연합The student association 그리고 참여를 지원하는 학교와 지자체의 다른 구조들과 작동 방법은 실제 삶에서 민주주의 기술능력을 연습할 기회를 제공한다.

가정과 학교의 협동Cooperation between home and school

교육기본법에 따르면, 학교는 학생의 가정과 협동해야만 한다. 모든 학생이 자신의 발달 수준developmental level과 필요에 따라 수업, 안내, 지원을 받는 것을 보장하면서, 이 협동은 교육을 조직하는 과정the organization of education을 지원한다. 협동은 학생의 건강한 성장과 발달을 증진한다. 학교 일에 보호자의 참여와 가능한 관여 그리고 그것의 개선its development은 학교문화의 핵심적 부분이다. 가정과 학교의 교육적 협동The educational cooperation은 학생, 학급, 전체 학교 공동체의 안녕과 안전을 개선한다.

어린이 양육의 일차적 책임은 보호자에게 있다. 또한 보호자는 학생이 자신의 의무교육compulsory education을 완수하도록 보장해야만 한다. 교육기본법에 따르면, 의무교육은 기본 교육 학교에 출석하여 아니면 기본 교육 교수요목syllabus과 일치하는 지식을 획득하여 완수될 수 있다. 학교는 가정의 교육 과업을 지원하고 학생을 학교 공동체의 구성원으로 수업하고 교육할instructing and educating 책임responsibility을 진다.

가정과 학교의 협동을 위한 전제조건을 개선할developing 책

---

86. 교육기본법에 적시되어 있습니다. 각주에 따르면 47조 a(2)항입니다.

임은 교육 제공자에게 있다. 이 협동의 출발점은 신뢰trust, 평등 equality, 상호 존중mutual respect을 건설build하는 것이다. 가족의 다양성The diversity of families과 필요한 정보와 지원을 고려한다. 협동이 성공적으로 펼쳐지려면, 학교 직원은 주도적으로 행동해야만, 보호자와 직접personally 협의해야만, 다른 수단을 통한 다목적의 의사소통을 보장해야만 한다. 가정과 학교의 협동을 공동체적 수준과 개인적 수준에서 동시에 실시implement한다.

보호자가 교육적 과제에 책임을 다하도록 하려면, 학습과 성장에서의 학생의 진전에 관한 정보와 학생의 출결석에 대한 정보를 보호자에게 제공해야만 한다. 또한 교육 조직화The organization of education와 관련된 핵심 쟁점들을 보호자와 논의한다. 여기에는 교육과정, 학습 목표, 학습 환경과 일하는 방법, 학습에 대한 지원과 학생 복지, 평가와 보고서reports, 학기 동안during school year 공부studies와 다양한 행사various events와 관련된 선택이 포함된다. 학생의 학습과 발달을 묘사하고 격려하는 의견 제시feedback도 중요하다.[87] 정기적인 의견 제시regular feedback는 보호자가 학생의 목표 지향적goal-oriented 학습과 학교 출석을 지원하는 데 도움이 된다. 협동은 학생의 교육 경로에서 이행의 시점에 그리고 학습을 위한 지원과 학교 출석을 계획하고 실시할 때 특이나 중요하다. 일대일 만남과 집단 만남에 더하여, 협동에 정보통신기술 ICT을 사용한다.

학교의 일상 삶에 친숙할 수 있는 그리고 학교 직원·학생과 함께 학교 일의 목적과 학교 활동을 계획하고, 판단evaluation하고,

---

87. 피드백은 성장을 묘사하고 격려하지 않습니다. 수행 과정을 묘사하지 않습니다.

개선development하는 데 참여할 수 있는 기회를 보호자에게 제공한다. 가치들에 대한 공동 토론Joint discussions은 어린이를 교육할 때 필요한 협동의 토대foundation를 구축한다. 또한 가정과 학교의 협동은 보호자들의 교류를 증진하고 학부모의 연합 활동을 위한 길을 연다. 온라인상의 소통networking과 부모의 공동 활동은 공동체 정신community spirit을 고양하고 교사와 학교의 일the work을 지원한다.

내부 협동과 다른 부문과의 협동Internal cooperation and cooperation with other parties

직원들의 원숙한 협동Cose cooperation은 학교의 교육 목표의 집행the implementation을 촉진한다. 일의 부담을 공유하고 함께 일함으로써, 학교 일을 적절하고 유연하게 조직한다. 또한 협력교수collaborative teaching를 포함한 성인의 협동은 학생을 위한 학습공동체as a learning community처럼 학교 활동을 위한 모델as a model로 작동한다. 특히, 협동은 다분과 학습 모듈multidisciplinary learning modules, 학습을 위한 평가와 지원assessment and support for learning, 학생 복지의 시행을 계획하고 집행하는 데 필요하다.

또한 학교는 수업의 일관성과 개선을 증진하려는 그리고 직원의 실행능력을 강화하려는 의도the aim로 다른 학교들과 함께 일한다. 또한 협동은 기본 교육의 이행 시점에 그리고 학생이 한 학교에서 다른 학교로 전학할 때 필요하다. 또한 학교들의 좋은 협동Good cooperation은 다양한 언어·문화 집단을 위한 수업 제공과 학습과 학생 복지를 위한 지원을 용이하게 한다. 지역·국가·국제적 연결망에서 적극적인 것은 교육학의 발달the development of pedagogy을 증진한다.

지속적인 학습 경로를 보장하기 위하여, 학교는 보육원early childhood, 유치원 교육pre-primary education, 고등학교general upper secondary schools와 직업교육 기관과 함께 일한다. 아침 점심 활동 뿐만 아니라 동아리 활동에서의 좋은 협동은 학생의 안녕을 증진한다. 청소년 단체, 도서관, 스포츠, 문화 봉사, 경찰과 교구, 다양한 조직들, 회사들과 자연학교, 박물관, 청년 센터를 포함한 지역의 다른 단체들은 학습 환경의 용도를 확대하고 학교의 교육 과제task를 지원한다.

국가 수준 교육과정이 제대로 펼쳐지려면, 여러 사람의 힘이 필요합니다. 크게 세 수준으로 나누어 진술했습니다. 먼저, 학생입니다. 다음에 학교와 가정입니다. 마지막이 직원과 외부 단체입니다.

학생이 학교 일에 참여하고 관여하는 것은 너무도 당연한 일입니다. 상식입니다. 상식이 현실이냐는 별개의 문제입니다. 조직적 힘으로, 학생 위원회를 통해 참여하고 관여하는 것도 당연합니다. 단위 학교를 넘어선 학생 연합 활동은 학생 위원회 활동의 연장입니다. 살아 있는 민주주의 교육을 어떻게 구현하느냐는 그 국가의 민주주의 정치 현실을, 교육부 공무원의 수준을, 교사들의 교육 의지를 드러냅니다.

초등학생 1학년 학생이 학생 위원회 선거에 참여하고 있습니까? 학교 내에서 시위를 할 수 있습니까? 대자보를 자유롭게 붙일 수 있나요? 교육과정을 계획하는 단위에 학생 위원회가 참여합니까? 아직도 교복을 입고 있습니까?

학부모와 함께할 영역이 우리보다 많습니다. "교육과정, 학습 목표, 학습 환경과 일하는 방법, 학습에 대한 지원과 학생 복지, 평가와 보고서reports, 학기 동안during school year 공부studies와 다양한 행사various events와 관련된 선택이 포함된다." 학부모가 대상이 아니라 주체라는 상식을 확인했습니다.

교직원이 함께하는 일은 외형상 우리와 다른 게 없습니다. 하지만 깊이는 좀 다른 것 같습니다. 협력교수, 학습을 위한 평가, 학생의 모범이 되는 성인의 협동은 비고츠키의 발달교육과 밀접하게 연결됩니다.

3. 징계

징계를 위한 교육적 논의와 특별한 징계 조치를 어떻게 사용할 것인지 대강의 방향을 제시했습니다. 우리와 큰 차이가 없을 것이라고 추측하지만, 실제로 그런지 5장 3절을 알아보겠습니다.

5.3 징계의 교육적 논의와 징계 조치 사용Disciplinary educational discussions and the use of disciplinary measures

교육에 참여한 학생은 좋은 징계 분위기와 공부의 지속적 진전이 확실하게 보장되는 안전한 학습 환경을 가질 권리가 있다. 학교는 평화적인 일하는 분위기를 격려하는 많은 방법을 가진다. 그중에 핵심적인 것은 교사가 제공한 안내와 의견 제시guidance and feedback, 협동과 공유된 책임shared responsibility, 돌봄이다. 교수학적 해결책을 펼침으로써By developing 그리고 신뢰와 돌봄의 분위기를 강화함으로써, 학교 일을 위한 평화적인 무대setting에 필요한 전제조건을 창출할 수 있다. 좋은 분위기를 확보하고 부

적절한 행동에 간섭하기 위하여, 교육 제공자는 징계의 교육적 논의disciplinary educational discussions와 다양한 징계 조치various disciplinary measures를 사용할 권리가 있다. 징계의 교육적 논의에서 따라야 할 절차The procedures와 징계의 쟁점issues들은 교육기본법the Basic Education Act에 제시되어 있다.

징계의 교육적 논의는 학생의 부적절한 행동에 간섭하는 우선적인 방법the primary method이다. 논의의 목적은 그 행위를 파악하기 위하여 혹은 그 행위에 보장된 조치를 취하지 않기 위하여, 학생의 말을 듣기 위하여, 그들 행동의 원인과 결과를 더 포괄적으로 조사하기 위하여, 상황을 정정할 수단을 고려하기 위하여, 학생과 함께 일하는 것이다. 이 절차의 목적은 학교에서 학생의 행동을 개선할 수 있는 그리고 학생의 안녕을 지원할 수 있는 긍정적인 수단을 발견하는 것이다. 교육 제공자는 징계의 교육적 논의가 있어야 할 상황 유형the types of situations을 결정한다.

교육기본법에 언급된 징계 조치는 수업 배제detention, 서명 경고a written warning, 일정 기간의 정학suspension을 포함한다. 수업을 방해disrupts the instruction한 학생을 교실 혹은 다른 교수 시설 밖으로 추방하거나 혹은 정학 조치할 수 있다. 이에 더하여, 만약에 학생의 폭력적 혹은 공격적 행동violent or aggressive behaviour이 다른 학생과 사람의 안전을 위협할 혹은 학생의 파괴적인 행동disruptive behaviour이 과도하게inordinately 교수teaching 혹은 그와 관련된 활동을 방해할 위험이 있다면, 학교 일을 위한 평화로운 무대를 확보하기 위하여, 남은 학기 동안 학생이 교육에 참여하지 못하게 할 수도 있다.[88]

교육기본법에 따르면, 교육 제공자는 교육과정과 연결하여 징계의 교육적 논의, 징계 조치, 관련 절차의 사용을 위한 계획과 지시a plan and instructions를 준비할 의무를 진다. 계획하기의 목적은 절차가 합법적이고 똑같도록legal and uniform 그리고 학생이 평등하게 대우받도록 하는 것이다. 또한 계획하기The planning는 학교 규칙school rules의 강제the enforcement를 지원한다.

교육 제공자는 각 학교가 징계를 위한 교육적 논의를 집행할 그리고 징계 조치를 사용할 계획a plan을 준비하도록 보장ensure한다. 그 계획은 교육과정의 일부로 혹은 개별적으로 준비한다. 전체 문건은 모든 학교에 적용하거나 아니면 그 계획의 구조와 작동하는 핵심 정책이 모든 학교에 공동일 수 있다. 개별 학교는 이에 자기 학교의 세부 내용을 추가한다.

계획을 준비할 때, 징계 조치에서 좋은 징계 분위기good disciplinary climate를 보장하기 위하여 법률로 언급된 수단들만 only the means을 사용할 수 있다는 사실을, 그리고 이러한 조치를 사용할 때, 법적 보호를 받는 행정의 일반 원칙the administration's general principles of legal protection이 준수되어야만 한다는 사실을 고려하는 것은 필수적이다. 징계 조치의 사용은 적절한 appropriate, 일반적으로 받아들여지는generally accepted, 객관적인 objective 까닭reasons에 근거해야만 한다. 누가 위반했는가와 무관하게 비슷한 행위similar acts에는 동일한 제제The same sanctions가 부과되어야만 한다. 그렇지만 행위의 재발은 악화된 환경 aggravating circumstances으로 고려될 수 있다may be taken into account. 징계 결과The disciplinary consequences는 행위에 비례해야

---

88. 각주에 따르면, 교육기본법 36조의 내용입니다. 우리 헌법에 따르면, 국민의 권리를 제약하려면 법에 근거해야만 합니다. 학생 징계와 관련된 내용은 법에 근거해야만 합니다.

만 한다. 또한 학생의 연령과 발달단계를 고려해야만 한다. 징계 조치는 학생을 모욕하거나 품위를 떨구는humiliating or degrading 방식a manner으로 사용될 수 없다.

교육 제공자는 계획을 준비하는 것에 대한 결정 사항과 그 준비에 참여할 단위를 만든다. 교육기본법에 따르면, 또한 그 계획을 준비하는 데 참여할 기회를 학생에게 제공해야만 한다. 보호자와의 협동 그리고 예를 들면, 사회 복지social welfare와 건강 돌봄health care 체계system 대표들과의 협동은 그 계획의 집행을 지원한다. 그 계획을 채택하거나 개정하기 전에, 교직원과 학생회the student association는 그 내용을 알아야만 한다.

처음에는 '좋은 징계 분위기'라는 표현을 상상할 수 없었습니다. 이런 표현이 국가 수준 교육과정 총론에 들어간다는 것을 상상할 수 없었습니다. 절대 어둠에 둘러싸인 우물 안 개구리의 처지입니다. '학교폭력 예방 및 대책에 관한 법률'로 난장판이 된 학교현장입니다.

징계를 교육과정과 연결한 발상을 존경합니다. 처벌을 하면서도 교육의 특징, 기본 교육의 목적을 살리려는 공동체의 지혜가 돋보입니다.

4. 다양한 교육 제공

학생에게 교육을 제공하는 형식이 다양하다는 생각을 의식적으로 해 본 적이 없었습니다. 학교교육과 무관한 것으로 여겼습니다. 기본교육과 연결하여 다양한 방식의 교육을 제공하고 있습니다. 우리도 제공하고 있는 것입니다. 제가 처음 접하는 새로운 형식은 없었습니다.

하지만 우리가 실천해 보지 못한 것도 있습니다.

5.4 교육을 제공하는 형식들Forms of providing education

교육을 제공할 때 학생의 필요와 환경The needs and circumstances 그리고 지역의 특수성local possibilities을 고려해야만 한다. 이런 식으로 학습과 안녕을 최적으로optimally 증진시킬 수 있는 해결책을 발견하려고 노력해야 한다.

학년과 무관한 공부Grade-independent studies

학년과 무관한 공부는 공부에서 개별 진전individual progress을 가능하게 하는 유연한 배열a flexible arrangement을 포함한다. 이 배열은 전체 학교, 특정 학년, 개별 학생들의 일을 조직하는 데 사용될 수 있다. 예를 들면, 재능 있는 학생gifted pupils의 중퇴 예방을 지원하기 위한 수단으로 사용할 수 있다.

만약에 학년과 무관한 공부를 실시한다면, 이에 대한 결정을 교육과정에 포함해야 한다. 그런 경우에, 교육과정은 학생이 다양한 교과various subjects 공부에서 학년 단위grade-by-grade 교수요목 syllabus보다는 개별 공부 계획personal study plans에 따라 진적할 수 있음을 진술한다.[89] 학생의 개별 공부 계획은 교육과정에 규정된 모듈modules로 이루어진다. 다양한 교과에서 특정된specified 목적과 내용에 근거하여 모듈을 계획한다. 인정할 수 있는 이 모듈의 통과Passing these modules acceptably는 연관된 교과에서 진전

---

89. 교육기본법 11조 3항의 내용입니다. 대한민국 국가 수준 교육과정이 개판인 이유 중 하나는 이를 강제하는 법률 체계가 개판이라는 것과 밀접하게 연결되어 있습니다. 연구하면서, 의식하고 단정하게 되었습니다.

으로 요구되는 기준a requirement과 전체로서의 공부the studies as a whole다. 교육과정은 공부 모듈이 학생에게 필수적compulsory인지를 아니면 선택적optional인지를 특정해야만 한다. 공부 모듈의 완성과 학생의 진전을 정기적으로 관찰해야 한다. 학생이 개인 학습 계획을 따랐을 때, 학습의 평가와 관련하여 6장을 참고한다.

학년과 무관한 공부grade-independent studies를 선택할 때, 다양한 교과various subjects에서 수업 시간 배분 그리고 수업의 목적the objectives과 관련된 내용related contents을 모듈에 상술한다. 각 교과의 모듈은, 시행령에 구체적으로 지정된 수업 시간 배분의 이행 시점을 경계로 형성된 학년 단위the grade units에 근거하여 합쳐진다put together. 학년 단위를 둘 혹은 더 많은 모듈로 나눌 수 있다. 또한 모듈의 내용을 학년 단위 내의 혹은, 필요하다면, 수업 시간의 배분의 이행 시점을 넘어서서, 다양한 교과의 목적과 내용을 결합하여 형성할 수 있다.

필요하다면, 교육기본법 제18조Section 18에 따라 개별 학생으로 선정한 행정 결정an administrative decision처럼, 개인 공부 계획에 따라 공부에 대한 결정을 할 수 있다. 또한 지역 수준 교육과정이 학년과 무관한 공부를 준비하지 않았을 때도 이런 형태의 행정 결정을 할 수 있다. 학습 계획은 그 학생the pupil에 맞게 작성해야만 한다. 그것은 학생의 공부 계획에 포함된 모듈로 구성해야 하고 그들이 완수해야 할 순서, 일정, 특별한 목적을 규정해야 한다.

다학년 수업Multi-grade instruction
다학년 학급[90]은 다른 학년의 혹은 학년과 무관한 연구를 행하는, 다른 연령의 학생으로 구성된 교수 집단a teaching group을 지칭한다. 다학년 학급은 학교에 재학 중인 학생의 수가 적기 때문에 혹은 교수학적 이유 때문에 만들어질 수 있다. 다학년 학급에서 수업은 학생의 학년에 지정된 것처럼 모두 진행하거나 부분적으로 대안적인 경로의 원리the principle of alternative courses를 따를 수도 있다. 대안적인 경로를 따를 때, 공부해야 할 내용의 논리적 진전logical progress과 지속성the continuity을 보장해야만 한다. 학생의 공부 기술능력study skills을 발달시키는 데 특별한 주의를 기울여야만 한다. 만약에 다학년 학급의 다른 학년은 일부 교과에서 주당 수업 시간이 다르다면, 교과의 연간 주당 수업 숫자는 나눌 수 있고 그 결과 교과의 수업 시간은 균등하게 조정된다. 교과에서 주당 수업 시수를 조정할 때, 교육과정에 규정된 총 수업 시수를 이수할 학생의 권리를 언제나 보장해야만 한다. 만약에 학생이 대안적 과정에 따라 조직된 공부에서 학년 단위로 진전하는 공부 집단으로 옮기면, 교수요목의 내용을 완수할 수 있도록 학생의 수업을 개별적으로 배열해야만 한다.

또한 다학년 수업을 교육기본법에 근거한 것처럼 학년과 무관한 수업 형태로 실시할 수 있다. 이 경우에, 교수요목을 학년으로 나누지 않고 교육과정에 따른 공부 모듈로 정한다. 학년과 무관한 공부는 학교에 있는 모든 학생에게, 어떤 다학년 학급 혹은 개별 학생들에게도 적용할 수 있다.

다학년 수업은 통합수업과 다분과 학습 모듈의 사용을 증진할 좋은 기회를 제공한다. 특히, 동료 학습과 동료 모방하기의 가능

---

90. 대한민국의 복식 수업에 해당합니다. 차이점은 학년과 무관한 공부를 하는 학생으로도 구성될 수 있다는 것입니다.

성을 다학년 수업에서 활용할 수 있다. 다학년 학급에서, 원격 학습distance learning을 활용하여 직접 수업contact instruction을 지원하고 풍부하게 할 수도 있다.

원격 학습Distance learning

수업을 완벽하게 하려고 그리고 다른 교과들을 공부하기 위한 다목적의 기회versatile opportunities를 제공하기 위하여 기본 교육에서 원격 학습을 사용할 수 있다. 교육을 제공할 권위the authorization를 지닌 교육 제공자가 언제나 원격 학습으로 제공된 수업을 책임진다. 특히 학생의 연령과 실제 능력capabilities[91]의 관점에서 이 수업 방법이 적절한지The suitability를 고려해야만 한다.

특히 덜 사용되는 언어와 종교 수업 그리고 선택 교과 수업을 지원하기 위하여 원격 학습을 사용할 수 있다. 원격 학습은 학교의 크기나 위치와 관계없이 다목적의 기본 교육이 제공하는 높은 질에 모든 학생이 접근하는 것을 증진한다. 원격 학습의 사용은 학교 작동the school's operation의 환경 친화적 지속가능성the ecological sustain-ability에 공헌한다.

원격 학습을 개별화 수업과 통합수업 둘 다에 사용할 수 있다. 이는 학생의 개별적 필요the pupils' individual needs에 대응하는 것에 좌우된다. 즉, 특별한 재능의 발달을 지원하는 수업을 제공하거나, 학교가 제공하는 학교 출석과 학습을 위한 지원을 강화하거나, 장기간의 건강 악화와 같은 예외적인 상황에서 수업

---

91. 퇴고 작업을 하며 실제 능력이 '실력(實力)'이라는 우리가 일상에서 사용하는 낱말과 그 의미가 같은 것이 아닌가 하는 의문을 갖게 되었습니다. 2년 들여다보고 난 후, 마지막 순간에야 깨달음이 왔습니다. 모국어 실력이 부족함을 절감합니다.

을 제공한다. 원격통신telecommunications과 다른 교수용 과학기술 different teaching technologies의 사용은 학습 환경을 다양화한다. 그렇게 해서 학생의 필요the pupil's needs와 수업의 목적에 적합한 학교 동반자와 어떤 국제 연결망의 전문 지식the expertise뿐만 아니라 다양한various 교사의 실행능력을 활용할 수 있다.

다른 형태의 수업과 똑같은 원리를 따라, 학습 환경의 안전과 학생의 지도·감독the supervision and guidance을 확실하게 한다. 교수 집단에는 안전과 안녕을 책임지는 교사가 한 명은 있어야만 하고, 학습을 증진하는 협의를 할 수 있는 기회를 보장해야만 한다. 학생의 필요를 고려하고 가능한 교수용 과학기술teaching technology을 활용하는 교수학적 계획pedagogical planning을 통해, 높은 질의 수업을 전달하는 것을 보장한다. 저작권법을 위반하지 않도록 특별히 주의한다.

유연한 기본 교육Flexible basic education

교육기본법에 따라, 유연한 기본 교육의 틀 내에서 지역 당국 a local authority은 7~9학년과 공동으로 활동activities을 제공할 수 있다. 이 문건에서, 유연한 기본 교육 내의 활동은 유연한 기본 교육flexible basic education으로 지칭한다. 기본 교육basic education 과 국가 핵심 교육과정the National Core Curriculum에 적용된 법령을 준수하며 교육을 제공한다.

기본 교육의 중퇴율the incidence of dropping out을 줄이고 탈락 exclusion을 예방하려는 노력으로 유연한 기본 교육을 제공한다. 유연한 기본 교육의 목표는 학생의 공부하려는 동기와 삶 관리 능력을 강화하는 것이다. 기본 교육의 교수요목을 완수하는 것에 더해, 이어지는 교육과 직업훈련 단계로의 이행에서 학생을 지원하여, 성공적으로 공부할 수 있는 학생의 실제 능력을 발달시킨다.

유연한 기본 교육은 낮은 성취와 약한 학습 동기의 징후를 보이는 7~9학년 학생들과 진전될 공부further studies와 노동 생활working life에서 배제될 위험에 처해 있다고 평가된 학생을 대상으로 한다. 수업에서 전문가 집단과 행정과 조직의 여러 부서들의 협동을 부각highlight한다. 또한 직업 기관과 고등학교, 평생 성인 교육 기관과 젊은이를 위한 작업장도 이 협동의 한 부분이 될 수 있다. 유연한 기본 교육을 계획하고 조직하기 위하여 이끌 집단a steering group을 구성set up할 수도 있다.

유연한 기본 교육이 승인된 학생들의 개별 필요를 충족시키기 위하여 학교가 작동하고 교수하는operating and teaching 방법을 개선develop한다. 일하는 형태work forms가 학생의 참여와 학교 공동체의 친화를 증대시키도록 그리고 보호자와 유연한 기본 교육에 참여한 모든 사람의 공동의 교육적 일joint educational work을 지원하도록 특별히 주의한다. 수업에서 기능적이고 일을 지향Functional and work-oriented하는 공부 방법을 강조한다.

학교, 영역을 넘어선 협동하는 일터와 다른 학습 환경, 지원과 조언 서비스에 속하는 작은 교수 집단이 유연한 기본 교육을 조직한다. 교사뿐만 아니라, 교육 제공자가 지정한 젊은이의 사회적 성장, 가족과의 협동, 다른 지원과 조언 일에 뛰어난 실행능력special competence을 지닌 전문가a professional가 그 활동에 참여한다. 필요하다면, 수업은 다른 교수 집단과 연계하여 부분적으로 제공할 수도 있다.

학교에서의 대면 수업contact instruction으로 그리고 일터workplace와 다른 학습 환경에서의 감독받는 공부supervised study로 수업을 제공한다. 학교 밖에서 공부하는 것Studying outside the school은 유연한 기본 교육의 본질적인 부분이다. 이 기간 동안에도 학생은 교사가 제공하는 수업과 안내를 받을 권리가 있다. 교육과정에 특정된 학습 과제를 학생에게 제공한다. 학생을 평가할 때, 이 학생 과제를 어떻게 했는지Managing the learning assignments를 고려한다. 일터에서 그리고 다른 학습 환경에서 학생과 일하는 직원은 직장 안전occupational safety, 데이터 보호, 비밀 엄수secrecy, 다른 필수 영역requisite areas에 대한 법령을 알아야만 한다.

스스로가 혹은 그 보호자가 신청한 학생에게 유연한 기본 교육이 허가된다. 평등한 허가 기준을 학생에게 적용해야만 한다. 교육 제공자는 학생 허가의 근거와 허가 절차를 결정한다. 허가 여부는 행정적으로 결정한다. 이는 여러 부문을 걸치는 과정을 통해 준비된다. 만약에 기본 교육을 마치기 전에 유연한 기본 교육을 포기한다면, 유연한 기본 교육을 제공하는 일을 중단한다고 행정적으로 결정한다.

유연한 기본 교육을 받는 학생은 법령에 언급된 바와 같이 학습과 학교 출석에 대한 지원, 안내, 학생 복지를 받을 권리가 있다. 필요하다면, 학생은 일반 지원이나 집중 지원general or intensified support을 받을 수도 있다. 예외적인 경우에, 특별한 지원을 받는 학생은 유연한 기본 교육을 허가받을 수도 있다. 이때 학생은 수업에서 사용하는 교육과정을 따라갈 수 있고 학생이 가장 흥미를 보이는 것을 고려하여 배열한 과정을 밟을 수도 있다.

유연한 기본 교육을 받는 학생을 위해 학습 계획을 작성하거나 이전에 작성했던 학습 계획을 수정한다. 학생과 그 보호자와 협동하여 계획을 작성한다. 적용할 수 있는 경우에는 집중 지원을 제공하기 위해 준비한 학습 계획과 똑같은 요소들의 일부를 학습 계획에 담을 수 있다. 이에 더하여 학습 계획은 학생의 유연한 기본 교육과 관련된 어떤 특별한 자질any special features을 기술한다. 이는 학교 밖 학습 환경에서 행해지는 수업을 조직하는 것을 포함한다. 만약에 학생이 특별 지원을 받는다면, 개별 교육 계획 IEP, individual educational plan과 유사한 방식으로 유연한 기본 교육을 기술한다.

개별 상황에서의 수업Instruction in particular situations

예를 들어, 학생이 심각하게 아프거나 어려운 삶의 조건에 처했을 때, 한 학생의 수업을 위한 배열arrangements for a pupil's instruction과 그가 필요한 지원은 개별적인 고려를 요한다. 이 경우에, 병원학교a hospital school, 개선학교a reform school, 고객센터 a reception center, 교도소 혹은 다른 형벌 기관에서 제공되는 수업으로 기본 교육을 조직할 수 있다.

병원이 위치한 지역 자치단체는 병원에 입원한 환자가 학생인 경우 환자의 건강 상태를 고려하여 적절한 시점까지 학생을 위한 수업을 조직할 의무를 진다. 또한 학생의 치유를 책임질 병원이 위치한 지역 자치단체는 다른 특별한 의학적 치료를 받아야 할 의무교육 대상자를 위해 수업을 조직하고 지원할 의무도 있다. 만약에 다른 방식으로 수업을 조직하는 것이, 교육기본법 혹은 다른 입법에 언급된 지원 조치에도 불구하고, 학생의 최대 이익the best interests of the pupil에 맞지 않다면, 지원의 정도를 학생의 건강 상태와 특별한 교수학적 필요를 고려하고, 전문적인 의학적 치료 절차와 회복 상태를 고려하여 결정한다. 전문적인 의학적 치료를 행하는 다른 형태의 단위가 위치한 지역 자치단체도 치료를 받고 있는 학생을 위한 수업을 조직할 수 있다. 전문적인 의학적 치료를 받는 학생을 위해 제공되는 수업의 목표The goals는 학생의 학습과 학교출석을 유지하는 것과 학생의 치료 목적을 지원하는 총체적인 재활을 포함한다. 학생이 병원학교에서 제공하는 수업으로 이동하거나 자신의 학교로 돌아갈 때까지 학생의 교육 제공자와 병원이 위치한 지역의 자치단체는 부문을 넘어선 협동으로 학생을 위한 필수적 지원에 합의하고 필수적 지원을 조직한다. 또한 원격 학습을 병원학교에서 제공되는 수업으로 활용할 수 있다. 학생의 가정이 속한 지역 자치단체는 병원학교의 학생을 위해 다른 교육 제공자에게 비용compensation을 지급할 의무가 있다.

가정 밖에 머무는 아동의 교육은 아동이 거주하는 지역 자치단체가 책임the responsibility진다. 만약에 기관이 교육을 제공할 권한을 가지고 있다면, 학생 복지 기관에 머무는 학생의 교육은 기관 내에서 운영하는 학교가 책임진다. 아동 복지법the Child Welfare Act의 적용을 받는 아동의 가정이 있는 지역 자치단체는 다른 교육 제공자에게 비용을 지급할 의무가 있다. 교도소에서 제공하는 수업은 교도소가 위치한 지역 자치단체가 책임진다.

합의에 따라, 지역 자치단체는, 학생의 가정이 위치한 지역의 학교 대신에, 다른 지역 자치단체에 위치한 학교, 교육을 제공할 권한을 가진 사립 기관 혹은 재단이 운영하는 학교, 혹은 학생의 지역 학교처럼 국립 학교에 위임할 수 있다.

기본 교육을 받아야 할 연령의 국민에게 교육을 제공하는 형식은 통상적으로 학교에서 정규 교육과정을 이수하는 학교교육입니다. 여기에 해당하지 않는 경우에도 현실을 반영하여 국가는 교육을 제공해야 합니다. 그 형식을 설명했습니다.

비슷한 개념의 우리 것을 떠올려 봤습니다. 제가 들어 봤던 것들입니다. 정확한 행정적 용어는 아닙니다. 학년과 무관한 공부는 '영재학급', 다학년 수업은 '복식수업', 원격 수업은 '방송수업', 유연한 기본 교육은 '현장실습', 개별 상황에서의 수업은 '검정고시 준비'였습니다. 제가 기억하고 있어 위에 나열한 것들은 적절한 표현이 아닙니다.

학년과 무관한 공부는 전 과목을 개인 공부 계획에 따라 기본 교육을 이수하는 형식입니다. 전체 흐름은 앞서가는 학생을 대상으로 한 교육과정 운영 방식입니다.

다학년 수업은 복식수업과 유사합니다. 학년이 다른 소규모 학급들의 학생을 대상으로 운영합니다.

원격 학습은 개개 학생의 필요에 따라 운영됩니다. 소수 언어, 종교 수업, 선택 교과 수업을 지원하는데, 대상 학생이 적은 경우에 여러 학교의 학생을 함께 공부하도록 하는 것입니다.

유연한 기본 교육은 정규 교육과정을 따라가기 어려운 7~9학년 학생을 대상으로 합니다. 학교 밖에서 공부하는 것입니다.

개별 상황에서의 수업은 한 명의 학생을 대상으로도 운영됩니다. 예를 들면, 병원에 입원하거나 소년원 생활을 하는 학생에게 제공되는 수업입니다.

전반적인 느낌을 남기겠습니다. 하나, 교육은 인권이라는 인상을 받았습니다. 둘, 교육은 국가(여러 단위의 행정 기관)가 책임지는 활동임을 확인했습니다. 셋, 모두를 위한 교육의 진면목을 보았습니다. 우리라면 대충 넘어갈 교육 대상자를 위해 최선의 기본 교육을 펼치려 노력하고 있습니다. '학생의 최대 이익'을 추구하라는 대원칙을 지키려 노력하는 성숙한 국가의 행정 행위를 보았습니다.

5. 교육 지원 활동

다양한 활동이 학교교육의 목표를 달성하는 데 공헌합니다. 주연은 아니지만 제 역할을 하지 못하면 학교교육의 목표를 달성할 수 없는 중요한 활동들이 있습니다. 이런 활동들도 교육과정에 포함하여 진술했습니다.

5.5 교육의 목표를 지원하는 다른 활동들Other activities that support the goals of education

동아리club나 도서관 그리고 교육과 밀접하게 연결된 다른 활동을 기본 교육과 연결하여 배열할 수 있다. 이런 활동의 조직과 범위는 교육 제공자의 결정에 따른다. 학교 식사, 휴식 시간의 활동, 학교에서의 아침 만남morning assemblies, 경축 행사, 여행excursions, 방문 공부study visits, 학교 컴퍼스, 가능하다면, 등하굣길the way to school을 학생의 학습, 다목적의 발달versatile development, 안녕을 위해 설정한 목적을 지원하도록 조직한다. 또한 이것들은 긍정적이고 안전한 학교 일상a positive and safe school day의 경험에 공헌하고, 학생의 입장에서 학생의 경계alertness를 지원하는 통합적이고 다양한 일상an integrated and variable day을 가능하게 한다. 활동을 인도하는 목표들과 그것들을 조직하는 원리들을 결정하여 지역 수준 교육과정에 담는다. 개별 학교는 이런 배열에 대한 결정 사항을 각 학교의 연간 교육 계획서the annual plan of each school에 담는다.

학교 동아리 활동School club activities

교과 수업 외outside the lessons에 동아리 활동을 제공한다. 동아리 활동은 교육, 수업, 안내와 관련된 학교의 목표들을 지원한다. 동아리 활동은 자유로운 기본 교육free basic education의 일부고, 그것은 공동체 정신을 고양하는 데, 학교의 문화를 풍부하게 하는 데 공헌한다. 동아리 활동의 기조는 학생의 다재다능한 성장과 발달versatile growth and development을 지원하는 것이다. 동아리는 학생에게 다양한 여가various pastimes에 친숙할 기회를 제공한다. 겨냥하는 바는 학생의 관심을 키우고 함께 무엇을 하는 경험, 실행능력, 성공, 기쁨을 제공하는 것이다. 동아리 활동에서, 학생은 학교에서 학습한 지식과 기술능력을 적용할 그리고 창조적인 활동과 성인 그리고 다른 학생과 다양한 소통diverse interaction에 참여할 기회를 갖는다. 동아리는 학생의 참여participation할, 관여involvement할 기회, 나아가 일상생활 기술능력과 안전감feeling of security을 증진할 수 있다.

유연하게 녹여낸 동아리 활동Flexible club activity solutions은 학교 일상의 통합을 증진한다. 동아리 활동을 조직하고 실행하는 방법을 개선해야만 하고 학생의 여가 추구를 지원하기 위하여 학습 환경을 수정한다. 학생은 점차 동아리 활동 계획에 관여해야만 한다. 또한 동아리 활동 제공은 학교 주변 사회와의 협동뿐만 아니라 아동을 교육할 때 가정과 학교의 협동을 강화할 기회를 제공한다. 학교는 동아리 활동을 제공할 때, 다양한 분야의 행정, 공동체, 기업, 단체, 학교의 다른 이해 당사자other stake-holders of the school의 전문성을 활용할 수 있다.

학교 도서관 활동School library activities

학교의 교육적 일을 지원하기 위하여, 지역 도서관과 다른 도서관과 협동하여 학교 도서관 활동을 조직하고 실행할 수 있다. 도서관 활동은 학생이 자신의 일반 지식과 일반 능력과 세계관을 건설하고 확장하는 것을 지원한다. 다양한Diverse 학교 도서관 활동은 신뢰할 수 있는 학습 상황에서 학습을 개념화the conception of learning하는 것을 지원하고, 학생에게 여러 형태의 과업을 책임지고 할 수 있는 기회를 제공한다. 학교 도서관과 다른 도서관은 학습 환경과 다양한 일하는 방법을 활성화하고 자극한다. 도서관 활동의 기조The purpose는 학생의 독립적 읽기를 격려하고, 읽기 자료를 스스로 선택하도록 격려하고, 정보에 대한 학생의 필요를 충족하고, 다른 자원에서 정보를 찾고 정보 원천을 평가하도록 유도하는 것이다. 활동은 개별화 수업, 학생의 개인적 흥미에 따른 일에 접근하는 방식, 가정과의 협동할 기회를 늘린다. 학교와 도서관은 협력하여 평생 학습과 능동적 시민의식으로 학생을 안내한다.

학교 급식School meals

학교 급식의 기조는 학생의 건강한 성장과 건전한 발달, 공부할 수 있는 능력, 음식에 관한 지식을 지원하는 것이다. 기본 교육을 받는 학생에게 매 학교 식사로 균형 잡힌, 가격에 구애받지 않고 적절하게 조직한, 감독받은 급식을 제공해야만 한다. 학교 급식을 위한 식단을 통해 급식의 건강과 관련된 사회적, 문화적 의미significance를 고려한다. 학교 급식은 중요한 여가의 역할을 하고, 지속가능한 삶의 방식, 문화적 실행능력, 좋은 예절 수업과 음식과 관련된 교육의 목적을 증진한다. 적절한 시각에 제공되고 서두르지 않아도 되는 급식과 제공된 간식snacks은 학생이 학교 일과를 끝낼 수 있는 충분한 힘을 제공한다. 매력적인inviting 급식 시간은 학교 공동체 전체의 안녕을 증진한다.

학교 급식은 학생에게 학교 일과의 중요한 부분이다. 학생이 학교 급식, 특히 급식 시간을 계획하고, 집행하고, 판단하는 데 참여하도록 격려한다. 교사는 학교의 다른 성인과 함께 급식과 연관된 안내와 교육을 제공한다. 학교와 가정은, 협력하여 학생의 발달development을 지원하면서, 학교 급식의 목적과 조직을 논의한다. 정기적으로 학교 급식에 참여, 음식의 질, 급식 시간을 감시monitor하고 판단한다.

교사 집단과 급식 일을 책임진 직원은 협력하여 학교 급식을 조직하고 그 활동을 개선한다. 만약에 한 학생이 영양, 건강, 혹은 의학적 치료와 관련하여 개별 식단을 필요로 한다면, 학생, 보호자, 학교 급식을 책임진 직원, 학교 건강관리 담당자는 함께 지원 조치와 급식과 관련된 감시monitering에 합의해야만 한다.

휴식, 아침 모임과 학교에서의 다른 공동 행사Recesses, morning assemblies and other joint events at school

교육기본법에 따르면, 매 시간 최소 45분은 수업 시간으로 보장해야만 하고, 이 시간은 적절한 교수 시간teaching periods으로 나뉘어야만 한다. 일하는 시간의 일부를 일하는 삶의 소개, 시기 말 기념행사end-of-term celebrations, 다른 공동 행사other joint events에 사용할 수 있다. 이런 시간 배정은 학교 일상의 규칙성 the rhythm을 정착하는 그리고 학생의 안녕을 증진하는 방식으로 휴식을 조직하는 많은 방법을 포함한다. 공동 행사는 학교 축하 행사school celebrations, 주제 일들theme days, 여행excursions을 포함할 수 있다. 방문 공부Study visits와 학교 캠퍼스를 학교 공동체 전체를 위하여 혹은 하나나 여럿의 교수 집단을 위하여 계획할 수 있다. 또한 교육기본법 시행령에 언급된 학교 일의 유연한 조직을 위한 가능성The possibilities을 이런 방식으로 활용한다. 하루 일과를 간단한 아침 모임short morning assembly으로 시작한다.

휴식, 아침 모임, 여러 형태의 일상적 행사는 학교의 공동체 정신과 학생의 건전한 발달, 사회적 관계와 공부를 감당할 능력에 핵심적 역할을 한다. 또한 그것들을 다분과 학습 모듈의 일부로 활용한다. 그것들은 학생의 포괄적 실행능력을 강화하고 학교의 문화적·언어적 다양성을 실감實感하게 한다. 다른 한편, 방문 공부와 학교 캠퍼스는 학습 환경을 확대할, 실제 상황 authentic situations에서 학습할, 다양한 행위자와 함께 일할 기회를 제공한다.

교육 제공자는 학교 일상을 교수 시간과 휴식으로 나누는 방법, 다른 어떤 활동을 학교 일상에 포함할 것인지, 어떤 양식의 조작을 사용할 것인지에서 많은 재량권을 가진다. 이러한 해결책은 학교문화를 형성하는 데 공헌한다. 이러한 것을 결정할 때, 기본 교육의 작동하는 문화를 발달시키는 원리를 고려해야만 한다.

등하굣길과 학교 교통Way to school and school transport

학생이 학교로 등하교 하는 길에서 자신의 건강health and fitness 을 증진하는 교통 양식modes of transport을 사용하도록 격려한다. 혼자서 학교로 등교하는 학생과 학교 교통에 의존하는 학생 모두 자신과 타인의 안전을 돌보도록, 등하굣길에서 적절하게 행동하도록 안내한다.

절차와 책임자를 합의하여 학교 교통을 기다리는 동안의 학생 감독, 이 시간을 위한 안내 활동의 조직, 등하교하는 동안 학생의 안전을 보장한다. 학생과 그 보호자에게 이러한 결정과 교통 배차를 알려야 한다. 학생의 등하굣길에 벌어지는 위협, 폭력 혹은 해코지는 학교에 알려야 하고, 학교는 피해자의 보호자와 이 행위의 가해자에게 알려야만 하고 필요하다면 사건을 조사할 때 보호자를 지원한다.

다섯 가지 활동을 안내했습니다. 교육과정 문건에 포함하지 않았지만, 우리도 다 하고 있는 활동입니다. 색다른 점만 간단하게 언급하겠습니다.

먼저, 동아리 활동입니다. 목적이 학생의 다재다능한 성장과 발달을 지원하는 것입니다. 지원을 위해 학교 밖에 있는 분들의 전문성도 활용하라고 권장하고 있습니다.

다음은, 도서관 활동입니다. 학생의 일반 지식과 일반 능력뿐만 아니라 세계관을 건설하고 확장하는 것을 지원합니다. 학생이 독립적으로 읽기 활동을 할 수 있도록 격려하고 있습니다. 타율적 읽기 활동을 지양하고 있습니다. 책 읽는 습관을 평생 동안 유지하려면 당장의 실적에 매달리면 안 됩니다. 인내심을 가지고 체계적으로 지원해야 합니다.

세 번째는 학교 급식입니다. 학생도 학교 급식을 계획하고 준비하고 점검하고 판단하는 활동에 참여합니다.

네 번째는 휴식 시간, 아침 모임, 학교의 공동 행사들입니다. 우리가 '현장 체험'을 할 때, 저들은 방문 공부를 합니다. 명칭이 주는 느낌이 있습니다. 좀 더 교육적 측면을 강조하여 활동을 조직하고 있다는 인상을 지울 수 없습니다.

마지막은 등하교 안전입니다. 학교 버스를 기다리는 동안의 안전 감독, 이 시간을 안내하는 활동의 조직까지 언급했습니다.

대한민국 법도 학교는 교육과정을 운영하는 곳이라고 단정했습니다. 정상적인 경우라면, 학교는 교육과정 이외의 것을 할 수 없다는 뜻입니다. 바꾸어 말하면 학교에서 통상 하고 있는 것은 모두 교육과정에 연결되어야 합니다. 연결되지 않는 것은 학교 일이 아닙니다. 학교 교육의 안정성을 보장하기 위해 학교교육과정에 다 담아야 합니다. 이를 지원하기 위해 지역 수준 교육과정이 환골탈태해야 합니다.

6. 지역이 결정할 사항

학생의 안녕과 학습을 지원하도록 학교 일을 조직해야 합니다. 이를 위해 준수해야 할 사항을 구체적으로 지역에서 진술할 때 주의해야 할 점이 무엇인지 알아보겠습니다.

5.6 지역이 결정할 사항Issues subject to local decisions
학교 일을 실천적으로 조직하도록 결정할 때, 결정 사항이 교육의 목표를 성취하는 것을 지원하는데 그리고 기본 교육의 일관성을 향상시키는 학교문화를 증진하는 데 주의를 기울여야 한다. 여기서 논의된 모든 측면을 고려하면서, 교육 제공자가 결정한 바에 따라 학교교육과정 그리고/혹은 연간 교육 계획서에 개별 학교와 관련된 해결책, 노동 배분(division of work)와 책임감, 다른 실천적 집행을 결정하여 반영한다.

학교 일상을 위한 공동 책임과 협동
- 교육 제공자는 교육과정에 다음 사항을 결정하고 기술한다.
- 긍정적이고 안전한 학교 일상을 창조하고 협동을 조직하는 것의 핵심 목표가 무엇인지 그리고 이를 달성하기 위해 운영할 방법들이 무엇인지.
- 지역 자치단체/학교 내에서 그리고 학교 밖 행위자들과 협동을 어떻게 조직할 것인지, 그리고 이를 어떻게 감독하고 개선할지, 특히,
  - 학생의 참여를 어떻게 보장할 것인지.
  - 가정과 학교의 협동의 핵심 목표가 무엇인지 그리고 협동을 조직적으로 실천하는 것이 무엇인지.

징계의 교육적 논의와 징계 조치의 사용
교육 제공자는 징계의 교육적 논의와 징계 조치를 위한 계획을 준비할 책임이 있다. 그 계획은 지역 수준 교육과정의 일부이거나 혹은 별도 계획서로 갈음한다. 별도 계획서를 준비하는 경우, 그에 대한 언급을 지역 수준 교육과정에 담는다. 그 계획은 다음 사항을 결정하고 기술한다.

- 징계의 교육적 논의가 사용된 사례들 그리고 그것을 집행한 실천 과정.
- 폭력violations, 부정dishonesty, 방해disruptions의 경우에 세부 내용을 추가한 그리고 입법 내용을 보완한 절차, 사건을 조사할 책임의 분배, 청취와 기록 보관을 위한 절차.
- 징계 조치를 사용할 때 법적 보호라는 행정의 일반 원리를 준수하도록 어떻게 보장할 것인지.
- 징계 권한 사용과 관련하여 어떻게 직원의 실행능력을 보장할 것인지 그리고 직원의 업무 훈련을 어떻게 조직할 것인지.
- 다양한 관련 단위에 계획, 학교 규칙, 법률에 언급된 징계 조치를 어떻게 알릴 것인지.
- 계획을 감독할 그리고 그 실행과 효과를 판단할 절차가 무엇인지.

원격 학습

만약에 원격 학습을 활용하게 되면, 교육 제공자는 교육과정에 다음 사항을 결정하고 기술한다.

- 원격 학습을 사용할 수 있는 교수학습의 영역.
- 원격 학습 사용을 안내하는 목표들, 교수 배열teaching arrangements의 실제, 여러 행위자들의 책임과 공유된 작동 방법들.

학년과 무관한 공부

만약에 교육 제공자가 학년으로 나뉘는 교수요목보다는 개인 공부 계획에 따라 진전할 가능성을 제공한다면, 교육과정에 이것을 진술해야만 한다. 또한 교육 제공자는 교육과정에 아래 사항을 결정하고 기술한다.

- 학년과 무관한 공부 혹은 개인 공부 계획에 따라 진전하는 공부가 어떻게 진행되는지(그 결정 사항은 모든 학교 혹은 오직 일부 학교나 학년, 개별 학생 따위에 적용되는지).
- 공부들이 합쳐지는 것에 근거한 교수요목에 포함되는 공부 모듈the study modules이 무엇인지.
- 이 공부 모듈에 따른 수업의 목적과 내용이 무엇인지 그리고 수업 시간의 배분을 어떻게 하는지.
- 어떤 공부 모듈이 강제 사항이고 어떤 공부 모듈이 선택 사항인지 여부.
- 학생의 진전과 공부 모듈의 인수를 어떻게 감독하고 평가할 것인지.

학년과 무관한 수업에서, 평가를 다루는 6장에서 논의한 다음 학년으로의 진급과 학습 평가와 관련된 특별한 규정을 고려해야만 한다.

다학년 수업

교육과정을 준비할 때, 또한 다학년 수업과 작은 학교에 교육과정이 적합한지를 고려해야만 한다. 다른 대안은 교육과정에 작은 학교에서의 수업에 관한 절과 다학년 수업을 위한 배열을 포함하는 것이다. 만약에 수업이 다학년 학급multi-grade classes(복

식학급)으로 조직된다면, 교육 제공자는 교육과정에 아래 사항을
결정하고 기술해야만 한다.

- 다학년 수업이 어떻게 조직되는지, 시행 시에 준수해야 할 핵심
  적인 방법the key operating methods이 무엇인지.
- 정부 시행령에서 결정한 이행 시점에 의해 구분되는 학년들에
  주간 수업 시수가 어떻게 나뉘는지, 혹은 학년과 무관한 수업
  을 선택할 경우 교수요목이 어떻게 공부 모듈들로 나뉘는지.

유연한 기본 교육

만약에 교육 제공자가 유연한 기본 교육으로 활동들을 제공한
다면, 교육 제공자는 교육과정에 아래 사항을 결정하고 기술한다.

- 유연한 기본 교육을 어떻게 조직할 것인지 그리고 준수해야 할
  핵심적인 방법이 무엇인지.
- 학생에게 허가admissions하는 기준이 무엇인지 그리고 실제로
  어떻게 허가가 이루어지는지.
- 다른 교육 기관에서, 다른 일터 혹은 학교 밖 다른 곳에서, 진
  행되는 공부가 어떻게 조직되는지 그리고 이런 경우에 학생의
  공부를 어떻게 감독하고 확인하고 평가할 것인지.
- 다양한 행위자 사이의 협동, 나아가 각각의 책임 소재와 노동
  배분을 어떻게 조직할 것인지.

학생의 학습 계획의 조직 혹은 개별화된 수업의 조직과 관련된
규제The regulations는 6장에서 논의한다.

개별 상황에서의 수업

개별 상황에서의 수업을 제공할 경우에 대한 대책을 지역 수준 교육과정에 적시해야만 한다. 특히 병원 학교에서 제공하는 수업에 관하여, 학생이 자신의 학교에서 병원 학교에서 제공하는 수업으로 전환할 때 그리고 반대의 경우에 교육과정은 학생을 위한 협동과 지원 제공이 어떻게 실행되는지 기술한다. 다른 상황에서도 협동과 지원의 문제Questions는 중요하다.

교육의 목표를 지원하는 다른 활동들

교육 제공자는 교육의 목표를 지원하는 다른 활동들과 연관된 이해 당사자와 가정과의 협동에 관한 정책 그리고 이를 계획할 때 학생의 참여에 관한 정책을 결정한다.

교육 제공자는 교육과정에 아래 사항을 결정하고 기술한다.

- 무엇이 교육의 목표를 지원하는 다른 활동들, 동아리 활동, 도서관 활동을 실행하는 목표이고 실행을 조직화하는 것인지 그리고 무엇이 제공되는 아침 활동과 점심 활동과 연관되는 것인지.
- 무엇이 학교 급식 실행을 안내하는 원리이고 무엇이 음식과 건강 교육, 좋은 예절 교수, 지속가능한 삶의 방식과 관련된 목표인지.
- 급식과 관련된 학생의 특별한 필요를 어떻게 고려할 것인지.
- 학생과 그 보호자에게 등하굣길, 학교 교통, 관련하여 적용하는 방법과 관련된 쟁점들을 어떻게 알릴 것인지.

아침 활동과 점심 활동을 보장한 교육 제공자는 아침 활동과 점심 활동을 위한 국가의 요구사항을 준수하는 지역의 계획을 준비할 의무가 있다.

대한민국 지역에서 참고할 사항 하나, 간단하게 언급하겠습니다. 대부분의 활동을 우리도 하고 있습니다. 이를 체계적으로 지역 수준 교육과정에 반영하지 않았을 뿐입니다. 공문으로, 행정적 조치로 행하고 있습니다. 이를 돌파하기 위해 2014에서 참고할 점이 있습니다. 구체적인 행정 집행 계획의 출처를 본문에 간단하게 언급하는 것입니다. 이를 모방하면 지역 수준 교육과정에 담는 것이 어렵지 않습니다. 형식을 모방하는 일은 즉시 할 수 있습니다. 본문 내용으로 체계적으로 담아가는 과업은 시간을 두고 차분하게 진행하면 됩니다.

5장 전체에 대해 느낀 점을 남기겠습니다.

학생의 안녕과 학습을 지원하기 위해 학교 일을 조직합니다. 이때 기본 교육의 일관성을 유지하는 것은 중요한 목표입니다. 이를 달성하기 위해 학교문화에 주목했습니다. 이는 실천적 측면의 일관성을 유지하는 핵심 방안입니다. 이론적 측면의 일관성은 교육과정에서 구현됩니다.

이런 까닭으로 위로부터 행해지는 교육개혁은 국가 수준 교육과정 개정을 통해 강제합니다. 세균(신자유주의적 교육개혁)은 국가 수준 교육과정의 모세혈관에 거주합니다. 발견 학습, 수행 평가, 스팀 학습 같이 교육과정 문건 구석에 있는 낱말에 거주합니다. 세균은 패러다임 전환이라는 외형과 구성주의라는 DNA로 무장하고 있습니다. 세균은 혈관의 말단에서 작동하여 전체를 망칩니다.

신자유주의 정부는 세균이 번식하기에 유리한 조건을 만듭니다. 현장의 적폐를 유지합니다. 공문 처리를 학교 일에 포함합니다. 불법인 교원평가를 죽자 사자 행정적 위압으로 강제합니다. 관료적 승진체제를 모른 체합니다. 공정한 선발이라는 미명으로 경쟁을 위한 대학입시에 이건희 목숨 연장하듯 매달립니다. 이런 풍토이기에 세균이 아직까지 한반도에 서식할 수 있는 것입니다.

이렇기 때문에 나향욱 전 교육부 정책기획관이 99% 국민을 개·돼지라고 조롱할 수 있었던 것입니다. 지금도 당당할 수 있는 것입니다.

VI.
평가

서방 세계가 펼친 교육을 개선하려던 노력을 학계는 크게 보아 신자유주의적 교육개혁, 세균GERM, Global Education Reform Movement이라고 비난합니다. 이찬승에 따르면, "경쟁·비교·선택 등을 통한 시장주의, 교육의 표준화, 표준화 시험 결과를 바탕으로 하는 징벌의 책무성 정책 등"이 세균의 DNA입니다. 서방 세계 교육은 국가적 범죄 행위라고 비난받는 신자유주의 교육으로 피폐합니다. 신자유주의 교육의 외적 측면은 소비자의 선택을 빙자한 경쟁이고 내적 측면은 학습자의 구성을 내세운 방기입니다. 대한민국 교육계도 이제 내적 측면을 전체적으로 개인주의적 오류, 자연주의적 오류라 점잖게 비판하고 나섰습니다.배희철, 2018c: 8

신자유주의 교육의 내적 측면을 강제하는 기제는 기준 설정과 그 성취 여부를 따지는 평가입니다. 대한민국에도 20세기 끝 무렵 수행평가라는 이름으로 패러다임이 전환되었다고 모든 교사를 대상으로 세뇌공작을 진행했습니다. 수행평가의 특징 다섯 가지 중에 하나가 과정 중심 평가입니다. 20년 전 일을 기억하시는 분이 얼마나 있을지 모르겠습니다. 과정 중심 평가는 21세기가 아닌 20세기 유물입니다.

핀란드가 4.0의 길을 가고 있지만 그래도 서방 세계에 속합니다. 신자유주의 교육의 직격탄을 피할 수 없었고, 그 흔적은 국가 수준 교육과정에도 남아 있습니다. 2014 문건에서 가장 많은 절, 8개의 절을 가진 장이 평가Assessment라는 사실은 이와 무관하지 않습니다. 2004에 3개의 절이었던 것을 여덟 개로 늘렸으니 참 문제구나 생각할 수도 있습니다. 하지만, 이를 벗어나기 위해, 그러한 취지를 교육자들이 공유하고자 늘린 것일 수도 있습니다. 전염병에 감염되면 이를 치유하는 절차가 필요한 법입니다. 교육도 마찬가지입니다. 완치되었는지는 장의 제목이 진단으로 바뀔 때 알 수 있을 것입니다.

불행하게도, 2018년 우리는 여전히 세균이 번지고 있습니다. 진보 교육청도 마찬가지입니다. 이런저런 처방과 예방 조치로 증상이 외적으로 확연하게 나타나지는 않지만, 여전히 전염병이 돌고 있습니다. 학습에서 전선을 후퇴하여 최후의 마지노선을 평가에 구축했습니다. 격렬하게 저항하고 있습니다. 국가적 범죄 행위라는 이 교육 전염병은 구성주의와 수행평가의 핵심 DNA을 지닌 '과정 중심 평가'라는 변형 병균에 의해 명맥을 유지하고 있습니다. 대한민국 교육부의 실세들이 사활을 걸고 확산시키고 있습니다. 그런 까닭으로 이 방대한 장을 차분하게 읽으며, 치료제의 핵심 성분을 추출하고자 주의를 기울이겠습니다.

음미할 가치가 있는 내용을 하나하나 옮기겠습니다. 가을 교과 자료집에 너무 이질적인 것과 행정적인 것은 후속 주자를 위해 영어 원문을 그대로 남겨 놓겠습니다. 책 작업을 하면서 모두 한글로 표현했습니다.

1. 평가 기조와 학습을 지원하는 평가 문화

평가 목적이 무엇인지를 밝히는 작업은 평가를 논하는 일에서 가장 중요한 부분입니다. 핀란드 2014와 대한민국 2015의 평가 목적을 비교하는 작업을 시도하겠습니다. 문건에 담긴 내용이야 거기서 거기일 것이라는 선입견에 굴복하지 않겠습니다. 가장 상식적인 전제도 두 눈으로 확인하겠습니다. 맨 정신으로 확신에 차 99%의 개·돼지를 만들었다는 교육부 전 정책기획관의 당당한 목소리가 귀에 쟁쟁하기 때문입니다. 저들의 자부심과 자신감을 기억하셔야 합니다. 우리의 나태와 무지를 각골해야 합니다.

'평가 문화'라는 개념은 생소합니다. 문화라는 개념이 교육과 연결되어 교육 개념을 풍부하게 하는 현상 자체가 너무도 이국적입니다. 차분하게 기본적인 개념을 형성하기 위해 일단 실제를 살펴야 할 형편입니다. 나아간 한 걸음 한 걸음을 기록으로 남기겠습니다. 깊이 있는 연구는 여러분에게 미루겠습니다.

6.1 평가 기조와 학습을 지원하는 평가 문화Purpose of assessment and assessment culture that supports learning

교육기본법에 따르면, 학생을 평가하여 얻고자 하는 것the aim of pupil assessment은 학생의 학습을 안내하고 격려하는 것과 학생의 자기 평가self-assessment 실제 능력capability을 발달시키는 것이다. 학생의 학습learning, 일work, 행동behaviour을 다양하게 variously 평가해야만shall assess 한다. 이 과업These tasks은 기본 교육에서 평가 문화를 발달시키는 출발점이다. 방점The emphasis은 학습을 격려하는 평가에 찍힌다.

학생이 자신을 학습자와 사람으로as learners and persons 자기 개념self-concept을 형성하는데, 학교는 결정적인 역할a crucial role을 한다. 교사가 제공한 의견feedback은 특별한 중요성을 지닌다. 다목적의versatile 평가와 교육적인 의견 제시(instructive feedback는 학생의 전면적 발달overall development과 학생의 학습learning을 지원하기 위해 교사가 사용하는 핵심적인 교수법적[92] 수단the key pedagogical means이다. 학교는 평가 문화를 발달시킨다. 평가 문화를 개선하는 핵심적인 지점은 다음과 같다.

- 학생이 최선을 다하도록 격려하는 지원적 분위기supportive atmosphere
- 학생의 참여를 촉진하는 함께 대화하고 교류하는 일하는 방식
- 개개인이 자신의 학습 과정을 이해하도록 그리고 학습 과정을 통해 가시적인 진척을 이루도록 학생을 지원하기
- 공정하고 윤리적인 평가
- 다목적의versatile 평가
- 수업과 다른 학교 일을 계획할 때 평가에서 얻은 정보를 활용하기

대개의 경우, 평가는 교사와 학생이 교류interaction하면서 이루어진다. 교사는 처음부터 학생이 학습을 안내하고 격려하는 의견 제시feedback와 학생의 진척과 성취에 관한 정보를 받을 수 있도록 확실히 대처한다. 성공을 경험하면 학생은 학습에 더 열성적

---

92. 다른 곳에서는 '교육학적'으로 번역했지만, 여기서는 '교수법적'으로 번역했습니다. 교수와 관련된 측면만 연결되어 있기 때문입니다.

이고 실패와 오답이 학습 과정의 일부라는 것을 더 쉽게 이해한다. 학습을 향상시키고 학생을 존중하는 방식으로 실패와 오답을 수업에 활용한다. 학생이 함께하는 일과 개별적 일을 관찰하도록, 동료나 교사에게 건설적으로 의견을 제공constructive feedback하도록 안내한다. 이것이 기본 교육을 받는 동안 학생이 자기 평가와 동료 평가 기술능력skills을 발달시키는 전제조건을 창출한다.

가정과 학교의 협동은 바람직한 평가 문화a good assessment culture의 일부이다. 학교 일과 학교의 평가 실행의 목적The objectives을 보호자와 논의discussion한다. 충분히 빈번한 간격으로 학생과 그 보호자에게 학생의 진전, 일하는 기술능력, 행동이 담긴 정보를 전한다. 학생과 그 보호자는 평가 기준과 학생을 평가할 때 그것이 어떻게 적용되는지를 알 권리가 있다. 교사, 학생, 그 보호자가 함께 협의를 하면 상호 신뢰를 향상하고, 협의를 하며 학생의 상황에 관한 정보를 소통한다. 특별 지원이 필요한 학생의 보호자와 협동하는 것은 특히나 중요하다.

교사에게For teachers, 평가는 자기 평가의 도구an instrument이며 자기 일을 돌아보는 수단means of reflecting이다. 평가를 통해 얻은 정보는 교사가 자기 수업을 학생의 필요에 맞게 변경하는 데 도움이 된다. 이것은 수업을 개별화the differentiation of instruction하는 토대가 되고, 학생이 필요로 할 잠정적 필요를 확인하는 데도 도움이 된다. 교육 제공자는 학교에서 평가 원리의 집행을 파악하고monitor 평가의 개선을 지원한다.

국가 수준 교육과정에 내용을 담으면서, 저들은 교육과 관계되는 사람들을 배려하고 있습니다. 학생, 보호자, 교사, 교육 제공자를 특정하며 전달하려는 의미를 구분하면서 진술했습니다. 대한민국 국가 수준 교육과정이 따라 해야 할 지점입니다.

평가 장면을 크게 그리고 있습니다. 교사와 학생의 교류에서 벌어지는 일의 한 측면을 평가로 정리하고 있습니다. 지필평가니 수행평가니, 지필평가는 수행평가니 아니니 논쟁하는 우리네 꼬락서니가 너무 처량해 보입니다.

평가를 하는 궁극적인 까닭은 학생의 학습을 안내하고 격려하는 것과 자기 평가 실제 능력을 발달시키는 것이라고 적시하고 있습니다. 한마디로 요약하면 학생의 전면적 발달을 지원하는 것입니다. 학생의 전면적 발달을 지향하는 교육을 전인교육이라고 합니다. 발달교육 측면에서 보면, 교육을 하는 목적이 우리나 핀란드나 같습니다. 단지 우리는 교육기본법에 사문화되어 있고 전염병에 감염되어 그 반대 짓거리를 자행하고 있을 뿐입니다.

학생의 전면적 발달을 지원하는 평가가 이루어지는 풍토를, 평가 문화를 조성하기 위해 주의를 기울여야 할 여섯 가지 내용을 진술했습니다. 혁신학교라면, 진보 교육청이라면, 위에 적시된 여섯 가지를 연구하고 실천하며 내용을 풍부하게 해야 합니다. 이는 헌법의 명령입니다. 교육 전문성을 추구해야 할 우리의 숙명입니다.

2004 평가 부분에 평가의 목적과 관련된 씨앗이 뿌려져 있었는지 살펴보겠습니다. 2007년 번역본을 참고하겠습니다. 제가 2004 영문판을 읽으며 다듬었습니다. 이어서 2015 해설서에 평가의 목적을 어떻게 설명하고 있는지 함께 읽어 보겠습니다. 우리네 처지가 참 비참합니다. 가슴 아픈 일입니다. 비참한 현실을 직시할 용기가 없다면 더 나은 내일을 향해 진군할 수 없습니다.

8.1 공부하는 동안의 평가Assessment during the course of studies

평가의 임무Task of assessment

공부하는 동안에 하는 평가의 임무는 공부를 안내하고 격려하는 것이고 학생이 성장growth과 학습learning을 위해 설정한 목적을 얼마나 잘 충족시켰는지를 묘사하는 것이다. 평가의 임무는 학생이 자신의 학습과 발달에 대한 현실적인 상을 형성하도록 도와 학생의 인격 성장personality growth을 지원하는 것이다.

2004에 있는 내용 전부입니다. 두 가지 변화를 지적하겠습니다.

하나, 한 문단 두 문장에, 두 번 등장한 성장growth이 2014에서는 사라졌습니다. 그 자리에 전면적 발달overall development이 등장했습니다. 강산이 변하는 동안 구성주의 전염병이 완화되었는지 박멸되었는지, 정확한 속사정이야 모르겠지만 큰 변화가 있었습니다. 학생을 잘 묘사한다는 수행평가와 연결되는 내용도 사라졌습니다. 전문가라면, 이런 것을 민감하게 잡아내야 합니다. 그래야 세상의 흐름이 보입니다. 적어도 반동의 길로 자진해서 나아가지는 않습니다. 올바른 시대의 흐름에 뒤처지지 않습니다.

둘, 공부study를 안내하고 격려하는 것이 학습learning을 안내하고 격려하는 것으로 바뀌었습니다. 현실을 직시한 진전이라고 판단하겠습니다. 매 수업 시간에 공부를 안내하고 격려하는 것은 비현실적입니다. 그렇게 보면, 실천할 수 있는 방향 제시로 한 걸음 나아간 것이라 판단할 수 있습니다. 이는 공부 개념이 더 정교해졌다는 것을 전제합니다.

봄 호에서 언급했듯이 2014는 교敎, 수授, 공부, 학學, 습習 다섯 가지 개념을 구분하여 관계를 기술하고 있습니다. 대한민국 최고의, 정확히 표현하면 유일의 교육과정 이론 연구자의 식견으로도 그 관계를 풀어내기가 어렵습니다. 지금까지 느낀 것을 간단하게 드러내 보겠습니다.

교육은 문화적 일반 지식과 문화적 일반 능력을 가르쳐 전수해야 합니다(교).

교육은 교사가 모범과 협력으로 교教를 실천하여 학생에게 넘겨주는 것입니다(수).

교육은 교사가 학생의 학과 습을 관찰하고 판단하는 과정을 필요로 합니다(진단).

교육은 학생이 교사의 교와 수를 느끼고 생각하며 정리하는 과정을 필요로 합니다(공부).

교육은 학생이 교와 수의 진수를 추려 배우는 과정을 필요로 합니다(학).

교육은 학생이 배우는 과정을 의식적으로 지속하여 자기 것으로 익혀야만 마무리됩니다(습).

교육의 장면에서 어느 하나를 강조할 수 있습니다. 하지만 다른 것과의 관계 속에서 강조해야 합니다. 학생이 부족한 측면을 강조할 수 있습니다. 하지만 교육 일반에서 배움만을 강조하는 것은 교육을 이야기하는 것이 아닙니다. 배움을 이야기하는 것일 뿐입니다. 그것이 교육이라고 말하는 것은 무지의 소치일 뿐입니다. 교와 수, 학과 습을 이어 주는 공부까지 이야기해야 합니다. 그래야 온전한 교육입니다. 핀란드 2014의 주장입니다.

2018년 11월, 퇴고하며 위 박스에 내용을 하나 더 추가했습니다. 공부가 학생의 초인지와 맥이 닿아 있다는 인식에 도달했습니다. 의식적으로 파악하고 의지적으로 숙달하려는, 자신의 정신 과정을 검토하는, 스스로의 방향을 설정하는 과정과 학생의 공부를 연결할 수 있었습니다. 그렇다면, 대립 쌍인 교사의 초인지를 상상할 수 있습니다. 이를 진단으로 묶어 내고자 합니다. 외적 과정이 주도적인 교수학습의 네 측면과 내적 과정이 주도하는 학생의 공부와 교사의 진단의 두 측면을 엮었습니다. 인류 역사상 이렇게 여섯 측면을 종합하여 교실에서 벌어지는 현상을 체계적으로 설명하자고 제안한 최초의 인간이 되었습니다.

이번에는 2015 해설서, 2016년 12월에 작성된 문건에 있는 평가의 목적을 살펴보겠습니다. 헌법의 명령에 따라 교육 전문성을 잣대로 부끄러운 내용을 지워 가야 합니다. 초등과 중등 모두 인용하겠습니다. 팔은 안으로 굽는다고 합니다. 좋은 내용도 있을 것이라는 기대로 둘 다 살펴보겠습니다.

3. 평가

평가의 목적

학교에서 이루어지는 평가의 궁극적인 목적은 학생의 교육 목표 도달도를 확인하고 평가 결과를 교육적 의사결정의 자료로 활용하여 교수·학습의 질을 개선하는 데 있다. 교사는 학습자가 능동적으로 자신의 학습을 점검하고 개선할 수 있도록 그에 필요한 공식적·비공식적 피드백을 제공해야 하며 적합한 추수 지도를 통해 학생의 성장과 발달을 지원해야 한다. 평가 결과를 바탕으로 한 학습의 방향과 방법에 대한 적합한 정보 제공은 학생들에게 자신의 학습 과정에 대하여 스스로 생각하고 잘못된 점을 개선할 수 있는 기회를 제공한다는 점에서 중요한 의미를 지닌다. 또한 교사는 시기와 상황에 적합하게 진단평가, 형성평가, 총합평가 등을 실시하고 그 결과를 활용하여 수업의 질을 지속적으로 개선해야 한다(초등학교).

평가의 목적

평가는 교수·학습의 결과가 아니라 과정의 일부가 되어 학습자가 능동적으로 학습하는 것을 돕고 교사가 효과적으로 가르치는 것을 도와야 한다. 학습이 끝난 후 가르친 것을 잘 이해하고 있는지 학생의 능력을 일방적으로 측정하고 판단하는 것에서 벗어나 학생의 학습을 돕고 학생 스스로 자신의 학습을 점검하고 개선할 수 있도록 공식적, 비공식적 피드백을 제공한다. 평가의 궁극적인 목적은 학생의 교육 목표 도달도를 확인하고 평가 정보를 교사, 학생, 학부모 등에게 제공하여 교육적 노력 및 의사결정에 도움을 주어 교수·학습의 질을 개선하고 학습을 촉진하는 데 있다.

따라서 교사는 학생의 평가 결과를 분석하여 학생의 강점과 약점을 파악하고 교육 목표 도달도를 판단하여 학습 개선 방향에 대한 정보를 학생에게 제공하고 적합한 추수 지도를 통해 학생의 발달과 성장을 도와야 한다. 평가 결과를 바탕으로 학습의 방향과 방법에 대해 적절한 정보를 주어 학생이 자신의 활동에 대하여 스스로 생각하고 잘못된 점을 개선할 수 있도록 기회를 제공해야 한다.

또한, 교사는 시기와 상황에 적합한 평가를 실시하고 그 결과를 활용하여 수업을 수정·보완하며 수업의 질을 지속적으로 개선해야 한다. 진단평가 결과를 활용하여 학생의 교육 목표 도달에 필요한 내용과 기능을 확인하고 수업 계획을 수립할 수 있으며, 형성평가 결과를 통해 학생의 교육 목표 도달도를 확인하여 다음 학습 목표나 다음 수업 시간의 학습 과제 선정에 필요한 의사결정에 유용한 정보로 활용할 수 있다. 총괄평가로 학업 성취정도를 파악하고 전체적인 수업 내용과 수준을 점검하여 학생에게 적합한 수업 방법 및 학습 환경 개선을 위하여 평가의 결과를 활용할 수도 있다(중학교).[93]

학생의 성장과 발달을 돕는 것은 '적합한 추수 지도'입니다. 학생의 성장과 발달을 돕는 활동이 추수 지도라는 진술은 구성주의 이전 행동주의 시대에나 즉 20세기 전반부에나 가능한 표현입니다. 나머지 공부를 추수 지도라고 표현한다고 그 본질이 달라지지는 않습니다. 평가 영역은 여전히 행동주의 경향이 강한 학자들이 담당하고 있는 듯합니다. 교육부 관료는 여전히 구성주의 평가를 강조합니다.

평가를 하는 궁극적인 목표가 2014와 2015는 다릅니다. 2014는 학생의 전면적 발달을 지원하는 것입니다. 2015는 많이 복잡합니다. "평가의 궁극적인 목적은 학생의 교육 목표 도달도를 확인하고 평가 정보를 교사, 학생, 학부모 등에게 제공하여 교육적 노력 및 의사결정에 도움을 주어 교수·학습의 질을 개선하고 학습을 촉진하는 데 있다."

---

93. 2015 개정교육과정 총론 해설 초등학교와 중학교 문건입니다. 교육부, 발간등록번호 11-1342000-000188-01과 11-1342000-000226-01입니다.

목적을 담은 부분을 동사를 중심으로 다섯 개로 나눌 수 있습니다.

하나, 학생의 교육 목표 도달도를 확인한다. 둘, 평가 정보를 제공한다. 셋, 교육적 노력 및 의사결정에 도움을 준다. 넷, 교수·학습의 질을 개선한다. 다섯, 학습을 촉진한다. 여기서 결정적인 부분은, 빠지면 나머지 행위가 발생할 수 없는 것은 첫 번째입니다. 결정적인 것입니다. 학생의 교육 목표 도달도를 확인하는 것입니다. 이게 2015에서 이야기하는 평가의 궁극적인 목적의 결정적 부분입니다.

이게 목표들 중 하나가 아닌 목적 그 자체라니 갑갑합니다. 하지만 얼마나 솔직합니까? '교육 목표 도달도'이 얼마나 촌스러운 표현입니까? 목적이 목표가 달성되었는지를 확인하는 것이라는 진술은 대한민국 교육계의 지적 수준을 적나라하게 드러내고 있습니다. '평가는 학생을 서열화하는 도구다.' '평가는 서열화가 객관적이라는 결과물을 만들어 내야 한다.' 이렇게 행동주의 강제에 시달리니, 교사가 거짓과 기만의 구성주의에, 국가적 범죄 행위에 자발적으로 복종하는 것 같습니다.

'교육과정에 돌직구'를 던지겠습니다. 강속구 하나 던지겠습니다. '수업의 질'에 의문을 두 개나 제기하겠습니다. 하나는 질이고, 다른 하나는 수업입니다.

하나, 질입니다. 교육학자 여러분, 가볍게 조롱하겠습니다. 제가 수업의 양은 압니다. 하지만 수업의 질은 모릅니다. 질을 수업에 연결하는 게 학문적으로 가당한 일인지 한 번만 생각해 보세요. 일상적 표현으로 사용하는 거야 뭐라 할 말이 없지만, 학문적 표현으로 사용한다면, 그것도 중요한 개념으로 사용한다면, 고민하셔야 합니다. 수업의 양이 얼마나 누적되어야 이전과 구별되는 수업의 질로 나아가는지 설명할 수 있습니까?

이어지는 지속적으로 개선한다는 서술과 연결하면 수업의 양을, 추수 지도 횟수를 될 때까지 계속 늘리라는 이야기를 하고 있습니다. 지속적으로 개선할 질이라는 표현이 과학에서, 학문에서, 학술에서 사용할 수 있는 표현인지 심각하게 반성하셔야 합니다. 일상 표현으로는 '수업 잘하자!'입니다. 국가 수준 교육과정은 그 나라 교육 문화의 드높은 수준을 뽐내는 문서입니다. 해설서는 그 문건이 뽐낸 내용을 구체적으로 드러내는 문건입니다. '연구의 질적 수준'을 담보할 방책부터 찾으셔야 합니다.

둘, 수업입니다. 교육학자 여러분, 심하게 조롱하겠습니다. 질 A와 B로 나눌 수 있는 수업의 특성, 자질, 성질이 무엇인지 궁금합니다. 둘을 구분할 수 있는 기준이 무엇인지 궁금합니다. '수업의 질'을 이야기할 때, 수업은 수업 그 자체를 지칭하는 것입니까? 아니면 수업의 일부 과정 혹은 수업 과정의 일부 측면을 지칭하는 것입니까? 아니면 둘 다입니까? 해설서가 이런 핵심 개념에 손도 대지 않았습니다. 도대체 뭘 해설했습니까?

2014를 읽고 또 읽으니 대한민국 교육학의 한심한 현 수준이 명확하게 보입니다. 분발하세요. 학자입니다. 학문적이고 과학적이고 객관적인 표현을 사용하셔야 합니다. 함께 토론하는 모범을 보여야 합니다. 칼 같은 날카로움으로 머리카락처럼 세밀하게 개념들을 구분하고 연결하는 집단지성의 모범을 보이셔야 합니다.

2015 해설서를 보고 고민거리를 생각하는 작업을 그만하겠습니다. 긍정적인 부분 하나 찾으려다, 심신心身이 2018년의 잔인한 폭염에 잡아먹힐 것 같습니다.

2. 평가의 본질과 일반 원리

평가의 본질을 찾고 이에 근거하여 핀란드 교육 공동체가 공유하게 된 일반 원리를 역사에 남겼습니다. 2004에서는 유목화도 없이 산만하게 평가의 원리를 이야기했습니다. 2014에서는 세 가지 일반 원리를 정립하여 좀 더 체계적으로 설명했습니다. 2015에는 없는 내용입니다. 원리, 법칙, 이론은 대한민국 초등학생 학습자가 스스로 발견해야 할 것이지, 대한민국 교수 학습자가 입에 담을 것이 아니기 때문입니까?

헌법의 준엄한 명령에 따라 21세기에 어울리는 교육 전문성으로 준비하고 교육하고자, 2014에 담긴 평가의 일반 원리 세 가지를 차분하게 알아보겠습니다.

6.2 평가의 본질과 일반 원리Nature and general principles of assessment

기본 교육에는 두 유형의 평가가 있다. 즉, 공부하는 동안에 실시되는 평가와 최종 평가가 그것이다. 둘 다에 적용되는 평가의 일반 원리는 다음과 같다.

목적과 기준에 맞게 평가하기Basing assessment on objectives and criteria

학생의 학습, 일하는 기술능력, 행동의 평가와 학생에게 안내를 제공하는 것feedback은 언제나 핵심 교육과정에서 제시된 목적과 지역 교육과정의 더 상세한 목적에 근거해야만must always be based 한다. 학생의 성취achievements를 다른 학생의 성취와 비교해서는 안 된다. 그리고 평가는 학생의 인격personality, 기질temperament

혹은 다른 개인적 특징personal characteristics에 집중하지 말아야 만shall not focus 한다.

교사는 학생이 목적과 평가 기준을 자각하도록 확실하게 조치한다. 학생이 목적을 돌아보고 목적에 따라 자신의 학습을 검토하는 것은 학생의 자기 평가 기술능력을 발달시키는 중요한 과정이다.

증명서certificates나 보고서reports를 발급할 목적으로 학생의 지식과 기술능력을 평가할 때, 핵심 교육과정에 제시된 목적들에 적합한 평가 기준assessment criteria을 사용한다. 6학년에서 7학년으로 이행할 때 교사의 일을 지원하기 위해 그리고 최종 평가를 할 때 더 균일한 평가를 실시하기 위해 평가 기준을 작성한다. 기준은 학생이 도달해야 할 목표라기보다는 좋은 성취 수준a good achievement level 혹은 8등급에 요구되는 수준을 기술하는 구두 평가verbal assessment를 받는 데 요구되는 수준을 규정한다.

학생이 한 교과에서 일반 교수요목syllabus을 공부하는 특별 지원을 결정한 경우에는, 이미 앞서 언급한 평가 기준을 적용하면서, 일반 교수요목의 목적들에 따라 학생의 성취를 평가한다. 전체 교과 중에서 하나 혹은 여러 교과에서 개별화된 교수요목에 따라 공부하는 학생의 성취는 그들의 성취 수준을 규정하기 위해 이미 앞서 언급한 평가 기준을 적용하지 않고 개별화된 교육 계획에서 그들에게 제시한 개인별 목적에 따라 평가한다.

학생의 연령과 실제 능력 그리고 다양한 평가 실행을 참작하기
Accounting for the age and capabilities of the pupils and versatile assessment practices

평가 실시와 피드백 제공은 학생의 연령과 실제 능력에 적합하게 계획되고 집행해야만must be planned and implemented 한다. 피드백을 제공할 때, 학생의 이전 성취를 고려하여 학습에서 학생이 보인 성공successes과 진전the progress에 주의를 기울인다.

다목적의 평가 방법Versatile assessment methods을 사용해야만 shall use 한다. 교사는 학습의 다양한 영역various areas에서 그리고 다른different 학습 상황에서 학생의 진전에 관한 정보를 수집한다. 이런 맥락에서, 학생의 다른 학습 방식과 일하는 방식을 참작하는 것과 진전과 성취를 입증하는 데 어려움이 없게 하는 것이 중요하다. 다양한 평가와 실연 상황에서, 학생이 과제를 명확하게 이해하고 그것을 달성할 충분한 시간을 확보할 수 있게 한다. 필요하다면, 정보통신기술ICT을 사용하는 것과 지식과 기술능력을 말로 설명oral demonstrations하는 것도 허용한다. 나아가, 학생이 필요로 하면 어떤 도움도 보장하고 요구한 지원 편익을 제공한다. 평가 상황과 실연 상황을 계획하고 집행할 때, 학생이 수업에서 사용하는 언어(핀란드어/스웨덴어) 기술능력의 사소한 약점과 약간의 학습 어려움도 참작해야should take into account 한다. 마찬가지로 학생에게 규정된 공부에서 드러난 개별적 우수 영역도 고려한다.

이민 온 학생 혹은 모국어로 외국어를 사용하는 학생을 평가할 때, 개별 학생의 언어적 배경과 발달하고 있는 핀란드어 혹은 스웨덴어 기술능력을 고려한다. 학생이 핀란드어 혹은 스웨덴어 기술능력에서의 어떤 결손에도 불구하고 자신의 진전과 성취를 시연할 수 있도록, 학생의 상황에 적합한 다목적의 유연한 평가 방법을 찾는 데 특별한 주의particular attention를 기울여야 한다.

자기 평가를 위한 전제조건을 발달시키기developing the preconditions for self-assessment

교육은 학생의 학습과 진척을 돌아볼 기회를 제공하고 자기 평가 기술능력skills을 발달시켜 자기 평가를 할 수 있는 학생의 잠재능력capacity을 발달시킨다. 학생이, 개인으로든 집단으로든, 자기의 학습과 학습의 진척을 관찰하고 영향을 미치는 요인들에 주의하도록 안내한다. 기본 취지The idea는 교사는 학생이 목적을 이해하고 목적을 달성할 수 있는 가장 좋은 방법을 발견하도록 돕는다는 것이다.

저학년에서, 학생이 학교 일에서 자신의 성공과 장점을 인식하고 학교 일에 맞게 제시된 목표를 자각하도록 도와주면 학생의 자기 평가 기술능력self-assessment skills이 발달한다. 이를 위해 교수 집단teaching group은 함께 평가 협의joint assessment discussions를 빈번하게 진행하고, 긍정적인 피드백을 제공하고, 개별 학생이 그들의 일에서 성공할 수 있는 여러 방식을 알려 준다. 고학년에서, 성공과 장점에 주의를 기울이는 게 여전히 중요하지만, 학생 개개인의 학습과 진척을 파악하는 일은 점점 더 분석적일 수 있다. 이런 경험을 통해 학생은 조금씩 더 스스로를 규제할 수 있게 된다. 이 경우에도, 교사가 학생들이 평가에 대해 협의하도록 혹은 집단 일의 한 부분으로 동료 평가를 실시하도록 이끌어 가는 것은 중요하다. 이렇게, 학생은 건설적인 피드백을 주고받는 것을 학습하게 된다. 자기 평가와 동료 평가를 통해, 학생들은 자신들의 진척을 자각할 수 있고, 학교 일을 할 때 개개인이 자신들의 학습과 성공에 어떻게 영향을 미치는지를 이해할 수 있다.

평가는 크게 보면 교육의 목적을 추구했는지를, 작게 보면 세부 목표를 달성했는지를 확인하는 과정입니다. 평가의 본질은, 제가 행간에 담긴 내용을 제대로 읽어 냈다면, 학생이 스스로를, 스스로의 진척을, 나아가 동료와 함께하는 일을 제대로 판단할 수 있는 문화적 능력을 자기 것으로 내재화하는 것입니다.

평가의 일반 원리로 제시한 세 가지는 다음과 같습니다. 첫째, 목적과 기준에 맞게 평가하기입니다. 둘째, 학생의 연령과 실제 능력 그리고 다양한 평가 실행을 참작하기입니다. 셋째, 자기 평가를 위한 전제조건을 발달시키기입니다. 음미한 바를 남기겠습니다.

일반 원리 첫째는 너무 상식적이라 당황했습니다. 목적과 기준에 맞게 평가하는 건 상식이기 때문입니다. 하지만 우리네 교육 현실을 돌아보면 정말 지켜지지 않는 상식입니다. 민원을 예상해야 합니다. 행정 감사를 준비해야 합니다. 학부모의 진학 압력에 굴복해야 합니다. 사회적 필요를 반영해야 합니다. 상식을, 원칙을, 국법을 준수하는 일도 쉽지 않습니다. 중학교나 고등학교는 더 어렵습니다.

학생의 자기 평가 기술능력을 발달시키는 과정의 중요한 내용을 언급했습니다. 학생이 평가의 목적과 기준을 자각하고, 이를 잣대로 자기 학습을 돌아보며 검토하고, 자기 학습의 개선점을 찾는 일련의 과정을 짚었습니다. 이게 평가와 관련된 부분이라니, 핀란드가 멀리 떨어져 있는 나라라지만 문화적 거리는 지리적 거리보다 더 멀게 느껴집니다.

평가 활동과 관련하여 조심해야 할 것을 지적했습니다. 두 가지입니다.

첫째, 다른 학생의 성취와 비교하지 말라는 것입니다. 우리는 비교하지 않는 척 흉내만 내고 있습니다. 상대평가의 내신제가 사라져야 합니다. 상대평가는 서열화가 운명입니다. 서열화는 경쟁의 외향입니다. 경쟁의 핵심은 성취의 비교입니다. 성취를 비교하지 않고는 존립할 수 없습니다.

나아가 내신 자체를 폐기해야 합니다. 일제 식민지 유산입니다. 제국주의의 식민지 통치 수단의 일환입니다.

대안이 무엇인지 우리도 알고 있습니다. 자기와 경쟁합니다. 자신의 발달과정을 직시하게 합니다. 이를 강제하기 위해 자기 평가 실행능력을 강조하고 있습니다. 외국의 사례도 검색을 통해 어렵지 않게 확인할 수 있습니다.

둘째, 인격, 기질, 다른 개인적 특징은 평가 대상이 아니라는 것입니다. 처음 읽고 믿을 수가 없어 원문을 다시 확인했습니다. 'Shall'입니다. 이를 어기면 법률 위반입니다.

정말 감당하기 어려운 문화적 충격입니다. 많은 생각을 했습니다. A는 친구를 배려하는 차분하고 예의 바른 학생입니다. 이런 표현을 사용하지 말라는 이야기이기 때문입니다. 왜 그런 권고를 내렸는지 생각 많이 했습니다. 저들에게는 이런 내용을 공문서로 남기는 것이 범죄 행위입니다. 그 공문서는 범죄의 증거입니다.

그 까닭을 추측해 보겠습니다. 2015에는 '학생에게 배울 기회를 주지 않은 내용과 기능은 평가하지 않도록 한다'는 원칙이 있습니다. 대우를 만들어 보겠습니다. 폼 나게 다듬겠습니다. '학생에게 가르친 문화적 능력의 내용과 기능을 평가한다.' 그렇게 보면, 우리는 학생의 인격, 기질, 다른 개인적 특징을 체계적으로 가르친 적이 없습니다. 인격, 기질, 개인적 특징을 평가하지 말라는 법적 명령을 내린 까닭을 목적과 기준에 맞게 평가하라는 원리를 위반하는 가장 일반적인 사례이기 때문일 것이라고 예단하겠습니다. 우리네 현실과 비슷했었던 것 같습니다. 하지만 우리는 여전합니다. 이렇게 생각의 꼬리를 쫓다 보니, '인 권 침해'라는 지점도 볼 수 있었습니다.

두 번째 원리를 이해하는 것은 처음에는 쉽지 않았습니다. 연령과 평가 실행을 설명하는 것으로 보았기 때문입니다. 설명하기가 아니라 참작參酌하기(이리저리 비추어 보아서 알맞게 고려하기)로 번역하면 두 번째 원리도 어렵지 않은 상식적인 내용입니다.

대한민국 2015처럼 도달해야 할 교육 목표에 따라 평가를 실시하는 것이 아니라 핀란드 2014는 학생의 연령과 실제 능력에 적합하게 실시 해야 한다고 강제하고 있습니다. 영상에서 보았던 친구에게 도움을 받 고, 심지어 교사에게도 도움을 받으며 시험을 치르는 장면을 이해하게 되었습니다. 이 원리에 따르면, 그렇게 하지 않으면 올바른 원리에 근 거한 교육적 평가가 아니기 때문입니다. "부족한 학생도 자신의 진전 과 성취를 시연할 수 있도록, 학생의 상황에 적합한 다양하고 유연한 평가 방법을 찾는 데 특별한 주의를 기울여야 한다"는 명령에 복종한 것입니다.

대한민국에서는 실천할 수 없습니다. 공정한 평가를 위반한 범죄 행 위이기 때문입니다. 핀란드와 우리는 가고자 하는 미래가 너무 다릅니 다. 우리가 각성해야 할 지점입니다. 세세한 방법의 문제가 아닙니다. 우리의 당면 과제는 바로 방향의 문제입니다. 전략적 문제입니다. 결사 의 각오로 투쟁해야 할 국면입니다. 더 이상 물러설 길이 없습니다. 지 옥으로 가는 길을 벗어나야 합니다.

2015는 문서화된 절대적 교육 목표를 우상화하지만, 2014는 역동적 으로 성장(연령)하고 발달(실제 능력)하는 학생을 우선시합니다. 사람 을 수단으로 대하는 2015와 사람을 목적으로 대하는 2014는 거대한 대양을 사이에 두고 있습니다.

세 번째 원리는 두 번째 원리와 마찬가지로 발달교육과 밀접한 평가 원리입니다. 두 번째 원리가 학생 개개인의 발달 수준을 고려하라는 제안이었다면 세 번째 원리는 발달단계를 고려하여 적절한 도움을 제공하라는 교육적 명령입니다.

자신의 학습을 자기 평가할 능력이 없다면, 자기 주도적 학습을 할 능력도 없습니다. 그런 학습능력이 발달할 수 없습니다.

대한민국은 초등학생과 중학생 구분 없이 평가 부분을 진술하고 있습니다. 초등학교 1학년 학생이 중학교 3학년 학생만큼 의젓한 건지, 중학교 3학년 학생이 초등학교 1학년 학생처럼 어린 건지 궁금합니다. 어떤 전제에서 9개 학년이 똑같은 건지 궁금합니다. 고등학교도 총론 평가 부분을 똑같이 적용한다면, 12개 학년이 똑같은 것입니다. 확인하고 싶지 않습니다. 확인하면 너무 험한 말을 담을 수밖에 없기 때문입니다.

기본 취지를 음미하며 마무리하겠습니다. 평가는 교사가 학생을 돕는 활동입니다. "교사는 학생이 (평가의) 목적을 이해하고 (평가의) 목적을 달성할 수 있는 가장 좋은 방법을 발견하도록 돕는다." 학생이 성인이 되어 스스로 좋은 방법을 발견할 수 있도록 학령기에는 교사가 좋은 방법을 발견할 수 있도록 도와야 합니다. 이 진술에 따르면, 교사는 스스로 좋은 방법을 발견할 수 있어야 합니다. 그래서 핀란드는 연구하는 교사상을 수립하고 이를 구현하려 대학원까지 공부하도록 하고 있는 것 같습니다.

2014에 평가의 일반 원리를 담았습니다. 하늘에서 뚝 떨어진 축복은 아닙니다. 분명히 2004에 씨앗이 있었을 것입니다. 평가 원리를 언급한 부분이 8장 1절에 있었습니다. 2007년 번역본을 참고하겠습니다.

조금 다듬었습니다. 평가는 교육혁명의 승패를 가를 격전지, 불타는 스탈린그라드입니다.

평가의 원리principles of assessment

공부를 진행하는 동안during the course of studies 실시하는 평가는 신뢰할 수 있어야만must be truthful 하며 다양한 사실적 증거에 근거를 두어야만 한다. 평가는 학생의 학습과 다양한 학습 영역에서의 진전progress을 다루어야 한다. 평가는 학습 과정에서 평가 고유의 역할을 고려한다. 학생을 평가하는 일은 총체적 과정이며, 그 속에서 교사의 지속적인ongoing 피드백은 중요한 부분을 담당한다. 평가를 활용하여, 교사는 학생들이 자신의 생각과 행동을 인식하도록 안내하고, 자신들이 배우는 학습 내용을 이해하도록 돕는다. 교육과정의 목적objectives과 좋은 수행의 기술descriptions of good performance과 연결하여 학생의 진전progress, 일하는 기술능력working skills 그리고 행동behaviour을 평가한다.

좋은 수행과 최종 판단의 기준the final evaluation's criteria)의 기술은 국가 수준에서 학생 평가의 토대가 되는 지식the knowledge과 기술능력skill의 수준levels을 구체적으로 정한다. 등급을 수치로 나타낼 때, 좋은 수행의 기술은 학생이 8등급을 취득할 수 있는 수준이 된다. 말로 하는 평가verbal assessment에서, 기술된 내용은 교사가 학생들의 진전을 평가하는 것을 돕고, 학생들이 얼마나 목적을 충족했는지를 서술할 때 평가의 기준을 제공한다. 기술된 내용은 국가 핵심 교육과정에서 각 과목의 이수가 이루어지는 것을 전제로 기안되었고, 수업 시간 배분의 이행 시점

transition point과 일치한다.

교육과정은 평가의 일반적 목적과 과목 특수의subject-specific 목적을 규정한다. 학생과 보호자는 평가의 근거grounds에 대하여 사전에 정보를 제공받아야 하며, 요청을 하면 그 근거들이 평가에 어떻게 적용되었는지에 대해 설명을 들을 수 있다.

교과들, 교과 그룹들subject groups, 행동behaviour을 숫자로 numerically[94], 말로 정리해서verbal summaries, 혹은 두 가지 방법을 모두 병행하여 판단한다evaluate. 등급은 수행 수준the level of performance을 묘사한다. 말로 하는 평가verbal assessment를 통해, 교사는 학생의 진전과 학습 과정을 묘사할 수도 있다. 핵심 과목의 평가에서, 보고서는 가장 최근의 8학년에서 취득한 등급을 사용한다. 학생이 8학년 이전에 핵심 과목의 모든 공부를 끝마쳤다면, 진행한 교과의 공부가 끝난 학년도 학년말 보고서에 등급을 활용한다.

말로 하는 평가를 사용할 경우, 학년말 보고서는 그 학년의 목적에 적절하게 도달하였는지 여부를 진술한다. 선택 과목들의 평가와 관련된 결정은 교육과정에 규정되어 있다.

학년말 보고서 이외에 학생과 학생의 보호자는 적절하고 다양한 방식으로 평가 피드백을 받는다. 개선이 필요한 학습 분야뿐만 아니라, 학생의 진전과 강점에 대한 정보도 제공된다. 평가 피드백을 중간intermediate 보고서, 다양한 종류의 통신문, 평가 협의 또는 그 밖의 다른 방식으로 제공할 수can provide 있다.

---

94. 국내에 많이 알려진 것처럼, 간단하게 1부터 10까지 숫자로 표현함. 절대평가임. 각 숫자는 성취 수준임.

2007년 번역본을 읽으며 당시에는 대한민국에 진전progress이라는 개념이 없었다는 느낌이 들었습니다. 변화가 아닌 낙인을 찍는 것이 평가인 나라였습니다. 지금도 여전합니다. 가지고 나온 능력(자연적 능력)이 아닌 발달하는 능력(문화적 능력)을 상상하지 못했던 시대였습니다.

2004와 2014의 미묘한 차이를 느낄 수 있었습니다.

하나, 평가 대상이, 진전, 일하는 기술능력, 행동에서 학습, 일하는 기술능력, 행동으로 다듬어졌습니다. 진전이 학습으로 바뀌었습니다. 범주의 수준을 일치시켰습니다.

둘, '평가의 원리' 진술이 체계화되었습니다. 2004는 원리라기보다는 주의사항에 가깝습니다. 2014는 원리 세 가지를 중간 제목으로 제시하여 나름대로 확고한 체계를 갖추었습니다.

셋, 10년 동안 평가의 핵심어가 바뀌었습니다. '수행평가'에서 '자기평가'로 바뀌었습니다. 범주를 통일하면, 수행평가는 문화적 능력의 발달을 진단하는 형성평가에 자리를 내주고 역사의 뒤안길로 사라졌습니다. 이도 구성주의 미몽에서 깨어나는 변화의 중요한 한 장면입니다.

3. 평가 대상

평가의 본질이 학생이 스스로 자기 평가self-assessment할 수 있는 실제 능력을 발달시키는 것이라면, 평가해야 할 대상이 우리와 많이 다를 수밖에 없습니다. 크게 세 가지로 평가 대상을 설정했습니다. 인지적 영역, 정의적 영역, 사회적 영역 이렇게 나누는 것에 친숙한 우리에게 너무 낯선 세 가지입니다. 학습, 일하는 기술능력, 행동입니다. 어떻게 설명하는지 차분하게 들어 보겠습니다.

6.3 평가 대상Assessment objects

평가는 학생의 학습learning, 일하는 기술능력working skills, 행동behaviour에 집중한다. 신뢰할 수 있는 평가는 다양한 관찰versatile observation과 그에 근거한 자료documentation가 있어야 한다.

평가의 대상인 학습Learning as an object of assessment

학습을 평가하는 것the assessment of learning은 학습에서의 진전과 성취 수준을 평가하는 것뿐만 아니라 그에 적합한 의견을 제공feedback하는 것까지 포함한다. 진전progress은 이전 성취들과 설정된 목적에 따라 파악되어야 한다. 기본 교육 동안 학습에서의 진전을 신중하게 관찰하는 것careful monitoring이 필요하다. 이에 근거한 수업과 안내guidance를 보장하고 학생이 진전하는 데 필요한 전제조건을 확보할 수 있도록 지원한다.

성취 수준achievement level은 설정된 목적에 따라 다양한 방식으로 학생이 실증한 그리고 학생의 수행performances에 근거하여 평가된 성취들achievements을 지칭한다. 성취 수준을 평가하기 위하여, 학생의 일work 혹은 수행의 결과를 가능한 한 다양한 방식으로 검토한다. 지식과 기술능력과 관련된 학생의 성취 수준을 평가하기 위하여, 국가 핵심 교육과정에 제시된 기준을 사용한다. 실행능력의 발달The development of competence은 기본 교육을 받는 여러 해에 걸쳐 누적되는 과정a cumulative process을 통해 확인할 수 있다.

개인적으로든 집단으로든, 진행할 과제를 시작할 때 함께 협의하며 동의했던 목적과 성공 기준에 따라 자기 일의 결과와 자신의 진전을 살피도록 학생을 안내한다.

평가의 대상인 일하는 기술능력Working skills as an object of assessment

학생의 일하는 기술능력을 발달시키는 것은 기본 교육의 핵심 목적key objectives 중 하나다. 학생이 함께 그리고 혼자 일할 때, 수업에서 학생의 기술능력이 발달하도록 지원한다. 일하는 기술능력working skills은 자신의 일을 계획하는 기술능력, 통제하고 평가하는 기술능력, 책임감 있게 처신하고 최선을 다하는 기술능력, 함께 건설적으로 교류interaction하며 일을 해 나가는 기술능력을 포함한다.

학생은 다양한 교과에서, 다분과 학습 모듈에서, 학교의 여타 활동에서, 일하는 기술능력을 연습한다practise. 교사들은 집단으로든 개인으로든 학생이 자신의 일을 계획하고 학습을 향상시키는 일하는 방법working methods을 사용하도록 안내한다. 또한 학생이 자기 계획의 진척을 살피고, 일의 성공과 성공에 영향을 미친 요인들을 평가하도록 안내한다.

일하는 기술능력의 평가 결과를 다른 교과에서 실시하는 평가와 등급에 반영한다. 일하는 기술능력의 발달은 교과들과 다분과 학습 모듈을 운영하는 목적objectives의 한 부분이다. 평가는 일하는 기술능력의 발달development of working skills을 위해 설정한 목표들goals에 근거한다. 모든 학습 상황에서 학생의 일하는 기술능력에 대해 다목적의versatile 피드백을 제공하면, 학생이 자신의 일하는 방법을 살펴보며 일하는 기술능력을 발달시킬 가능성이 높아진다.

평가의 대상인 행동Behaviour as an object of assessment

행동을 안내guiding behaviour하고 좋은 태도와 관련된 지식과 기술능력을 제공imparting하는 것도 학교교육의 과제task이다. 학생이 다른 사람과 환경을 고려하도록 그리고 함께 합의하여 정한 일하는 방식과 규칙을 따르도록 안내한다. 함께해야 하는 학교의 다양한 상황에서, 학생에게 적합하고 상황에 맞는 행동과 좋은 태도를 교수한다.

지역 수준 교육과정에 설정된 행동 관련 목적들에 적합하게, 학생의 행동을 평가하고 학생의 행동을 안내할 수 있는 피드백을 제공한다. 행동의 목적The objectives of behaviour은 학교교육 목표들, 학교 공동체의 작동하는 문화를 결정하는 정책들, 학교 규칙들에 근거한다. 학생과 보호자는 학교교육 목표들goals과 행동에 설정된 목적을 토론하는 데 그리고 결정하는 데 참여할 수 있어야만must have 한다.

행동을 평가할 때, 평가가 학생의 인격personality, 기질temperament 혹은 다른 개인 특성personal characteristics에 관심을 두지 않도록 주의하는 것은 특히나 중요하다. 보고서의 다른 것과 분리된 실체로as a separate entity 행동을 평가하고, 그 결과는 어떤 교과의 등급 혹은 구두 평가에 영향을 주지 않는다. 기본 교육 증명서 혹은 중퇴 증명서에는 행동 평가 결과를 담지 않는다.

평가 대상을 어떻게 기술했는지는 감 잡았습니다. 바로 앞에서 살폈던 평가의 일반 원리 세 가지와 연결되어 설명되고 있습니다. 세 문단에 걸쳐 하나씩 연결해서 진술하고 있습니다.

문제는 평가 대상입니다. 왜 학습, 일하는 기술능력, 행동 이렇게 셋이 평가 대상이냐는 것입니다. 기본 교육을 관통하는 문화적 능력인 포괄적 실행능력과 이 셋은 어떻게 관련되는지 잘 모르겠습니다. 벽 앞에 선 기분입니다. 아마도 문화적 능력은 오랜 시간에 걸쳐 누적되는 것이라 수업 중에 평가하기가 불가능하기 때문일 수도 있습니다. 아니면 문화적 능력의 변화는 평가가 아닌 진단해야 할, 파악해야 할 대상이기 때문일 수도 있습니다. 제가 긴 시간에 걸쳐 고민할 과제입니다. 10년 후를 기약하겠습니다.

먼저, 학습을 보겠습니다. 학습을 평가한다는 것이 우리와 너무 다릅니다. 우리는 교육 목표 도달도를 확인하는 작업입니다. 2014는 성취 수준, 진전 상황, 개선 방향에 대한 교사의 의견 개진까지가 평가 활동입니다.

발달을 여러 해에 걸쳐 누적되는 과정으로 보고 있습니다. 발달에서 학생의 주체적 역할을 담고 있습니다. 나아가 교사의 지원을 담고 있습니다. 비고츠키의 문화역사적 이론에 착안한 발달교육의 외관과 비슷합니다.

다음으로, 일하는 기술능력을 보겠습니다. 대한민국에서 일하는 기술능력이라는 표현을 접하기 어렵습니다. 일상에서도 주체적으로 노동하는 사람을 전제하고 있습니다. 정의를 보면, 자신의 일을 계획, 자신의 일을 통제하고 평가, 책임감 있게 처신하며 자신의 일에 최선을 다함, 건설적으로 교류하며 일을 해 나감, 이런 활동을 전부 다 할 수 있는 기술능력입니다.

포괄적 실행능력 6번(노동 실행능력과 창업 정신)과 밀접하게 연결되고, 다른 포괄적 실행능력들과도 연결됩니다.

일하는 기술능력을 제대로 이해하지 못하는 까닭은 일work의 개념이 너무 다르기 때문입니다. 학교, 학생, 일, 교육이 어떻게 해서 그렇게 연결될 수 있는지 지금은 모르겠습니다. 이를 의식한 경험이 부족하고, 참고할 학문적 성과도 찾기 어렵기 때문입니다.

마지막으로, 행동을 살피며 이야깃거리를 찾아보겠습니다. 예의, 규범, 태도와 관련되었습니다. 인상적인 표현은 인격, 기질, 개인 특성을 제외하고 평가해야 하지만, 그도 기본 교육 증명서(성적 증명서)에 기록으로 남기지 않는다는 것입니다. 변화를, 개선을, 발달을 고려한다면, 그래야 합니다.

환경 교과교육과정을 보면 더 세세합니다. "The assessment does not include the pupils' values, attitudes, health habits, sociability, temperament, or other personal characteristics." 납득하기 어려운 내용입니다. 가치, 태도, 건강 습관, 사회성까지도 평가하지 않습니다.

일본 식민지 시절에 사상 검열을 위해 도입된 내신을 근거로 행동발달사항이 2018년까지 남아 있다는 것은 우리 시대의 슬픈 자화상입니다. 학생이 이러저러한 행동을 했다는 정보는 정말 민감한 정보입니다. 우리도 인권 감수성을 세계 수준으로 키워 이런 적폐를 청산해야 합니다. 행동발달상황을 기록하라는 법 조항을 개정해야 합니다. 행동발달 상황을 삭제해야 합니다.

4. 공부하는 동안 실시하는 평가

공부하는 동안during the studies을 학기 중during the school year[6.4.1] [6.4.2]과 학기말at the end of the school year, 이행 시기at transition points [6.4.4] 로 나누어 기술하고 있습니다. 거기에 기본 교육을 받는 동안의 진전을 설명한 부분[6.4.3]이 하나 있습니다.

인상적인 부분만 언급하겠습니다. 궁금한 부분 하나만 차분하게 읽어 보겠습니다. 이행 시기 동안 실시하는 평가[6.4.4]입니다. 네 부분의 이야기를 안내하는 문단도 살펴보겠습니다. 한 문단으로 되어 있습니다.

> ### 6.4 공부하는 동안 실시하는 평가Assessment during the studies
> 공부하는 동안 실시하는 평가는 실시된 평가와 최종 평가the final assessment 전에 제공된 피드백을 지칭한다. 모든 학년에서, 공부하는 동안 실시하는 평가는 주로mainly 피드백을 통한 학습 안내guidance of learning로 이루어진다. 평가의 핵심 목적Its key objectives은 공부를 안내하고 격려하는 것, 학습을 지원하는 것, 자기 평가와 동료 평가 기술능력을 향상시키는 것이다. 논의하며 학생의 진전과 성취 수준을 기술하면서, 어떤 시점에 작성하는 평가 노트notes와 보고서reports도 공부하는 동안 실시하는 평가의 한 요소이다. 적절하고 빈번한 간격으로 학생과 보호자에게 학생의 진전, 일하는 기술능력, 행동을 알려야만must inform 한다.

6장 4절의 이 안내 문단은 절 제목이 의미하는 바를 먼저 기술했습니다. 평가의 핵심 목적과 학생과 보호자에게 알려야 할 의무를 다시

상기시켰습니다. 평가의 핵심 목적을 장기간 음미하기 위하여 도식적으로 정리해 두겠습니다.

평가의 핵심 목적
1) 공부를 안내하고 격려하기
2) 학습을 지원하기
3) 자기 평가와 동료 평가 기술능력을 향상시키기

다음 연구자를 위해 교과 자료집에는 전체 내용을 영문으로 담겠지만 이번에는 모두 번역해 담았습니다.

6.4.1 학기 중 평가Assessment during the school year

공부 중 평가는 성질상 주로 형성적formative이다. 이런 형태의 평가를 실시하고 그에 근거한 피드백을 일상적 수업과 학교 일의 일부로 학기 중에 제공한다. 이를 위한 전제조건은 교사가 학습 진전의 맥락에서 학생을 관찰하고 교류하는 것이다. 또한 학생의 주체적 행위능력agency을 발달시키는 동료 평가와 자기 평가도 공부 중 평가에서 중요하다. 교사의 역할은 함께 논의하면서 학습을 증진하고 학습에 동기를 부여하는 피드백feedback을 제공하고 학생이 받을 수 있는 상황을 창출하는 것이다.

학습을 증진하는 피드백은 성질상 질적이고 기술적qualitative and descriptive이다. 즉, 학습에 심각한 영역critical areas을 분석하고 해결하는 의견 교환interaction에 관한 것이다. 이는 학생의 학습 기술능력과 일하는 기술능력의 다른 방식들을 고려한다. 피드백을 제공하여, 학생이 자신의 진전을 자각하도록, 학습의 다른 단계different stage를 구축하도록, 목표에 도달하는 다른 길different ways을 발견하도록 안내한다. 피드백을 제공하면 점차gradually 학생은 자신의 학습을 통제하고, 스스로의 당면 목표를 설정하고, 더 나은 성공에 이르는 학습 전략을 사용한다.

교사가 제공한 학습을 증진시키고 학습 과정을 직시하게 하는 피드백은
- 학생이 학습하기를 예상했던 것을
- 학생이 이미 학습한 것을
- 학생이 자신의 학습을 증진하고 자신의 수행을 향상시키는 방법을 지각하고 이해하는 데 도움이 되어야 한다.

이런 형태의 형성 평가와 교육적 피드백은 지식과 기술능력의 개체entities로서 학습 화제topics를 구조화하고 동시에 학생의 초인지meta-cognitive와 일하는 기술능력을 발달시키는 데 도움이 된다.

6.4.1의 학기 중 평가에 따르면, 공부하는 동안 실시하는 평가의 성질이 형성적formative in nature입니다. 학습을 향상시키는 피드백의 성질은 질적이고 기술적qualitative and descriptive in nature입니다. 피드백의 교육적 역할은 학생이 배워야 할 것, 이미 배운 것, 자신의 학습을 향상시키고 수행을 개선하는 방법을 지각하고 이해하도록 돕는 것입니다. 이런 형성적 평가와 교육적 피드백이 학생의 초인지 기술능력과 일하는 기술능력을 발달시키는 데 큰 역할을 합니다.

6.4.2 학년말 평가Assessment at the end of the school year

공부 중 평가는 학습 과정의 끝에 실시하는 학생의 성취를 파악하는 총괄 평가도 포함한다. 그 결과는 보고서reports, 증명서 certificates 혹은 평가 노트를 통해 의사소통한다. 교육기본법 시행령은 학교가 학년말에 학년말 보고서a school year report를 학생에게 제공하도록 강제하고 있다. 그 보고서에는 말로 하는 평가 혹은 학생이 그 학기 동안 교육과정의 부분인 교과들 혹은 공부 단위에서 목적들objectives을 얼마나 성취했는지를 나타내는 등급의 숫자를 담는다. 학년말 보고서는 또한 학생의 행동 평가 결과an assessment of the pupil's behaviour도 제공한다. 학년말에 시행되는 평가는 그 학년 동안 학생의 진전progress과 수행performances 전반을 평가한다. 학년말 보고서는 또한 다음 학년으로 올라가느냐 지금 학년에 남느냐에 대한 결정을 담는다.

1~7학년에서 교육 제공자가 결정한 바에 따라 말로 하는 평가 verbal assessment 혹은 수치화된 등급을, 혹은 두 가지 방식을 결합해서, 사용한다. 8~9학년용 학기말 보고서에는 수치화된 등급 만을 사용한다. 활동 영역으로 조직된 수업에서는 말로 하는 평가를 사용한다. 개별화된 교수요목을 평가할 때는 교육 제공자가 결정한 바에 따라 말로 하는 평가 혹은 등급을 사용한다. 학생의 모국어가 수업에서 사용하는 언어와 다른 경우에, 최종 평가를 제외하고, 말로 하는 평가를 사용할 수 있다.

수치화된 등급은 각 교과나 공부 단위의 목적과 비교하여 총괄 평가의 평균으로 학생의 성취 수준을 기술한다. 말로 하는 평가를 사용함으로써 학생의 학습과 수행에 대한 다목적의 피드백을 제공할 수 있다. 말로 하는 평가는 학생의 성취 수준뿐만 아니라 학생의 진적, 강점, 당면 발달 과제development target를 기술할 수 있다. 또한 말로 하는 평가를 사용함으로써 수치화된 등급을 사용하는 경우보다 교과의 다른 영역에서의 성취와 진전에 관한 더 상세한 피드백more detailed feedback을 제공할 수도 있다.

6.4.2 학년말 평가에 따르면, 학기말 평가의 성질은 총괄 평가 a summative assessment입니다. 교과 성적을 1~10의 수치로 기록합니다. 학년말 리포트를 제공합니다. 학년말 리포트에, 다음 학년에서 이렇게 하겠다는 학생의 다짐도 담습니다. 7학년까지는 말로 하는 평가의 결과도 사용할 수 있지만 8학년부터는 수치화된 등급numerical grades을 사용해야만 합니다. 이 등급은 총괄 평가의 평균에 근거한 학생의 성취 수준achievement level입니다.

2004부터 강제된 수행평가, 성취 수준, 수치화된 등급이 여전히 작동하고 있음을 확인했습니다. 2014에서는 말로 하는 평가, 실제 상황에서 대화를 통해 이루어지는 말로 하는 평가를 좀 더 권장하고 있다는 인상을 받았습니다.

6.4.3 기본 교육에서의 진전Progress in basic education

수업과 평가 실천practices을 학생이 자신의 지식과 기술능력을 실연할 수 있는 적절하고 다양한 기회를 보장하도록 계획하고 집행한다. 적절한 방식으로 학생의 전반적인 상황overall situation을 살펴야만 한다. 학생은 자신이 요청한 치료적 교수remedial teaching, 부분별 특별 필요 교육part-time special needs education, (질병, 학습 곤란, 어려운 생계 상황으로 인한 결석 혹은 다른 이유 때문에 공부에서 방치되거나 방치될 위험에 처한 경우) 상담과 다른 지원을 받을 권리가 있다. 한 교과에서 학생의 수행이 학기말에 실패할 위험에 처했다면, 학생과 그 보호자와 함께 학기말 전에 좋은 시점에 이 문제를 제기해야만 하고, 학생의 학습을 지원하기 위해 취할 조치들에 동의를 받아야만 한다.

학년 별 공부의 진전Progress in studies from grade to grade

학년을 위한 교수요목에 담긴 교과들에서 적절한 지식과 기술 능력의 최소 기준을 나타내는 수치화된 등급을 받은, 혹은 그에 상응하는 말로 하는 평가 결과를 받은 학생은 다음 학년으로 진급한다.

비록 한 과목에서 낙제했더라도, 다음 학년 공부를 적절하게 대처할 수 있다고 판단한다면, 학생은 다음 학년으로 진급할 수도 있다. 만약에 그 학년에 필요한 교수요목에 있는 하나 혹은 여러 과목에서 낙제한다면, 학생은 그 학년에 머물러야 한다. 유급 전에, 학생은 수업에 참여하지 않고 자신이 지식과 기술능력의 받아들여질 수준을 성취했다는 것을 입증할 별도 평가에 참여할 기회를 가져야만 한다. 학년 동안 혹은 학년 학교 일이 끝날 때까지 지역 수준 교육과정에서 결정한 방식으로 한 번 혹은 몇 번의 그런 기회를 제공할 수 있다. 별도 평가는 학생이 자신의 성취를 입증할 최적의 기회를 제공하는 방식으로, 지식과 기술능력을 입증할 수 있는 다른 말로 하는, 글말로 하는 그리고 다른 방식으로 하는 것을 다양하게 선택할 수 있다.

만약에 그해의 학교 일이 끝났을 때 평가할 기회를 제공해야 한다면, 학생의 조건적인 유급 결정을 학년말 보고서에 기록할 수 있다. 결정은 학년에 해당하는 교수요목의 해당 영역을 예시한다. 거기서 다음 학년으로 진급할 수 있는 전제조건은 별도 평가에서 받아들여질 수 있는 수행an acceptable performance이다.

또한 만약에 유급이 학생의 전반적인 학업 성공의 관점에서 보면 상당히 적절한 조치라면, 실패할 수행을 할 필요 없이 그 학년에 유급할 수도 있다. 그런 경우에, 학생의 보호자는 그 결정을 내리기 전에 이를 들을 기회를 가져야만 한다.

문제가 된 학년에 유급해야 할 학생의 수행은 무효로 한다(69).[95]

학년보다는 개인 공부 계획에 따른 진전Progressing according to a personal study plan rather than grade by grade

학년으로 나뉜 교수요목에 따라 공부하기보다는, 기본 교육을 받는 학생이 학년과 무관한 개인별 공부 계획에 따라 나아갈 수도 있다. 학년말에 개인별 공부 계획을 따라간 학생은 그 학년 동안 완수했다고 인정된 공부에 대해 학년말 보고서를 받는다. 그리고 그 학생은 학년의 학교 일이 종결됨에 따라 다음 학년으로 진급한다. 필요하다면, 개인별 공부 계획에 따라 나아간 것을 유급을 회피하기 위하여 사용할 수 있다. 그 결과로 그 학년에서 학생이 한 공부 전부가 무효가 된다. 개인별 공부 계획에 따라 진전한 학생은 일반적으로 빈약한 학과 성공generally poor academic success을 근거로 해서만 그 학년에 유급될 수 있다. 9학년 학생은 전체 기본 교육 교수요목을 이수하거나 기본 교육 증명서를 받는

---

95. 2014 영문판에 있던 번호입니다. 69번이었습니다. 법령의 근거를 제시한 각주 번호입니다.

경우에만 그 학년 학생으로 간주한다. 그렇지 않으면 자퇴resigns
한 것이다.

6.4.3 기본 교육을 받는 동안의 진전에 따르면, 학생의 전반적 상황
overall situation을 살펴야 합니다. 보충 수업remedial teaching 같은 표현
이 있습니다. 진전은 학년마다의 진전과 개인적 공부 계획에 따른 진
전 두 가지가 있습니다. 교과 낙제에 따른 유급 제도가 있습니다. 교
과 낙제를 하더라도 다음 학년에 열심히 하겠다는 다짐이 있으면 학
년은 올라갈 수 있습니다.

6.4.4는 이행 시기의 평가입니다. 우리는 2009 개정 교육과정을 통
해 학년군 체계를 도입했습니다. 1~2, 3~4, 5~6, 7~9 네 학년군이 있
습니다. 2014는 세 학년 단위grade unit를 설정했습니다. 1~2, 3~6, 7~9
입니다. 하나의 연속이 끝나는 단위가 세 개입니다. 여기서는 앞의 두
학년 단위와 관련된 평가를 이어지는 5절에서는 마지막 학년 단위와
관련된 평가를 다루고 있습니다. 2009년 이후 지속되고 있는 학년군
체계를 비판적으로 검토할 근거를 찾기 위하여 내용 전체를 꼼꼼하게
읽어 보겠습니다.

6.4.4 이행 시기의 평가Assessment at transition points

정부 시행령에 특정된 수업 시수 배분에 따라 기본 교육을 1~2
학년, 3~6학년, 7~9학년으로 구성되는 학년 단위로 나누는 이행
시점이 결정된다.

2학년 말 평가

2학년 말에는 강조점이 학생의 학습 진전progress in learning을

평가하는 데 놓인다. 학생에게 학년말 보고서school year report 이외에, 교육 제공자가 결정한 바에 따라 다른 형태의 유익한 피드백instructive feedback을 제공한다. 의도하는 바the aim는 학습자로서 학생의 장점을 부각하여 자기 존중감self-esteem과 학습 동기learning motivation를 강화하는 것이다. 종종 함께 평가하여 학생에게 필요한 안내와 지원을 학생과 같이 계획하는 게 필요하다. 이행 시기가 다가오면, 교사, 학생, 보호자가 함께 협의interaction하는 게 더 중요하다. 학생의 자기 평가, 학생의 선호 사항, 보호자의 의견을 경청해야 한다.

평가에서 살펴야 하는 것은 포괄적 실행능력의 목적에 근거한다. 이는 교사가 관심을 두어야 하는 학생의 학습 과정에서 매우 중요한 역할을 한다. 학생의 진전을 평가하고 학생과 보호자에게 그에 대한 피드백을 제공할 때 살펴야 할 것은 다음과 같다.

- 언어 실제 능력linguistic capabilities에서의 진전, 더 자세하게는
  - 질문하는 그리고 경청하는 기술능력
  - 교류interaction 기술능력과 다른 수단을 사용하여 자신을 표현하는 기술능력
- 일하는 기술능력working skills에서의 진전, 더 자세하게는
  - 집단으로 그리고 혼자서 일할 때 필요한 기술능력
- 자기 자신의 과업과 함께 합의한 과업을 진행하는 기술능력에서의 진전

다양한 교과에서 학생이 보여 준 공부the pupil's studies에서의 진전에 대한 피드백도 제공한다. 학년말 보고서는 각 교과에서

적절하게acceptably 목적objectives을 성취했는지 여부를 보여 준다.

6학년 말 평가

6학년 말에는 학생에게 학년말 보고서뿐만 아니라 교육 제공자가 결정한 바에 따라 다른 형태의 유익한 피드백도 제공한다. 이 피드백에서 특별히 강조되는 것은 학생의 일하는 기술능력과 학습 기술능력에서의 발달development이다. 학생은 또한 다양한 교과와 포괄적 실행능력에서 자신의 진전이 어느 정도인지를 알아야 한다. 평가 실행과 피드백 제공은 학생과 보호자가 다양한 정보에 근거하여 학생의 학습에서의 진전을 이해할 수 있도록 계획한다. 특히 학생의 공부 동기motivation to study를 강화할 수 있어야 한다.

6학년 학년말 보고서를 작성하기 위한 평가를 위해, 모든 핵심 교과의 목적에서 추려 낸 기준criteria을 사용한다. 구두 평가를 위해 기술된 좋은 성취 수준으로 혹은 8등급으로 기준을 정한다. 기준은 해야 할 평가나 정해야 할 등급에서 요구하는 실행능력 competence으로 기술한다. 기준은 학생을 위해 설정한 목적이라기보다는 교사를 위한 평가 도구일 뿐이다. 구두 평가를 실시할 때 혹은 등급을 결정할 때, 교사는 교육과정에 규정된 목적에 빗대어 본 학생의 진전과 국가에서 특정한 평가 기준에 빗대어 본 학생의 성취 수준을 고려한다. 이런 것이, 6학년 학년말 보고서 작성을 위해 교사가 학생에게 구두평가를 실시할 때 혹은 학생의 등급을 판정할 때, 교사가 의존해야 하는 기준이다. 학생이 판정해야 할 교과의 여러 기준들에 의해 기술된 실행능력을 평균적으로 실연한다면, 학생에게 좋은 성취 수준을 나타내는 구두 평가를 제공하거나 등급으로 처리한다. 몇몇 목적objectives에서 이 수준을 넘어선 결과는 다른 목적에서 보여 준 부족한 수행을 보충할 수 있다.

학년 단위 과제와 교과의 목적을 기술하는 데 중심축인 포괄적 실행능력이 등장합니다. 평가의 기준은 포괄적 실행능력의 목적에 근거해야 합니다.

1~2학년 단위에서는 학습에서의 진전을, 3~6학년 단위에서는 일하는 기술능력과 학습 기술능력의 발달을 주목해야 합니다. 3~6학년 단위에서 공부 동기motivation to study를 강화해야 한다는 문장은 신선합니다. 학습과 공부, 학습 동기와 공부 동기를 구분 정립하는 작업도 숙제로 남기겠습니다.

너무 이국적인 진술이 있었습니다. 평가의 기준이 하는 역할입니다. "기준은 학생을 위해 설정한 목적이라기보다는 교사를 위한 평가 도구일 뿐이다." 교사가 평가할 때 사용할 수 있는 도구일 뿐이랍니다. 기준이 학생이 도달해야만 하는 목표라고 알고 있었는데, 그게 아니랍니다. 교육 목표 도달도를 확인해야 하는 대한민국에서는 상상할 수 없는 일입니다. 대한민국과 핀란드의 교육적 거리는 천문학처럼 광년으로 계산해야 할 듯합니다.

5. 행정적 조치와 관련된 평가

교육적 측면과 거리가 있는 6장 5절(기본 교육의 최종 평가), 6절(기본 교육에서 사용하는 보고서와 증명서 그리고 문건 작성 방식), 7절(별도 시험과 그에 따라 발급하는 증명서)은 넘어가겠습니다.

이 부분에서 언급된 것 두 가지만 상기하겠습니다. 다 알려진 이야기입니다. 앞에서 언급된 내용이기도 합니다.

하나, 교과 최종 평가는 절대평가입니다. 1~10의 수치로 등급을 설정합니다.

둘, 행동과 관련된 평가 결과는 기본 교육 증명서에 남길 수 없습니다.

상대평가는 학생을 한 줄로 세우는 경쟁 교육의 상징입니다. 상대평가의 내신제는 1980년 광주항쟁의 여파로 등장했습니다. 1980년 7·30 교육조치로 국보위가 도입했습니다. 학생의 저항을 원천 봉쇄하려는 전두환의 강경책이었습니다. 교육에서 평가 영역은 아직도 외부와 격리된 5월 광주입니다.

행동발달 상황을 기록하는 짓거리는 일제의 잔재이며 인권을 침해하는 범죄 행위입니다. 학생에 관한 기록은 민감한 정보입니다. 교육과 관련된 내용이라도 기록으로 남겨서는 안 되는 것입니다.

6. 지역이 결정할 사항

평가와 관련하여 지역 수준 교육과정에 담기 위해 결정해야 할 사안을 알아보겠습니다. 중앙이 지역에 위임한 것이 무엇인지 읽어 보겠습니다.

6.8 지역이 결정할 사항Issues subject to local decision

지역 수준 교육과정에 평가 절section을 준비할 때, 학습을 증진시키는 교수법적 실체pedagogical entity인 평가와 피드백의 제공이 어떻게 펼쳐질 것인지를 특히 고려해야should be given 한다. 지역 수준에서 다양한 평가 방법의 사용, 평가 기준을 함께 협의하고 지속적으로 사용, 최종 학년 공식화formulation의 공통 기반grounds을 보장해야만shall ensure 한다.

핵심 교육과정의 최종 학년 공식화의 원리, 최종 평가 기준, 6학년 말에 적용된 국가 수준의 평가 기준은 지역 수준 교육과정에 그대로 반영한다

교육 제공자는 아래 내용을 결정하고 지역 수준 교육과정에 기술한다.

- 평가 문화 개선을 위해 지역이 강조할 내용(평가와 평가의 핵심 원리를 기술할 때 국가 수준 교육과정의 내용을 그대로 사용할 수 있다).
- 공부하는 동안 평가를 어떻게 실시할 것인지.
  - 형성 평가formative assessment의 원리, 요소, 교육학적 역할과 공부하는 동안 피드백의 제공
  - 학년 말 평가
  - 자기 평가의 전제조건을 지원하기: 자기 평가와 동료 평가의 원리
  - 공부에서 진전하는 데 도움이 되는 원리와 방안, 승급과 잔류 promotion and retention
  - 2~3학년과 6~7학년 사이의 이행 시기와 관련된 평가와 피드

백의 실제practices

- 선택 교과의 평가
- 행동 평가, 행동에 설정된 목적, 평가를 위한 기반grounds
- 보고서, 증명서certificates, 그 발부 절차, 구두 평가 실시, 다른
  교과들과 행동 평가용 보고서와 증명서에 숫자로 등급 사용
- 정보와 평가 피드백을 제공하는 다양한 방안, 제공할 시기,
  보호자와의 협동
• 최종 평가 시행
  - 최종 평가의 실체the entity of final assessment
  - 최종 평가에서 선택 교과의 평가
  - 기본 교육 증명서

특별히 눈에 띄는 새로운 내용은 없었습니다.

국가의 강력한 통제를 느낄 수 있는 부분을 하나 찾았습니다.

"핵심 교육과정의 최종 학년 공식화의 원리, 최종 평가 기준, 6학년 말에 적용된 국가 수준의 평가 기준은 지역 수준 교육과정에 그대로 반영한다."

2014 핵심 교육과정 총론에 있지만 가을 호에서 다루지 않은 부분을 간단하게 언급하겠습니다. 그 후에 마지막 부분인 포괄적 실행능력의 연계로 넘어가겠습니다.

1부에 전체 차례가 있습니다. 7장(학습과 학교 출석 지원), 8장(학생 복지), 9장(언어와 문화의 특별 문제), 10장(이중 언어 교육), 11장(특별한 철학 혹은 교육학 체계에 근거한 기본 교육), 12장(기본 교육에서 선택할 수 있는 공부들). 이렇게 장 6개를 다루지 않았습니다. 짐작하시겠지만, 우리네 현실과 너무 거리가 먼 내용입니다. 특수교육(7장)과

학생 복지(8장)를 다룰지 고민했지만 넘어가기로 했습니다. 혁신학교 실천에 5장의 내용이 도움이 될 것이라는 생각에 여기에 새롭게 포함했습니다.

VII.
포괄적 실행능력의 연계

    1부에서 포괄적 실행능력의 위계를 T1(생각과 학습)을 중심으로 살펴보았습니다. 여기서는 포괄적 실행능력의 연계를 살펴보겠습니다. 세 학년 단위를 보았습니다. 포괄적 실행능력들이 학년 단위의 발달 과제와 어울리는 내용인지를 살펴보겠습니다. 7개의 포괄적 실행능력 각각이 학년 단위와 어울리는지도 살펴보겠습니다. 교과를 제외했습니다. 잣대는 1부에 언급한 '1. 학년 단위와 발달'에 있던 내용입니다. '2. 포괄적 실행능력의 정의'와 '3. 학년 단위별 포괄적 실행능력'도 참고하면 도움이 됩니다.

    세 학년 단위의 연계를 살피는 작업은 다른 측면에서 보면 세 학년 단위의 위계를 살피는 작업을 예비하고 있습니다. 또한 선정한 포괄적 실행능력 7개가 발달교육 측면에서 적절한지를 살피는 작업이기도 합니다.

    학년 단위와 어울리게 포괄적 실행능력이 진술되었는지를 살피기 위해 13장, 14장, 15장의 2절을 검토했습니다. 세 장의 2절을 8개 부분으로 나눌 수 있습니다. 일반적 진술과 7개의 포괄적 실행능력입니다. 1부에서 포괄적 실행능력의 위계를 살피면서 두 부분은 이미 언급했습니다. 일반적 진술과 생각과 학습(T1)입니다. 그 내용은 참고해 달라고 요청한 '3. 학년 단위별 포괄적 실행능력'에 있습니다. 겹치지만 연계를 살피는 검토를 하면서 다시 한 번 더 인용하겠습니다. 8개 부분의 연계를 살피기 위해 학년 단위를 기준으로 8개 부분을 한곳에 모아 살피는 작업이 필요했습니다.

학년 단위에 맞춰 세 부분으로 나누어 연계를 검토하겠습니다. 유치원과 고등학교는 제외했습니다. 기본 교육의 학년 단위만 살피겠습니다.

학년 단위마다 교과에 포괄적 실행능력이 어떻게 반영되었는지를 함께 살피지 못했습니다. 이로 인해 연계를 살피는 지금의 작업이 이론적 측면에 치중했다는 지적을 피할 수 없습니다. 실제인 각론을 언급도 하지 못하고 총론만 살폈다는 비판을 감수하고자 합니다. 첫걸음이 짊어져야 할 숙명입니다.

총론에 언급되는 무엇을 하고자 하는지를 모르고 각론에 언급된 교과의 실천 방법을 이해하는 것은 불가능합니다. 물론, 위대한 학자라면 가능합니다. 이미 그 분야의 세세한 내용을 다 알고 있는 위대한 학자라면 말입니다. 저는 아는 만큼 보인다는 지혜를, 변증법적 유물론의 연구 방법을, 과학적 학문 태도를 따르고자 합니다. 일자무식이 글을 읽을 수 없는 것과 마찬가지로 총론의 방향을, 무엇을 하는 것인지 모르면서 어떻게 하겠다는 것을 판단하는 것은 어리석은 만용입니다.

최종적 연구, 각론의 실천 방법을 살피는 연구는 다음 과제입니다. 국어, 수학, 사회, 과학 순으로 하나씩 교과교육과정을 살피겠습니다.

1. 1~2학년 포괄적 실행능력

3장 3절에서 포괄적 실행능력의 일반 목적을 진술했습니다. 여기서는 1~2학년에서 구체적으로 쟁취하고자 하는 목적을 좀 더 구체적으로 진술하고 있습니다. 1~2학년의 발달 과제는 '초등학생 되기Becoming a pupil'입니다. 꼼꼼하게 살펴보겠습니다. 인상적인 부분을 언급하겠습니다.

13.2 1~2학년 포괄적 실행능력Transverse competences in grades 1~2

T의 일반 목적general objectives을 3장에서 정의했다. 여기서는 1~2학년 단위에서 강조되는 목적의 여러 측면을 기술했다.

T를 위한 기반The foundation은 유치원 교육에서 그리고 기본 교육 1~2학년뿐만 아니라 유치원 이전의 초기 유년기 교육과 돌봄에서 구축된다. 겨냥하는 바The aim는 학생의 실행능력을 발달시켜 학생의 지식, 자기 존중self-respect, 자기 정체성 형성the formation of a personal identity, 지속가능한 삶의 방식을 고양하는 것이다. 처음부터, 학교는 학생에게 서로를 격려하며 함께하는 interactive and encouraging 공동체를 제공한다. 그 공동체에서 학생은 자기의 말을 듣고, 행동을 보고, 제대로 인정해 주고 있다고 느낄 수 있다. 학교는 주로 긍정적인 모범a positive example을 제공함으로써 지속가능한 삶의 방식을 향상시킨다. 지속가능한 삶의 방식을 향상시킬 때 강조할 것은 협력collaboration 기술능력, 지역 공동체의 문화적 다양성을 관찰하기, 자연에서 움직이기moving in nature, 자연과 학생의 관계를 강화하기strengthening the pupils' relationship with nature이다.

인상적인 부분을 음미하겠습니다.

첫째, 인과 관계입니다. 실행능력 발달이 원인이고 학생의 지식, 자기 존중, 정체성 형성, 지속가능한 삶의 방식의 고양이 결과입니다. 1~2학년 단위의 내용입니다.

둘째, 학교가 제공해야 할 것들입니다. 서로 격려하고 함께하는 공동체, 존중받고 있다는 느낌, 긍정적인 모범입니다. 감정적 측면의 느낌과 긍정적인 모범(선생님이 활짝 웃으며 먼저 인사하는 모습 따위)이 눈에 들어옵니다. 지적인 측면, 인지적 측면, 이성적 측면을 언급하지 않았습니다. 초등학교 1~2학년 학생을 제대로 아는 분들이 쓴 글입니다. 현직 교사들이 쓴 글입니다.

셋째, 강조한 것이 네 개 있습니다. 협력 기술능력, 문화적 다양성을 관찰하기, 자연에서 움직이기, 자연과 학생의 관계를 강화하기입니다.

『비고츠키와 발달교육 1』에서 언급했듯이, 모범과 협력으로 다음발달영역(근접발달영역)을 창출하는 교수학습을 해야 합니다. 1~2학년에서 특히 강조되고 있습니다. 구체적인 형태로 실행되어야 합니다.

문화적 다양성을 겪어 보는 체험이 아니라 우선 직접 문화적 다양성을 관찰하는 경험을 강조합니다. 1~2학년에서 문화적 다양성을 직접 겪어 보는 게 아니라 관찰하는 게 발달 과제라고 판단하고 있습니다. 그렇다면 직접 겪어 보는 것은 다음 학년 단위의 과제라고 읽을 수 있습니다.

마찬가지로 자연을 관찰하는 게 아니라 먼저 자연에서 움직이는 것을 강조하고 있습니다. 살피는 감각 인지적 활동이 아닌 신체적 활동을 강조하고 있습니다. 1~2학년을 담당하지 않아 확신하지 못하지만,

우리는 너무 빠른 것 같습니다. 아니면 저들이 너무 느린 것인지도 모르겠습니다. 확인이 필요합니다.

자연과의 일반적 관계가 아닌 학생의 경험에 근거한 자연과의 관계입니다. 특수한 관계에서 후에 일반적 관계로 나아간다는 것을 예상할 수 있습니다.

세 가지 인상적인 내용을 종합하겠습니다. 목적을 1~2학년에 맞는 구체적인 발달 과제들로 진술했습니다. 우리가 논의하고 실천으로 검증해야 할 과제가 도출되었습니다. 어느 쪽이 학생의 능동적 참여와 주체적 활동인지 확인하는 작업이 필요합니다. 교사들의 실천이 필요합니다.

T1: 생각과 학습Thinking and learning to learn

학교 일school work은 학생 자신own의 경험, 관찰, 질문에 근거한다. 반성reflection, 통찰insight, 발견discovery, 발명invention, 상상imagination, 학습의 기쁨the joy of learning을 위한 여지room가 있어야만must be 한다. 학생이 질문하도록, 경청하도록, 세세하게 관찰하도록, 정보를 발견하도록, 새로운 관념을 함께 창조하고 발달시키도록, 일의 결과를 발표하도록 격려한다. 연령에 적합한 문제 해결과 조사 과제는 주변 세계의 현상에 대한 학생의 호기심과 관심을 자극하고, 주변 환경의 요소들을 분석하고 명명하고 기술하는 학생의 능력their ability을 향상시킨다. 또한 학생이 자신들의 관찰 결과에 질문을 던지도록, 정보가 때때로 정확하지 않거나 모순적일 수 있다는 것을 이해하도록 격려한다.

학생은 함께하는 일과 자기 일을 계획하기, 목표를 설정하기, 그 일을 평가하기를 연습한다. 교사와 함께together with the teacher,

학생은 학교에서 했던 일의 성공을 돌아보며 성공의 기준을 진지하게 생각해 봐야 한다. 학생이 자신의 진척을 깨닫도록, 학습자로서 자기 강점을 인식하도록, 성공에 환호하도록 안내한다. 교사는 학생이 다른 방안들이 무엇인지 이해하도록 도와주면서, 공부와 관련된 가능한 선택을 학생들과 함께 논의한다.

다양한 신체 활동과 운동 기술능력 연습은 생각능력과 학습능력의 발달the development of thinking and learning을 지원한다. 동화, 게임, 동요, 노래, 놀이, 예술 작품을 다양하게 표현하기different art forms, 다양한 상호 교류는 기억, 상상, 윤리적·심미적 생각 발달The development of memory, imagination and ethical and aesthetic thinking을 지원한다.

1~2학년의 발달 과제를 종합하면, 초등학생 되기Becoming a pupil입니다. T1은 초등학생답게 생각하고 학습하는 것이 무엇인지를 진술했습니다. 생각할 것과 학습할 것을 기술하는 것으로 시작되었습니다. 학생 자신의 경험, 관찰, 질문입니다.

여기서 대한민국의 통합교과, 통합수업의 취지를 되돌아봐야 합니다. 엄밀한 의미에서 교과 수업이라기보다는 학생 삶 전반에 대한 교육적인 이야기 주고받기가 초1의 수업 기조여야 하는 것은 아닌지 연구해야 합니다. 적어도 초등학교 1학년 1학기는 그래야 합니다. 주당 6시간의 국어 시간 내내 알파벳만 다루는 초등학교 1년이 있다는 사실을 진지하게 받아들여야 합니다. 만 6세는 대부분의 유럽 국가에서 글말 교육을 하지 않습니다.

수업 기조에서 초1과 초2는 많이 달라야 합니다. 초2가 초3 이후의 전통적 학교 교수학습에, 교과 수업에 가깝고, 초1은 전통적 유치원 교수학습에 이웃해야 합니다. 비고츠키 선집 8권 『의식과 숙달』에서 이에 대한 비고츠키의 의견을 들을 수 있습니다. 피아제식의 기계적 단계를 넘어서야 합니다. 질적 비약은 양의 누적이 숙명입니다. 점진적인 변화를 거치며 새로운 질적 비약이 준비되는 것입니다.

초등학교 1학년과 2학년은 공교육의 결정적 첫걸음입니다. 가장 과학적으로 준비해야 합니다. 공교육의 성패를 결정하는 최대 승부처입니다. 2017년 9월 프랑스가 고등학교 3학년이 아닌 초등학교 1학년부터 학급당 학생 수를 12명으로 줄인 까닭이기도 합니다.

유럽의 대다수 국가가 학급당 교사 수를 2명으로 하고 있는 것은 널리 알려진 사실입니다. 우리도 몇몇 시·도 교육청에서 두 분의 교사가 협력 수업하는 것을 시범 운영하고 있습니다.

교수학습 과정의 첫 단계에서 교사와 함께하는 협력을 언급하고 있습니다. 생각함과 학습함에서 먼저 '학교에서 했던 일'을, 학생의 생생한 경험을 가지고 교사는 학생과 함께 돌아보고 판단의 기준을 찾는 이야기 나누기를 합니다. 이를 촉발하는 이야깃거리는 교과서에 제시되어 있어야 합니다.

그리고 학생이 이야기 나누기를 통해 생각과 학습을 1~2학년답게 하는 모습을 제시했습니다.

마지막으로 문화적 능력 발달에 도움이 되는 교육활동을 제시하고 있습니다. 제시된 교육활동 형태 모두가 우리에게도 익숙한 것입니다. 생각, 학습, 기억, 상상능력의 발달을 언급했습니다. 특히 생각능력은 윤리적 생각능력과 심미적 생각능력으로 세분해서 언급했습니다. 생각능력만 이렇게 분화한 까닭을 생각해 봤습니다. 주변의 아름다움에 대해 생각(시각적 생각, 감각과 연관된 생각)하고, 학급 생활에서 친구와 함께함에 대해 생각해야만 하는 초짜 학생의 처지 때문인 듯합니다.

1~2학년 T1의 진술은 초등학생 되기에 충실하고, 발달 과제를 풀어감에 있어 학생의 발달단계에 조응합니다. 감각적 생각에서 말로 하는 생각으로 나아가는 시기와 일치합니다. 자기 삶에서 이야깃거리를 추출하는 것에서 시작하는 것도 구체적인 것을 생각하고 학습하는 것에서 시작한다는 발달교육의 취지와 일치합니다.

T2: 문화적 실행능력, 교류와 자기표현Cultural competence, interaction and self-expression

학생이 긍정적인 교류positive interaction와 협동cooperation에 참여하도록 격려하고 안내한다. 학교 안 밖의 수업lessons, 행사festivities, 놀이, 급식 시간, 협동은 다른 사람들과 함께 교류하는 기회를 제공한다. 학생을 존중하여 다루고, 친절과 예의를 학생에게 교수teach한다.

학생이 자기 가족their own family과 공동체의 전통과 관습뿐만 아니라 다른 사람의 가족과 공동체의 전통과 관습을 올바로 판단하도록 안내한다. 학교 일에서, 학생은 지역의 문화 환경과 문화 다양성을 학습한다. 학생이 문화유산, 예술, 다른 문화적 산물offerings에 친숙할, 국제적 경험을 가질 기회를 제공한다. 자신의 주변 환경과 그와 관련된 문화에 학생이 어떻게 영향을 미칠 수 있는지를 학생과 함께 논의하는 것도 중요하다. 학생은 UN 아동권리협약the UN Convention on the Rights of the Child의 주요 원리 main principles를 알게 되고, 자신의 삶과 행동에 그것이 미치는 의의significance를 숙고reflect한다.

학교 일에서, 학생은 다양한diverse 발표 양식modes of presentation을 활용하여 자신을 표현할 그리고 자신에게 중요한 것things을 표현할 기회를 갖는다. 학생이 자신의 손manual 기술능력과 신체physical 기술능력의 진전을 즐기도록, 발표와 수행의 다른 형태를 연습하도록 격려한다. 놀이, 모험, 음악, 드라마, 이야기 만들기 story crafting, 미디어 발표presentation, 시각적 표현, 수공예, 프로젝트 만들기, 다른 수작업handiwork 따위를 통해 상상, 창조, 자기 표현하기self-expressing를 지원한다.

너무나 충격적인 사실입니다. 1~2학년에서 학생이 유엔 아동권리협약의 주요 원리를 알게 합니다. 나아가 그것이 자신의 삶과 행동에 어떤 영향을 미치는지 생각하게 합니다.

5~6학년에서나 안내하는 것인 줄 알았는데 말입니다. 우리가 늦은 것인지, 저들이 빠른 것인지 잘 모르겠습니다. 인권과 감정과 관련된 것은 우리가 저들보다 전반적으로 늦고, 인지적인 것은 빠릅니다. 치밀하게 검토하지 않고 작업하면서 직관적으로 느낀 것입니다.

상상, 창조, 자기 표현하기 능력의 발달을 지원하는 활동은 우리에게도 다 친숙한 활동입니다. 1~2학년에서 하지 않는 것도 있을 듯합니다. 1~2학년에 손과 신체 동작 능력을 향상시키라는 과제가 명확하게 제시되어 있습니다. 대한민국 학생도 이 능력이 부재하다는 것을 경험적 발견을 통해 알고 있습니다. 창의에 목숨 거는 분들 창의적 능력에 필요하답니다. 알아서 조치하셔야 합니다.

1~2학년에서 친절과 예의를 교수합니다. 최근에는 대한민국 학교에서 볼 수 있는 익숙한 풍경은 아닙니다. 마찬가지로 발표를 연습하도록 격려하는 장면도 최근에는 보기 어렵습니다. 이게 국가 수준 교육과정의 위력입니다. 나머지 내용은 굳이 언급할 필요가 없을 정도로 익숙합니다.

T3: 자기 돌보기와 일상 관리하기Taking care of oneself and managing daily life

학교생활을 시작starting school하면, 자신을 돌보는 새로운 기술능력과 증대된 수준의 자립independence)이 필요하다. 학교 일 school work 학급 공동체와 학교 공동체에서 나이에 적합한 과제age-appropriate tasks를 완수하는 것도 포함한다. 공유된 규칙Shared rules, 예의good manners, 격려하는 피드백encouraging feedback은 더욱더 중요해진다. 학생이 시간과 장소와 관련된 개념concepts뿐만 아니라 그것들의 실천적 의미practical meaning를 이해하도록 안내한다. 학생은 자신의 감정을 인식하고 표현하는 것을 연습하고, 예를 들면 놀이와 드라마를 통해 자신의 감정 기술능력emotional skills을 발달시킨다.

학교에서, 학생은 자기와 타인의 안녕, 안전, 일상적 삶의 평탄한 운영에 관한 기본들the basics을 학습한다. 주변 환경에서 학생의 독립적이고 안전한 이동에, 보호 장비와 안전 장비의 사용에, 보행자와 자전거 운전자로서의 학생의 기술능력과 지식을 향상시키는 데 관심을 둔다. 또한 학생은 위험한 상황에서 적절히 대응하는, 도움을 요청하는 연습을 한다. 교사와 함께together with the teacher, 학생은 일상에서 사용하는 첨단기술technology과 일상생활에서 그것의 중요성을 관찰하도록, 안전하게 기술 장비를 사용하도록 학습한다. 학생의 생성 중인 소비 습관을 함께 논의한다. 또한 학생은 미디어의 광고와 미디어의 영향을 관찰하도록, 자기 돈을 쓰는 계획에 다른 선택 사항different options을 고려하도록 학습한다. 학생이 비판적 소비자가 되도록 안내한다. 또한 학생이 경제적이고, 현명하고sensible, 환경 친화적으로 선택한다는 것이 소비자와 자기에게 무엇을 의미하는지를 생각하도록 안내한다.

학생이 안전하게 살아남는 것을 넘어 주변을 자기가 스스로 통제할 수 있도록 국가 수준 교육과정을 설계했습니다. 비판적 소비자로 나아가는 긴 과정이 초 1~2학년에서 의식적으로 시작되고 있습니다. 비판적 소비자가 되는 교육 내용을 얼마나 치밀하게 제시하고, 언제 시작하는지 모릅니다. 하지만 그들처럼 1~2학년은 아닙니다. 우리가 접하지 못했던 새로운 내용은 없는 것 같습니다.

자기감정을 통제하는 능력을 발달시키는 과업이 놀이와 사회적 역할극을 통해 수행되고 있습니다. 자기 행동을 통제하는 데 어려움이 많은 학생을 위해 초 1~2에서 이런 활동을 조직적으로 시도했으면 좋겠습니다. 석사, 박사 학위 논문이 여러 편 나왔으면 좋겠습니다. 2년 동안 감정 기술능력을 발달시켰더니 ADHD 학생이 줄었다, 이런 가설을 검증하면 좋겠습니다.

자기 통제 능력을 발달시키는 데 초 1~2에서 감정 기술능력부터 시작하고 있습니다. 발달교육 측면에서 이성보다 감정을, 정신보다 신체를 먼저 교육하는 것은 상식입니다. 발달의 순서가 그렇습니다.

모든 교사의 중지를 모아 좀 더 체계적으로 교수해야 할 내용을 정리해야 합니다. 상식적인 화를 다스리는 방법. 하나, 화가 나면 숨을 크게 쉰다. 둘, 눈을 감고 마음으로 하나, 둘, 셋을 센다. 다양한 장면에 적합한 감정 기술능력을 정리하는 과업도 우리 몫입니다. 크게 일을 기획하고 역할 분담하는 게 필요한 사업입니다.

선생님과 함께하는 과정을 꼭 거치도록 국가 수준 교육과정을 기술했습니다. 1~2학년입니다.

T4: 다문해Multi-literacy

나이에 적합한 다른 종류different kinds의 텍스트를 해석하고, 생산하고, 판단하는 기회를 학생에게 제공하여 학생이 자신의 다문해 능력을 발달시키도록 안내한다. 이런 맥락에서, 텍스트는 입말로 된, 시각적, 청각적, 수적, 신체 감각과 관련된 상징들의 체계systems로 그리고 이것들이 결합된 체계로 제시된 정보information를 의미한다. 교수학습teaching and learning에서 다감각적인multi-sensory, 전체론적인holistic, 현상기반적인phenomenon-based 접근 방식approach은 다문해 능력의 발달을 지원한다. 학생이 다른 종류의 텍스트를 사용하고 생산하도록, 그 텍스트를 즐기도록, 그 텍스트를 통해 자신을 표현하도록 격려한다. 학생의 기본적인basic 읽기와 쓰기의 기술능력reading and writing skills은 발달develop해서 더 유창해진다. 또한 학생은 양에서의 차이를 포함하여 일상의 산술 정보를 처리하는 자신의 기술능력을 향상;improve 시킨다. 학생이 시각적 표현 양식을 사용함으로써, 자신의 주변 환경에서 시각과 관련된visual involvement 수단들means을 검토함으로써 자신의 시각적 문해 능력visual literacy을 발달시키도록 안내한다.

학생이 다른 출처들different sources에서 정보를 찾고, 그것을 다른 사람과 의사소통하도록 안내한다. 또한 학생이 상상 세계와 현실 세계 사이의 관계와 각 텍스트가 그것을 쓴 작가와 그렇게 쓴 목적이 있다는 사실을 숙고하도록 안내한다. 그 결과thus, 교수학습teaching and learning은 비판적 생각critical thinking의 발달을 지원한다. 다문해를 발달시키기 위하여, 학생은 풍부한 텍스트 환경과 미디어 사용에서 보호적인 지원을 필요로 한다. 교수학습에서 학생들이 직접 만들거나 고른 콘텐츠뿐만 아니라 신문, 잡지, 책, 게임, 영화, 음악 따위를 포함하는, 학생의 나이에 맞는 필요the needs of the pupils' age에 적합한 텍스트를 사용한다. 또한 학생이 자신의 다양한 환경을 관찰한 내용도 중요하다. 텍스트 생산 기술능력은 해석 기술능력과 판단evaluation 기술능력과 나란히 발달한다. 학생이 질문하며 궁금함을 표현하는, 이야기stories하는, 자신의 관점을 주장하는, 많은 형태many types의 표현 도구와 수단tools and means of expression을 사용하여 자신의 경험을 공유하는 풍부한 기회를 제공한다.

1~2학년에서 다문해 교육은 언어 교육 일반과 비슷합니다. 우물 안 개구리의 용감한 단정입니다. 텍스트의 정의는 학년 구분 없이 사용됩니다. 여러 상징체계로 제시된 정보를 텍스트로 보고 있습니다. 지식이 아닌 정보라는 사실에 그리고 상징체계로 제시된 것에 시선이 갑니다.

언제나 어려운 과제입니다. 나이에, 연령에 적합한 읽기 자료가 무엇인지를 식별하는 작업은 늘 난제입니다. 원칙은 누구나 알고 있지만 그런 텍스트를 선정하는 작업은 평탄하게 끝나지 않습니다. 다수의 실천과 경험에 근거하여 텍스트 목록을 누적해야 합니다. 함께 검토하는 집단지성이 필요합니다.

발달과 관련된 부분을 언급하겠습니다. 자기 자신과 주변 그리고 자신의 경험과 관점이라는 지점이 1~2학년과 잘 어울립니다. 기본적인 읽기와 쓰기 기술능력도 그렇습니다. 기본적인 읽기와 쓰기 기술능력은 3~6학년으로 이어집니다. 시각적 표현 양식과 수단들도 1~2학년과 잘 호응합니다. 핀란드 수학 1~2학년 교과서를 보면 어느 정도인지 확인하실 수 있습니다. 1~2학년에서 상상 세계와 현실 세계의 관계를 구분하는 작업을 시작하는 것과 작품의 작가가 의도한 바를 생각하도록 안내하는 것도 인상적입니다.

1~2학년의 교수학습에 적합한 일반적 접근 방식을 안내하고 있습니다. 다감각적인, 전체론적인, 현상기반적인 접근 방식이 그것입니다. 이렇게 보면 '현상기반 학습'이라기보다는 '현상기반 교수학습'이 더 적절할 듯합니다. 어떻든 간에 분명한 것은 초등학교 1~2학년에 추천된 접근 방식입니다.

"그 결과, 교수학습은 비판적 생각능력의 발달을 지원한다."

발달교육 측면에서 이 문장을 음미하겠습니다. 비고츠키는 교수학습이 발달을 선도한다고 했습니다. 여기서는 지원한다고 합니다. 일반인 문화적 능력과 마찬가지로 개별인 비판적 생각능력도 교수학습의 도움을 받아 발달이 꽃핍니다. 어떻게 해서 그렇게 될까요? 다음발달영역(근접발달영역)을 창출하기 때문입니다. 어떤 교수학습이 그러한 역할을 제대로 하는 것인지 그 앞 문장에 단서가 있습니다. 교사가 관계와 사실을 학생이 숙고하도록 안내하기 때문입니다. 비판적 생각을 하는 데 필요한 방법을 전수하기 때문입니다.

T5: ICT 실행능력ICT Competence

교수학습teaching and learning은 학생이 유치원 교육과 학교 밖에서 습득acquired한 ICT 기술능력을 이용한다. 놀이 기반 일하는 방법play-based working methods은 여전히still 중요하다. 학생은 기본적인basic ICT 기술능력을 연습하고 나아가 자신의 공부에 ICT 기술능력을 이용하도록 학습한다. 동시에, 또한 학생은 관련된 related 핵심 개념key concepts을 학습한다. 나아가 학생은 자기 삶에서 다른 응용 프로그램different applications과 ICT의 이용 방법도 학습한다.

실무 기술능력practical skills과 개인적 산출personal production: 학교 일에서, 학생은 기기devices, 소프트웨어, 서비스 사용을 연습하고, 그것들의 중요한 사용과 작동 원리를 학습한다. 또한 학생은 키보드 기술능력과 다른 기본적인 텍스트 생산production과 처리processing 기술능력을 학습한다. 학생은 디지털 미디어와 나이에 적합한 프로그래밍 과제로 일한 경험experience of working을 얻고 공유한다. 학습을 증진하고자 게임의 요소를 가미하는 것 Gamification도 이용한다.

책임감 있고 안전한 ICT 사용Responsible and safe use of ICT: 교사와 함께together with the teacher, 학생은 ICT를 사용하는 안전한 방식ways과 관련 예의범절etiquette을 탐색search for한다. 일하는데 좋은 자세와 일하는 기간을 적절하게 지속하는 데, 이것들이 안녕에 미치는 효과effects에 주의를 기울인다.

정보 관리Information management와 질문 기반의 창조적인 일 inquiry-based and creative work: 학생이 핵심 검색 엔진을 이용하도록, 다른 도구different tools들을 사용하도록, 학생이 관심을 가진

다른 화제topics와 문제matters에 대한 정보를 획득하는 작은 과제 assignments를 완성하도록 안내한다. 학생이 다른 학생들과 함께 그리고 혼자서도 자신의 착상(ideas)을 구현하기 위해 ICT를 사용하도록 격려한다.

교류Interaction와 연결망networking: 학생은 다른 교류different interaction 상황에서 ICT 사용을 연습할 뿐만 아니라 학습을 돕는 사회 연결망social networking 서비스를 사용한 경험을 얻는다.

ICT T5를 읽으며 20년 전과 지금을 비교했습니다. 대한민국이 가장 앞섰다가 비참하게 뒤처진 분야가 ICT입니다. 아직은 저의 주관적 판단입니다. 소규모 학교에 근무하며 학생 한 명이 하나의 컴퓨터를 사용할 수 있던 20년 전과 컴퓨터실 2 교실을 천 명의 학생이 나누어 사용하는 지금을 비교하는 것은 공정하지 않습니다. 그래서 아직은 주관적 판단이라고 했습니다. 하지만 1~2학년 학생에게 학습을 돕는 사회 연결망 서비스를 사용한 경험을 강제하는 저들의 교육과정은 지금 우리의 교육과정과 큰 차이가 있습니다. 제반 시설의 미비도 문제이겠지만, 유치원에서 ICT 기술능력을 습득한다는 것은 그 이상의 문제가 있음을 드러내고 있습니다.

'교육입국敎育立國'처럼 'ICT입국'을 외치던 때가 있었습니다. 겉 멋든 대통령들이 신자유주의 교육정책을 집행하는 동안, 우리가 잃은 것 중 작은 하나입니다.

발달교육과 관련된 부분을 찾아보겠습니다. 먼저, 연계와 관련된 부분입니다. "놀이 기반 일하는 방법(play-based working methods)은 여전히(still) 중요하다." 여전히는 유치원 교육에서 중요한 방법이 초 1~2에도 아직 유효하다는 것입니다. 특히 1학년에 그렇습니다. 초 1~2

학년을 유치원식 교수학습에서 학교 교수학습으로 넘어가는 교수학습의 이행기로 보는 비고츠키 발달교육의 관점과 일치하는 진술입니다. 『의식과 숙달』을 참고하시면 좋겠습니다.

'교수학습', '교사와 함께', '학교 일'이 여기저기서 반복되고 있습니다. 가장 진한 구성주의 교육과정 혹은 학습자의 배움 중심 교육과정에서는 절대로 볼 수 없는 개념들입니다. 교수·학습이 교수학습이 되는 그날이 빨리 왔으면 좋겠습니다. 교수와 학습을 이분법적으로 사유하는 야만의 시대가 빨리 마감되었으면 좋겠습니다. 학생의 발달을 위한 교수학습으로 개념들이 연결되어야 합니다. 외형적 변화가 아닌 본질적 변화가 있어야 합니다.

학생이 하고 있는 것과 관련된 중요 개념, 나이에 적합한, 자기가 직접 일을 해 보는 경험, 학생이 관심을 가지는 화제와 문제, 게임의 요소, 적절한 일하는 시간의 지속 따위는 1~2학년의 발달 상황을 반영한 적절한 표현입니다.

T6: 노동 실행능력과 창업 정신Working life competence and entrepreneurship

학생의 학교 일their school work에서, 학생이 다른 사람들과 함께 그리고 혼자서 일work할 기회를 다양하게 제공한다. 학생은 집단의 일group work과 협동, 자신의 생각을 다른 사람들의 생각과 조율, 나이에 적합한 책임을 연습한다. 학생이 학교와 가정에서 새로운 것을 탐색하도록, 자신이 특히 무엇을 잘하는지를 그리고 다른 사람들을 위해 무엇을 할 수 있는지를 되돌아보도록 격려한다. 학생이 확신을 가지고 새로운 환경을 직면하도록 지원한다. 학생은 학교 안 밖의 다른different 직업을 학습하고, 사회 일반에,

특히 자신의 일상생활과 가족의 생계에 노동과 직업이 중요한다는 것을 이해한다. 보호자와 학교 밖 다른 행위자의 협동은 학교 일을 풍부하게 한다.

초 1~2학년 학생이 직접 노동하는 기회를 다양하게 제공한다는 것과 주변에서 접할 수 있는 직업을 학습하는 것은 무리가 없어 보입니다. 노동과 창업이 아직은 학생에게 너무 먼 추상이라 제대로 이해할 수 있을지 의문입니다. 교육지책으로 자신의 일상생활과 가족의 생계에서 시작하는 것 같습니다. 유치원에서는 T6를 언급하지 않았습니다. 같은 맥락입니다.

T7: 참여, 관여, 그리고 지속가능한 미래 건설하기Participation, involvement and building a sustainable future

첫 학년부터 계속해서, 학생은 자신의 공부와 목적, 그리고 집단적인 일의 실행, 학교 편의 시설의 조직과 편안함, 그리고 식사, 휴식, 축제, 체험과 관련된 문제, 그리고 다른 학교 행사들을 계획하고 반성하는 데 참여한다. 학생들과 정의justice, 형평equity, 호혜reciprocity의 개념을 논의한다. 개인적 경험을 통해, 학생은 민주적 활동의 규칙과 실제적 실행을 알게 된다. 학생은 학생 위원회student council의 회원이고, 학생의 나이age와 능력abilities에 맞게, 자신들과 관련된 의사결정에 참여할 기회를 갖는다. 학생은 자신의 나라와 세계에서 공정하고 지속가능한 미래가 그들에게 무엇을 의미하는지, 그런 미래를 건설하는 데 자신이 어떻게 기여할 수 있는지 교사와 함께 숙고한다.

세계시민교육 같습니다. 더불어 민주당 정부가 강력하게 추진하고 있는 민주시민교육 같습니다.

대한민국은 교육 적폐로 몸살을 앓고 있습니다. 그 여파입니다. 핀란드 초 1~2학년의 T7 과제는 너무도 먼 나라 이야기입니다. 아무리 교사와 함께 논의하고 숙고한다고 하지만, 정의, 형평, 호혜, 공정하고 지속가능한 미래와 나의 역할은 그저 고상한 치장 같습니다. 하여간 저들이 이러한 발달의 청사진을 벌써 몇 년째 실행하고 있다니 신기하기만 합니다.

초 1~2학년 학생을 학생회의 회원으로 편입하여 선거를 치르게 하는 것은 가능한 일 같습니다. 학교 제반 업무 중에서 학생과 관련된 일을 학생에게도 의견을 묻는 일도 가능한 일 같습니다. 학교 민주화의 길은 멀고도 먼 길입니다. 주체적인 교사를 넘어 주체적인 학생이라니 세계와의 격차가 현격합니다. 1~2학년 단위에서 학내 시위를 국어과 교육과정에서 다룬다는 지인의 전언은 충격이었습니다.

발달교육과 관련된 것 하나만 언급하겠습니다. 초등학교 1학년 학생이 계획하고, 실천하고, 반성해야 할 일이 자신의 학습이 아닌 자신의 공부라고 합니다. 진술한 내용을 보면, 1~2학년 학생이 스스로 학습하는 게 하나도 없습니다. 우리나라 2~3학년에 해당합니다. 왜? 아직 스스로 학습할 수 있는 능력을 습득하지 못했기 때문입니다. 초 3~6학년 총괄적인 발달 과제는 '학습자로 발달하기developing as a learner'입니다.

저들은 학습보다 먼저 공부부터 계획하고, 실천하고, 반성합니다. 그러한 까닭을 정확하게 이해하기 위해서는 공부 개념을 검토하고 채우는 긴 과정이 필요합니다.

초 1~2학년이라 '교사와 함께'가 유난스럽게 반복되는 것 같습니다. 학교에 입학한 학생이라면 접하는 것이 대부분 혼자 할 수 없는 것입니다. 교사의 도움을 필요로 합니다. 학생의 생활만 그렇다는 것이 아닙니다. 학생의 공부와 학습은 더더욱 그렇다는 이야기입니다. 핵심 교육과정이 발달시키려는 문화적 능력의 핵심인 포괄적 실행능력 7가지가 그렇다는 이야기입니다.

급진적인 사상을 가졌다고 알려진 저도 감당할 수 없는 교육 내용을 '교사와 함께'라는 단서를 달았지만, 초등학교 1~2학년부터 시작하는 저들의 의지가 돋보입니다. 학생의 구체가 없으면 학생이 경험하는 것부터 시작하겠다는 정신, 맨땅에 헤딩하는 정신이 부럽습니다.

초등학생 되기Becoming a pupil는 1~2학년의 발달 과제입니다. 이는 학생을 학교의 주체로 세우는 활동들로 채워졌습니다. 공동체 구성원다움을 연습합니다. 신체와 감정을 통제하는 연습을 합니다. 습관을 바꾸는 일입니다. 익힘의 인내가 필요합니다. 저들은 여기를 교육 성패의 승부처로 보고 있다고 판단했습니다. 논리적으로는 올바른 조치입니다. 10년 이상 학교에 다닐 사람이 학생이 되지 못했다면, 학생답지 않다면, 교육 성패를 논하는 것은 사치입니다.

행간에서 느낀 것입니다.

교육과정은 일정한 시간이 경과하면 결과가 나와 성취를 잴 수 있는 것이라기보다는 지속적으로 올곧은 인간으로 나아가는 이어지는 과정에 가깝습니다. 흐름이 끊기지 않도록 조심해야 합니다. 이를 위해 교육과정에 여러 장치를 배치해야 합니다. 우리가 끝을 본다면 저들은 처음을 보고 있는 것 같았습니다. 처음, 시작, 생성을 위한 인간의 의지가 불꽃처럼 계속해서 피어나는 교실, 학교, 사회가 있습니다.

2. 3~6학년 포괄적 실행능력

1~2학년의 발달 과제는 초등학생 되기Becoming a pupil입니다. 여기서 살피는 3~6학년의 발달 과제는 '학습자로 발달하기developing as a learner'입니다. 3장 3절에 있는 포괄적 실행능력의 일반 목적은 이 책 3장 '기본 교육: 임무와 일반 목표'에 있습니다. 참고하시며 읽으면 도움이 됩니다.

제가 유난히 관심을 가지고 있는 부분입니다. 아주 꼼꼼하게 읽겠습니다. 발달교육과 연결되는 부분과 우리 교육과 대비되는 부분을 집중적으로 찾아보겠습니다.

14.2 3~6학년 포괄적 실행능력Transverse competences in grades 3~6
T의 일반 목적을 3장에서 정의했다. 여기서는 3~6학년 단위에서 강조되는 목적의 여러 측면을 기술했다.

T의 교수학습teaching and learning을 체계적으로systematically 지속한다. 겨냥하는 바The aim는 학생의 실행능력을 발달시켜 자기 존중과 자기 정체성 형성을 고양하는 것이다. 정체성identity은 다른 사람과 주변 환경과 교류하면서 발달한다develop. 우정friendships과 인정받는다는 느낌the feeling of being accepted은 매우 highly 중요하다. 이때가 학생 발달에서 지속가능한 삶의 방식을 채택할adopting, 지속가능한 발전sustainable development의 필요를 성찰할reflecting 특히나 적합한 시기particularly opportune time이다.

발달교육과 관련된 내용입니다.

하나, 3~6학년에서도 포괄적 실행능력을 체계적으로 교수학습 합니다.

둘, 3~6학년은 우정과 인정에 특히나 민감한 시기입니다.

셋, 3~6학년은 삶의 방식을 채택할, 발전의 필요를 성찰할 적정 시기입니다.

대비되는 것 하나만 언급하겠습니다. 우리는 어느 학년에서도 연속적으로, 체계적으로, 종합적으로 핵심역량을 교수학습 하지 않습니다. 그런 발상의 흔적을 2015에서 찾을 수 없습니다.

교수학습 할 때, 교사는 특정 능력을 발달시키는 데 효과적인 민감한 시기에 예민해야 합니다. '매우', '특히나 적합한'이라는 표현은 행정 문건에 어울리지 않습니다. 이런 표현을 사용한 저들의 드높은 자부심이 부럽습니다. 과학으로 승격한 교육 실천을 봤습니다.

T1: 생각과 학습Thinking and learning to learn

교수학습teaching and learning은 친구와 함께 그리고 혼자서 관찰을 행함으로써, 정보의 다양한 원천various sources과 다른 종류의 도구tools를 사용함으로써 질문을 던지고 그 질문의 대답을 찾는 학생의 기술능력skills을 강화한다. 또한 학생은 다루는 at hand 화제에 관한 다른 관점을 인식하기, 새로운 통찰 갖기, 비판적 평가를 통해 자신의 기술능력을 점차 발달시키기를 학습한다. 학생이 쟁점들issues의 얽힌 관계interactions와 연결connections에 주목하도록 안내한다. 학생이 자신이 알고 있는 지식internal knowledge을 숙고할 때도 타인의 관점을 경청하도록 격려한다. 학생이 여러 가지 방식으로many ways, 예를 들면, 의식적 추론으로 혹은 개인의 경험에 근거한 직관으로, 정보가 만들어진다는 것을 깨닫도록 안내한다. 함께 협의하는 학습learning based on interaction 을, 특히 동료 학습peer learning을 여러 가지 방식으로 사용한다. 이는 학생의 집단 일group work 기술능력을 강화한다. 문제풀이와 추론 과제를 그리고 호기심, 상상력, 발명inventiveness을 활용하고 촉진하는 일에 접근하는 방식working approaches을 사용하며, 행하여 학습learning by doing하며 생각 기술능력을 연습한다. 학생이 창조적 해결책을 발견할 때나 현존하는 경계existing boundaries를 넘어설 때 자신의 상상능력을 사용하도록 격려한다.

모든 공부 상황에서 학습learning-to-learn 기술능력을 고양시킨 다. 학생이 자기에게 가장 적합한 학습 방식ways of learning을 인 지하도록, 자신의 공부 기법techniques에 주의를 기울이도록 안내 한다. 학생은 자신의 학교 일을 계획하기, 목표를 설정하기, 자기 일과 그 진전progress 평가하기를 지속해서 연습continue to practise 한다. 학생이 규칙적으로 과제assignments를 완수하는 게 자신의 진전에 어떤 영향을 미치는지 알아차리도록, 자신의 장점과 발달 욕구needs를 인식하도록 안내한다. 학생이 자신의 공부와 관련된 목표와 선택을 지각하도록 지원하고, 보호자와 함께 자신의 목표 와 선택을 논의하도록 격려한다.

봄 호에 있던 부분입니다. 내용을 제법 고쳤습니다. 우리말 문장 구 조와 조금 더 어색합니다. 그럼에도 불구하고 고쳤습니다. 계속해서 눈에 밟혔습니다. 문장의 문법적 주어가 학생pupils입니다. 문장이 학 생으로 시작합니다. 문장의 주어가 학생이 아닌 게 예외적인 문장입니 다. 예외적인 문장의 문법적 주어를 모두 모아 봤습니다. 교수학습The teaching and learning, 학습Learning, 생각 기술능력thinking skills, 학습 기술능력Learning-to-learning skills 이렇게 네 개입니다. 두 문단의 제목이 한 번씩 주어로 등장했습니다. 교수학습 그리고 학습이 한 번씩입니다. 예사롭지 않습니다. 이렇게 흔적을 남깁니다. 이후 분석 대상으로 심리적 주어는 교사라는 씨앗 하나 남기겠습니다.

발달교육과 관련된 부분을 추려 보겠습니다.

첫째, T1의 초 1~2학년과 달리 '교사와 함께'라는 표현이 없습니다. 초 3~6학년에는 '친구들과 함께' 그리고 '혼자서'만 등장합니다. 함께 하던 교사는 이제 안내하고, 지원하고, 격려하는 역할을 담당하는 것 같습니다.

둘째, T1이 발달하도록 지원하는 교육활동이 변했습니다. 1~2학년에서는 신체 활동, 운동, 표현 활동, 동화, 게임, 동요, 놀이가 등장했었습니다. 모두 다 사라졌습니다. 문제풀이, 추론 과제, 호기심, 상상력, 발명inventiveness, 일에 효과적으로 접근하는 방식, 행하여 학습함 learning by doing이 생각능력 발달 방안으로 제시되었습니다. 가장 적합한 학습 방식, 공부 기법, 규칙적으로 과제 완수, 자신의 발달 욕구 인식, 공부와 관련된 목표와 선택을 지각하고 논의하기가 학습능력 발달 방안으로 제시되었습니다.

셋, 과제를 완수하도록 합니다. 의지능력 발달을 준비하는 방안 같습니다.

넷, 질문을 던지고 그 질문에 대답하는 기술능력을 강화합니다. 이를 위해 어떤 교육활동을 해야 할지 생각해 봤습니다. 문화적 자산인, 질문을 던지는 방법과 대답하는 방법을 교수합니다. 생각하는 정신 활동은 질문하는 문화적 행동 능력을 포함합니다.

작업하며 스쳐 간 생각입니다. 무엇이 진짜 학생의 삶인지 냉정하게 생각해야 합니다. 학습 노동이 실제 삶 아닐까요? 양적으로나 질적으로나 그게 학생의 실제 삶이라고 생각합니다. 극한의 순간들을 보내는 강남 초등학생의 모습을 보면 너무도 명확합니다.

대한민국 2015는 교과 지식의 양은 많을지 모르지만, 생각과 학습 능력 발달 방안은 핀란드 2014와 비교할 수 없을 정도로 저급합니다. 입증하기 위해 2015를 인용하여 지적할 필요를 느끼지 못했습니다. 모두가 공감할 것이라 단정하고 넘어가겠습니다.

T2: 문화적 실행능력, 교류와 자기표현Cultural competence, interaction and self-expression

학생이 자신의 사회적, 문화적, 종교적, 이념적ideological, 언어적 뿌리를 알고 존중하도록, 자신의 배경과 세대의 연쇄the chain of generations에서 자기 위치의 의의significance를 숙고하도록 안내한다. 학교 일을 하며, 학생은 문화적 환경, 그것의 변화와 다양성뿐만 아니라 학교 공동체와 지역사회의 과거와 현재 문화에 친숙하게 된다. 학생이 문화유산을 알고know 존중value하도록, 새로운 문화를 창조하는 데 참여하도록 안내한다. 학생은 예술과 문화를 경험하고 해석할 수 있는 기회를 갖는다. 미디어 문화를 분석analysing하고 미디어의 충격impacts을 인식recognizing하고 성찰reflecting하는 것은 3~6학년에서 중요하다. 학생은 사회와 세계에서 인권human rights 조약의 의의significance를 이해하도록 학습한다. 특히, 학생은 UN 아동권리협약the UN Convention on the Rights of the Child에 익숙해야 한다. 학생이 인권을 존중respect하고 옹호defend하도록 안내guide한다.

학생이 다른 표현 양식을 시도하도록, 적극적이기being active와 자기 표현하기expressing themselves를 즐기도록 격려encourage

한다. 학생이 다른 국가 학생과 협동할 수 있는, 다른 관습과 문화를 비교할 수 있는 기회를 제공한다. 학생은 모국어와 다른 언어 둘 다를 다양하고diversly 능숙하게skillfully 사용하도록 학습한다. 학생이 자신을 표현하기 위하여 제한된 언어 유창성일지라도 even limited language proficiency 그것을 사용하도록 격려한다. 상호교류interaction, 사회적 기술능력social skills, 예의범절good manners을 적절한 방식들in versatile ways로 연습한다. 학생이 다른 사람의 입장이 되어 보도록, 서로 다른 관점에서 사물things을 보도록 안내한다. 학교는 계획하여 자기를 표현하는 기술능력과 손manual 기술능력뿐만 아니라 사회적 기술능력social skills과 발명inventiveness을 연습할 수 있는 고무적인 기회inspiring opportunities를 창출create한다. 학생이 감정emotions, 의견, 사고thoughts, 관념ideas을 표현하기 위하여 자신의 몸 전체whole body를 올바로 인식appreciate하여 사용하도록 격려한다.

발달교육과 관련된 부분입니다.

첫째, 3~6학년에서 중요한 과업으로 미디어 문화를 분석analysing하고 미디어의 충격impacts을 인식recognizing하고 성찰reflecting하는 활동을 제시했습니다. 문화 중에서 미디어 문화를 특정한 까닭을 생각해봤습니다. 미디어 문화는 구체적인, 관심 있는, 역동적인, 생생하게 경험하는 문화이기 때문이라고 판단했습니다.

둘째, 3~6학년에서 학생은 유엔 아동권리협약에 친숙하고, 인권 조약의 의의를 이해하고 인권을 존중하고 옹호해야 합니다. 교사의 안내를 받으며 구체적 경험을 누적하는 활동을 할 것이라고 속단하고 우리도 흉내는 내고 있다고 안도하겠습니다. '민주시민교육'을 통해 성과를 내고도 있습니다. 하지만 갈 길은 멀기만 합니다.

셋째, 다양한 언어를 사용하도록 격려하고 있습니다. 제한된 언어 능력이지만 사용하도록 격려하고 있습니다. 언어 입력보다 언어 출력에 강세를 찍고 있음을 읽어 낼 수 있습니다. 20세기 후반에 '입력가설'은 기각되고 '출력가설'이 그 자리를 차지했습니다. 이게 교육과학입니다.

대한민국 초등학교에서 다루지 않는 수업 과제가 진술되었습니다. 자신의 사회적, 문화적, 종교적, 이념적ideological, 언어적 기원을 알아보는 과제입니다.

저의 사회적 기원, 문화적 기원, 종교적 기원, 이념적 기원, 언어적 기원을 생각해 봅니다. 제 이념의 뿌리를 40대 중반이 넘어서야 찾았습니다. 지금도 저의 사회적 뿌리가 무엇인지, 어디서 시작되었는지, 언제부터 시작되었는지 모르겠습니다. 한국어의 기원도 잘 모르겠습니다.

이렇게 정체성을 채워야 할 저의 지식이 부족함을 3~6학년 T2를 읽으며 깨달았습니다. 이게 첫 문장에 담긴 내용입니다. 과제 1번이라고 봐야 한다는 게 저의 판단입니다. 존재를 배반한 의식은 저절로 생기는 게 아닙니다. 99%의 개·돼지로 사육된 결과였습니다. 과학적인 우민화 교육의 결과였습니다. 교육의 이름으로 자행된 국가 범죄였습니다.

T3: 자기 돌보기와 일상 관리하기Taking care of oneself and managing daily life

학교 일의 일부로서, 학생은 시간 관리time management, 선행 good behaviour, 그리고 자신의 삶과 공동체에서 안녕과 안전을 증진하는 다른 실천들other practices을 시연rehearse할 수 있는 기회를 갖는다. 학생이 정돈, 안락, 학습 환경의 분위기에 책임지고, 학교 공동체의 공동 규칙을 만들기drawing up와 그 운영 방법을 개선하기에 참여하도록 격려한다. 함께 일work together할 때, 학생은 자신의 감정적 기술능력과 사회적 기술능력을 발달시킬 수 있다. 게임, 놀이, 팀워크team work에 참여하는 동안, 학생은 규칙rules, 합의agreements, 신뢰trust의 중요성significance을 이해하도록, 의사결정decision-making을 연습practise하도록 학습한다. 좀 더 넓은 지역과 대중교통에서, 학생의 독립적 이동The pupils' independent mobility을 지원한다. 안전한 자전거타기와 길에서 자신과 타인의 안전을 보장하는 학생의 기술능력에 특별한 주의Particular attention를 기울인다. 학생이 적절한 안전 장비와 보호 장비를 사용하도록 안내하고, 안전과 관련된 주요 표지symbols를 인지하도록 교수한다. 사생활privacy과 개인적 경계personal boundaries 보호의 중요성The importance을 논의하고, 학생은 스스로를 보호하는 것about protecting themselves을 학습한다. 학생은 다양한various 위협threat 상황과 위험risk 상황에서 적절하게 대처하기를 연습한다.

과학기술technology의 다양성과 의의를 교수학습in teaching and learning에서 탐색explore한다. 학생은 과학기술의 발전technological development과 다양한 삶의 영역과 많은 형태의 환경environments에 미친 과학기술의 충격impacts을 학습한다. 학생이 책임지고 안전하게 과학기술을 사용하도록 안내하고, 그것이 제기한 윤리적 문제questions를 성찰하도록 권장invite한다. 학생은 지속가능한 소비를 실천하는 데 친숙해진다. 학생은 자신의 경제를 계획하기

planning뿐만 아니라 공유하기sharing, 절제하기moderation, 절약하기being economical의 의미significance를 탐구하고 관련된 기술능력을 연습한다. 학생이 소비자답게as consumers 행동하도록, 광고와 미디어의 영향impacts을 비판적으로 검토하도록 안내한다. 학생이 지속가능한 미래a sustainable future의 관점in terms of에서 자신의 개인적 선택choices을 숙고하도록 격려한다.

발달교육과 관련하여 이야기하겠습니다.

첫째, 비고츠키가 이야기한 문화적 능력 발달의 일반 법칙을 연상했습니다.

3~6학년에서 시간 관리, 선행, 안녕과 안전을 증진하는 실천들을 시연합니다. 소비자답게 행동합니다. 감정적 기술능력과 사회적 기술능력을 발달시키려면 먼저 함께 일하는 것이 필요합니다. 협력이 필요합니다. 다른 사람의 도움을 받으며, 다른 사람과 함께 사회의 장에서 해 봅니다. 밖에서 문화적 행동을 펼치는 것입니다. 다른 사람과 함께 해 보는 것입니다. 그래야 나중에 혼자서 정신의 안내만 받으며 문화적 능력을 펼칩니다. 문화적 능력이 내재화됩니다.

둘째, 3~6학년에서 본격적으로 일상의 추상을 수업합니다. 위에 기술된 것처럼, 규칙, 합의, 신뢰를 이해하고 의사결정을 연습합니다. 과학기술로 인해 발생한 도덕적 문제를 성찰합니다. 광고와 미디어의 영향을 비판적으로 검토합니다. 1~2학년에서 했던, 안전의 기본, 감정과 행동 통제, 과학기술을 일상생활에서 관찰하는 질적으로 다른 발달 과제입니다. 3~6학년에서야 '지속가능한 미래'라는 관점을 사용하도록 격려합니다.

사족과 같은 기록입니다. 연구하며 얻은 순간의 깨달음입니다. 제가 잊지 않기 위해 남깁니다.

번역과 관련된 이야기를 한 번 더 하겠습니다. 글쓰기의 기조를 찾아보았습니다. 독자는 교사입니다. 언급할 내용은 학생의 학습, 성장, 발달입니다. 그래서 문법적 주어를 학생으로, 심리적 주어를 교사로 하는 문장이 기준입니다. 모국어 표현과 어울리지 않지만 그런 취지를 살리려 노력했습니다. 예를 들어 보겠습니다. "학생은 … 의사결정 decision-making을 연습practise하도록 학습한다"로 번역했습니다. 교사가 교수하여 학생이 학습한다는 전제가 행간에 녹아 있습니다. 문맥만 보면, '학습을 통해 학생은 의사를 결정하는 문화적 행동을 숙달한다'는 뜻입니다. 좀 더 우리말답게 표현하면, '학습 과정에서 학생은 의사결정 기술능력을 익힌다'로 옮기는 게 깔끔합니다.

다른 예를 들어 보겠습니다. "학생이 소비자답게as consumers 행동하도록, 광고와 미디어의 영향impacts을 비판적으로 검토하도록 안내한다." 행동과 검토의 주체는 학생입니다. 안내의 주체는 교사입니다. 문법적 주어 학생이 문장의 맨 앞에 위치합니다. 심리적 주어 교사는 문장의 행간에 숨어 있습니다. 교사가 읽을 책은 교사가 해야 할 바를 중심으로 문장을 구성하는 게 자연스럽다는 사실을 의식했습니다. 의식적으로 파악했습니다. 학생의 학습, 성장, 발달이 교사가 해야 할 바입니다. 번역하는 과정에서, 이러한 제약에 성실하게 복종한 핀란드 교사들의 노력을 계속 만나고 있습니다.

2014에서 나아진 것 중 하나입니다. 2004가 '교사는 학생이 검토하도록 안내한다'로 진술했다면, 이를 2014는 '학생이 검토하도록 안내한다'로 깔끔하게 다듬었습니다.

이런 깨달음으로 우리 교육과정을 보고 싶다는 호기심이 생겼습니다. 교무실에 있는 것을 꺼냈습니다. 딱 한 문장만 봤습니다. "가. …

창의적인 인재를 기를 수 있도록 교육과정을 구성한다."문장의 주어가 없습니다. 생략되어 있습니다. 구성의 주체는 찾기 어렵습니다. 교육과정을 구성하는 주체를 특정하기 어렵습니다. 일반으로 두루뭉술하게 진술해야 합니다. 제 판단입니다. 학생은 분명 아닙니다. 교사도 아닙니다.

그럼 도대체 누구일까요? 우리입니다. 왜냐하면, 위 문장이 '2. 교육과정 구성의 방침' 아래에 있습니다. '이 교육과정 구성의 방침은 다음과 같다.' 여기에 이어지는 가항의 내용이기 때문입니다. 구성한다와 구성했다. 시제의 차이에 주목했습니다. 갑갑한 현실을 모르면 왜 '구성했다'가 아니라 '구성한다'로 썼는지 이해할 수 없습니다. 협동의 원리, 1/N, 찢어 나누기, 이런 일하는 방식을 모르면 이해할 수 없는 것입니다. 우리가 우리는 이렇게 일하겠다고 다짐하는, 잊지 않겠다는 문장입니다. 학생과 교사가 아닌 그 우리가 누구인지 궁금하지만, 교수(총론 연구진)인지 관료(교육부 담당자)인지 궁금하지만 의문을 접었습니다. 마침표를 찍겠습니다.

창의인재를 양성하도록 교육과정을 구성한다고 하면, 창의인재가 양성된다고 믿는 놈이 있으니, 그 자리에 그런 문장이 위치할 수 있습니다. 창의인재 2009 이야기입니다. 그에 비하여 문장 하나하나를 전국민이 2~3년 동안 온라인으로 협의하며 검토하는 나라다운 나라도 있습니다. 그 과정을 함께하는 국가가 있습니다. 너무 갑갑해서 마침표 찍는 게 정말 어렵습니다.

T4: 다문해Multi-literacy

학생이 다른 맥락과 환경에서 쓰여 진 점점 더 다양한 텍스트를 해석하고, 생산하고, 판단함으로써 다문해 능력을 발달시키도록 안내한다. 이런 맥락에서, 텍스트는 입말로 된, 시각적, 청각적, 수적, 신체 감각과 관련된 상징들의 체계systems로 그리고 이것들이 결합된 체계로 제시된 정보information를 의미한다. 학생은 기본적인basic 읽기와 쓰기의 기술능력과 기법techniques을 구사command하는 데 진전make progress한다. 학생은 소설fiction, 비소설nonfiction, 논증argumentation을 분석하기analysing와 그들 사이의 차이를 인식하기recognizing를 연습한다. 학생이 자신의 텍스트 환경을 관찰하여 해석하도록, 텍스트에 사용되는 기교devices를 선택하는 데 영향을 미치는 다른 목적들different purposes이 텍스트에 있음을 깨닫도록 안내한다. 예를 들면, 어떤 텍스트는 정보를 제공하여 심상mental images을 떠오르게 해 혹은 설득해 독자로 하여금 구매하게 한다.

다문해 능력Multi-literacy은 맥락과 상황을 고려함으로써, 또한 작가의 관점과 청중의 관점으로 다른 텍스트different texts를 분석함으로써 진전advance한다. 학생이 검색 엔진과 도서관 서비스뿐만 아니라, 구두의, 시청각의, 인쇄된, 디지털의 원천sources을 포함하는 다목적versatile의 정보 원천sources을 사용하도록 격려한다. 동시에, 학생이 그들이 찾은 정보의 적절성appropriateness을 비교하여 판단하도록 안내한다. 학생이 미디어에 의해 전달되는 의미meanings와 실재realities를 볼 수 있게 하는 여러 가지 미디어various media로 일work하도록 안내한다. 비판적 문해 능력Critical literacy은 학생에게 의미 있는meaningful 문화적 맥락contexts에서 발달한다. 다양한 미디어 발표various media presentations뿐만 아니라 서사narration, 묘사description, 비교comparison, 해설commentary은 이 나이에 전형적인 정보 표현 양식modes이다. 해석자의 역할과 생산자의 역할 모두에서 텍스트를 즐기기enjoying texts뿐만 아니라, 학교 수업과 자유 시간의 일부로서 적극적 읽기Active reading, 다른 텍스트 생산하기producing는 다문해 능력의 발달the development of multi-literacy을 촉진한다.

발달교육과 관련된 것을 추려 보겠습니다.

첫째, 3~6학년에 전형적인 정보를 표현하는 양식을 단정했습니다. 다양한 미디어 발표various media presentations, 서사narration, 묘사description, 비교comparison, 해설commentary. 이렇게 5개를 특정했습니다. 1~2학년의 이야기story가 서사narration로 변했습니다. 특정 시기에 이런 것이 필요하다고 꼭 집고 이를 단정합니다. 넘치는 자신감입니다. 우리도 확인하고 이 정보를 어떻게 활용할 것인지 고민해야 합니다.

둘째, 3~6학년에서는 기본적인 읽기 기술능력과 쓰기 기술능력을 구사하는 단계로, 익힘의 과정으로 나아갑니다. 또한 읽기와 쓰기의 기법도 구사합니다.

셋째, 3~6학년에서는 글을 쓰는 목적에 따라 기교가 달라짐을 깨달아야 합니다. 1~2학년에서 텍스트를 쓴 사람과 그렇게 쓴 목적이 있다는 사실을 고려했습니다. 이제는 목적을 위해 텍스트의 내용을 구성하는 기교가 달라진다는 것을 깨달아야 합니다. 적어도 소비자의 구입을 목적으로 하는 텍스트의 특징을 식별해야 합니다.

넷째, 정보를 찾기 위한 출처가 확대되었습니다. 3~6학년에서는 성인이 일상적으로 사용하는 것을 이용합니다. 검색 엔진, 도서관 서비스, 다목적의 정보 원천을 사용합니다. 나아가 이 시기에는 정보의 적절성을 비교하여 판단합니다.

다섯째, 3~6학년에서 비판적 문해를 교육합니다. 효과적인 것으로 학생에게 의미 있는 문화적 맥락을 추천했습니다. 비판하는 글을 읽고 쓰는 능력도 자기에게 구체적인, 스스로 생생하게 경험한, 자신이 관심 있는 것에서 시작하는 것이 발달교육과 조응한다고 실천을 통해 마침표를 찍은 것 같습니다. 이 오덕 선생님의 가르침이 연상됩니다.

여섯째, 3~6학년의 교수학습에 적합한 접근법을 언급하지 않았습니다. 행간의 느낌입니다. 이제 학생의 생물학적 나이에 적합한 텍스트보다는 학생에게 의미 있는 텍스트입니다. 교과 수업에서 간접 경험의 영역이 점차 확대됩니다. 능동적 읽기를 강조하는 것도 같은 맥락입니다.

비고츠키에 따르면, 초등학교 3학년은 글말 공부의 적기입니다. 실제로 중국은 3학년에 글말 공부를 시작합니다. 1~2학년에도 글말 공부를 시작할 수 있다고 했습니다. 이 진술을 잣대로 하면, 1~2학년에서 모국어 글말(쓰기) 교육은 국가마다 편차가 심합니다. 수학과 비교하면, 하늘과 땅처럼 큽니다. 1년을 알파벳 철자만 공부하는 국가가 여럿 있습니다. 1학년부터, 유럽 기준으로는 예비 학생 때부터, 텍스트를 읽고 모르던 낱말의 의미를 발견하라는 국가도 있었습니다.

1~2학년에서 충분히 발달한 입말은 어떻게 공부해야 할까요? 입말 구사 능력을 어느 수준까지 발달시켜야 할까요? 어느 정도의 입말 구사 능력을 교육해야 할까요? 6학년이라면, 자기 주변을 소개하는 발표를 5분은 해야 하지 않을까요? 모르는 것 천지라, 질문만 나열했습니다.

T5: ICT 실행능력ICT Competence
다양한 교과들various subjects과 다른 학교 일other school work

에서 협력 학습collaborative learning을 강화하는 정보통신기술 Information and communication technology, ICT을 다양하게 활용한다. 동시에, 학생이 학습learning하고 일working하는 자기 방식personal ways에 가장 적합한 일하는 습관working practices과 도구tools를 찾고seek, 탐색하고explore, 사용use할 수 있는 기회를 창출create 한다. 학생은 ICT가 자신의 일상생활에 미친 영향을 검토하고, 그것을 지속적으로 사용할 수 있는 방식을 찾는다.

실무 기술능력과 개인적 산출: 학생은 다른 기기devices, 소프트웨어, 서비스 사용을 그리고 그것의 사용과 작동 논리the logic of their use and operation의 이해를 학습한다. 학생은 다른 도구를 사용하여 능숙하게fluently 텍스트를 생산하고 처리하는 연습을 하고, 이미지image, 소리sound, 동영상video, 애니메이션animation을 사용하며 작업working하는 것을 학습한다. 학생이 함께 그리고 혼자서 생각ideas을 실행implement할 때 ICT를 사용하도록 격려한다. 프로그래밍을 시도할 때, 학생은 어떻게 사람들이 했던 결정이 기술technology이 작동하는 방식에 영향을 미치는지를 이해하도록 학습한다.

책임감 있고 안전한 ICT 사용: 학생이 ICT를 책임감 있고 안전하게 사용하도록, 예의를 지키도록, 기본적인 저작권의 원리를 알도록 안내한다. 학교 일에서, 학생은 다양한 통신 시스템various communication systems과 교육적인 소셜 미디어social media[96] 서비스 사용을 연습한다. 학생은 좋은 작업 자세와 적절한 작업 시간 working periods이 미치는 건강 효과the health impacts와 관련된 지

---

96. 다음 한국어 사전에 따르면, 소셜 미디어는 자신의 생각과 의견, 경험, 관점 등을 서로 공유하기 위해 사용하는 개방화된 온라인상의 콘텐츠입니다.

식과 경험을 획득obtain한다.

정보 관리와 질문 기반의 창조적인 일: 학생은 검색 엔진을 사용하여, 여러 개의 다른 출처several different sources에서 정보 찾기를 연습한다. 학생이 출처를 사용using sources하면서 정보를 생산하도록, 비판적으로 정보를 판단하는 연습을 하도록 안내한다. 학생이 자기의 일하는 과정process과 산물products을 기록하고 평가하는 데 ICT를 사용하도록, 나아가 자신에게 적합한 표현 양식 modes of expression을 찾도록 격려encourage한다.

교류와 연결망: 학생이 자신의 통신communication에 책임지도록, 자신이 사용하는 기기devices의 역할과 특성에 맞게 사용act하도록 안내한다. 학생이 관여involvement의 수단으로 ICT의 역할을 논하고 평가assess하도록 유도invite한다. 학생은 학교 밖 인사와의 교류에서, 나아가 국제적 맥락에서 ICT를 사용하는 경험을 획득 obtain한다.

모두를 위한 발달교육과 관련된 것을 추려 보겠습니다.

첫째, 3~6학년에 학교 밖 사람과 다른 국가의 사람과 ICT를 사용해서 교류합니다. 모든 학생이 다 그렇게 합니다. 대한민국에서 상상할 수 없는 교육 목표입니다. 성장의 측면이 강한 사람과 함께하는 행동을 발달의 측면이 강한 문화적 도구ICT를 사용하는 행동과 연결했습니다.

둘째, 3~6학년에서 ICT를 활용하기 좋은 것으로 제안한 것이 협력학습collaborative learning입니다. 교과활동이나 학교 일에서 협력학습을 강화하는 방안으로 ICT 사용을 권장했습니다.

셋째, 3~6학년에서 ICT와 관련하여 교육하는 내용을 보면, 문화적 행동 능력의 발달 목표를 우리보다 상대적으로 높게 잡고 있습니다. '다른 기기devices, 소프트웨어, 서비스의 사용과 작동 논리를 이해', '다른 도구를 사용하여 능숙하게 텍스트를 생산하여 처리', '이미지, 소리, 동영상, 애니메이션을 사용하며 작업', '출처를 밝히면서 정보를 생산하고 비판적으로 판단' 이런 목표를 달성하려면, 일단 상당한 수업 시간이 확보되어야 가능한 일입니다. 전문적인 교수학습도 필요합니다.

문화적 도구 측면에서 ICT 교육에 접근해야 합니다. 땅을 손으로 파는 것과 삽으로 파는 것 나아가 포크레인으로 파는 것은 질적으로 다른 노동 수준입니다. 땅에 직접 그리면서 가르치는 것과 칠판에 그리면서 가르치는 것 나아가 컴퓨터로 그리면서 가르치는 것도 다른 노동 수준입니다. 학습하는 것도 이런 노동 수준의 차이가 있을 것입니다. 모래 위에 쓰며 학습하는 것, 공책에 쓰며 학습하는 것, 컴퓨터에 쓰며 학습하는 것은 큰 차이가 있습니다.

20년 전 산골 분교에서 했던 ICT 교육이 당시에는 핀란드보다 앞서 있었습니다. 그동안 무슨 일이 있었는지 우리는 정체, 후퇴했습니다. 갑갑합니다. 고의로 야만인을 만드는 것 같습니다. 만약에 국회 교육위원회에 학생들이 딱 하나씩만 자기 의견을 남기면 백만 개가 넘습니다. 청와대라고 생각해 보세요. 민주주의 진전과 밀접한 관계가 있습니다. 민주주의 실천을 위한 수단으로 ICT를 사용하여 참여와 관여를 한다면 현 정치권이 감당할 수 없을 것 같습니다.

T6: 노동 실행능력과 창업 정신Working life competence and entrepreneurship

학생이 체계적으로, 지속적으로 일하도록 그리고 자신의 행동을 더 책임지도록 안내한다. 학생이 자신의 장점strengths을 인식하도록, 다른 것different things에 관심을 기울이도록 격려한다. 학생이 자신의 일을 집요하게 완수하도록, 그 결과를 올바로 판단하도록 격려한다. 학생은 학교 밖 행위자actors와 프로젝트project, 집단 일group work, 협동cooperation을 연습한다. 함께 일할 때, 학생은 공동의 목표를 달성하려는 노력striving뿐만 아니라, 호혜reciprocity와 협상negotiation 기술능력을 학습할 수 있다. 학생이 자유 시간in their free time에 학습했던 기술능력을 활용하도록utilize, 서로에게 그 기술능력을 가르치도록teach 격려한다.

학교 일school work은 학생이 일의 경험을 획득할 수 있는 활동Activities, 다른 직업 활동different professions, 타인을 위한 일working for others을 포함한다. 이러한 활동These activities은 학교 안 일 경험, 학교 근처에 위치한 회사companies나 조직organizations과의 협동 프로젝트, 멘토링mentoring, 동료 중재peer mediation 또는 동료 지원자로서의 행동을 포함할 수 있다. 학생이 주도적으로with initiative 행동하고 진취적이도록being enterprising 격려하고, 삶life과 사회에서 노동work과 창업entrepreneurship의 중요성importance을 알 수 있도록 안내한다.

노동과 창업은 3~6학년에도 여전히 거리가 있는 추상입니다. 노동과 창업의 중요성을 배우게 합니다. 이론 측면에서는 첫걸음입니다. 학교 일이 무엇인지 상세하게 나열했습니다.

학교 수준에서 자발적으로 실천하기를 당부하고 있습니다. 제가 읽은 행간의 의미입니다. '학교 안', '학교 근처 회사와 조직'라는 표현이 3~6학년과 조응합니다. 함께 일하는 경험을 강조하고 있습니다. 주도적이고, 진취적인, 책임지는 학생의 자세를 키워야 합니다. 주체적인 학생의 태도는 현재의 삶과 과제 해결에서 형성되어 미래의 삶과 과제 해결로 꽃피게 됩니다.

T7: 참여, 관여, 그리고 지속가능한 미래 건설하기Participation, involvement and building a sustainable future

교수학습Teaching and learning은 학교 공동체와 사회에 대한 학생의 관심interest을 위한 토대basis를 창출create한다. 특히especially 아동 권리를 포함하는 인권뿐만 아니라, 지속가능한 발전, 평화, 평등, 민주주의와 관련된 질문과 상황Questions and situations을 학생들과 함께 숙고reflect한다. 학생이 개인적으로 긍정적인 변화에 기여work할 수 있는 실제 행동Practical actions을 학생과 함께 고려하고 연습한다. 학생이 미디어가 사회에 미친 충격impacts을 알 수 있도록, 관여involvement의 수단으로 미디어 사용하기using media 를 연습하도록 안내한다.

학생은 모든 학교 공동체뿐만 아니라 다른 공부 상황과 자기 학급에서 의사결정을 할 수 있는, 협동을 연습할 수 있는, 갈등을 조사하고 해결 방안을 찾을 수 있는 기회를 갖는다. 참여하고 관여할 기회를 갖는 것과 참여하고 관여한 긍정적 경험은 학교에서 함께함togetherness을 고양enhance한다. 평등, 포용, 함께함의 경험은 신뢰trust를 창출create한다. 학생이 학생 위원회와 클럽 활동에, 그리고 예를 들면 학교와 지역 공동체가 제공하는 환경 운동이나 다른 형태other forms의 활동에 참여하도록 격려한다. 이런 활동에서 학생은 참여와 관여의 기술능력을, 점점 더 많은 책임지기를 학습할 수 있다. 자연과의 개인적 관계를 통해, 학생은 환경 보호의 중요성을 알게 된다. 학생이 자신의 선택, 자기 삶의 방식, 공동체, 사회, 자연에 대한 자기 행동의 의미significance를 이해하도록 안내한다.

T7은 대한민국의 '민주시민교육' 나아가 유네스코의 '세계시민교육'과 맥이 닿아 있습니다.

3~6학년에서 미디어를 관여의 수단으로 사용하는 과제를 T5와 T7에 계속 제시했습니다. T는 포괄적입니다. 각각의 T의 영역에서 겹쳐지는 실행능력이 여럿입니다. 연계 측면에서 보면, 같은 학년 단위에 제시한 것은 적절한 조치입니다.

핀란드는 3~6학년이 자신의 선택, 자기 삶의 방식, 자기 행동의 의미를 제대로 이해할 수 있는 적절한 시기라고 판단했습니다. 교수학습을 통해, 학교 공동체와 사회에 대한 관심을 갖도록 할 수 있는 적합한 시기라고 결정했습니다. 인권, 지속가능한 발전, 평화, 평등, 민주주의의 상황과 관련 질문을 스스로 숙고할 수 없는 시기라고 단정했습니다. 교사와 함께하면 가능한 시기라고 확신했습니다. 학교 실제 상황에서 결정에 참여하고, 협동을 익히고, 갈등을 해결하는 연습을 할 적기라고 적시했습니다.

참여와 관여를 해 보고 긍정적 경험을 갖게 되면 함께함의 의식이 높아지고, 평등, 포용, 함께함의 경험은 신뢰를 창출한다고 합니다. 학생에게는 함께함이 참여와 관여보다 더 추상적이고, 신뢰가 평등, 포용, 함께함보다 더 추상적인 개념이라는 의미 같습니다.

T7, 참여, 관여 그리고 지속가능한 미래 건설이 포괄적 실행능력에 포함되어야 하는지 의문이 듭니다. 제가 보기에는, 일반 지식과 일반 기술능력도 특정하지 못했습니다. 가치도 여기서 새롭게 제시된 것은

없습니다. 태도나 의지도 마찬가지입니다.

　제 느낌입니다. 다른 것과 너무 이질적입니다. 의문이 생깁니다. T7을 왜 포괄적 실행능력으로 제시했을까? 제시하지 않을 수 없었던 외부의 강제가 있었을까? 있었다면 무엇일까? 그게 유네스코의 '지속가능한 발전'일까? 그래서 주체적으로 비틀어, 지속가능한 미래 건설로 자유의지를 펼친 것일까? 단정할 수 없는 의문과 가정이 이어집니다.

　† 총평

　초 3~6학년에서는 '교수학습'이 1~2학년을 압도했던 '교사와 함께'를 대체합니다. 3~6학년 T를 총괄하는 설명은 이를 명명백백하게 강조하고 있습니다. 실질적 진술의 첫 문장에 이를 못 박았습니다. T를 지속해서 체계적으로 교수하고 학습합니다. 개별적인 T 설명에서도 교수학습의 내용과 방법이 넘쳐납니다. 내용과 방법을 이미 보셨습니다. '학생이 ○○하도록 안내한다.' 방법을 진술한 대표적인 문장 진술 방식입니다. 제 판단입니다.

　저도 감당하지 못할 교육 내용이 1~2학년 T에 진술되었다고 지적했습니다. 구체가 없으면 구체를 만드는 것부터 하겠다는 도전 정신을 칭찬했습니다. 의지를 부러워했습니다.

　3~6학년 T 진술을 꼼꼼하게 읽으며 의문을 갖게 되었습니다. 결국, T7에서 글말로 의문을 드러냈습니다. T7이 너무 이질적이라는 느낌을 드러냈습니다. 의문을 제기하면서 이제 느낌의 내용은 생각의 소재가 되었습니다. 펼치다 보니, 단정으로 나아갑니다. 돌아보니, T6도 이질적입니다. T5도 조금 어색합니다. T1부터 T4까지는 쉽게 수긍할 수 있습니다.

　여기서 가설적 표현으로 제 생각을 정리하겠습니다. "T5, T6, T7은 외부의 압력으로 포괄적 수행능력에 포함된 것 같습니다." 2015에서 경험한 표현이, '미래 사회의 필요'가 기억납니다. 우리처럼 추태를 부리는 독재자의 압력은 아닙니다. 직관적 가설입니다. T5는 핀란드 사회의 필요, T6는 유럽연합의 약속, T7은 유네스코 2030 선언과 연결됩니다. 현재까지 정리한 가설 설정의 까닭입니다.

이후 연구 과정에서 틀렸다는 것이 확인되겠지만, 가설적 답변을 남깁니다. 명제로 진술해야 참 거짓을 확인하기 좋기 때문입니다. 생각을 이어 가기가 쉽기 때문입니다.

학습자로 발달하기Developing as a learner는 3~6학년의 총괄적 발달 과제입니다. 한국의 교사는 이 진술을 보며, 의문을 제기할 수 있습니다. 왜 1학년부터 학습자로 발달하게 교육하지 않을까요? 백 년 전 이 문제에 대한 교육 분야의 과학적 결론이 여전히 유효하기 때문입니다. 비고츠키의 저작을 읽으면, 당대 대다수 학자는 대한민국의 경우 지금의 2~3학년 시기를 학령기의 시작으로 설정하고 있습니다.

우리도 그 결론의 연장선에 있습니다. 초등학교 교사라면 다 아는 일입니다. 3학년부터 교과가 어려워지고 학생이 힘들어합니다. 진짜 교과 공부가 시작되기 때문입니다. 학생의 선택과 무관하게 교과의 일반 지식과 일반 능력을 교수를 통해 학생이 공부하고 학습합니다. 이런 강제가 학생의 생생한 현실입니다. 진정한 의미의 의무교육, 강제교육이 시작되는 것입니다. 비판 교육사회학 전공자들이 표현한 바에 따르면, 출퇴근하는 수감 생활이 시작된 것입니다. 죽음의 고역 같은 반복적인 단순 노동이 일상이 된 것입니다.

어떻게 해야 이런 현실이 주체적인, 능동적인, 창조적인 노동으로 거듭날 수 있을까? 이런 고민에 대한 핀란드 교사들의 집단적 대답을 구경하고 있습니다.

3~6학년의 발달 과제와 연결하여 T의 진술이 이루어졌음을 확인하겠습니다.

먼저 이어지는 이야기부터 하겠습니다. 1~2학년이 교육 성패의 승부처라고 했습니다. 정확히 표현하면, 교육 성패의 패가 결정됩니다. 3학년이 되어서도, 학교가 장난치는 곳이고 자신을 말썽쟁이라고 정체성을 형성하기 시작한다면, 친구와 노는 곳으로 인식한다면, 유치원과 똑같은 곳이라고 판단한다면, 여전히 집에서 하듯이 제멋대로라면, 교육은 실패할 수밖에 없습니다. 그런 학생은 부정적 경험을 누적하는 고난의 가시밭길로 들어선 것입니다. 집과 학교가 다른 곳이고 수업 시간에 어떻게 해야 하는지 알았다고 학생의 성공을 장담할 수는 없습니다. 성공에도 천차만별의 모습이 있기 때문입니다. 극단적으로 무늬만 학생일 수도 있기 때문입니다. 태도만 학생일 수도 있습니다.

우리 기준이라면, 학생은 적어도 학學은 할 수 있어야 합니다. 핀란드 기준이라면, 학생은 능동적으로 공부하여 배움을 스스로 이끌어 가 지속하면서 익힘으로 나아갈 수 있어야 합니다. 이에 필요한 능력을 T1에 제시했습니다. 학습능력 앞에 생각능력을 제시했습니다. 가장 앞에 생각능력을 놓았습니다. 생각은 의식적 파악을 통해 체계적 공부, 능동적 배움, 의지적 익힘을 이끌어 갑니다. 초인지입니다. 생각에 대한 생각입니다.

3~6학년 포괄적 실행능력의 연계를 이끌어 가는 축은 기술능력skills입니다. 1~2학년과 달리 기술능력이 T를 진술하는 데 중심을 이루고 있습니다. 행동 측면보다 지적 측면이 강한 전통적인

기술능력인 비교, 대조, 해석, 묘사, 추론, 분석, 종합, 반성(성찰), 평가, 판단, 호기심, 상상, 발명, 발견, 계획, 탐구, 논증, 관점 전환, 해설, 논리적 이해를 포함한다면 기술능력은 중심이 아니라 거의 대부분입니다. 성장 측면과 연결되는 T 진술을 제외한다면 논란의 여지는 더더욱 없습니다.

3~6학년, 연계를 특징짓는 또 다른 내용은 교수학습 방식입니다. 전통적인 교과 교수학습을 축으로 합니다. 문화 발달의 일반 법칙에 맞게, '교사와 함께'에 이어 '학생들이 함께' 그리고 '스스로 혹은 혼자서' 하는 교수학습의 전체 과정을 학생에게 모범과 협력으로 기술능력을 안내합니다. 학생은 이를 실제로 경험합니다.

개념형성을 위한 긴 과정을 예비하며, 추상과 구체를 연결하는 작업을 꼼꼼하게 채우고 있습니다. 초등학생에게 너무도 먼 추상인 지속가능한 미래를 교수학습 하면서, 지식 암기가 아닌, 학생의 경험을 창출하는 데 방점을 찍고 있습니다. 일상의 경험(구체)은 일상의 일반화와 추상화를 경과하여 교과의 지식체계(추상)와 연결됩니다.

전반적으로 공동체 소속감을 강조하고 있습니다. 우정, 인정 욕구, 함께함을 T 각각을 진술하며 배려하고 있습니다. T7인, 참여, 관여, 지속가능한 미래 건설은 공동체 소속감이 없다면 시도할 수도 없는 포괄적 실행능력입니다.

연계에서 눈에 띄게 이질적인 3~6학년 교육 목표와 교수학습 방식을 발견하지 못했습니다.

3. 7~9학년 포괄적 실행능력

1~2학년에서 초등학생이 되었고, 3~6학년에서 학습자로 발달하는 여정을 떠났습니다. 7~9학년에서의 총괄적 발달 과제는 공동체 구성원으로 성장하기Growing as a member of a community입니다. 이를 위해 강조한 것이 '공동체 정신을 발달시키기'입니다. 이를 위한 노력을 챙기며 읽겠습니다.

나아가 3~6학년의 발달 과제가 7~9학년에서 어떻게 심화되는지 찾아보겠습니다. 제법 학습자답게 발달했다면, 7~9학년에서 무엇을 해야 하는지 궁금합니다. 이는 우리를 억압했던 '구성주의 학습' 담론을 핀란드가 어떻게 반박했는지를 확인하는 과정이기도 합니다.

15.2 7~9학년 포괄적 실행능력

T의 일반 목적은 3장에서 정의했다. 여기서는 7~9학년에서 강조되는 목적의 여러 측면을 기술했다.

학생은 성장함에 따라, 자신의 T를 발달시킬 더 나은 수용능력capacity을 지니게 된다. 반면에 다른 교과와의 협동과 일상적 학교 삶의 관리는 더 도전적이다. 가장 좋은 상태에서, 학교는 사춘기를 겪고 있는 젊은이를 위한 의미 있는 공동체a meaningful community를 제공하고, 자기 발달his or her personal development과 주변 세계the surrounding world를 구조화하도록 도울 수 있다. 실행능력과 성공을 경험할 기회를 학생에게 제공하는 것은 특히나 중요하다. 이 경험은 학생의 자부심self-esteem을 높인다. 학생의 개선 요구를 현실에 맞게realistically 평가하는 것뿐만 아니라 학생이 자신의 독특함uniqueness과 자기 장점personal strengths을 인식하도록 안내하는 것도 마찬가지로 중요하다.

지속가능한 삶의 방식과 안녕을 위한 토대를 구축하는 일은 중학교 내내 지속된다. 지속가능한 발전을 위한 문화적, 생태적 전제조건뿐만 아니라 사회적, 관습적societal, 경제적 전제조건을 학생과 함께 논의한다. 지속가능한 발전의 다른 측면들이 어떻게 연결되는지를, 지속가능한 삶의 방식이 실제로 무엇을 의미하는지를 배울 수 있는 사례examples, 실천practices, 이론적 고찰 theoretical reflection을 수업에서 다룬다.

모든 교과는 가장 적절한 방식으로 T의 발달을 지원한다. 다분과 학습 모듈을 학생과 함께 계획하고 실행하는 것은 특히나 전진 중인 Tadvancing transverse competences를 겨냥한다.

1부에 있는 내용입니다. 사소한 것 두 개와 중요한 것 하나를 고쳤습니다. 학년 단위를 학년으로 그리고 능력을 실행능력으로 고쳤습니다. 두 번, 세 번 보면 더 잘 보입니다. 중요한 것은 마지막 줄에 있는 것입니다. T의 진전을 전진 중인 T로 고쳤습니다. 괄호 속 영문을 그 근거로 제시했습니다. 개선되고 있는, 나아지고 있는, 전진 중인 능력은 다음발달영역(근접발달영역)을 연상시키기 때문입니다. 발달의 다음 영역을 창출하는 교수학습만이 좋은 수업이라는 비고츠키의 이야기와 연결되기 때문입니다.

1~2학년에서는 T의 기반을, 3~6학년에서는 T의 교수학습을 언급했습니다. 여기서는 그 교수학습의 결과인 자신의 T를 발달시킬 더 나은 수용능력을 언급했습니다. 이러한 수용능력을 근거로 '모든 교과는 가장 적절한 방식으로 T의 발달을 견인'해야 합니다. 특히나 다분과 학습 모듈은 그러한 역할을 담당합니다. 여기서 협력의 과정을 실제로

숙달합니다. 계획부터 학생이 주도적으로 함께 합니다. 반성까지 말입니다. 게다가 성인들의 전문적 지원을 받으며 진행합니다.

학교는 학생에게 의미 있는 공동체이어야 합니다. 자부심을 높일 수 있는 활동을 계획해야 합니다. 자신의 개성을 인식하도록 도와야 합니다.

연계를 살피는 데 도움이 될 것 같은 개념을 고딕으로 처리했습니다. 7개의 T를 살피겠습니다.

T1: 생각과 학습Thinking and learning to learn

학교 일을 하는 동안, 학습 과정에서 학생의 능동적 역할을 강화하고 학생에게 긍정적 경험과 감정을 가질 기회를 제공하여 학습을 지원한다. 학교 일을 계획하고 자신의 일하는 과정과 그 진척을 판단하면서 학생이 자신의 공부 목표study goals를 책임지도록 격려한다. 자신의 학습 전략과 공부 전략을 인식하도록, 학생이 의식적으로 그것을 발달시키도록 안내한다. 학생은 공부하면서 기술technology과 다른 도움other aids을 사용하는 수업이 필요하고, 지속적으로 주의를 기울여 집중하게staying attentive and focused 하는 안내가 필요하다.

학생이 자기 자신과 자기 관점을 신뢰하도록, 자신의 발상idea을 정당화하도록, 공부할 때 학교 밖에서 배운 기술능력을 적용하도록 격려한다. 자신과 타인의 말에 경청하도록, 타인의 눈으로 사물을 지각하도록, 대안과 창조적 해결책을 찾도록 학습하는 것은 중요하다. 학생은 불명확한 정보나 상반되는 정보를 직시하고 다루도록 하는 격려encouragement를 필요로 한다. 학생이 교사와 함께 지식을 생성하는 다른 방법을 탐구하도록, 경험에서 얻은 자신의 지식을 표현하도록, 자신의 생각 방식을 중요하게 고려하도록 격려한다. 학생은 관찰하고 자신의 지각을 개선할, 여러 가지 다른 방식으로 정보를 찾을, 다른 관점에서 주제topics를 비판적으로 관찰할 기회를 갖는다. 학생이 상상력을 사용하여 독창적inventive으로 생각하고 새로운 발상을 창조하도록, 열린 마음으로 다른 관점을 결합하도록, 새로운 지식과 견해를 생성하도록 격려한다. 학생이 제안한 의견을 지원한다. 나아가in addition 학생에게 협력적으로나 개인적으로 문제해결, 논증argumentation, 추론, 연역, 쟁점들의 얽힘interactions과 연결connections의 이해, 결국 체계적인 생각systemic thinking을 할 수 있는 다양한 기회를 제공하여 학생의 생각 기술능력thinking skills을 발달시킨다. 옳고 그름, 선한 삶과 선행, 윤리적인 삶의 방식에 관한 원리들을 차분하게 돌아보며 살피게 함으로써 윤리적 생각의 발달을 지원한다. 예술은 감정을 휘젓고 새로운 독창적인 발상을 이끌어 냄으로써 윤리적·심미적인 생각ethical and aesthetic thinking을 심화한다.

학생의 관심을 끄는 현상을 검토할 때, 교과들을 넘어 실험적으로, 탐구 기반으로, 기능적으로 일에 접근하는 방식working approach은 생각 기술능력뿐만 아니라 학습 동기와 기본 교육 후의 공부 선택에 중요하다. 다른 교과들의 수업lessons 동안, 학생은 공부의 중요성을 찾고 미래를 위해 자신의 생각 방식과 일하는 방식을 성찰한다. 학생이 공부와 일에 관련된 정보를, 다른 직업 선택에 관한 정보를 발견하도록, 나아가 자신의 태도와 관심을 저울질하면서 이성적인 선택을 하도록 지원한다.

1부에 제시된 내용입니다.

7~9학년에서 학습과 관련하여 강조한 것은 '학생의 능동적 역할', '자기 공부 목표에 책임지기', '자신의 학습 전략과 공부 전략 인식하고 개선하기', '주의 집중을 지속하기'입니다. 3~6학년에서 학습자로 발달하는 데 기본이 되는 것을 교수학습 했기 때문에, 여기서 인상적인 것을 찾지 못했습니다.

생각과 관련하여 강조한 것은 학습과 비교하면 상당합니다. 중학교에서 발달시켜야 할 생각능력의 세부 능력이 많습니다. 결국 7~9학년에서는 체계적인 생각능력으로 나아가야 합니다. 윤리적 생각과 심미적 생각이 발달할 수 있도록 지원합니다. 예술이 그 역할을 담당합니다.

7~9학년에서도 저급한 '발견 학습'에 한정합니다. '대안과 창조적 해결책을 찾도록 학습'합니다. 추상적인 방법, 원리, 법칙을 학생 스스로 발견하는 학습은 중학교가 끝날 때까지도 권장하지 않고 있습니다.

7~9학년 T2, '문화적 실행능력, 교류와 자기표현'을 알아보겠습니다.

T2: 문화적 실행능력, 교류와 자기표현Cultural competence, interaction and self-expression

학교 일은 학생이 문화적 정체성cultural identity과 인권 존중에 근거한 문화적으로 지속가능한 삶의 방식a culturally sustainable way of living을 형성하도록 지원한다. 학생이 문화적 다양성을 긍정적 원천으로 보도록 안내한다. 또한 학생이 사회나 일상생활에서 문화, 종교, 세계관의 영향을 인식하도록, 받아들일 수 없는 것을 인권을 침해하는 것으로 간주하도록 안내한다. 학교 일을 통해 다른 사회 집단들과 사람들을 존중하고 신뢰하는 것을 체계적으로 증진promote한다. 학생은 핵심적인 인권 조약들the key conventions on human rights과 우리가 사는 세상에서 그것의 중요성과 실현 방안을 알도록 학습한다.

학생이 자기 주위의 문화적 메시지를 읽는 방법을 학습하도록, 자신의 환경surroundings과 문화유산cultural heritage을 알고 소중히 여기고 그와 관련된 가치를 인식하도록 안내한다. 학생은 미디어 환경environment을 분석하고 미디어의 충격을 판단하도록 학습한다. 학생은 문화유산을 학습하고 문화유산을 보전하고 새롭게 개선하는 데 참여한다. 학생은 예술, 문화, 문화유산을 경험하고 해석할 기회를 가져야 하고, 또한 개인과 공동체의 안녕에 그것이 지닌 중요성을 인식하도록 학습한다. 학교 밖 동반자와 협동하여, 학교는 학생이 학생의 문화적 실행능력을 표현할 그리고 예술 활동 따위에 참여할 다양한 기회를 제공한다.

학교 공동체 안팎의 교류를 통해 그리고 국제적 협동과 관련된 경험을 통해 학생의 세계관은 확대되고 대화에 참여하는 학생의 기술능력은 발달한다. 자신의 지식과 기술능력을 적용함으로써, 학생은 자신의 견해를 건설적으로 표현하는 것과 다양한 공개 발표public presentation, 협동, 협의 상황interaction situations에서 행동하는 것을 학습한다. 학생이 타인의 입장에 자신을 놓아 보도록 안내하고, 다른 사람을 존중하며 함께하고 좋은 예의를 지니도록 교육한다. 학생이 자신을 다양하게diversely 표현하도록 격려한다. 또한 학생이 자신의 신체를 존중하고 통제하도록, 감정, 관점, 사고thoughts, 관념ideas을 표현하는 데 신체를 사용하도록 안내한다. 학교 일은 창조적 활동을 할 수 있는 많은 기회를 포함해야 한다. 학생이 심미적 가치를 증진하도록, 다양한 형태의 심미적 대상aesthetics을 향유enjoy하도록 격려한다.

문화적 다양성의 경계는 국제적으로 합의한 인권입니다. 1~2학년에서 유엔 아동권리협약의 중요한 원리를 접하게 합니다. 3~6학년에서 유엔 아동권리협약의 내용을 익히고 인권 조약의 의의를 학습합니다. 7~9학년에서 핵심적인 인권 조약을 현실에 구현하는 방안을 찾을 수 있도록 학습합니다.

7~9학년에서 역지사지易地思之 능력을 발달시키려 노력합니다.

7~9학년에서 문화유산을 보전하고 개선하는 데 참여하는 활동을 합니다. 우리는 초등에서 하고 있습니다. 우리가 너무 형식적인 것인지, 중등에서 하고 있는 저들이 너무 원칙적인 것인지 잘 모르겠습니다. 아마도 참여 활동의 내용이 다를 겁니다.

T2는 한국에서도 더 이상 미룰 수 없는 과제입니다. 다문화는 특정 지역에서는 절박한 당면 과제입니다. 체계적인 방안을 마련해야 합니다. 7~9학년 T3, '자기 돌보기와 일상 관리하기'를 알아보겠습니다.

T3: 자기 돌보기와 일상 관리하기Taking care of oneself and managing daily life

학생의 보호자와 협동하여 학생의 독립적 활동independence을 지원한다. 자신, 타인 그리고 평탄한 일상적 삶을 책임지도록 학생을 안내하고 격려한다. 학생이 학교 일과 학습 환경을 계획하고 실행하는 데 참여할 수 있는 기회를 더 많이 제공한다. 학생이 자신 혹은 타인의 안녕을 증진하거나 해롭게 하는 요소를 인식하고 건강, 안전, 안녕을 증진시키는 실행능력을 습득하도록 안내한다. 잠과 휴식, 균형 잡힌 생활 리듬, 운동과 다양한 영양의 중요성importance에 그리고 약물 없는 삶과 생활에서의 좋은 예의의 의미significance에 특별히 관심을 기울인다. 학생이 사회적 기술능력을 연습하도록, 자신의 감정적 기술능력을 발달시키도록 지원한다. 갈등적인 감정과 사고에 직면하고 관리하는 것을 함께 논의한다. 학생은 자신의 사생활과 개인의 경계personal boundaries 보호하기를 학습한다. 학생은 위험한 상황을 예견하고 회피하는 것과 사고가 발생할 때 적절하게 행동하는 것을 학습한다. 또한 학생이 교통의 여러 상황에서, 특히 (모터 달린) 자전거를 탔을 때, 안전하고 책임 있게 행동하도록, 보호 장비와 안전 장비를 사용하도록, 취한 상태에서 운전하지 않도록 안내한다.

다른different 교과들을 교수학습teaching and learning 할 때 그리고 다른other 학교 일에서, 학생은 자기 삶, 그들의 학교 공동체와 사회에서 과학기술의 발전, 다양성, 의미를 이해하도록 학습한다. 학생이 과학기술의 작동 원리와 비용 형성을 이해하도록, 과학기술을 책임 있게 사용하는 것과 과학기술적 발상을 키우고 형상화하는 것을 연습하도록 수업한다. 나아가 과학기술과 관련된 윤리적 질문들과 미래의 기회를 학생과 토론한다. 학생이 지속가능한 미래의 관점에서 자신의 소비 습관을 관찰하도록, 분석적으로 광고 방송advertising communication을 관찰하도록, 비판적이며 책임 있는 소비자가 되도록 안내한다. 학생이 자신의 재정을 계획하고 자기 경제를 관리하도록 안내한다. 기본 교육을 받는 동안, 학생은 지속가능한 선택을 행하도록, 다른 삶의 영역에서 지속가능하게 행동하도록 연습한다.

1~2학년에서 감정과 행동을 통제하고, 3~6학년에서 감정적 기술능력과 사회적 기술능력을 발달시킬 수 있는 활동을 하고, 7~9학년에서 독립적 생활과 삶에 대한 책임을 강화합니다.

7~9학년에서는 문화, 기술, 일, 지속가능한 미래와 연결된 영역에서 학생의 자기와 일상을 관리하는 능력을 확대·심화합니다. 능동적인 삶, 주체적 삶, 주인다운 삶, 지속가능한 삶을 예비합니다.

좁은 의미의 발달에서 보면 자기와 일상을 관리하는 것은 초등학교에서 일단락되었습니다. 7~9학년은 다른 영역에서 다른 능력과 결합하여 확장하는 국면입니다. 자기 관리가 능동적 선택을 넘어 독립적 선택으로, 일상 관리에 대한 책임을 더 심화합니다. T3과 관련된 질적으로 새로운 과업은 없습니다.

7~9학년 T4, '다문해'를 알아보겠습니다.

T4: 다문해Multi-literacy

모든 교과의 교수학습teaching and learning에서 텍스트의 범위를 확장하여 학생의 다문해(T4)를 심화하도록 학생을 안내한다. 이런 맥락에서, 텍스트는 입말로 된, 시각적, 청각적, 수적, 신체 감각과 관련된 상징들의 체계systems로 그리고 이것들이 결합된 체계로 제시된 정보information를 의미한다. 학생이 분석적, 비판적, 문화적 문해literacy를 연습practise하는 데 강조점이 놓인다. 학생은 자신의 모든 감각 기관을 사용하는 것과 학습에 다양하게 다른 인식 방법을 활용하는 것을 연습한다. 학생은 개별 교과를 특징짓는 방식으로 그리고 교과들의 협동으로 정보를 생산하고, 해석하고, 소통하는 것을 연습한다. 또한 자기 주변의 것들, 미디어, 사회와 관련되고 참여할 때, 학생이 자신의 다문해(T4)를 사용하도록 격려한다. 학교 일은 학생이 협동적 배경에서 자신의 기술능력을 익힐 수 있는 풍부한 기회를 제공한다.

다문해(T4) 발달에서 강조점이 점차 맥락context과 상황 특수적situation-specific 텍스트로 이동하고 있다. 학생에게 서사적 narrative, 묘사적descriptive, 교훈적instructive, 논쟁적argumentative, 성찰적reflective 텍스트 장르를 도입함으로써 학생의 다문해(T4)는 진전한다. 교수학습에서 문화적, 윤리적, 환경적 문해literacy를 지원한다. 또한 일하는 삶과 관련된 텍스트를 분석하고 해석한다. 학생은 다양한 방식으로 주제를 다루는 텍스트에 익숙해짐으로써, 자신이 친숙한 맥락을 학습함으로써 소비자 기술능력과 재정 기술능력을 발달시킨다. 예컨대, 여론 조사 결과의 신뢰성을 혹은 상업적 제안의 비용 적절성을 평가할 때 계산 능력numeracy이 진전된다. 학생이 이미지를 해석하고 표현하는 다른 양식들different modes을 사용함으로써 자신의 시각적 문해visual literacy를 발달시키도록 안내한다. 다양한 미디어와 친숙해지고 이를 사용해서 일을 해 봄으로써 미디어 문해media literacy를 발달시킨다.

3~6학년에는 학생의 주변에서 다른 맥락과 환경의 텍스트로 나아갔습니다. 7~9학년에는 특수한 맥락과 상황을 담은 텍스트로 강조점이 이동합니다.

이에 따라 서사와 묘사를 넘어 교훈, 논쟁, 성찰을 합니다. 나아가 문화적, 윤리적, 환경적 문해 능력을 형성합니다. 문해에서 특히 강조되는 능력은 분석, 비판, 문화입니다. 분석과 비판으로 텍스트의 적절성을 확인합니다. 텍스트의 행간에 놓여 있는 문화적 배경과 상황을 읽어 내야 합니다.

초등학교에서 읽던 위인전 같은 책, 교훈을 목적으로 하는 책을 중학교에서 수업합니다. 인지 발달단계에 따라 책의 내용이 달라야 합니다. 읽도록 권장할 책의 종류도 달라야 합니다. 무조건 책을 많이 읽도록 하는 것은 바람직한 게 아닙니다. 교육과학은 아닙니다. 과거와 미래를 포함하지 않는 현재의 실천은 망각될 파편일 뿐입니다.

다른 T와 관련된 텍스트도 도입됩니다. 소비, 재정, 상업, 미디어 관련 문해도 심화합니다.

학생은 정보를 생산, 해석, 소통하는 과정을 익힙니다. 학생이 문해 활동에 능동적으로 참여하게 합니다. 3~6학년에서 성인처럼 정보를 찾을 수 있는 문화적 도구를 사용했다면, 7~9학년에서 학생은 성인처럼 세계 일반에 관한 텍스트를 비판적으로 읽어 내고 자기 의견을 글말로 풀어내는 과제를 연습합니다.

『핀란드 교육의 기적』 232~235쪽에서 연습문제(활동 과제)를 구경했습니다. 1부에 언급했듯이 저에게는 벅찬 과제입니다. 대입 수능 국어 문제보다 어렵습니다. "여기에 제시된 연습문제(활동 과제)들은 기본적으로 7~9학년 학생들을 위한 것"[229쪽]입니다.

7~9학년 T5, 'ICT 실행능력'을 알아보겠습니다.

T5: ICT 실행능력ICT Competence

ICTinformation and communication technology의 사용은 학생의 학습과 학교 공동체의 학습을 통합하는 과정이다.[97] 학습하면서, 학생은 자신의 지식과 기술능력을 진전시키고 학교 밖에서 학습한 기술능력을 활용한다. 학생은 ICT가 다른 교과들을 공부하는데, 이후 공부와 일하는 삶에, 사회에서의 활동과 참여societal activities and involvement에 어떻게 활용될 수 있는지를 이해하도록 학습한다. 다른 학습 과제를 해결해 가면서, ICT가 사회에 미치

---

97. '학습을 통합하는 과정'으로 번역한 곳의 영문 원문은 이렇습니다. 'an integral part of the learning of the pupils' and the school community's learning'

는 의미와 지속가능한 발전에 미치는 영향을 숙고한다.

실무 기술능력practical skills과 개인적 산출personal production: 학생이 다른 학습 과업에서 독립적으로independently ICT를 활용하도록 격려하고, 다른 과제를 위한 적합한 기기devices와 일하는 접근 방식을 선택하도록 안내한다. 학생은 다른 기기, 소프트웨어, 서비스의 사용과 작동 원리에 대한 이해를 심화한다. 학생은 파일을 체계화하고, 조직하고, 공유하는 것과 타인과 함께 그리고 독자적으로 다른 디지털 산물digital products을 생산하는 것을 연습한다. 다른 교과들을 공부하는 한 부분으로 프로그래밍programming을 연습한다.

책임감 있고 안전한 ICT 사용Responsible and safe use of ICT: 학생이 안전하고 윤리적으로 지속될 수 있는 방식으로 ICT를 사용하도록 안내한다. 학생은 가능한 정보 보안 위협으로부터 자신을 보호하는 방법과 데이터를 잃어버리지 않는 방법을 학습한다. 학생이 정보 보호와 저작권 개념에 담긴 의미와 무책임하고 불법적인 활동의 여파를 숙고함으로써 책임 있는 활동을 하도록 안내한다. 수업을 통해, 학생이 건강하고 인간 공학적인 ICT 사용을 증진시키는 일하는 접근 방식을 채택하게 한다.

정보 관리Information management와 질문 기반의 창조적인 일inquiry-based and creative work: 학생이 정보를 다양하게 찾고 생산하도록 그리고 탐구적이고 창조적인 일을 위한 토대로 여러 가지 방식versatile ways으로 정보의 출처sources를 사용하도록 안내한다. 동시에 학생은 출처를 비판적으로 살피도록 연습하고 다른 검색 엔진과 데이터베이스뿐만 아니라 자신과 타인이 정보를 다루고 생산하는 방식을 판단evaluate한다.

교류Interaction와 연결망networking: 교수학습은 소셜social 미디어 서비스를 사용하는 것과 학습, 탐구적 일, 창조에 협동과 교류가 중요함을 경험하는 것을 포함한다. 또한 학생은 국제 교류에서 ICT를 활용하는 것을 연습하고, 학생이 국제화된 세계에서 ICT 활용의 중요함, 잠재 가능성, 위험을 인식하도록 학습한다.

ICT는 다양한 삶의 영역, 교육해야 할 T들과 연결됩니다. 교수학습이 정보소통기술능력의 발달에 기여했듯이, 7~9학년에서는 발달된 정보소통기술능력이 교수학습의 수준을 확연히 끌어올립니다. 다른 영역도 마찬가지입니다.

건강하고 인간공학적인 ICT 사용이 이제 이를 보장하는 일하는 방식 모색으로 나아갑니다. 자신에게 적합한 표현 양식을 찾는 것에서 이제 정보를 다루고 생산하는 방식이 적절한지 판단하는 것으로 나아갑니다. ICT를 교류 수단으로 사용하는 것에서 이제 미래 가능성과 잠재적 위험을 찾아 나섭니다.

7~9학년 T6, '노동 실행능력과 창업 정신'을 알아보겠습니다.

T6: 노동 실행능력과 창업 정신Working life competence and entrepreneurship

교수학습Teaching and learning은 학생의 일work과 일하는 삶 working life에 대한 관심과 긍정적 태도를 증진할 뿐만 아니라 그와 관련된 지식 토대를 강화한다. 학생은 상업, 산업, 지역에 있는 핵심적인 영역의 특별한 특징을 잘 알아야 한다. 늦어도 이 단계에서 학생은 일하는 삶과 학교 밖 행위자와의 협동을 경험하도록 보장한다. 또한 학생은 노동에서 요구되는 적절한 행위conduct

와 팀워크team work를 연습하고 언어와 교류 기술능력의 중요함을 이해한다. 학교 일은 다른 직업, 전문 분야, 사업 활동을 알도록 학습할 기회를 포함한다. 이런 기회를 제공하는 것에 직업 세계 소개introduction to working life 기간, 방문자와의 토론, 기업이나 다른 조직들 방문, 사무 활동 실습practice business activity과 봉사 활동volunteer work 따위가 포함된다.

학교 일school work은 학생 자신의 공동체, 주변 지역, 핀란드, 가능한 때는 국제적 맥락에서 프로젝트 일과 네트워킹project work and networking에서 행하는 활동practice을 포함한다. 기능적 학습 상황에서, 조건의 변화를 고려하며as conditions change, 학생은 일의 과정을 계획하고, 가설을 설정하고, 다른 대안을 시도해 보고, 결론을 도출하고, 새로운 해결 방안을 찾는 것을 학습한다. 동시에 학생은 주도권을 확보하도록, 일의 과정에서 예상되는 어려움을 예측하도록, 위험을 판단하여 통제 조치를 취하도록, 실패와 실망에 직면하고도 포기하기 않고 과업을 완수하도록 학습한다. 이러한 과정은 학생이 공동체와 사회에서의 경험을 통해 일의 중요성, 참여하여 일에 접근하는 방식, 참여 정신을 학습할 기회이기도 하다. 학생이 다른 직업 선택뿐만 아니라 공부와 일과 관련된 기회를 탐구하도록 안내한다. 학생이 전통적 성gender 역할과 다른 역할 모델의 영향impact을 의식하면서 자신의 출발점에서, 자신의 소질, 강점, 관심을 인식하고 향상develop하도록, 공부와 일과 관련하여 이성적으로 선택하도록 격려한다.

늦어도 7~9학년에서는 일하는 삶과 학교 밖 사람들과 협동 활동을 경험해야 합니다. 구체를 확보하도록, 체험해 보도록 강제하고 있습니다.

학교 일의 범위를 확대합니다. 3~6학년에서는 일의 경험을 획득할 수 있는 활동, 다른 직업(학교 근처에 있는 회사나 조직) 활동, 타인을 위한 일이었습니다. 7~9학년에서 학교 일은 다른 직업, 전문 분야, 사업 활동을 알도록 학습하는 활동으로, 나아가 학생 자신의 공동체, 주변 지역, 핀란드, 가능한 때는 국제적 맥락에서 프로젝트 일과 네트워킹에서 행하는 활동까지 포함합니다.

자연 세계에 이어 인문 세계로 인식의 지평을 넓히는 차원에서 노동 교육이 설정되었습니다. 직업 특수적 지식과 기술을 가르치는 직업 교육과는 결이 많이 다릅니다. 심지어 "기능을 익히는 학습에서도 조건의 변화를 고려하며, 학생은 일의 과정을 계획하고, 가설을 설정하고, 다른 대안을 시도해 보고, 결론을 도출하고, 새로운 해결 방안을 찾는 것을 학습"합니다. 진로 교육은 T6의 내용을 참고하여 새롭게 체계를 세워야 합니다.

일과 참여가 겹쳐집니다. 일에 함께 참여하는 방식을 학습합니다. 일과 ICT 교류가 겹쳐집니다. 일과 자기관리도 겹쳐집니다. 공부와 일, 일과 문화도 그렇습니다. T들 사이에 겹쳐지는 부분이 학년이 올라갈수록 많아집니다.

'시수' 정신을, 도전 정신을, 의지 교육을 엿볼 수 있었습니다. "일의 과정에서 … 실패와 실망에 직면하고서도 포기하기 않고 과업을 완수하도록 학습한다." 교육과정 문건에서 이런 내용을 접하기는 쉽지 않습니다. 저는 처음입니다.

7~9학년 T7, '참여, 관여, 그리고 지속가능한 미래 건설하기'을 알아보겠습니다.

T7: 참여, 관여, 그리고 지속가능한 미래 건설하기Participation, involvement and building a sustainable future

교수학습Teaching and learning은 학생이 공동의 쟁점과 사회에서의 쟁점에 관심을 키우는 것을 겨냥하고 민주 사회의 구성원으로 행동하는 실천을 포함한다. 학생이 자신이 속한 공부 그룹, 학생 위원회, 학교 공동체에 다양한 방식으로 관여involvement하는 것과 듣고 올바르게 판단한 경험은 학생이 관여할 기회를 찾는 데 도움이 되고, 실제로 관여하도록 가르친다. 학생은 미디어, 예술, 공공 영역the public sector, 비정부조직NGO, 정치 정당을 통해 사회에 관여involvement하는 다른 방식과 형식에 대한 정보와 경험을 얻는다. 이런 경험은 학생의 자존감과 솔선수범하는to take initiative 학생의 능력을 지원하고, 학생이 더 책임 있게 관여하도록 격려한다. 학생은 참여participation를 통해, 다양한 관점을 고려하면서 자신의 관점을 건설적으로 표현하고, 다른 사람과 협동하여 해결 방안을 찾고, 다른 방식으로 행동하는 것의 정당성을 숙고하도록 학습할can learn 수 있다. 학생은 협상 기술능력, 중재, 갈등 해결을 학습한다. 환경과 타인의 선the good을 위한 구체적인 행동과 협동적인 프로젝트는 학생의 책임 영역을 확대한다.

학생이 자신을 위한, 자신의 지역 공동체, 사회, 자연을 위한 자기의 선택과 행동이 지닌 의미를 이해하도록 안내한다. 교사와 함께, 학생은 현재, 과거, 미래와 다양한 대안적 미래들various alternative futures의 연계connections를 고려한다. 학생은 자기 자신의 그리고 공동체와 사회의 관행practices과 구조structures를 판단하는 것과 지속가능한 안녕을 증진시키는 방법을 발견하는 것을 학습하는 능력을 발달시킨다. 기본 교육 동안, 학생은 왜 공부와 관여가 중요한지, 지속가능한 삶의 방식이 지닌 의미가 무엇인지, 학교에서 습득한 지식과 기술능력이 지속가능한 미래를 건설하는 데 어떻게 사용될 수 있는지에 대한 이해를 형성하기 시작한다.

1~2학년에서 참여에 무게가 있었다면, 3~6학년에서는 참여와 관여가 팽팽했고, 7~9학년에서는 관여로 중심이 이동했습니다.

3~6학년에서 학교 공동체와 사회에 대한 관심의 토대를 창출했습니다. 7~9학년에서는 사회적 쟁점을 통해 학생의 관심을 확대합니다. 이렇게 확대된 관심은 관여의 기회를 찾고 효과적으로 관여할 수 있게 합니다.

7~9학년에서 학생은 '현재, 과거, 미래와 다양한 대안적 미래들의 연계connections를 고려'하고, '자기 자신의 그리고 공동체와 사회의 관행practices과 구조structures를 판단'하고, '지속가능한 안녕을 증진시키는 방법을 발견'합니다. 하여간 방법도 자신과 관련된 것, 주변 환경을 조작하는 것과 관련된 조금은 구체적인 것입니다. 중학생인데 방법을 발견하는 학습을 합니다. 우리네 초등보다 훨씬 덜 추상적인 것으로 학습합니다.

지속가능한 미래 건설로 전체 내용이 마무리되었습니다. 학생이 모든 T를 학습한 까닭이, 국가가 기본 교육을 진행한 까닭이 여기로 모아집니다. 지속가능한 미래를 건설하겠다는 의지로 수렴됩니다.

† 총평

교과의 지식을 다루는 교수학습 측면에서 보면, 1~2학년은 학생이 주도하는 교수학습입니다. 특히나 1학년 초는 유치원과 비슷합니다. 3~6학년은 교과를 매개로 교사와 함께하는 교수학습입니다. 7~9학년은 서서히 교과에서 학생들의 협력과 혼자서 해결하는 활동을 강제합니다.

일상의 문제를 매개로 한 교육활동 측면에서 보면, 1~2학년은 교사와 함께함이, 3~6학년은 학생들의 협력이, 7~9학년에서는 외부와의 협력을 강제합니다. 이런 큰 흐름을 찾을 수 있습니다. T의 내용에 따라 조금 다른 양상이기는 합니다.

7~9학년에서 T 개별의 독자적 내용이 확연히 줄어들었습니다. 서로 겹쳐지고 연결되어 진술되었습니다. T 개별에 대해 3~6학년 총평에서 T5, T6, T7은 외부의 압력으로 포괄적 수행능력에 포함되었을 것이라는 제 생각을 드러냈습니다. T1부터 T4는 쉽게 수긍할 수 있다고 했습니다. 그렇게 생각한 까닭을 언급하겠습니다.

T1은 '모든 실행능력의 발달과 평생 학습의 밑바탕'입니다. 전통적으로, 현재에서도, 미래를 대비하면서도 T1의 필요성을 부정하지 않습니다. 문화 발달의 진수입니다. 생각하며 학습하고, 학습하여 더 체계적으로 생각합니다. 인간답게 살 수 있는 지속가능한 미래에 꼭 필요한 능력입니다.

T2도 마찬가지입니다. T1이 주체의 능력을 부각했다면, T2는 활용하기 위해 대상을 얻는 방법을 강조합니다. 인류 문화를 계승하여 발전시키는 역사적 과정을 연상할 수 있습니다. 인간이 역사를 통해 누적한 것의 통칭이 문화입니다. 그 문화를 도구로 새로운 역사를 창조하는 것이 지속가능한 미래를 건설하는 것입니다.

T3도 인간의 기본적인 능력입니다. T1이 함께하는 측면이 강하다면, T3은 혼자 하는 측면이 강합니다. 주체가 혼자 생활하면서 스스로 자

기를 관리하는 것은 생존에 꼭 필요한 능력입니다.

T4는 T1, T2, T3을 계속해서 죽을 때까지 발달시키는 데 필수적인 능력입니다. 문화를 받아들이고 생산하여 소통하는 능력입니다. 일상과 자기를 관리하는 데 필요한 정보를 능동적으로 처리하는 능력입니다. 전통적으로 학교교육의 백미인 능력입니다. 읽고 쓰고 셈하는 능력을 극대화하는 능력입니다. T1~T4는 표현이 우리에게 생소해서 그렇지 교육이 전통적으로 해 왔던 역할과 다른 게 없습니다. 개념을 형성하는 방식이, 개념을 디자인하는 목적이 달라서 생소할 뿐입니다. 발달교육의 잣대로 보면, 21세기와 잘 호응하는 표현입니다.

T5를 조금 어색하다고 한 까닭은 너무 구체적인 도구로 범주가 내려왔기 때문입니다. ICT가 삶과 일과 학습에 더 침투하게 된다면 학교교육의 중심 목적 중 하나가 될 날도 올 것입니다. 개인적 판단입니다. 아직 아닙니다. 각각의 기술이 너무 특수하고, 기술적 측면이 아직도 강합니다. 쉽게 활용할 수 있습니다. 너무 빠르게 변화합니다. 아직은 필요할 때 단기적으로 교육하면 충분합니다.

그 많던 컴퓨터 학원이 어떻게 되었는지 생각해 보시면 됩니다. 얼마나 빨리 구닥다리 컴퓨터로 전락하는지를 기억하시면 됩니다. 왜 우리가 ICT 교육을 폐기했는지 반추해 보면 됩니다. 물론 정치적 측면도 있을 것입니다. 민주당 정부(김대중 대통령, 이해찬 교육부 장관)의 치적을 지우려는 술책일 수도 있습니다. 학생의 온라인 시위를 저지하려는 보수 정권의 음모일 수도 있습니다. 그렇다 하더라도 대학에서 전문가를 양성하면 됩니다.

공동체 구성원으로 성장하기Growing as a member of a community는 7~9학년의 발달 과제입니다. 제가 가장 납득하기 어려웠던 것 중 하나가 이것입니다. 발달 다음에 성장이라니, 중간에 많은 것이 빠져 있습니다. 저들의 발달 과제 연계가 적절하다는 가정하에, 빠진 부분을 상상해 보겠습니다.

비고츠키에 따르면, 학령기에 안정적으로 발달하여 이 후 삶에 지속적으로 영향을 미치는 핵심적 능력은 생각능력입니다. 그 생각능력의 다른 측면을, 주도권이 변하는 국면을 시기별로 나열하면, 집중, 기억, 개념형성, 의지입니다. 집중이 생각이 펼쳐지는 도입이라면, 의지는 생각이 인간 세계로 뛰쳐나가는 대미입니다. 생각 발달 측면에서 보면 7~9학년은 개념형성이 주도권을 장악하는 시기입니다. 이게 공동체 구성원으로 성장하기와 도대체 어떻게 연결된다는 것일까요?

의지를 예비하는 개념은 자기 개념과 세계 개념입니다. 자아관과 세계관이라고 하는 것 말입니다. 이를 예비하려면 자기가 몸담고 있는 세계를 그리고 그 세계의 자기를 구체적으로, 체계적으로, 역동적으로 생생하게 경험(페레즈바니)해야 합니다. 그리고 그것을 추상과 연결해야 합니다. 개념형성 과제의 중간 역을 자기가 소속한 공동체로 보면 그럴듯하게 아귀가 맞습니다.

제 고민은 여기서 털고, T의 진술과 7~9학년의 발달 과제가 잘 조응하는지 총체적으로 확인하겠습니다. '학교는 사춘기를 겪고 있는 젊은이를 위한 의미 있는 공동체를 제공'합니다. 학생은 '자신의 독특함과 자기 장점을 인식'합니다. '공동체(학교) 일을 계획하고 자신이 일하는 과정과 그 진척을 판단'합니다. '학생이 공부와 일에 관련된 정보, 다른 직업 선택에 관한 정보를 발견하도록 지원하고, 나아가 자신의 태도와 관심을 저울질하면서 이성적인 선택을 하도록 지원한다.' 문화적 정체성, 문화적 다양성, 인권 존중을 긍정적으로 인식합니다. '다른 사회 집단들과 사람들을 존중하고 신뢰하는 것을 학교 일을 통해 체계적으로 증진'합니다. 학생은 우리가 사는 세상에서 핵심적인 인권조약들의 실현 방안을 알아야 합니다. '학교 공동체 안팎의 교류를 통해 그리고 국제적 협동과 관련된 경험을 통해 학생의 세계관은 확대'됩니다. 역지사지를 연습합니다. 타인을 존중하고 좋은 예의를 지녀야 합니다. '자신과 타인의 안녕을 증진'해야 합니다. 공동체 활동을 T6와 T7에서 주로 언급합니다. T의 진술은 7~9학년의 발달 과제에 전반적으로 잘 복종하고 있습니다.

연계를 다른 측면에서 살펴보겠습니다. 공동체에서 학생들이 함께 하는 활동을 강조합니다. 전체 속에서 개인의 자기다움을 잃지 않도록 배려합니다. 공동체 소속감을 넘어 공동으로 일, 공부, 학습, 공동체 문제, 사회 문제, 미래 문제를 실제로 함께 해결합니다. 공동체의 정체성을 확립하는 수준으로 나아가고 있습니다. 모든 포괄적 실행능력을 동원하여 지속가능한 공동체의 미래를 건설하는 길로 함께 나아갑니다.

과거에도, 현재에도, 미래에도 좋은 학교의 본질은 똑같습니다. 과거를 거울로 해, 현재를 등대로 해, 문화적 능력을 차분하게 연습하며 발달시켜 미래의 실천을 예비하는 곳이 언제나 좋은 학교입니다.

참고 문헌

- 강영혜(2008). 핀란드의 공교육개혁과 종합학교 운영 실제. 한국교육개발원.
- 고영성·신영준(2017). 완벽한 공부법. 로크미디어.
- 교육부(2015a). 3-5세 연령별 누리과정 해설서. 교육부 고시 제2015-61호.
- 교육부(2015b). 초등학교교육과정. 교육부 고시 제2015-80호[별책 2].
- 교육부(2016). 2015 개정 교육과정 총론 해설 초등학교.
- 경기도교육청(2012.09.12). 2012 경기도 교육과정.
- 김은주(2016). 시·도 교육청 교육과정 편성·운영 지침 개발 현황과 개선 과제. 부산교육 이슈페이퍼 제8호. 부산광역시교육연구정보원 교육정책연구소.
- 김위정, 이혜정, 김태기(2014). 경기도 교육과정 핵심역량 체계 재정비 및 측정 도구 개발 연구. 정책연구 2014-12.경기도교육연구원.
- 대니얼 윌링햄(2011). 왜 학생들은 학교를 좋아하지 않을까?. 부키.
- 대니얼 코일(2009). 윤미나 옮김. 탤런트 코드. 웅진지식하우스.
- 데이지 크리스토둘루(2018). 김승호 옮김. 아무도 의심하지 않는 일곱 가지 교육 미신. 페이퍼로드.
- 루리야(2013). 비고츠키와 인지 발달의 비밀. 살림터.
- 르네 반 더 비어(2013). 레프 비고츠키. 솔빛길.
- 린다 달링 해먼드 외(2017). 심성보 외 옮김. 세계교육개혁. 살림터.
- 박남기(2017). 최고의 교수법. 샘앤파커스
- 박남기(2017). 4차 산업혁명과 한국 교육시스템의 전환. 미래 지능정보사회(4차 산업혁명) 대비 중장기 교육계획 제안 자료집(2017.11.29). pp. 11-62. 한국교육과정학회.
- 배희철(2011). 우리 함께 비고츠키 공부해요 2. 전국교직원노동조합.
- 배희철(2014). 2015교육과정개정의 필요성과 절차에 대한 비판. 2015 교육과정 개정, 무엇이 문제인가 토론회 자료집. pp. 17-32. 전교조 교육과정대책위원회.
- 배희철(2016a). 비고츠키와 발달교육 1-비고츠키를 아시나요?. 솔빛길.
- 배희철(2016b). 학력개념을 정립하기 위해 돌파해야 할 핵심 쟁점에 대하여. 새로운 교육체제 수립을 위한 2016 교육 심포지엄. pp.117-154. 공동주최: 교육운동연대, 교육혁명고동행동, 교육을 바꾸는새힘, 한국교육연구네트워크, 경기도교육청, 서울시교육청, 인천시교육청, 유은혜 국회의원, 도종환 국회의원, 조

승래 국회의원.

- 배희철(2017). 2014 핀란드 핵심 교육과정 소개. 학교혁신과 교육과정, 가을 호 (전교조 교과 자료집). pp. 08-41. 전국교직원노동조합.
- 배희철(2018a). 2014 핀란드 핵심 교육과정 들여다보기. 봄 호(전교조 교과 자료집).
- 배희철(2018b). 2014 핀란드 핵심 교육과정 총론 들여다보기. 가을 호(전교조 교과 자료집).
- 배희철(2018c). 편집자의 말. 비고츠키와 발달교육 2-비고츠키의 발달교육이 란 무엇인가?.
- 비고츠키(1926). 교육 심리학(Educational Psychology).
- 비고츠키(2011). 배희철·김용호 옮김. 생각과 말. 살림터.
- 비고츠키(2013). 어린이 자기행동숙달의 역사와 발달 I. 살림터.
- 비고츠키(2014). 어린이 자기행동숙달의 역사와 발달 II. 살림터.
- 비고츠키(2015). 성장과 분화(아동학 강의 I). 살림터.
- 비고츠키(2016). 연령과 위기(아동학 강의 II). 살림터.
- 비고츠키(2017). 의식과 숙달(아동학 강의 III). 살림터.
- 비고츠키(2018). 분열과 사랑(청소년 아동학 I). 살림터.
- 비고츠키교육학실천연구모임(2018). 비고츠키와 발달교육 2-비고츠키의 발달 교육이란 무엇인가?. 살림터.
- 비고츠키연구회(2016). 수업과 수업 사이. 살림터.
- 서울특별시 교육청(2007). 교육 선진국 핀란드를 가다-초·중학교 국가 수준 핵심 교육과정.
- 송순재 외(2018). 혁신학교, 한국 교육의 미래를 열다. 살림터.
- 아누 파르타넨(2017). 노태복 옮김. 우리는 미래에 조금 먼저 도착했습니다. 원 더박스.
- 안승문(2008). 학생을 학습의 중심에 세우는 '개인별 발달 계획'. 우리아이들, 12월호. pp. 38-41.
- 유리 카르포프(2017). 교사와 부모를 위한 비고츠키 교육학. 살림터.
- 윤운주(2015a). 민주주의 실현으로서 핀란드 교육과정 개편이 주는 교훈: 누리 과정 개편을 위한 논의. 한국보육지원학회지. 11(1). pp. 373-393.
- 월터 미셸(2015). 안진환 옮김. 마시멜로 테스트. 한국경제신문.
- 윤은주(2015b). 2016 핀란드 국가핵심교육과정 개편. 한국교육개발원. 현안보 고 CP 2015-02-7.

- 에르끼 아호 외 2인(2010). 김선희 옮김. 에르끼 아호의 핀란드 교육개혁 보고 서. 한울림.
- Pasi Sahlberg(2011). Finnish Lessons-What can the world learn from educational change in Finland?- Teachers College Press, 1234 Amsterdam Avenue, New York, NY 10027.
- 임유나(2017). 핀란드 2014 개정 국가교육과정의 특징 분석: 역량 구현 방식을 중심으로. 교육과정연구 제35권 제1호. pp. 145-171.
- 전국교직원노동조합(2018). 2014 핀란드 핵심 교육과정 총론 들여다보기. 교과 자료집 봄 호.
- 전국교직원노동조합(2018). 2014 핀란드 핵심 교육과정 총론 들여다보기. 교과 자료집 가을 호.
- 정애경 외 14인(2014). 북유럽 교육 기행. 살림터.
- 정경화(2017). 「핀란드 간 교사들, 15년째 "숙제 안 내요?" 똑같은 질문」. 조선 일보.
- 진보교육연구소 비고츠키교육학실천연구모임(2015). 관계의 교육학, 비고츠키. 살림터.
- 채재은·이병식(2007). 고등교육 질 보장 접근 방법에 대한 비교 연구: 미국, 호 주, 핀란드 사례를 중심으로. 교육과학연구.
- 채희인·노석구(2015). 핀란드의 핵심역량교육 연구 동향-초등과학교육 중심의 분석. 교과교육학연구 제19권 3호(2015). pp. 645-667.
- 핀란드 초등학교 수학 교과서 1-1~6-2. 솔빛길.
- 핀란드 중학교 수학 교과서 7~9. 솔빛길.
- 한국교육과정평가원(2014). 교과교육과정 개발 방향 설정에 관한 토론회(1차). 연구자료 ORM 2014-34.
- 한국교육연구네트워크 총서기획팀 엮음(2010). 핀란드 교육혁명. 살림터.
- 한국교육연구네트워크 엮음(2018). 진보주의 교육의 세계적 동향. 살림터.
- 한국교육연구네트워크 엮음(2018). 더 나은 세상을 위한 학교혁명. 살림터.
- 한국교육연구네트워크(2018.10.27). 국민주권시대의 학교 민주시민교육의 현황 과 과제 자료집. 후원 교육부.
- 한넬레 니에미 외 편집(2017). 장수명 외 옮김. 핀란드 교육의 기적. 살림터.
- 한혜정 외(2012). 시·도 교육청 수준 교육과정 지침 실태 분석 및 개선 방안. 연구보고 CRC 2012-24. 한국교육과정평가원.
- 후쿠타 세이지(2008). 나성은·공영태 옮김. 핀란드 교육의 성공. 북스힐.

- 후쿠타 세이지(2009). 박재원·윤지은 옮김. 핀란드 교실혁명. 비아북.
- 헨리 뢰디거 외(2014). 김아영 옮김. 어떻게 공부할 것인가. 와이즈베리
- 2015 개정교육과정 총론 해설. 초등학교와 중학교 문건. 교육부, 발간등록번호 11-1342000-000188-01과 11-1342000-000226-01.
- Boris G. Meshcheryakov(2007). Terminology in L.S. Vygotsky's Writings. In The Cambridge Companion to Vygotsky. pp. 155-177. Cambridge University Press.
- Cornel M. Hamm(1995). 김기수·조무남 공역. 교육 철학 탐구. 교육과학사.
- David Kellogg(2017). "Is" is the "Was" of "What Can Be": Teaching Children to Turn the World Upside Down.
- Erja Vitikka, Leena Krokfors, Elisa Hurmerinta(2012). The Finnish National Core Curruculum: Structure and Development. Toom & Kallionuemi (Eds.) Miracle of Education. University of Helsinki.
- Galina Zuckerman(2014). Developmental Education. In The Cambridge Handbook of Cultural-Historical Psychology. pp. 177-202. Cambridge University Press.
- Galina Zuckerman(2016a). How Do Young Schoolchildren Learn to Learn? The Ability to Learn: Defining Concepts. Journal of Russian & East European Psychology. vol. 53. no.1. pp. 1-47.
- Galina Zuckerman(2016b). The Reflexive Abilities of Schoolchildren, How Can Students Learn About Their Own Ignorance? Journal of Russian & East European Psychology. vol. 53. no.1. pp. 48-125.
- Helena Fajakaltio(2017). 교육과정의 방향-교과 과정 이론 및 핀란드 학교 개선방향-기조 강연 2. 2017 우리나라 교육혁신을 위한 전국 시·도 교육청 국제 학술대회 자료집. pp. 57-68.
- Mrs. Irmeli Halinen(2016). OPS 2016. Curriculum reform in Finland. FNBE.

삶의 행복을 꿈꾸는 교육은 어디에서 오는가?

미래 100년을 향한 새로운 교육 | 혁신교육을 실천하는 교사들의 필독서

▶ 교육혁명을 앞당기는 배움책 이야기
혁신교육의 철학과 잉걸진 미래를 만나다!

한국교육연구네트워크 총서

01 핀란드 교육혁명
한국교육연구네트워크 엮음 | 320쪽 | 값 15,000원

02 일제고사를 넘어서
한국교육연구네트워크 엮음 | 284쪽 | 값 13,000원

03 새로운 사회를 여는 교육혁명
한국교육연구네트워크 엮음 | 380쪽 | 값 17,000원

04 교장제도 혁명
한국교육연구네트워크 엮음 | 268쪽 | 값 14,000원

05 새로운 사회를 여는 교육자치 혁명
한국교육연구네트워크 엮음 | 312쪽 | 값 15,000원

06 혁신학교에 대한 교육학적 성찰
한국교육연구네트워크 엮음 | 308쪽 | 값 15,000원

07 진보주의 교육의 세계적 동향
한국교육연구네트워크 엮음 | 324쪽 | 값 17,000원
2018 세종도서 학술부문

08 더 나은 세상을 위한 학교혁명
한국교육연구네트워크 엮음 | 404쪽 | 값 21,000원
2018 세종도서 교양부문

혁신학교
성열관·이순철 지음 | 224쪽 | 값 12,000원

행복한 혁신학교 만들기
초등교육과정연구모임 지음 | 264쪽 | 값 13,000원

서울형 혁신학교 이야기
이부영 지음 | 320쪽 | 값 15,000원

혁신교육, 철학을 만나다
브렌트 데이비스·데니스 수마라 지음
현인철·서용선 옮김 | 304쪽 | 값 15,000원

혁신교육 존 듀이에게 묻다
서용선 지음 | 292쪽 | 값 14,000원

다시 읽는 조선 교육사
이만규 지음 | 750쪽 | 값 33,000원

대한민국 교육혁명
교육혁명공동행동 연구위원회 지음 | 224쪽 | 값 12,000원

한국교육연구네트워크 번역 총서

01 프레이리와 교육
존 엘리아스 지음 | 한국교육연구네트워크 옮김
276쪽 | 값 14,000원

02 교육은 사회를 바꿀 수 있을까?
마이클 애플 지음 | 강희룡·김선우·박원순·이형빈 옮김
356쪽 | 값 16,000원

**03 비판적 페다고지는
세상을 변화시킬 수 있는가?**
Seewha Cho 지음 | 심성보·조시화 옮김 | 280쪽 | 값 14,000원

04 마이클 애플의 민주학교
마이클 애플·제임스 빈 엮음 | 강희룡 옮김 | 276쪽 | 값 14,000원

05 21세기 교육과 민주주의
넬 나딩스 지음 | 심성보 옮김 | 392쪽 | 값 18,000원

**06 세계교육개혁:
민영화 우선인가 공적 투자 강화인가?**
린다 달링-해먼드 외 지음 | 심성보 외 옮김 | 408쪽 | 값 21,000원

대한민국 교사, 어떻게 가르칠 것인가?
윤성관 지음 | 320쪽 | 값 15,000원

아이들을 어떻게 가르칠 것인가
사토 마나부 지음 | 박찬영 옮김 | 232쪽 | 값 13,000원

모두를 위한 국제이해교육
한국국제이해교육학회 지음 | 364쪽 | 값 16,000원

경쟁을 넘어 발달 교육으로
현광일 지음 | 288쪽 | 값 14,000원

독일 교육, 왜 강한가?
박성희 지음 | 324쪽 | 값 15,000원

핀란드 교육의 기적
한넬레 니에미 외 엮음 | 장수명 외 옮김 | 456쪽 | 값 23,000원

한국 교육의 현실과 전망
심성보 지음 | 724쪽 | 값 35,000원

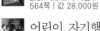

▶ 4·16, 질문이 있는 교실 마주이야기
통합수업으로 혁신교육과정을 재구성하다!

통하는 공부
김태호·김현우·이경석·심우근·허진만 지음
324쪽 | 값 15,000원

내일 수업 어떻게 하지?
아이함께 지음 | 300쪽 | 값 15,000원
2015 세종도서 교양부문

인간 회복의 교육
성래운 지음 | 260쪽 | 값 13,000원

교과서 너머 교육과정 마주하기
이윤미 외 지음 | 368쪽 | 값 17,000원

수업 고수들 수업·교육과정·평가를 말하다
박현숙 외 지음 | 368쪽 | 값 17,000원

도덕 수업, 책으로 묻고 윤리로 답하다
울산도덕교사모임 지음 | 320쪽 | 값 15,000원

체육 교사, 수업을 말하다
전용진 지음 | 304쪽 | 값 15,000원

교실을 위한 프레이리
아이러 쇼어 엮음 | 사람대사람 옮김 | 412쪽 | 값 18,000원

마을교육공동체란 무엇인가?
서용선 외 지음 | 360쪽 | 값 17,000원

교사, 학교를 바꾸다
정진화 지음 | 372쪽 | 값 17,000원

함께 배움
학생 주도 배움 중심 수업 이렇게 한다
니시카와 준 지음 | 백경석 옮김 | 280쪽 | 값 15,000원

공교육은 왜?
홍섭근 지음 | 352쪽 | 값 16,000원

자기혁신과 공동의 성장을 위한
교사들의 필리버스터
윤양수·원종희·장군·조경삼 지음 | 280쪽 | 값 14,000원

함께 배움 이렇게 시작한다
니시카와 준 지음 | 백경석 옮김 | 196쪽 | 값 12,000원

함께 배움 교사의 말하기
니시카와 준 지음 | 백경석 옮김 | 188쪽 | 값 12,000원

교육과정 통합, 어떻게 할 것인가?
성열관 외 지음 | 192쪽 | 값 13,000원

미래교육의 열쇠, 창의적 문화교육
심광현·노명우·강정석 지음 | 368쪽 | 값 16,000원

주제통합수업, 아이들을 수업의 주인공으로!
이윤미 외 지음 | 392쪽 | 값 17,000원

수업과 교육의 지평을 확장하는 수업 비평
윤양수 지음 | 316쪽 | 값 15,000원
2014 문화체육관광부 우수교양도서

교사, 선생이 되다
김태은 외 지음 | 260쪽 | 값 13,000원

교사의 전문성, 어떻게 만들어지나
국제교원노조연맹 보고서 | 김석규 옮김 392쪽 | 값 17,000원

수업의 정치
윤양수·원종희·장군 지음 | 280쪽 | 값 14,000원

학교협동조합,
현장체험학습과 마을교육공동체를 잇다
주수원 외 지음 | 296쪽 | 값 15,000원

거꾸로교실,
잠자는 아이들을 깨우는 수업의 비밀
이민경 지음 | 280쪽 | 값 14,000원

교사는 무엇으로 사는가
정은균 지음 | 292쪽 | 값 15,000원

마음의 힘을 기르는 감성수업
조선미 외 지음 | 300쪽 | 값 15,000원

작은 학교 아이들
지경준 엮음 | 376쪽 | 값 17,000원

아이들의 배움은 어떻게 깊어지는가
이시이 준지 지음 | 방지현·이창희 옮김 | 200쪽 | 값 11,000원

대한민국 입시혁명
참교육연구소 입시연구팀 지음 | 220쪽 | 값 12,000원

교사를 세우는 교육과정
박승열 지음 | 312쪽 | 값 15,000원

전국 17명 교육감들과 나눈
교육 대담
최창의 대담·기록 | 272쪽 | 값 15,000원

들뢰즈와 가타리를 통해
유아교육 읽기
리세롯 마리엣 올슨 지음 | 이연선 외 옮김 | 328쪽 | 값 17,000원

학교 혁신의 길, 아이들에게 묻다
남궁상운 외 지음 | 272쪽 | 값 15,000원

 프레이리의 사상과 실천
사람대사람 지음 | 352쪽 | 값 18,000원
2018 세종도서 학술부문

 혁신학교, 한국 교육의 미래를 열다
송순재 외 지음 | 608쪽 | 값 30,000원

 페다고지를 위하여
프레네의 『페다고지 불변요소』 읽기
박찬영 지음 | 296쪽 | 값 15,000원

 노자와 탈현대 문명
홍승표 지음 | 284쪽 | 값 15,000원

 선생님, 민주시민교육이 뭐예요?
염경미 지음 | 244쪽 | 값 15,000원

 어쩌다 혁신학교
유우석 외 지음 | 380쪽 | 값 17,000원

 미래, 교육을 묻다
정광필 지음 | 232쪽 | 값 15,000원

 대학, 협동조합으로 교육하라
박주희 외 지음 | 252쪽 | 값 15,000원

 입시, 어떻게 바꿀 것인가?
노기원 지음 | 306쪽 | 값 15,000원

 촛불시대, 혁신교육을 말하다
이용관 지음 | 240쪽 | 값 15,000원

 라운드 스터디
이시이 데루마사 외 엮음 | 224쪽 | 값 15,000원

 미래교육을 디자인하는 학교교육과정
박승열 외 지음 | 348쪽 | 값 18,000원

 흥미진진한 아일랜드 전환학년 이야기
제리 제퍼스 지음 | 최상덕·김호원 옮김 | 508쪽 | 값 27,000원

 폭력 교실에 맞서는 용기
따돌림사회연구모임 학급운영팀 지음 | 272쪽 | 값 15,000원

 학교 민주주의의 불한당들
정은균 지음 | 276쪽 | 값 14,000원

 교육과정, 수업, 평가의 일체화
리사 카터 지음 | 박승열 외 옮김 | 196쪽 | 값 13,000원

 학교를 개선하는 교장
지속가능한 학교 혁신을 위한 실천 전략
마이클 풀란 지음 | 서동연·정효준 옮김 | 216쪽 | 값 13,000원

 공자뎐, 논어는 이것이다
유문상 지음 | 392쪽 | 값 18,000원

 교사와 부모를 위한
발달교육이란 무엇인가?
현광일 지음 | 380쪽 | 값 18,000원

 교사, 이오덕에게 길을 묻다
이무완 지음 | 328쪽 | 값 15,000원

 낙오자 없는 스웨덴 교육
레이프 스트란드베리 지음 | 변광수 옮김 | 208쪽 | 값 13,000원

 끝나지 않은 마지막 수업
장석웅 지음 | 328쪽 | 값 20,000원

 경기꿈의학교
진흥섭 외 지음 | 360쪽 | 값 17,000원

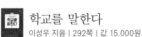 학교를 말한다
이성우 지음 | 292쪽 | 값 15,000원

 행복도시 세종, 혁신교육으로 디자인하다
곽순일 외 지음 | 392쪽 | 값 18,000원

 나는 거꾸로 교실 거꾸로 교사
류광모·임정훈 지음 | 212쪽 | 값 13,000원

 교실 속으로 간 이해중심 교육과정
온정덕 외 지음 | 224쪽 | 값 13,000원

 교실, 평화를 말하다
따돌림사회연구모임 초등우정팀 지음 | 268쪽 | 값 15,000원

▶ 교과서 밖에서 만나는 역사 교실
상식이 통하는 살아 있는 역사를 만나다

전봉준과 동학농민혁명
조광환 지음 | 336쪽 | 값 15,000원

교과서 밖에서 배우는 역사 공부
정은교 지음 | 292쪽 | 값 14,000원

남도의 기억을 걷다
노성태 지음 | 344쪽 | 값 14,000원

팔만대장경도 모르면 빨래판이다
전병철 지음 | 360쪽 | 값 16,000원

응답하라 한국사 1·2
김은석 지음 | 356쪽·368쪽 | 각권 값 15,000원

빨래판도 잘 보면 팔만대장경이다
전병철 지음 | 360쪽 | 값 16,000원

즐거운 국사수업 32강
김남선 지음 | 280쪽 | 값 11,000원

영화는 역사다
강성률 지음 | 288쪽 | 값 13,000원

즐거운 세계사 수업
김은석 지음 | 328쪽 | 값 13,000원

친일 영화의 해부학
강성률 지음 | 264쪽 | 값 15,000원

강화도의 기억을 걷다
최보길 지음 | 276쪽 | 값 14,000원

한국 고대사의 비밀
김은석 지음 | 304쪽 | 값 13,000원

광주의 기억을 걷다
노성태 지음 | 348쪽 | 값 15,000원

조선족 근현대 교육사
정미량 지음 | 320쪽 | 값 15,000원

**선생님도 궁금해하는
한국사의 비밀 20가지**
김은석 지음 | 312쪽 | 값 15,000원

다시 읽는 조선근대교육의 사상과 운동
윤건차 지음 | 이명실·심성보 옮김 | 516쪽 | 값 25,000원

걸림돌
키르스텐 세룹-빌펠트 지음 | 문봉애 옮김
248쪽 | 값 13,000원

음악과 함께 떠나는 세계의 혁명 이야기
조광환 지음 | 292쪽 | 값 15,000원

역사수업을 부탁해
열 사람의 한 걸음 지음 | 388쪽 | 값 18,000원

논쟁으로 보는 일본 근대교육의 역사
이명실 지음 | 324쪽 | 값 17,000원

진실과 거짓, 인물 한국사
하성환 지음 | 400쪽 | 값 18,000원

다시, 독립의 기억을 걷다
노성태 지음 | 320쪽 | 값 16,000원

우리 역사에서 사라진 근현대 인물 한국사
하성환 지음 | 296쪽 | 값 18,000원

▶ 창의적인 협력 수업을 지향하는 삶이 있는 국어 교실
우리말 글을 배우며 세상을 배운다

중학교 국어 수업 어떻게 할 것인가?
김미경 지음 | 340쪽 | 값 15,000원

토론의 숲에서 나를 만나다
명혜정 엮음 | 312쪽 | 값 15,000원

토닥토닥 토론해요
명혜정·이명선·조선미 엮음 | 288쪽 | 값 15,000원

인문학의 숲을 거니는 토론 수업
순천국어교사모임 엮음 | 308쪽 | 값 15,000원

어린이와 시
오인태 지음 | 192쪽 | 값 12,000원

수업, 슬로리딩과 함께
박경숙 외 지음 | 268쪽 | 값 15,000원

▶ 더불어 사는 정의로운 세상을 여는 인문사회과학
사람의 존엄과 평등의 가치를 배운다

밥상혁명
강양구·강이현 지음 | 298쪽 | 값 13,800원

좌우지간 인권이다
안경환 지음 | 288쪽 | 값 13,000원

도덕 교과서 무엇이 문제인가?
김대용 지음 | 272쪽 | 값 14,000원

민주시민교육
심성보 지음 | 544쪽 | 값 25,000원

자율주의와 진보교육
조엘 스프링 지음 | 심성보 옮김 | 320쪽 | 값 15,000원

민주시민을 위한 도덕교육
심성보 지음 | 500쪽 | 값 25,000원
2015 세종도서 학술부문

민주화 이후의 공동체 교육
심성보 지음 | 392쪽 | 값 15,000원
2009 문화체육관광부 우수학술도서

교과서 밖에서 배우는 인문학 공부
정은교 지음 | 280쪽 | 값 13,000원

갈등을 넘어 협력 사회로
이창언·오수길·유문종·신윤관 지음 | 280쪽 | 값 15,000원

오래된 미래교육
정재걸 지음 | 392쪽 | 값 18,000원

동양사상과 마음교육
정재걸 외 지음 | 356쪽 | 값 16,000원
2015 세종도서 학술부문

대한민국 의료혁명
전국보건의료산업노동조합 엮음 | 548쪽 | 값 25,000원

교과서 밖에서 배우는 철학 공부
정은교 지음 | 280쪽 | 값 14,000원

교과서 밖에서 배우는 고전 공부
정은교 지음 | 288쪽 | 값 14,000원

교과서 밖에서 배우는 사회 공부
정은교 지음 | 304쪽 | 값 15,000원

전체 안의 전체 사고 속의 사고
김우창의 인문학을 읽다
현광일 지음 | 320쪽 | 값 15,000원

교과서 밖에서 배우는 윤리 공부
정은교 지음 | 292쪽 | 값 15,000원

카스트로, 종교를 말하다
피델 카스트로·프레이 베토 대담 | 조세종 옮김
420쪽 | 값 21,000원

한글 혁명
김슬옹 지음 | 388쪽 | 값 18,000원

일제강점기 한국철학
이태우 지음 | 448쪽 | 값 25,000원

우리 안의 미래교육
정재걸 지음 | 484쪽 | 값 25,000원

한국 교육 제4의 길을 찾다
이길상 지음 | 400쪽 | 값 21,000원

▶ 평화샘 프로젝트 매뉴얼 시리즈
학교폭력에 대한 근본적인 예방과 대책을 찾는다

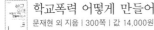
학교폭력 어떻게 만들어지는가
문재현 외 지음 | 300쪽 | 값 14,000원

아이들을 살리는 동네
문재현·신동명·김수동 지음 | 204쪽 | 값 10,000원

학교폭력, 멈춰!
문재현 외 지음 | 348쪽 | 값 15,000원

평화! 행복한 학교의 시작
문재현 외 지음 | 252쪽 | 값 12,000원

왕따, 이렇게 해결할 수 있다
문재현 외 지음 | 236쪽 | 값 12,000원

마을에 배움의 길이 있다
문재현 지음 | 208쪽 | 값 10,000원

젊은 부모를 위한 백만 년의 육아 슬기
문재현 지음 | 248쪽 | 값 13,000원

별자리, 인류의 이야기 주머니
문재현·문한뫼 지음 | 444쪽 | 값 20,000원

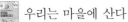
우리는 마을에 산다
유양우·신동명·김수동·문재현 지음 | 312쪽 | 값 15,000원

▶ 남북이 하나 되는 두물머리 평화교육
분단 극복을 위한 치열한 배움과 실천을 만나다

 10년 후 통일
정동영·지승호 지음 | 328쪽 | 값 15,000원

 선생님, 통일이 뭐예요?
정경호 지음 | 252쪽 | 값 13,000원

 분단시대의 통일교육
성래운 지음 | 428쪽 | 값 18,000원

 김창환 교수의 DMZ 지리 이야기
김창환 지음 | 264쪽 | 값 15,000원

 한반도 평화교육 어떻게 할 것인가
이기범 외 지음 | 252쪽 | 값 15,000원

▶ 출간 예정